Monseigneur RICARD
PRÉLAT DE LA MAISON DE
SA SAINTETÉ
LA MISSION DE LA FRANCE

LA
MISSION DE LA FRANCE

TYPOGRAPHIE FIRMIN-DIDOT ET Cie. — MESNIL (EURE).

Fig. 1. — Le Vœu de Louis XIII.
D'après le tableau d'Ingres, à la cathédrale de Montauban.

MGR RICARD

PRÉLAT DE LA MAISON DE SA SAINTETÉ, VICAIRE GÉNÉRAL DE MGR L'ARCHEVÊQUE D'AIX,
PROFESSEUR HONORAIRE DES FACULTÉS D'AIX ET DE MARSEILLE

LA
MISSION DE LA FRANCE

OUVRAGE ILLUSTRÉ DE 84 GRAVURES

D'APRÈS LES DOCUMENTS HISTORIQUES

ET LES REPRODUCTIONS ARTISTIQUES DE DIFFÉRENTES ÉPOQUES

PARIS

LIBRAIRIE DE FIRMIN-DIDOT ET CIE

IMPRIMEURS DE L'INSTITUT, RUE JACOB, 56

1894

INTRODUCTION.

C'était le 14 février 1841.

Malgré les décrets de prairial, malgré les échafauds de 93, malgré les ordonnances de 1828, la robe monastique allait reparaître dans la chaire française, à Paris même, là où, dix ans auparavant, le moine hardi qui tentait l'aventure n'avait pu faire tolérer sa soutane noire de prêtre séculier. Le moine, c'était Lacordaire.

Cette hardiesse chevaleresque échauffait et séduisait son cœur.

Lui-même l'a raconté avec une mâle et noble simplicité :

« Je parus enfin à Notre-Dame, avec ma tête rasée, ma tunique blanche et mon manteau noir. L'archevêque présidait; le garde des sceaux avait voulu se rendre compte par lui-même d'une scène dont personne ne savait bien l'issue; d'autres notabilités se cachaient dans l'assemblée, au milieu d'une foule qui débordait de la porte au sanctuaire. J'avais pris pour discours un sujet de nature à couvrir de la popularité des idées l'audace de mes pensées. J'y réussis... »

C'est ce même sujet que nous entreprenons de traiter, à un demi-siècle du jour où Lacordaire le fit applaudir, devant le plus bel auditoire du monde, à une heure non moins périlleuse que celle où nous nous trouvons, après cinquante ans de luttes et d'efforts pour la défense de l'Église et de ses libertés sacrées.

Nous venons de relire l'admirable discours qu'il inspira au Bossuet de notre siècle, quels accents et quelle parole! Et pourtant, on l'a dit avec une désespérante vérité, « l'eau jaillit limpide d'un rocher, elle se projette en nappes éblouissantes sous les feux du soleil, et retombe en poussière de diamant. Vous puisez de cette eau, et vous m'en apportez dans un bassin. Elle est belle, elle est pure, elle est transparente, cette eau ; mais elle n'est plus tourmentée par le mouvement, accidentée par la lumière ; je ne me figure plus l'effet qu'elle produisait. Il en est ainsi de la parole soudaine et improvisée qui sort des profondeurs du génie sous le coup de baguette de l'inspiration... Cette flamme de l'orateur, c'était un éclair. Si vous la déposez sur le papier, elle se fige, se refroidit et s'éteint. » Mais, telle qu'elle est, toute refroidie que le livre nous la présente, la parole de Lacordaire, au 14 février 1841, revit plus facilement qu'en n'importe quel morceau d'éloquence tombé de cette âme vibrante. Relisez ce discours, et vous comprendrez quels frissons couraient le long de la vaste assemblée, quand l'orateur de Notre-Dame le laissa descendre de ses lèvres puissantes sur un auditoire enthousiasmé.

Il parlait de *la Vocation de la Nation Française*. Pendant une heure, il avait raconté « les gestes de Dieu accomplis par les Francs », un titre depuis populaire et qu'il exhumait le premier de la vieille chronique des *Gesta Dei per Francos*. Tout à coup il s'arrêta :

— Je suis long peut-être, Messieurs, s'écria-t-il, mais, c'est votre faute, c'est votre histoire que je raconte : vous me pardonnerez, si je vous ai fait boire jusqu'à la lie le calice de votre gloire.

A notre tour, humble commentateur, nous venons présenter aux fils des auditeurs du grand moine français le même calice. Jamais, ce nous semble, entreprise plus urgente et plus patriotique.

Le siècle s'en va finir, et les tristesses ne manquent point à sa fin douloureuse. Faut-il donc uniquement pleurer sur les tristes réalités du présent ? Ne vaut-il pas mieux, en nous éclairant des glorieuses lueurs du passé, saluer l'avenir qui s'ouvre aux jeunes ? Aucun d'eux ne nous reprochera de nous être écriés :

— Arrière les découragés ! Vive Dieu et son Christ qui aime les Francs !...

Lacordaire aimait la jeunesse, elle fut son premier et son dernier amour. Il la voulait vaillante, éprise d'idéal, toujours en avant dans la carrière du beau, du bien et du vrai. Il nous semble que sa grande âme doit tressaillir par delà la tombe où sa dépouille maintenant muette dort, en attendant les déliements de la parole éternelle dans l'assemblée des saints, l'un des chefs-d'œuvre de l'éloquence française et de la parole humaine, pour le dérouler lentement sous les yeux des lecteurs qu'il eût aimés, s'il avait vécu de la vie des patriarches de la loi ancienne comme il a dû vivre les jours abrégés des patriarches de la loi nouvelle, en voyant son humble mais ardent admirateur reprendre ce merveilleux discours.

Une à une, nous allons reprendre les syllabes harmonieuses tombées au mois de février 1841 du cœur et des lèvres de cet homme éloquent entre tous. Il est notre guide, notre flambeau, à travers les étapes de l'histoire qu'il a le premier racontée. Mais, là où il courait, pressé par le temps et limité par les lois de l'humanité toujours courte par quelque point, nous cheminerons sans hâte, nous arrêtant là où il regrettait de passer outre et vite, cherchant même à découvrir les oasis qu'il semble négliger, de peur d'être infini.

Les jeunes qui nous liront ne sauraient s'en plaindre, puisque c'est Lacordaire qui les conduit. Les autres éprouveront la joie de ceux qui ont plus longuement vécu et qui s'attardent toujours volontiers aux souvenirs.

Les uns et les autres, puisqu'ils sont tous Français, seront fiers de toucher du doigt, mise en lumière et en tableaux en quelque sorte palpables, cette gloire de notre race, qu'on a justement appelée « la magistrature morale de l'Europe », exercée par la France, depuis les origines de son histoire.

Un jour, le célèbre et savant cardinal Pitra arriva — il n'était alors que simple moine à Solesmes — joyeux et animé, sous les cloîtres de l'abbaye. Il tenait à la main le feuillet jauni d'un vieux missel du neuvième siècle, lequel n'était que la reproduction des prières liturgiques du septième. Au milieu de l'attention émue de ses frères bénédictins, il lut, à haute voix, l'antique prière des Francs :

« Dieu tout-puissant et éternel, qui avez élevé la puissance des Fran-
« çais pour être l'instrument de votre divine volonté, le glaive et le
« bouclier de votre Église, faites, nous vous en supplions, que les fils
« des Francs soient partout et toujours guidés par la lumière céleste,

« afin qu'ils voient ce qu'ils doivent faire, sachent l'accomplir et crois-
« sent de plus en plus dans la charité et la force, par le Christ Notre-
« Seigneur. Amen. »

On parle beaucoup de régénération politique et sociale. Les faiseurs
d'utopies et exploiteurs de peuples vantent, chacun sa panacée. Depuis
cent ans et plus, la France oscille de l'un à l'autre, chaque fois déçue
et chaque fois prête à tendre l'oreille au nouveau venu.

Ce livre n'offre aucune nouvelle méthode, il ne préconise aucun
remède nouveau. C'est un livre d'histoire que nous écrivons. Si
la thèse ressort du récit, tant mieux, mais, nous ne l'aurons point
cherché de parti-pris, systématiquement, comme ceux qui écrivent
une plaidoirie.

L'Église a baptisé tous les régimes.

Sur le militarisme de nos origines, elle a versé l'eau régénératrice
du baptême de Reims.

Sur l'ébauche du pouvoir royal, elle a apporté la parole des papes
et l'onction du jour de Noël, en l'an 8oo, à Rome.

Sur la féodalité, elle a jeté le cri chevaleresque des milices chrétiennes.

Sur nos codes lentement élaborés, l'action des conciles et des
évêques façonna la France comme les abeilles façonnent leurs ru-
ches.

Sur le pouvoir monarchique assis définitivement par le vœu des
peuples las des anarchies, elle a fait reluire la grande loi du respect.

Nous sommes entrés dans un siècle, dans une phase historique
nouvelle. S'il plaît à nos lecteurs de conclure, d'un récit conduit à travers quatorze siècles d'une glorieuse et incessante maternité, que
l'Église va bientôt baptiser à son tour le régime nouveau de la démocratie, nous en bénirons Dieu, car, c'est la conviction la plus ardente de notre âme, le salut de la France est dans son retour à sa
vocation.

LA

MISSION DE LA FRANCE

CHAPITRE PRÉLIMINAIRE.

LA NATION ÉLUE.

Je te donnerai les nations pour ton héritage. — Quelle fut la vocation spéciale de notre pays. — La lettre de Grégoire IX à saint Louis. — Comme autrefois la tribu de Juda. — Le carquois du Rédempteur. — Le commentaire du cardinal Pie. — La conclusion. — Le Comte de Maistre. — La parole du pape Léon XIII. — Pour moi, je crois fermement que la vérité a besoin de la France!

Lacordaire, presque au début de son discours, posait la question sur son terrain, nettement, sans ambages, à la face d'auditeurs que leur éducation disposait mal à le suivre, mais qu'il subjuguait puissamment par la hardiesse convaincue de son affirmation.

— Il y a longtemps, Messieurs, fit-il, que Dieu a disposé des nations. Le jour même, ce jour éternel, où il dit à son Fils : « Tu es mon Fils, je t'ai engendré aujourd'hui; » il ajoutait immédiatement : « Demande-moi, et je te donnerai les nations pour ton héritage. »

C'est en vertu de ce don primordial que chaque nation a reçu, dans l'ordre de la Providence, sa vocation spéciale.

Quelle fut la nôtre, à nous, Français, lorsque le Christ eut décrété de constituer la nation à laquelle nous avons l'honneur et la fierté légitime d'appartenir?

Un grand pape, Grégoire IX, écrivant, en l'année 1230, au plus grand comme au plus saint de nos anciens rois, répondait à la question.

— Le Fils de Dieu, dit-il, à l'empire de qui obéit l'univers entier, et qui tient sous ses ordres toutes les régions célestes, ayant établi ici-bas différents royaumes selon les différences des langues et des climats, a conféré aux divers gouvernements des missions diverses pour l'accomplissement de ses desseins suprêmes.

Puis, le principe posé, le Vicaire de Jésus-Christ n'hésite pas à le proclamer :

— Comme autrefois, ajoute-t-il, la tribu de Juda, préférée à celles des autres fils du patriarche, fut enrichie d'une bénédiction spéciale; ainsi le pays de France, plus que tous les autres peuples de la terre, a reçu une prérogative d'honneur et de grâce.

Cette prérogative, toujours d'après Grégoire IX, a fait de la France « le spécial exécuteur des volontés divines, le carquois du Rédempteur d'où sont sorties des flèches d'élite. »

Le grand cardinal, que l'Église de France tout entière pleure encore avec celle de Poitiers, après avoir exhumé la lettre du Pape à Louis IX, la commenta, un jour, en rappelant aux fils du dix-neuvième siècle, oublieux et distraits, la mission providentielle du pays, à qui, « dans la formation du monde moderne, Dieu voulut assigner, à l'heure où sa main pétrissait de nouvelles races occidentales, pour les grouper, comme une garde d'honneur, autour de la seconde Jérusalem, » une mission providentielle.

Le commentaire du cardinal Pie est splendide.

« Si toutes les nations, dit-il dans son magistral et solennel langage, si toutes les nations, selon la parole de l'apôtre aux gentils, sont cohéritières, membres d'un même corps et coparticipantes de la promesse que Dieu a faite en Jésus-Christ par l'Évangile, il est des races plus positivement élues et prédestinées. Le même apôtre l'a dit dans un langage sublime : Dieu qui a fait naître d'un seul tout le genre humain, et qui lui a donné le globe entier pour demeure, a défini les temps de l'apparition de chaque peuple, et lui a marqué le lieu de son établissement, jusqu'au jour où le monde sorti d'un seul sera jugé dans un seul, c'est-à-dire sera confronté avec l'homme dans lequel il a été posé. Au jugement de Celui qui a été constitué le fondateur des nations, l'Ordonnateur suprême a fixé l'heure de chacune d'elles, assigné leurs frontières, déterminé leur rôle, réglé leur durée et leur part d'action dans l'œuvre générale, et il les jugera un jour selon qu'elles auront plus ou moins fait pour Celui dans lequel elles auront été posées. Du haut de la montagne d'Abarim, Moïse criait à Israël : Est-ce ainsi que tu payes ta dette au Seigneur, peuple fou et insensé ? N'est-ce pas lui qui est ton père, qui a fait choix de toi, qui t'a créé et formé ? Consulte les siècles anciens, considère les générations successives, interroge ton père, et il te répondra ; tes aïeux, et ils te diront : « Quand le « Très-Haut faisait le partage des nations, quand il séparait les descendants « d'Adam, quand il traçait les limites des peuples, c'était le sort de ses fidèles, « c'était le nombre de ses élus qu'il avait devant les yeux. Mais il a choisi « Israël entre tous les peuples pour être particulièrement son peuple. »

— Or, concluait l'éloquent et docte cardinal, les monuments de l'histoire l'attestent, Messieurs, le privilège d'Israël a passé, sinon tout entier, du moins en partie, à certains peuples de la Loi nouvelle.

Partant de là, comme nous l'allons faire nous-même, le grand évêque de Poitiers établissait, par des témoignages évidents, la mission providentielle du peuple de France.

Le comte de Maistre, ce voyant prodigieux qui pénétra si avant dans les mys-tères de ce que Lacor-daire appellera plus tard la vocation de la nation française, avait déjà mis, dans tout son jour, la vérité procla-mée en 1850 par l'Hi-laire moderne.

« Les nations, écri-vait-il un jour, les nations, comme les individus, ont leur caractère et même leur *mission;* et comme dans la société des in-dividus, chaque homme reçoit de la nature les traits de sa physionomie morale et une certaine sphère d'activité dans laquelle il s'exerce pour remplir un but secon-daire quelconque vers lequel il s'avance, de

Fig. 2. — La France est l'exécuteur des volontés divines : union des pou-voirs spirituel et temporel. Jésus-Christ remet à saint Pierre les clefs et à Charlemagne l'étendard surmonté de la croix. Mosaïque du IXe siècle, Église Saint-Jean de Latran, à Rome.

même dans la société des nations, chacune d'elles présente à l'observateur un caractère ineffaçable, résultat de tous les caractères individuels, et marche en corps vers un but général et non moins inconnu... Parmi les peuples qui ont joué un rôle dans l'histoire moderne, aucun peut-être n'est plus digne d'arrêter l'œil du philosophe que le peuple français. Aucun n'a reçu une destination plus marquée et des qualités plus évidemment faites pour la remplir... »

Mais, voici que la voix du grand Pape, que Dieu réservait, dans les miséri-cordieux desseins de sa Providence, à la nation un moment distraite de son rôle historique, faisant écho à la voix de son prédécesseur Grégoire IX, le redisait, ces temps derniers, en répondant à la vénération que lui exprimaient les pèlerins de France.

« Notre cœur, disait Léon XIII, se sent ému, très chers fils, devant ces témoignages réitérés que Nous donne la France catholique de son amour filial et de son inviolable attachement; ce sont là comme autant de solennelles affirmations que, malgré les maux qui l'affligent et les périls qui la menacent, elle entend rester fidèle à ses glorieuses traditions et à son beau titre de Fille aînée de l'Église. Elle ne saurait oublier que sa providentielle destinée l'a unie au Saint-Siège par des liens trop étroits et trop anciens pour qu'elle veuille jamais les briser. De cette union, en effet, sont sorties ses vraies grandeurs et ses gloires les plus pures; et toujours elle a eu lieu de se féliciter des triomphes de l'Église et de la Papauté. Troubler cette union traditionnelle serait enlever à la nation elle-même une partie de sa force morale et de sa haute influence dans le monde.

Et l'auguste Pontife ajoutait :

« La France, Nous n'en doutons pas, comprendra sa sublime vocation, qui est, avant tout, de demeurer chrétienne. Nous en avons pour garants ces innombrables institutions pieuses que Nous voyons couvrir son sol; ces œuvres multiples de charité qui y naissent et s'y développent avec une fécondité et une vigueur si admirables; ces légions d'apôtres et de missionnaires, qui en partent chaque jour pour se rendre dans les contrées les plus lointaines et les plus ignorées, où, par la prédication des doctrines du saint Évangile, leur apostolat propage les principes de la vraie civilisation. Comment pourrions-nous ne pas regarder d'un œil de particulière bienveillance une nation où les intérêts religieux ne cessent de susciter de semblables dévouements? Comment ne pas reconnaître que cette nation recèle dans son sein un germe de vie impérissable, un principe de salut et de régénération qui répond de l'avenir?... »

Témoin de l'enthousiasme qui accueillit ces paroles, un évêque étranger s'écria :

— Non, la France ne peut pas mourir. La France est nécessaire à l'Église, à la civilisation, et l'anéantissement de la France serait un fléau pour l'humanité. La Fille aînée de l'Église peut avoir sa semaine sainte, sa semaine de douleur; mais elle ne manquera jamais d'avoir son jour de Pâques; elle renaîtra toujours du sein de ses ruines. »

Cet évêque faisait écho, sans y songer sans doute, à la parole si hardie et si glorieuse pour nous de Joseph de Maistre :

— Pour moi, je crois fermement que la vérité a besoin de la France!

LIVRE PREMIER

PREMIÈRE VOCATION DE LA NATION FRANÇAISE

CHAPITRE PREMIER.

LA FILLE AINÉE DE L'ÉGLISE.

I.

La papauté dit à la France : Tu es ma fille aînée ! — *Regnum Christianissimum.* — Le fléau passa sur le monde romain. — Lettre de saint Remi à Clovis. — Déférence du jeune roi pour l'évêque de Reims. — Anecdote racontée par Grégoire de Tours. — Clotilde. — Récit de ses fiançailles et de son mariage d'après l'historien Frédégaire. — Elle obtient de pouvoir faire baptiser ses enfants. — Hymne à sainte Clotilde. — Les trois grands évêques de Gaule. — La bataille de Tolbiac, d'après Grégoire de Tours. — Dieu de Clotilde ! — Les Francs demandent le baptême. — Ah ! si j'eusse été là avec mes Francs ! — Le jour de Noël 496 au baptistère de Reims. — La prophétie de saint Remi. — *Regnum Galliæ regnum Mariæ*. — L'entrée du chemin qui conduit au ciel. — Le pacte de Tolbiac, d'après Mgr Freppel. — Lettre du pape saint Anastase. — Lettre de saint Avit. — Clovis et sainte Geneviève.

« Dieu, dit Lacordaire, voyant les peuples s'éloigner de lui, en choisit un ; il le forma lui-même, annonçant au premier de ses ancêtres, le grand Abraham, que toutes les nations seraient bénies en lui, afin que sa postérité ne se crût pas seule aimée et seule appelée. Mais ce peuple, que Dieu avait pétri, qu'il avait tiré de l'esclavage, auquel il avait donné des lois, préparé un territoire, dont il avait dessiné le temple et consacré les prêtres, ce peuple fut infidèle à sa vocation ; après avoir de siècle en siècle lapidé les prophètes du Seigneur, quand le Seigneur vint lui-même, quand la Vérité vivante apparut sur la terre, il se leva comme Caïn, et mit entre Dieu et lui l'abîme du sang, abdiquant par ce crime l'honneur suprême d'avoir été la première des nations, vouée, en tant que nation, à la défense, à la conservation et à la propagation de la vérité. »

C'est un privilège, analogue sinon semblable, que Dieu nous réservait. Ce que la nation juive était sous la loi ancienne, nous l'allons, à plusieurs égards, devenir sous la loi nouvelle.

Mais, écoutons encore Lacordaire.

« Cependant, continue-t-il, le Christianisme se répand dans le monde, il envahit l'empire romain ; trois siècles de persécution ne font qu'accroître sa force : il porte Constantin sur le trône, et Constantin l'associe à la majesté souveraine qu'il a reçue de lui. Toutefois, près de deux cents ans après Constantin, il n'y avait pas encore au monde de nation chrétienne. L'empire était formé de vingt races diverses rapprochées par un lien administratif, mais séparées par leurs souvenirs et leurs mœurs, et au sein desquelles l'arianisme, hérésie féconde et vivace, avait jeté un nouveau genre de division. Les peuplades barbares, qui serraient de près l'empire romain avec une convoitise toujours croissante, étaient adonnées à l'idolâtrie ou subjuguées par l'arianisme, qui avait trouvé le secret de pénétrer jusqu'à elles. Alors, écoutez ce que Dieu fit... »

Après avoir ainsi provoqué l'attention de ses auditeurs, l'éloquent orateur fit, en quelques traits d'un pinceau vigoureux, passer sous leurs yeux la vision du grand prodige, que nous allons raconter à notre tour et qui fut le signe miraculeux de notre vocation. Puis, il conclut triomphalement :

« Ce Dieu, Messieurs, c'était le Christ, ce roi, cette reine, cet évêque, cette victoire, c'était la nation franque, et la nation franque était la première nation catholique donnée par Dieu à son Église. »

Tout ému à ce souvenir, le dominicain français semble s'excuser de la fierté de son patriotisme enorgueilli, et il s'écrie :

« Ce n'est pas moi, Messieurs, qui décerne cette louange magnifique à ma patrie ; c'est la Papauté, à qui il a plu, par justice, d'appeler nos rois les *fils aînés de l'Église*. De même que Dieu a dit à son Fils de toute éternité : Tu es mon premier-né, la Papauté a dit à la France : Tu es ma fille aînée. »

Et, comme l'auditoire transporté frémissait sous l'ardente parole de son panégyriste, celui-ci reprit :

« Elle a fait plus, s'il est possible. Afin d'exprimer plus énergiquement ce qu'elle pensait de nous, elle a créé un barbarisme sublime : elle a nommé la France le *Royaume Christianissime, — Christianissimum Regnum.* »

« Ainsi, conclut Lacordaire, primogéniture dans la foi, excellence dans la foi, tels sont nos titres, telle était notre vocation. »

Il nous faut reprendre ces choses dès leur berceau.

II.

Deux siècles s'étaient écoulés depuis la bataille du pont Milvius, qui avait fixé les hésitations du grand Constantin et inauguré l'empire romain chrétien. Deux siècles bien différents : l'un qui devait marquer le dernier éclat de l'empire romain, avec Constantin à son début et Théodose à sa fin; l'autre, qui porte le nom de siècle des invasions. La nuit la plus profonde s'était faite sur le monde entier après le sac de Rome par Alaric en 410, l'invasion de Genseric en Espagne et en Afrique, celle d'Attila dans les Gaules, et celle d'Odoacre en Italie; les barbares, franchissant à la fois le Rhin et le Danube, avaient tout détruit, tout pillé, tout brûlé sur leur passage. Villes et villas, forteresses, travaux publics, ponts et aqueducs, routes et canaux, tableaux et statues, tout ou presque tout avait péri. Les livres eux-mêmes, dont les Romains étaient à bon droit si fiers, les livres avaient disparu. L'histoire ne nous offre pas un autre exemple d'une destruction aussi générale et aussi rapide. En moins de cent ans, la civilisation romaine est complètement anéantie, et le coup est si brusque et si violent, que les traditions elles-mêmes sont rompues. Les hommes qui vivaient à la fin du cinquième siècle parlaient déjà de l'empire comme d'une époque lointaine, et pourtant leurs grands-pères avaient pu contempler la gloire de Théodose! Sachons nous incliner devant cette effroyable exécution des arrêts de Dieu. Il n'y a là rien d'humain et le surnaturel apparaît clairement.

Le peuple romain était resté sourd à l'appel du Christ et de ses apôtres. Les merveilles du pont Milvius ne l'avaient pas éclairé. Les successeurs de Constantin, Constance, Julien l'apostat et Valens, se livrèrent à l'hérésie ou à l'impiété et persécutèrent l'Église. En vain le grand Théodose fit-il renaître un instant les jours de Constantin et offrit-il après le massacre de Thessalonique l'admirable exemple de la pourpre impériale s'humiliant devant saint Ambroise; en vain, dans ce siècle étonnant, de grands saints, saint Athanase, saint Martin, saint Basile, saint Augustin, saint Jérôme et saint Jean Chrysostome, donnèrent-ils à l'Église un éclat incomparable; la coupe d'iniquité était pleine. Dieu fit un signe, et les forêts de la Germanie, les steppes du Volga, les plaines de la Tartarie, s'ouvrirent comme les cataractes célestes au temps du déluge et laissèrent passer des foules innombrables d'hommes vêtus de peaux de bêtes, armés de haches et de flèches, au visage féroce, aux jarrets d'acier, allant devant eux, au hasard, suivis de leurs familles et de leurs chariots, et dans un sentiment confus de leur mission, s'écriant avec un de leurs chefs : « Laissez passer le fléau de Dieu! »

Il n'y avait plus d'armées et plus d'hommes dans le vieil empire : le fléau passa (1).

III.

Or, voilà que, en 481, un jeune homme de quinze ans, Clovis, fils de Chilpéric, était élu roi des Francs Saliens et montait sur le pavois.

Chef d'une tribu petite par le nombre, mais renommée déjà par sa bravoure dans les combats, ce jeune barbare était un prédestiné.

Habile politique, il fit demander à l'empereur d'Orient Zénon le brevet de patrice romain et le titre de maître des milices impériales dans les Gaules.

Quand il apprit cette nouvelle, le grand évêque de Reims, saint Remi, se hâta d'écrire au jeune chef :

« Une grande nouvelle nous arrive; vous êtes placé à la tête des armées franques. Il importe de répondre aux desseins de la Providence qui récompense votre mérite en vous élevant au comble des honneurs. Prenez pour conseillers des personnes sages. Soyez prudent, chaste et modéré. Rendez honneur aux évêques et ne dédaignez pas leurs conseils. Élevez l'âme de vos peuples. Soulagez les veuves, nourrissez les orphelins, qui, plus tard, vous serviront. Que la justice soit dans votre cœur et sur vos lèvres, et que votre prétoire soit ouvert à tous. Rappelez-vous qu'à votre audience nul ne doit s'apercevoir qu'il est étranger. A vos jeux, appelez, si vous voulez, les jeunes gens de votre âge; mais ne traitez les affaires qu'avec les vieillards, et vous régnerez glorieusement! »

Déjà d'ailleurs Clovis montrait pour l'Église et les évêques une déférence que Dieu se préparait à récompenser magnifiquement. Les évêques, de leur côté, saint Remi en tête, préludaient au rôle que l'épiscopat catholique allait jouer au milieu des développements de la nation élue.

L'historien de nos origines, Grégoire de Tours, nous a conservé un épisode de cette première période du règne de Clovis et de ses premiers rapports avec les évêques.

« En ce temps-là, dit-il, l'armée de Clovis pilla un grand nombre d'églises, parce que ce prince était encore plongé dans les erreurs de l'idolâtrie. Des soldats avaient enlevé d'une église, avec d'autres ornements du saint ministère, un vase d'une grandeur et d'une beauté merveilleuses. L'évêque de cette église lui dépêcha des messagers pour demander que, s'il ne pouvait obtenir

(1) Hervé-Bazin, *les Grandes Journées de la Chrétienté*. Tolbiac.

de recouvrer les autres vases, on rendît au moins celui-là. Le roi répondit
au messager : « Suis-moi jusqu'à Soissons, parce que c'est là qu'on partagera
le butin ; et, si le sort me donne le vase, je ferai ce que désire le Pontife. »
Étant arrivés à Soissons, on réunit au milieu de la place tout le butin, et le
roi dit, en montrant le vase : « Braves guerriers, je vous prie de vouloir bien
m'accorder, outre ma part, le vase que voici. » Les plus sensés répondirent à
ces paroles : « Glorieux roi, tout ce qui est ici est à toi, et nous-mêmes nous
sommes soumis à ton
pouvoir. Fais donc ce
qui te plaît, car per-
sonne n'est assez fort
pour te résister. » Lors-
qu'ils eurent ainsi parlé,
un guerrier présomp-
tueux, jaloux et emporté,
éleva sa francisque et en
frappa le vase, s'écriant :
« Tu ne recevras ici que
ce que le sort t'aura vraiment donné. » Tous res-
tèrent stupéfaits. Le roi
dissimula le ressenti-
ment de cet outrage sous
un air de patience, et,
après s'être fait donner
le vase, il le remit au
messager de l'évêque,

Fig. 3. — Saint Remi, évêque de Reims, vient demander à Clovis la
restitution d'un vase sacré pris dans le pillage de Soissons. Costumes
du XVe siècle. D'après une miniature d'un manuscrit de la Bibl. de
l'Arsenal.

gardant au fond de son cœur une secrète colère. Un an s'étant écoulé,
Clovis ordonna à tous ses guerriers de venir au champ de Mars revêtus de
leurs armes, pour les montrer brillantes et en bon état. Tandis qu'il exami-
nait tous les soldats en passant devant eux, il arriva à celui qui avait frappé le vase, et lui dit : « Personne n'a des armes aussi mal soignées que les
tiennes ; ni ta lance, ni ton épée, ni ta hache ne sont bien entretenues » ; et, lui
arrachant sa hache, il la jeta à terre. Le soldat s'inclinant pour la ramasser,
le roi leva sa francisque et la lui abattit sur la tête en disant : « Voilà ce que
tu as fait au vase de Soissons. » L'ayant tué, il congédia les autres, après
leur avoir de la sorte inspiré une grande crainte. »

Saint Remi avait parlé à Clovis d'une jeune fille, comme lui de race germanique royale, nommée Clotilde. C'était la nièce de Gondebaud, alors roi des Bourguignons. Sage, instruite, belle, Clotilde était entourée de parents chrétiens, mais inféodés à l'arianisme. Elle était chrétienne catholique. Les évêques et le clergé gallo-romain attachaient justement une grande importance à ce qu'elle n'épousât point un prince arien. L'évêque de Reims, qui pressentait la conversion du jeune chef des Francs, le pressa d'aspirer à la main de la jeune fille. La difficulté était d'arriver jusqu'à elle.

Comme il n'était pas permis de voir Clotilde, raconte Frédégaire, chroniqueur qui a continué et commenté Grégoire de Tours, Clovis chargea un certain Romain, nommé Aurélien, d'employer tout son esprit pour parvenir jusqu'à elle. Aurélien se rendit sur les lieux, vêtu de misérables habits et portant sa besace sur le dos, comme un mendiant. Pour qu'on prît confiance en lui, il emporta l'anneau de Clovis. Arrivé à Genève (où Clotilde vivait à peu près exilée, adonnée aux œuvres de piété et de charité), la jeune princesse le reçut charitablement comme un pèlerin, et, pendant qu'elle lui lavait les pieds, Aurélien, se penchant vers elle, lui dit :

— Madame, j'ai de grandes choses à t'annoncer, si tu daignes me donner permission de te le dire en secret.

Elle, y consentant, lui dit :

— Parle.

— Le roi des Francs, Clovis, m'a envoyé vers toi; si c'est la volonté de Dieu, il veut t'élever à son haut rang en t'épousant; pour que tu en sois sûre, il t'adresse cet anneau.

Elle reçut l'anneau avec grande joie et dit à Aurélien :

— Prends en récompense de ta peine ces cent écus d'or et cet anneau qui est le mien. Retourne promptement à ton seigneur; s'il veut m'avoir à lui par le mariage, qu'il envoie sans tarder des messagers pour me demander à mon oncle Gondebaud, et que les messagers qui viendront me chercher m'emmènent en hâte, dès qu'ils en auront obtenu la permission. S'ils ne se hâtent, je crains qu'un certain sage, Aridius, ne revienne de Constantinople; et, s'il arrive auparavant, son conseil fera évanouir toute cette affaire.

Aurélien retourna chez lui dans le même déguisement sous lequel il était venu. En approchant du territoire d'Orléans et non loin de sa maison, il avait pris pour compagnon de sa route un certain pauvre mendiant, et comme il s'endormit accablé de fatigue et se croyant en sûreté, son compagnon lui vola sa besace avec les cent écus d'or qu'elle contenait. En s'éveillant, Aurélien fut fort attristé, courut rapidement chez lui, et envoya ses serviteurs chercher partout le mendiant qui avait emporté sa besace; ils le trouvèrent et l'amenèrent à Aurélien qui, après l'avoir pendant trois jours fortement battu, lui permit de s'en aller. Il raconta ensuite à Clovis ce qui s'était passé et ce que suggérait Clotilde.

Clovis, content du succès et de l'avis de Clotilde, envoya aussitôt à Gondebaud, des députés pour lui demander sa nièce en mariage. Gondebaud, n'osant refuser et se flattant de lier amitié avec Clovis, promit qu'il la donnerait. Alors, les députés, ayant offert le soir à dîner, selon l'usage des Francs, fiancèrent Clotilde au nom de Clovis et demandèrent qu'elle leur fût remise pour le mariage. Sans aucun retard, le conseil fut réuni à Châlons, et la noce préparée.

Arrivés en toute hâte, les Francs reçurent Clotilde des mains de Gondebaud, la firent monter dans une voiture couverte, et l'emmenèrent à Clovis avec beaucoup de trésors. Clotilde, qui avait déjà appris qu'Aridius était près de revenir de l'empire, dit aux seigneurs Francs :

— Si vous voulez me présenter à votre seigneur, faites-moi sortir de cette voiture, mettez-moi à cheval et éloignez-moi d'ici aussi vite que vous le pourrez. Jamais, dans cette voiture, je n'arriverai en présence de votre seigneur.

Aridius revint en effet très rapidement de Marseille, et, en le voyant, Gondebaud lui dit :

— Tu sais que nous avons fait amitié avec les Francs, et que j'ai donné ma nièce pour femme à Clovis.

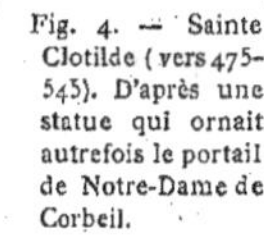

Fig. 4. — Sainte Clotilde (vers 475-545). D'après une statue qui ornait autrefois le portail de Notre-Dame de Corbeil.

— Ceci n'est pas un lien d'amitié, lui répondit Aridius, mais un commencement de querelles perpétuelles. Tu aurais dû te souvenir, mon seigneur, que tu as égorgé le père de Clotilde, ton frère Chilpéric; que tu as fait noyer sa mère avec une pierre au cou; qu'après avoir fait couper la tête à ses frères, tu les as fait jeter dans un puits. Si Clotilde devient puissante, elle vengera l'injure de ses parents. Envoie sur-le-champ une troupe à sa poursuite, et qu'on te la ramène. Il te sera plus facile de supporter le courroux d'une personne que d'être perpétuellement en querelle, toi et les tiens, avec les Francs.

Gondebaud envoya, en effet, aussitôt, une forte troupe à la poursuite de Clotilde, afin qu'on la ramenât avec la voiture et tous les trésors; mais Clotilde arriva avant eux à Villers, où l'attendait Clovis, sur le territoire de Troyes. Elle était en sûreté auprès de son époux.

IV.

Les conséquences de ce mariage ne tardèrent pas à justifier, d'une part, les prévisions d'Aridius furieux de voir s'échapper cette proie, de l'autre les espérances qu'en avaient conçues les évêques.

Clotilde eut un fils. Elle avait à cœur qu'il fût baptisé et elle pressait son mari d'y consentir.

— Les dieux que tu honores, lui disait-elle, ne sont rien, ne peuvent rien, ni pour eux-mêmes, ni pour les autres; ils sont faits de pierre, ou de bois, ou de quelque métal.

Clovis refusa longtemps de se rendre.

— C'est par l'ordre de nos dieux que toutes choses sont créées et produites. Il est clair que ton Dieu ne peut rien; on ne prouve même pas qu'il soit de la race des dieux.

Clotilde finit par l'emporter. Elle fit baptiser son fils Ingomer solennellement, espérant que l'éclat de la cérémonie porterait à la foi le père que ses paroles et ses prières n'avaient pu toucher. Mais l'enfant mourut *in albis*, c'est-à-dire encore revêtu des blancs habits qu'on faisait porter aux néophytes, durant les huit jours qui suivaient leur baptême.

Clovis le reprocha vivement à la reine.

— Si l'enfant avait été consacré à mes dieux, il vivrait; il a été baptisé au nom de ton Dieu, il n'a pu vivre.

Clotilde ne se décourageait point. Elle défendait son Dieu et priait.

Avant d'aller plus loin, saluons cette sainte reine, vraie mère de la patrie, qui, en obéissant aux sages directions de l'Évêque de Reims, a su faire entrer sa nouvelle nation dans les voies où Dieu l'appelait.

« Nommer sainte Clotilde, s'écriait Mgr Freppel dans un de ses plus éloquents panégyriques, c'est rappeler les origines de la royauté et de l'Église de France; c'est rappeler l'enfantement d'une grande nation à la foi catholique; c'est rappeler l'alliance immortelle de la religion avec la patrie. Clovis, Remi, Geneviève; le champ de bataille de Tolbiac, les fonts baptismaux de Reims; la royauté chrétienne, l'épiscopat chrétien, la virginité chrétienne; tous ces noms, tous ces faits, toutes ces institutions rayonnent et se groupent autour de la noble figure qui surgit de là comme le type sacré de l'épouse, de la mère et de la reine chrétienne. »

Clotilde cependant avait eu un second fils, qui fut baptisé aussi et qui tomba presque aussitôt également malade.

— Il n'en peut être autrement de celui-ci que de son frère, disait Clovis. Baptisé au nom de ton Dieu, il va mourir.

La sainte reine fit tant par ses prières qu'elle obtint du ciel la guérison de l'enfant, et Clovis s'apaisa.

« Cependant, dit Grégoire de Tours, la reine ne cessait de presser son époux, lui montrant la nécessité de reconnaître le vrai Dieu et d'abandonner le culte des idoles, mais elle ne pouvait rien gagner sur son esprit. »

Ces paroles de notre historien national nous font entrevoir les difficultés auxquelles se heurtaient la piété de sainte Clotilde et la persévérance des évêques. La grande vertu des Francs était la fidélité aux traditions nationales, et ces traditions relevaient toutes du culte d'Odin. Abandonner devant les guerriers qui tant de fois avaient versé leur sang pour sa gloire, les dieux scandinaves, et se courber devant le Dieu des chrétiens, c'était, aux yeux de Clovis, renier les ancêtres et s'aliéner le cœur des Francs. Clovis aimait Clotilde, il écoutait volontiers saint Remi, et était prêt à faire toutes les concessions qui ne lui semblaient pas devoir compromettre son autorité; mais il ne voulait pas aller au delà.

Pour vaincre cette résistance, pour frapper l'esprit de la nation tout entière, l'arracher aux idoles et la jeter dans le giron de l'Église, il fallait un prodige, et Dieu l'accorda aux prières de Clotilde et des évêques.

V.

Il y avait alors en Gaule trois grands évêques, aussi remarquables par la science que par la sainteté : saint Remi de Reims, saint Avit de Vienne et saint Césaire d'Arles; le premier habitait chez les Francs, le second chez les Burgundes, le troisième chez les Visigoths. Ils étaient, au milieu de la double invasion des barbares et de l'arianisme, les colonnes de l'orthodoxie et les plus illustres représentants de la civilisation chrétienne. Depuis longtemps ces trois apôtres s'efforçaient de rétablir un peu d'ordre au milieu de cette société en formation et d'y faire refleurir la paix, sous le règne de la loi de Dieu. Saint Remi réussit le premier à obtenir chez les Francs les résultats que saint Avit et saint Césaire poursuivaient chez les Burgundes et chez les Visigoths.

Remi, que la postérité devait appeler « l'apôtre des Francs, » était né en l'année 439 de parents chrétiens. Sa naissance et sa grandeur future avaient été prédites à sa mère par un pieux solitaire. Il ne démentit pas ces espérances et fut choisi dès l'âge de vingt-deux ans pour diriger l'Église de Reims. Du haut de ce siège épiscopal, un des plus importants de la Gaule du Nord, il assista à l'invasion des Francs, commandés par Clovis. Chef naturel et seul *défenseur* de la ville de Reims, puisque les magistrats romains abandonnaient leur poste à l'approche des barbares, saint Remi se trouva naturellement en rapport avec le nouveau conquérant.

Nous avons vu avec quelle prudence et quel dévouement Remi sut gagner la confiance du jeune chef, qu'il désirait si vivement amener à la vraie foi.

La grande journée de Tolbiac allait combler les vœux du grand évêque.

Pour raconter Tolbiac, dit M. Hervé-Bazin à qui nous allons emprunter cette glorieuse histoire (1), il suffirait presque de traduire Grégoire de Tours. La sincérité de cet historien, qui écrivait vers l'an 580, est aujourd'hui reconnue aussi bien par les adversaires que par les amis de l'Église.

« Une guerre éclata, dit-il, entre les Alamanni et les Francs. Clovis fut alors contraint par les événements de faire ce qu'il avait toujours refusé jusque-là. Au moment où les deux armées étaient aux prises, les troupes franques furent repoussées en tel désordre, que les bataillons refoulés les uns sur les autres se donnaient mutuellement la mort. A ce spectacle, Clovis ne put retenir ses larmes. Le cœur brisé, il leva les yeux au ciel et s'écria :

« Jésus-Christ, vous que Clotilde appelle le Fils du Dieu vivant, s'il est vrai que vous protégez ceux qui vous invoquent et donnez la victoire à vos serviteurs, j'implore votre assistance. Si vous me faites triompher de mes ennemis, si vous étendez sur moi cette puissance, dont votre peuple reconnaît l'efficacité, je jure de croire en vous et de me faire baptiser en votre nom. J'ai prié mes dieux : ils ne m'ont point écouté. J'en ai la preuve. A vous de m'arracher au péril!

« A peine eut-il parlé ainsi, que le combat changea de face. Les Francs reprirent une ardeur nouvelle. Bientôt les Alamanni plièrent et se mirent en pleine déroute. Leur roi fut tué. Les vaincus implorèrent alors la clémence du roi des Francs. — Faites cesser le massacre, lui dirent-ils. Nous sommes prêts à reconnaître votre autorité et à devenir votre peuple.

« Clovis donna aux siens l'ordre de cesser le carnage et ramena ses troupes sous la tente. Au retour, il raconta à la reine comment il devait la victoire à l'invocation du nom de Jésus-Christ. »

Dans ce récit si simple et si plein de grandeur est renfermée toute la tra-

______

(1) *Op. cit.*, p. 57 à 67.

dition française. C'est tout ce qui nous reste de l'un des plus graves événements qu'ait vus l'histoire; mais ces quelques lignes suffisent pour nous permettre de louer à jamais le Dieu des armées qui exauça les prières de Clotilde et prêta l'oreille au cri du chef barbare.

C'est depuis ce jour et cette heure que nous sommes une nation chrétienne, et que notre patrie est devenue la *fille aînée de l'Église.*

Clovis n'était pas un ingrat. Il revint en ses États, couvert de gloire, emmenant avec lui un pieux solitaire, Védastus, qu'il avait trouvé sur les rives de la Meuse, et qui, sur la route, commença à l'instruire des vérités de la religion. Saint Remi l'attendait à Reims avec Clotilde. Sitôt après l'entrée triomphale, eurent lieu les premières conférences.

Reprenons ici le récit de Grégoire de Tours. Il n'y a

Fig. 5. — Bataille de Tolbiac. Clovis invoque le Dieu de Clotilde. Fresque de J. Blanc. Église de Sainte-Geneviève, à Paris.

rien de plus touchant que cette page de nos annales :

« Cependant Remi, exactement informé par Clotilde des dispositions du roi, achevait de l'instruire de toutes les vérités du christianisme et le pressait de déclarer enfin sa conversion.

« Père saint, lui répondit Clovis, je suis prêt. Pourtant une considération me retient encore. Le peuple qui me suit ne veut pas qu'on abandonne ses dieux. Je vais convoquer les Francs, et je leur parlerai dans le sens de vos instructions.

« L'assemblée eut lieu. Sans doute le projet royal était connu de tous, car, avant même que Clovis eût pris la parole, aussitôt qu'on le vit paraître, une acclamation générale se fit entendre :

« Pieux roi, dirent les Francs, nous abjurons le culte des dieux mortels, nous voulons servir le Dieu immortel que Remi adore!

« Le bienheureux évêque, en apprenant cette décision nationale, fut rempli d'une grande joie, et prépara tout pour le baptême solennel. »

Un autre chroniqueur nous dit que l'évêque de Reims appela aussitôt plusieurs de ses collègues dans l'épiscopat et un grand nombre de prêtres pour instruire dans la foi la multitude de néophytes que l'exemple de Clovis et le miracle de Tolbiac amenaient aux pieds du Christ. Quel spectacle que celui de cette nation entière écoutant les enseignements des ministres de Dieu! Aimoin raconte qu'un jour Clovis, entendant le récit de la passion du Sauveur, interrompit la lecture et s'écria :

— Si j'eusse été là avec mes Francs, j'aurais vengé les injures de mon Dieu!

Le jour choisi pour le baptême était le *jour de Noël* 496. « Dans la soirée qui précéda la cérémonie, dit Hincmar, le saint et vénérable Remi passa quelques heures en prières devant l'autel de l'église de Sainte-Marie, pendant que la reine Clotilde priait elle-même dans l'oratoire de Saint-Pierre, à proximité de la demeure royale. Après son oraison, le pontife se rendit près du roi, voulant profiter du silence de la nuit pour lui donner ses dernières instructions. Les chambellans lui ouvrirent les portes et l'introduisirent près de leur maître. Clovis s'avança à sa rencontre, l'embrassa et le conduisit près de la reine, dans l'oratoire du très bienheureux Pierre, prince des apôtres. On disposa des sièges pour le roi, la reine, les clercs qui avaient accompagné le pontife et un certain nombre de serviteurs du palais, seuls témoins de cette scène imposante. Remi, dans une allocution paternelle, résuma pour la dernière fois les instructions évangéliques des jours précédents. Pendant qu'il parlait, une lumière céleste éclata soudain dans l'église, effaçant la lueur des cierges allumés, et une voix se fit entendre qui disait : La paix soit avec vous! C'est moi, ne craignez point. Persévérez dans mon amour. Après ces paroles, la lumière surnaturelle disparut et un parfum d'une suavité céleste se répandit dans l'enceinte. Le roi et la reine se précipitèrent aux genoux du saint pontife, en versant des larmes d'émotion et de joie. L'homme de Dieu, illuminé lui-même par l'esprit prophétique, s'écria :

« Votre postérité gouvernera noblement ce royaume. Elle glorifiera la sainte Église, et héritera de l'Empire des Romains. Elle ne cessera de prospérer tant qu'elle suivra la voie de la vérité et de la vertu. Mais la décadence viendra par l'invasion des vices et des mauvaises mœurs. »

Paroles solennelles, que l'histoire a confirmées. Puissent les jours de décadence annoncés par saint Remi s'éloigner de notre pays! Il dépend de nous, catholiques, de ramener nos concitoyens à la foi de Tolbiac et de préparer à la France, pour le vingtième siècle, une nouvelle ère de foi chrétienne et de grandeur morale!

La prière de l'évêque de Reims à l'autel de Marie est restée gravée dans la mémoire nationale : *regnum Galliæ, regnum Mariæ!* Nos plus chères traditions sont établies sur ces journées de décembre 496.

Hincmar, dans sa *Vie de saint Remi,* raconte encore un trait saisissant de cette fameuse nuit de Noël :

« Le parcours, dit-il, depuis la demeure royale jusqu'au baptistère de l'église, avait été tendu de tapisseries et de guirlandes : les rues étaient couvertes de riches étoffes. Le portail de la basilique étincelait de mille feux. On brûlait des parfums qui embaumaient l'atmosphère. Clovis dit au pontife qui le tenait par la main :

Fig. 6. — Baptême de Clovis et des guerriers Francs. Fresque de J. Blanc. Église Sainte-Geneviève, à Paris.

« — Père saint, est-ce là le royaume de Dieu que vous m'avez promis?

— Non, répondit l'évêque, c'est l'entrée du chemin qui y conduit. »

Saint Grégoire de Tours nous dit aussi que tous les assistants partageaient l'admiration du roi et croyaient entrevoir les splendeurs du paradis. Nouveau Constantin, Clovis s'approcha de la piscine baptismale, non pour y être purifié de la lèpre matérielle, mais de la lèpre du péché, et demanda au pontife le sacrement de régénération. Remi, avec cet à-propos et cette divine éloquence qui le caractérisaient, lui dit :

« — Courbe doucement ta tête, fier Sicambre ! Adore ce que tu as brûlé, et brûle ce que tu as adoré !

« Cette expressive parole frappa tous les cœurs. On eût dit la majesté du pape Sylvestre commandant à la majesté du fils de sainte Hélène. »

Enfin, après qu'il eut confessé sa foi, Clovis fut baptisé et reçut l'onction du chrême : l'une de ses sœurs fut également baptisée, l'autre abjura l'arianisme, puis tour à tour, spectacle sublime, trois mille guerriers francs sortirent chrétiens du baptistère de Reims.

« Dieu, s'écrie Mgr Freppel, Dieu qui destinait la France à devenir le soldat de sa providence, voulut que la foi de la nation fût scellée sur un champ de bataille et qu'une victoire l'enchaînât au Christ par la reconnaissance. Lorsqu'au fort de la mêlée, dans les plaines de Tolbiac, le chef des Francs jeta vers le Dieu de Clotilde le cri de la détresse, il écrivit sur la première page de notre histoire ce qui la remplira tout entière : il conclut pour les siècles futurs ce pacte sublime où la France engageait son dévouement et Dieu ses bénédictions. C'est ainsi que le Christianisme naquit en France, d'une prière et d'une victoire... Debout, les mains étendues vers les fonts baptismaux de Reims, Clovis, et la nation française avec lui, jurèrent de rester fidèles au Dieu de Clotilde. Dieu reçut le serment de la patrie et, dans leur touchante simplicité, nos pères purent écrire en tête de la loi salique : Vive le Christ qui aime les Francs !

« Un lien d'amour unissait à jamais au Christ le royaume très chrétien et à l'Église sa fille aînée. »

VI

La journée de Tolbiac et la conversion de Clovis furent, pour le monde, des événements considérables, qui marquèrent un nouveau triomphe de la foi sur le paganisme et la barbarie. L'espérance revint dans les cœurs. Rome tressaillit de joie à cette nouvelle. Le pape saint Anastase écrivit à Clovis :

« Glorieux fils, votre avènement à la foi chrétienne coïncide avec le début de notre pontificat et nous apporte une joie immense. L'Église, votre mère, s'applaudit des progrès du grand roi qu'elle vient d'enfanter à Dieu. Soyez la gloire de cette mère et son rempart invincible. Nous adressons nos hymnes d'actions de grâces au Seigneur Jésus qui vous a arraché à la puissance des ténèbres. En donnant à l'Église un roi tel que vous, il lui assure un protecteur capable de la soutenir et de la défendre. Courage donc, bien-aimé fils ! Que

Dieu daigne étendre le secours de son bras sur vous et votre royaume; qu'il ordonne à ses anges de vous garder et vous accorde la victoire sur vos ennemis! »

Nous aimons à recueillir ces antiques témoignages de l'alliance contractée jadis entre la religion et la patrie. Ce sont nos archives nationales qu'il importe de rappeler à la mémoire de nos compatriotes.

Le grand évêque de Vienne, saint Avit, sujet de Gondebaud, roi des Burgondes ariens, écrivit aussi au roi des Francs cette lettre touchante :

« Laissez les partisans de l'hérésie et du schisme exhaler leurs plaintes inutiles. Votre choix règle le jugement des autres. La foi que vous avez confessée est notre victoire. Après l'éclatant miracle dont nous venons d'être témoins, tous les scrupules doivent disparaître. Une nouvelle lumière éclate pour nous en la personne d'un roi de l'Occident. Elle a éclaté, cette lumière, le jour où nous célébrions la nativité de notre Rédempteur. Il convenait que l'eau baptismale vous enfantât pour le salut à l'heure même où le Seigneur du ciel voulut naître pour la rédemption du monde. Donc le Noël du Seigneur est aussi le Noël des Francs. La divine miséricorde ménageait cette allégresse à nos contrées... Tout retentit de vos triomphes. Votre prospérité nous touche nous-mêmes, et c'est nous qui triomphons toutes les fois que vous combattez. »

Quelque temps après, dit Aimoin, la ville de Paris ouvrit ses portes au roi chrétien des Francs, et Lutèce devint la résidence ordinaire de Clovis.

Ce fut alors que s'établirent, entre la reine Clotilde, la vierge Geneviève son amie, l'évêque de Reims et Clovis, des relations dont le souvenir traditionnel s'est perpétué jusqu'à nous. Plus d'une fois, le roi des Francs accorda à la sainte patronne des Parisii la grâce des captifs et lui demanda ses prières pour le succès des grandes expéditions militaires qui préparaient l'unité nationale. Sublime alliance, inaugurée sur le berceau de la patrie, alliance de la vierge chrétienne et du prêtre de Dieu à l'effet de fortifier la foi du souverain, d'assurer le règne divin dans les âmes, et de sceller définitivement le grand pacte de Tolbiac. Sans doute l'éducation chrétienne des Francs ne fut pas l'œuvre d'un jour : il fallut des siècles à l'Église pour civiliser les barbares convertis. Clovis lui-même, après 496, se rendit coupable d'actions criminelles. L'instinct de la cruauté, répandu chez tous les barbares, renaissait sans cesse en dépit des exhortations des évêques. Mais le coup était porté. Il ne s'agissait plus que d'en développer les conséquences. La grâce du baptême avait dompté la férocité native des Francs, et la civilisation était sauvée.

CHAPITRE II.

SUS A L'ISLAM!

Le songe de saint Nicétius. — L'évangélisation des Gaules. — Les Francs peuvent venir, la terre est prête. — Le cri de Bossuet. — Saint Grégoire le Grand exalte le royaume des Francs. — Le plus beau après celui du ciel. — Le chant du poëte. — L'invasion des Arabes. — Ce qu'ils pensaient des Francs. — Héroïsme et martyre de l'évêque de Nantes. — Le récit d'un historien peu suspect. — Laissez-les faire! — Un nouveau Fabius Cunctator. — Enfin, le jour du combat est arrivé. — Récit d'Isidore de Beja. — Abdérame est frappé. — Prudence de Charles. — Terreur mystérieuse. — Est-ce un stratagème? — Victoire! victoire! — Le Martel. — Le pavé des martyrs.

I.

C'était au début du sixième siècle. Un évêque de l'Église des Gaules s'acheminait vers l'exil : il avait jeté devant les persécuteurs le cri de son âme et la protestation de sa foi. Le diacre, qui l'accompagnait, pleurait.

— Ne pleure pas, mon fils, dit le saint vieillard, le jour de Dieu est proche. J'ai vu en songe une tour dont les créneaux touchaient au ciel. Le Sauveur était debout sur le faîte. Des anges se tenaient aux ouvertures. Or, l'un d'eux avait dans les mains un livre, où il lisait à haute voix les noms des rois qui avaient gouverné et les noms de ceux qui devaient gouverner la nation française. Après chaque nom, les anges répondaient : Amen!

Grégoire de Tours, l'historien des Francs, rapporte le rêve de saint Nicétius.

Rien ne peint mieux, en effet, la mission des Francs, que cette intervention de Dieu lui-même faisant lire aux anges les commencements d'une histoire qui devait être, suivant l'expression célèbre, sa propre histoire : *Gesta Dei per Francos.*

Dieu avait prédestiné ce peuple et l'avait prévenu dès son berceau.

C'est pour lui que Lazare, Marthe et Marie-Madeleine ont apporté le nom de Jésus-Christ aux rives parfumées de la Provence (1). C'est pour lui que

---

(1) Sur le mont Sainte-Victoire se dresse une croix gigantesque, *la croix de Provence,* au pied de laquelle on lit en langue provençale :

Sourgent d'immourtalo lumiero
Eme lou sang d'un Diou ô testament escrit!

Martial, si grand par la parole et par le prodige, a évangélisé l'Aquitaine. C'est pour lui que saint Austremoine et saint Ursin apportent au centre de la France la foi de Rome. C'est pour lui qu'Hilaire de Poitiers a fait resplendir la divinité du Verbe. C'est pour lui que ce géant à la voix surhumaine, selon l'expression de Sulpice Sévère son biographe, *nec mortale sonans,* saint Martin, a, durant vingt-cinq ans, bataillé contre les idoles, défriché les âmes, comme le laboureur son champ, et, de la sorte, préparé le berceau de la nation française.

Lors donc que le peuple franc vint, tout était prêt pour le recevoir.

Grâce à Geneviève, à Clotilde et à Remi, Clovis a vaincu le paganisme à Tolbiac et l'arianisme à Vouillé; sa race inaugure la glorieuse lignée des rois très chrétiens.

Ce spectacle a ému la grande âme patriotique de Bossuet. Dans un de ses immortels traités, il résume les antiques traditions, en s'écriant : « Remi, ce grand saint et ce nouveau Samuel, appelé pour sacrer les rois, sacra ceux de France en la personne de Clovis, comme il dit lui-même, *pour être les perpétuels défenseurs de l'Église et des pauvres,* qui est le plus digne objet de la royauté. Il le bénit et ses successeurs, qu'il appelle toujours ses enfants; et priait Dieu nuit et jour qu'ils persévérassent dans la foi. Prière exaucée de Dieu avec une prérogative bien particulière, puisque la France est le seul royaume de la chrétienté qui n'a jamais vu sur le trône que des rois enfants de l'Église. » Et il ajoute : « Tous les saints qui étaient alors furent réjouis du baptême de Clovis; et, dans le déclin de l'empire romain, ils crurent voir, dans les rois de France, *une nouvelle lumière pour tout l'Occident et pour toute l'Église.* »

Dès lors, nul ne s'étonnait dans le monde gallo-romain d'entendre saint Grégoire le Grand écrire à Childebert II, en 595 :

« Autant la dignité royale est au-dessus des autres hommes, autant votre royauté l'emporte sur les autres royautés des nations. C'est peu d'être roi quand d'autres le sont, mais c'est beaucoup d'être catholique, quand d'autres n'ont point part au même honneur. Comme une grande lampe brille de tout

La Prouvenço à ti ped se cliné la proumiero
Assousto la Prouvenço, ô crous de Jésus-Christ.

Inscription qu'on peut traduire ainsi, à peu près littéralement:

Source d'immortelle lumière
Avec le sang d'un Dieu ô testament écrit!
La Provence à tes pieds s'inclina la première,
Abrite la Provence, ô croix de Jésus-Christ!...

l'éclat de sa lumière dans les ténèbres d'une profonde nuit, ainsi la splendeur de votre foi rayonne au milieu de l'obscurité volontaire des peuples étrangers... Afin donc de surpasser les autres hommes par les œuvres comme par la foi, que Votre Excellence ne cesse pas de se montrer clémente envers ses sujets. S'il y a des choses qui vous offensent, ne les punissez pas sans discussion. Vous commencerez davantage à plaire au Roi des Rois, quand, restreignant votre autorité, vous vous croirez moins de droit que de pouvoir. »

Princes et peuples sentaient, proclamaient d'avance la vérité que formulera un jour un étranger, et un étranger protestant, Grotius :

— Le royaume de France est le plus beau après celui du ciel !

O France ! ô patrie bien-aimée ! fille aînée de l'Église, laisse-nous donc te chanter avec le poète inspiré :

> Entre les nations grande prédestinée,
> Tu portes fièrement *ton nom de Fille aînée*,
> France de Tolbiac, que ton destin est beau !
> *Le Seigneur t'a donné* le glaive et le flambeau :
> Le glaive, pour frayer une route aux idées
> Qui dans ton sein puissant ont été fécondées ;
> Le flambeau, pour porter, divine mission,
> Tes célestes clartés à toute nation.
> Depuis quinze cents ans, tu dis à ton pilote :
> Laisse, au souffle de Dieu, laisse courir ma flotte !
> Et toujours elle prend le merveilleux chemin
> Qui mène chez un peuple à qui Dieu tend la main.
> . . . .
> Que l'esprit de vertige et l'ange des ténèbres
> Suscitent contre toi leurs légions funèbres,
> Qu'importe ? Le Seigneur, ô France ! est avec toi ;
> Poursuis, l'étoile au front, et marche dans ta Foi (1) !

II.

Tout à coup, au printemps de 732, une étrange rumeur se répandit parmi les Francs chrétiens.

L'émir de Cordoue, Abdérame, venait de franchir les Pyrénées par la vallée de Roncevaux.

Son armée était formidable. Elle comprenait la plus grande partie de ces

(1) Ausone de Chancel : Poème sur le percement de l'isthme de Suez.

vaillantes troupes qui avaient conquis l'Afrique et l'Espagne. Derrière les combattants venait une multitude énorme, vieillards, femmes et enfants, que certains historiens, dignes de foi, portent au chiffre de cinq cent mille âmes. C'était un peuple entier qui se jetait sur un autre, comme au temps des grandes invasions, et qui obéissait à la voix d'un des plus fameux capitaines de l'islamisme.

Les envahisseurs connaissaient peu la terre où ils apportaient le ravage. Ils donnaient indistinctement à tous ses habitants le nom de Frandj, et l'on a rappelé à ce propos la question posée par le khalife Abdelmelek à Mousa, le premier chef arabe qui osa franchir les Pyrénées et traverser en la pillant la province narbonnaise :

« — De ces Frandj, lui dit-il, que peux-tu m'apprendre?

— C'est, répondit Mousa, un peuple très nombreux et abondamment pourvu de tout, brave et impétueux à l'attaque, mais lâche et timide dans les revers.

— Et comment s'est passée la guerre entre eux et toi? ajouta Abdelmelek? t'a-t-elle été favorable ou contraire? — Contraire! non, de par Dieu et par le Prophète; jamais mon armée n'a été vaincue, jamais bataillon de mon armée n'a été battu, et jamais les Musulmans n'ont hésité à me suivre quand je les ai menés quarante contre quatre-vingts. »

L'armée d'Abdérame avait ravagé la Provence, immolant les chrétiens et multipliant les martyrs.

Les évêques, sur le parcours, s'opposaient au torrent envahisseur.

A Nantes, les Bretons se levèrent sur l'appel de leur pasteur Æmilianus.

III.

Cette résistance n'était que le prélude de la victoire définitive.

Le chef des Francs avait convoqué tous les guerriers.

« Durant tout l'été de 732, dit Henri Martin (à l'exemple de M. Hervé-Bazin, nous citons cet auteur, parce qu'il ne peut être accusé de partialité en faveur de la chrétienté), les clairons romains et les trompettes germaniques retentirent dans les contrées de la Neustrie et de l'Austrasie, les plus impénétrables marécages de la mer du Nord, les plus sauvages profondeurs de la Forêt-Noire vomirent des flots de combattants à demi-nus qui se précipitèrent vers la Loire à la suite des lourds escadrons austrasiens, tout bardés de fer. Cette masse énorme de Francs, de Teutons et de Gallo-Romains passa la Loire à Orléans, et rallia les restes de l'armée d'Aquitaine qui avaient dû se retirer dans le Berry et dans la Tourraine dans le courant du mois d'octobre 732.

« Abdérame y avait recueilli les bataillons innombrables de ses deux armées.

« Ce fut un des moments les plus solennels de l'histoire du genre humain. L'Islamisme se trouvait en face du dernier boulevard de la Chrétienté. Le Nord et le Midi étaient aux prises. Le chroniqueur contemporain, Isidore de Beja, ne s'y trompe pas : il appelle l'armée franque l'armée des Européens. Cette armée détruite, la terre était à Mahomet.

« Quel eût été l'avenir de l'humanité, si la civilisation européenne du moyen âge, notre mère, eût été ainsi étouffée au berceau? Au moment du vaste choc, les Arabes présentaient, à quelques égards, dans leur civilisation, un côté chevaleresque; mais il ne faut pas se faire illusion sur la valeur réelle de ces qualités extérieures et brillantes, ni se laisser éblouir par les élégants monuments d'art et de littérature qu'ont vu naître Cordoue, Grenade, Bagdad ou Schiraz.

« L'Islamisme, relativement aux croyances européennes, n'était pas un développement nouveau de l'humanité, mais un funeste élan en arrière. Le Koran ressuscitait le fatalisme antique, rejetait la femme sous le joug honteux de la polygamie, brisé par la civilisation chrétienne. La soumission absolue des Musulmans aux lois fatales du ciel et au représentant du Prophète étouffait chez eux la personnalité humaine ainsi que la vie politique, et devait les précipiter sans transition d'un fanatisme aveugle et volontaire dans une stupide inertie.

« Le sort du monde allait se jouer entre les Francs et les Arabes. Les bandes austrasiennes ne soupçonnaient guère quelles destinées allaient être confiées à leur épée. Cependant un sentiment confus de la grandeur de la lutte qu'elles allaient engager parut les saisir. Les Musulmans, de leur côté, hésitèrent pour la première fois. Durant sept jours, l'Orient et l'Occident s'examinèrent avec haine et terreur. Les deux armées ou plutôt les deux mondes s'inspiraient un étonnement réciproque, par la différence des physionomies, des costumes et de la tactique. Les Francs contemplaient d'un œil surpris ces myriades d'hommes bruns aux turbans variés, aux burnous blancs, aux boucliers ronds, aux sabres recourbés, aux zagaies légères, et caracolant sur leurs cavales échevelées. Les cheicks musulmans passaient et repassaient au galop devant les lignes gallo-teutoniques pour mieux voir les géants du Nord, avec leurs longs cheveux blonds, leurs heaumes brillants, leurs casaques de peau de buffle ou de mailles de fer, leurs longues épées et leurs énormes haches! »

La physionomie générale du récit d'Henri Martin est exacte, les détails le
sont moins. Il nous plaît d'interroger un chroniqueur arabe. Celui-là met en
vive lumière la tactique du chef héroïque des Francs.

« Nos soldats, dit-il, connaissaient la vigueur du chef franc, dont le nom,
Karlé, ne se prononçait qu'avec terreur. Ils s'étonnaient de ne le rencontrer
nulle part sur leur chemin. Or, les leudes, étant allés se plaindre à Karlé de
son inaction, lui racontèrent les ravages commis par les fils de Mahomet dans
les provinces méridionales de la Gaule. Ils parlaient de la honte qui devait
rejaillir sur les guerriers francs :

« — Quoi ! disaient-ils, nos gros bataillons, munis de cuirasses, armés de
tout ce que la guerre peut offrir de plus terrible, se laisseront dévorer par
des hordes armées à la légère, sans discipline et sans ordre !

— Laissez-les faire, répondit Karlé : ils sont au moment de leur plus grande
audace. Ils ressemblent au torrent qui renverse tout sur son passage. L'enthousiasme leur tient lieu de cuirasse, et le courage de places fortes. Mais quand
leurs bras seront chargés de butin, quand ils auront pris goût aux belles et
spacieuses demeures, l'ambition s'emparera des chefs, la discorde pénétrera
dans leurs rangs : alors nous irons à eux et nous en viendrons à bout sans
peine. »

IV.

Enfin, le jour du combat arriva.

C'était le mardi 17 octobre 732.

« Les Sarrasins, dit le chroniqueur Isidore de Beja, engagèrent l'action par
une charge de toute leur cavalerie. » Charles reçut avec sang-froid ce premier
assaut furieux, qui jusque-là avait si bien réussi aux Arabes.

« En un clin d'œil, dit le chroniqueur, les hommes du Nord groupèrent
leurs masses compactes, immobiles comme un mur, ou plutôt comme un rempart de glace qui n'offrirait aucun interstice. Les Arabes essayèrent vainement
de les rompre ; ils tombaient impitoyablement sous le fer des épées et des lances. Les guerriers d'Austrasie avaient sur l'ennemi l'avantage d'une taille plus
élevée et d'une solide armure. Leur main de fer farppait en pleine poitrine. »

Alors, continue M. Hervé-Bazin, se produisit un fait qui décida du sort de
la journée.

Abdérame probablement inquiet de la tournure que prenaient les événements, rallia tout ce qui lui restait de cavaliers, se mit à leur tête, et s'élança

sur les troupes franques pour arrêter leur marche. Mais rien ne pouvait rompre ce « rempart de glace », dont les écrivains arabes parlent tous avec tant de douleur et d'admiration. Les Sarrasins se brisèrent sur les soldats chrétiens, et leur chef, Abdérame, tomba, frappé mortellement par un coup de lance, disent les uns, par une flèche, disent les autres.

La mort de l'émir et l'absence de commandemeut jeta le plus grand trouble dans l'armée musulmane, et à partir de ce moment les guerriers francs firent un massacre effroyable des ennemis du Christ. Dans cette mêlée confuse, dit avec raison M. Guizot, « la haute stature et les fortes armes des Francs avaient l'avantage ».

Mais Charles, toujours prudent, maintenait l'ardeur de ses soldats. Quand la nuit vint, il donna l'ordre de cesser le combat. « Sans se débander, dit Isidore de Beja, les Francs élevèrent la pointe de leurs épées et de leurs comme pour défier l'ennemi, et couchèrent sur le champ de bataille! »

Mais la grande journée n'était pas finie. Dieu agissait à son tour et récompensait le courage de ses troupes en jetant au cœur des Sarrasins une terreur mystérieuse qui devait compléter la victoire plus efficacement encore que les combats.

Le lendemain, en effet, les guerriers francs, dès la pointe du jour, sortent l'épée du fourreau, s'élancent sur leurs chevaux, et, pleins d'espoir, se dirigent en ordre de combat vers le camp arabe dont les tentes étaient toujours debout. Nous reproduisons ici le récit même des chroniqueurs français et arabes, unanimes à raconter ce fait singulier, presque sans exemple dans l'histoire. « Étonnés de n'entendre aucun bruit, de n'apercevoir aucun mouvement, les soldats de Charles se persuadèrent que la cavalerie arabe, dissimulée derrière les tentes, avait préparé une embuscade. Des reconnaissances furent envoyées dans toutes les directions, *mittentes exploratorum officia;* elles revinrent annoncer que la plaine était vide et le camp abandonné; que les Sarrasins avaient profité de la nuit pour s'enfuir dans le plus grand silence et que tous, répartis par groupes et escadrons,, se précipitaient dans la direction des Pyrénées pour regagner leur patrie. Cette disparition subite pouvait cacher un piège : les Francs le craignirent, et ne voulant pas se compromettre dans une poursuite téméraire, ils parcoururent tout le pays et demeurèrent comme stupéfaits en le voyant complètement libre. Convaincus enfin qu'ils n'étaient dupes d'aucun stratagème militaire, ils purent se livrer à toute la joie de la victoire. Les dépouilles immenses trouvées dans le camp furent régulièrement distribuées entre tous les bataillons d'abord, puis à chaque soldat, *spoliis tantum et manubiis decenter divisis.* »

Tel est le fait raconté par les historiens et tant de fois reproduit par la peinture et la gravure. L'armée musulmane était en déroute, et les plaines de la Loire ne devaient jamais la revoir. La bataille gigantesque était gagnée, et Charles, le glorieux vainqueur, le sauveur de la Gaule et de la chrétienté, fut acclamé par son armée et salué du nom de *Tuditis*, marteau de forgeron,

Fig. 7. — Défaite des Sarrasins, par Charles Martel, à Tours (octobre 732).
D'après le tableau de Steuben. *Galeries historiques de Versailles.*

parce qu'il avait comme écrasé sur l'enclume les bandes innombrables de l'émir : « Propterea *Tuditis* appellatus est quod est *malleus fabri!* » (Chron. Hugues de Flavigny.) Il faut lire sur ce point les Grandes Chroniques de Saint-Denis dans le vieux français du treizième siècle : « *Lors fuit primes apelé Martiaux par seurnom, car aussi comme le martiaux debrise le fer, aussi froissait-il et brisait par la bataille tous ses ennemis* (1).

(1) « Les Arabes ayant laissé sur le champ de bataille de Poitiers trois cent soixante-quinze

Les chroniqueurs arabes se lamentent à l'envi sur le sort d'Abdérame et sur le désastre de sa grande armée. Ils désignent le théâtre de la bataille sous le nom de « pavé des martyrs », et ajoutent que sur ces plaines ensanglantées, devenues, disent-ils, un lieu sacré pour tous les fils du Prophète, on entend encore la voix des anges du ciel invitant les Musulmans à la prière !

CHAPITRE III.

A LA DROITE DU SIÈGE APOSTOLIQUE.

Les débuts de la loi Salique. — *Vivat Christus qui diligit Francos!* — Premier appel du Vicaire de Jésus-Christ aux Francs. — Les Carlovingiens et la Papauté. — Sacre de Pépin le Bref. — Étienne III en France. — Il appelle à son secours *un compère spirituel.* — Le roi Pépin le délivre d'Astolfe. — Charlemagne! — Légende du moine de Saint-Gall. — Récit d'Éginhard. — Entrée de Charlemagne à Rome en 774. — Il renouvelle les donations de Pépin. — Le pouvoir temporel des Papes et les Francs. — Pourquoi la statue équestre de Charlemagne à l'entrée de Saint-Pierre. — Le cri patriotique de Bossuet. — Charlemagne roi des Lombards. — A vingt-six ans de là. — Charlemagne vient délivrer la papauté prisonnière dans Rome. — Léon III lui met la couronne d'or en tête. — L'épée de la France veille sur le siège de Pierre.

I.

Ainsi, dès les origines, la nation élue justifiait la magnifique louange que lui attribuait sa charte constitutionnelle, cette Loi Salique, qui débutait ainsi :

« La nation des Francs, illustre, ayant Dieu pour fondateur, forte sous les armes, ferme dans les traités de paix, profonde en conseil, nette et saine de corps, d'une blancheur et d'une beauté singulières, hardie, agile et rude au combat, depuis peu convertie à la foi catholique, pure d'hérésie, lorsqu'elle était encore sous une croyance barbare, avec l'inspiration de Dieu, recher-

---

mille morts, et dans leur camp le butin fait depuis vingt ans en Espagne, en Septimanie, en Aquitaine (Paul Diacre), Karle recueillit tout ce butin, reçut l'hommage d'Eudes, duc d'Aquitaine, et retourna en France tout glorieux. Dès lors tous commencèrent à le nommer *Martel*, parce que, comme le martel brise toute sorte de fer, Karle, avec la grâce du Seigneur, brisait ses ennemis dans toutes les batailles. » (Chron. de Moissac.)

chant la clef de la science; selon la nature de ses qualités, désirant la justice, gardant la piété. La Loi Salique fut dictée par les chefs de cette nation, qui en ce moment commandaient chez elle.

« On choisit, entre plusieurs, quatre hommes, savoir : Wisogast, Bodogast, Salogast, et Windogast, dans les lieux appelés Salagheve, Badogheve, Windogheve. Ces hommes se réunirent dans trois mâls, discutèrent avec soin toutes les causes du procès, traitèrent de chacune en particulier, et décrétèrent leur jugement en la manière qui suit. Puis, lorsque, avec l'aide de Dieu, Clovis le chevelu, le beau, l'illustre roi des Francs, eut reçu le premier baptême catholique, tout ce qui, dans ce pacte, était jugé peu convenable fut amendé avec clarté par les illustres rois Clovis, Childebert et Clotaire; et ainsi fut dressé le décret suivant... »

Ces préliminaires achevés, le rédacteur de la charte semble n'avoir pu contenir son enthousiasme religieux et c'est alors que retentit, pour la première fois, le cri célèbre, le *Vivat Christus qui diligit Francos!* si souvent répété depuis dans nos plus glorieuses annales.

« Vive le Christ qui aime les Francs! qu'il garde leur royaume et remplisse leurs chefs de la lumière de sa grâce! qu'il protège l'armée, qu'il leur accorde des signes qui attestent leur foi, la joie de la paix et la félicité! Que le Seigneur Jésus-Christ dirige dans les voies de la piété les règnes de ceux qui gouvernent, car cette nation est celle qui, petite en nombre, mais brave et forte, secoue de sa tête le dur joug des Romains, et qui, après avoir reconnu la sainteté du baptême, orne somptueusement d'or et de pierres précieuses le corps des saints martyrs que les Romains avaient brûlés par le feu, massacrés, mutilés par le fer, ou fait déchirer par les bêtes. »

Nos aïeux avaient raison de croire aux prédilections, à la *dilection du Christ*. Ce que Jean le disciple bien-aimé fut dans le collège apostolique, la France va le devenir dans le cortège des nations chrétiennes.

II.

Charles Martel, du champ de bataille de Poitiers, avait envoyé des messagers au pape saint Grégoire III, pour lui annoncer la victoire de la Croix sur l'Islam.

Grégoire répondit au glorieux vainqueur d'Abdérame, en lui conférant ce privilège glorieux qui va nous constituer les défenseurs nés du Saint-Siège depuis Grégoire III jusqu'à Pie IX.

« Très chrétien fils, écrit le pape à Charles-Martel, *fili christianissime*, nous exhortons votre bonté devant le Seigneur et son terrible jugement; secourez, pour Dieu et le salut de votre âme, l'Église de saint Pierre et ceux qui sont spécialement son peuple. Ne fermez pas l'oreille à ma prière, afin que le prince des apôtres ne vous ferme pas la porte du ciel. Je vous en conjure, au nom du Dieu vivant, qui est la vérité même, et par les clefs sacrées de la confession du bienheureux Pierre, que je vous envoie comme une marque de royauté (*ad regnum*), ne préférez pas l'amitié des rois lombards à celle du prince des apôtres. »

Cette gloire allait être dévolue à l'héritier du vaillant capitaine de Poitiers.

Pépin le Bref, disent les chroniques, devait sa couronne au Saint-Siège. On l'a contesté, mais, si le détail est inexact dans sa forme traditionnelle, le fonds même de la tradition est incontestable, comme nous l'allons voir.

Quoi qu'il en soit donc de l'exactitude rigoureuse des termes et de l'incident, les vieilles annales racontent que, en l'an 749-750, qui vit la fin des Mérovingiens, depuis longtemps asservis, en vrais rois fainéants, sous la tutelle des maires du Palais chaque jour plus puissants, Burchard, évêque de Wurtzbourg, et Fulrad, prêtre chapelain, furent envoyés à Rome au pape Zacharie, afin de consulter le pontife touchant les rois qui étaient alors en France et qui n'en possédaient que le nom sans en avoir en aucune façon la puissance. Le pape répondit par un messager qu'il valait mieux que celui qui possédait déjà l'autorité de roi le fût en effet, et il donna son plein assentiment; il enjoignit que Pépin fût fait roi, ajoutent les chroniques.

Dans cette année, d'après la sanction du pontife romain, Pépin fut appelé roi des Francs, oint pour cette haute dignité de l'onction sacrée par la sainte main de Boniface, archevêque et martyr d'heureuse mémoire, et élevé sur le trône, selon la coutume de Francs, dans la ville de Soissons. Quant à Childéric, qui se parait du faux nom de roi, Pépin le fit raser et mettre dans un monastère.

Quatre ans après, le pape lui-même arrivait de Rome pour couronner son élu.

« Le roi Pépin, raconte Frédégaire, traversa la forêt des Ardennes et se trouvait à Thionville, sur la Moselle, lorsqu'un messager vint lui dire que le pape Étienne, parti de Rome avec beaucoup de pompe et chargé de présents, avait déjà passé le grand Saint-Bernard et se rendait vers lui. A cette nouvelle, le roi, plein de joie, ordonna que le pape fût reçu avec de grands honneurs, et envoya au-devant de lui son fils Charles, lui enjoignant de lui amener le pape à sa maison de Ponthion. Le pape Étienne, y étant arrivé, fit beaucoup de présents, tant au roi qu'aux autres Francs, et réclama leur secours contre la nation des Lombards et son roi Astolfe, les suppliant de le délivrer des oppressions et des perfidies que ces gens-là lui faisaient subir, ainsi que des charges et tributs que, contre toute justice, ils imposaient aux Romains.

Le roi Pépin voulut que le pape Étienne passât l'hiver à Paris, dans le monastère de Saint-Denis, et qu'il y fût traité avec toutes sortes de soins. Il envoya en même temps des députés à Astolfe, roi des Lombards, l'engageant, par respect pour les saints apôtres Pierre et Paul, à ne plus entrer en ennem

Fig. 8. — Le pape Étienne III sacre Pépin le Bref dans l'église de Saint-Denis le 28 juillet 754. D'après le tableau de F. Dubois. *Galeries historiques de Versailles.*

sur le territoire de Rome, et à faire cesser, par égard pour lui-même, les tributs impies ou illégitimes que les Romains ne payaient pas auparavant. »

Nous avons, de la joie du pape Étienne III et des beaux souvenirs de son séjour au milieu des Francs, un éloquent témoignage.

C'est une lettre qu'il écrivit, tandis qu'il résidait à Saint Denis, en 754.

Avant de retourner en Italie, Étienne III donna au nouveau défenseur du siège apostolique un gage de sa reconnaissance. Le 28 juillet 754, dans l'église de Saint-Denis, il versa l'huile sainte sur la tête de Pépin et de son épouse; et sacra également leurs deux fils, Charles âgé de douze ans, et Carloman âgé de trois ans; il bénit ensuite les seigneurs francs et leur défendit, sous peine d'excommunication, d'élire désormais un roi *issu d'un autre homme que Pépin.* Il termina cette imposante cérémonie en conférant au roi et à ses fils le titre de patrice des Romains.

Par là, les empereurs d'Orient étaient implicitement dépouillés de tous leurs droits sur Rome, qu'ils n'avaient pas su défendre contre les barbares. Les Francs, fils aînés de l'Église, les remplaçaient désormais dans le rôle glorieux de défenseurs et de soutiens du Saint-Siège.

L'armée de Pépin eut tôt fait de mettre en déroute l'ennemi du Saint-Siège. Mais, quand le roi de France fut parti, Astolfe recommença ses déprédations.

Étienne III eut de nouveau recours à son cher fils, le roi très chrétien, et lui manda :

« Nous aurions désiré, très excellent fils, retarder ce message, mais Astolfe, roi des Lombards, ne cesse de nous susciter des tribulations, et notre cœur est accablé de douleurs, notre esprit plein de tristesse. O notre *compère spirituel*, et vous, ses très doux fils, pour répondre à la miséricorde de Dieu qui vous a, du ciel, envoyé la victoire, vous vous êtes efforcés de rétablir la juridiction de saint Pierre. Prenez donc de nouveau en main notre cause, afin que vous soyez victorieux en cette vie par la grâce de Dieu et que, par l'intercession du Prince des apôtres, vous goûtiez plus tard les joies éternelles. Adieu, très excellent fils. »

A la réception de cette lettre, Pépin rassemble ses Francs. Comme l'année précédente, il passe les Alpes, envahit la Lombardie, taillant en pièces tout ce qui essaye de l'arrêter, et vient planter sa tente sous les murs de Pavie. Astolfe épouvanté promet tout et achète la paix en sacrifiant le tiers de son trésor royal.

Pépin fit don au Siège apostolique du pays conquis, c'est-à-dire la Romagne, le duché d'Urbin et une partie de la marche d'Ancône. Le pontife romain prit ainsi place parmi les souverains temporels, et put jouir enfin de cette indépendance politique et religieuse que les empereurs avaient si souvent entravée.

Jaloux d'être ainsi supplantés, ceux de Constantinople recoururent à la ruse et essayèrent de faire revenir Pépin sur ses donations.

« Aucune raison, répondit le roi très chrétien, ne me fera enlever de nouveau ces provinces au pouvoir du bienheureux Pierre, à la juridiction de l'Église romaine et du pontife assis sur le Siège apostolique. Je jure que, si je me suis tant de fois exposé au hasard des batailles, dans cette lutte contre Astolfe, ce n'est pas pour des intérêts humains, mais uniquement par amour envers le bienheureux Pierre et afin d'obtenir le pardon de mes péchés. Tous les trésors du monde ne me feraient pas retirer au Prince des apôtres ce que je lui ai une fois offert. »

Pépin le Bref mourut, couvert de gloire, et immortalisé dans les annales de l'Église et de la France, à qui il avait définitivement conquis son droit et son privilège de primogéniture vis-à-vis de cette auguste Épouse du Christ, mère de l'Europe et du monde civilisé.

Le grand roi peut venir maintenant, son père lui a préparé sa place dans l'histoire.

III.

« Charles, dit excellemment M. Edmond Demolins, Charles, que l'histoire devait appeler Charles le Grand ou Charlemagne, était âgé, à la mort de son père, d'environ vingt-sept ans. La légende, qui a donné à son histoire les proportions d'une épopée, a fait de lui un personnage gigantesque, haut de huit pieds, au visage majestueux, aux traits fortement accentués, à la barbe touffue et « fleurie », capable de fendre d'un coup d'épée un chevalier armé de pied en cap. Ce portrait bizarre, créé par l'imagination populaire et reproduit par les trouvères, n'est point confirmé par l'histoire. Cependant, bien qu'amoindri, Charlemagne y domine encore, par l'éclat de ses actions, les générations qui le précèdent et celles qui le suivent. Il était robuste, d'une taille élevée et bien proportionnée. Il avait le sommet de la tête arrondi, les yeux grands et vifs, le nez un peu long, une chevelure abondante, une physionomie avenante et agréable; dans son maintien éclatait un air de grandeur et de dignité; et, quoiqu'il eût le cou un peu fort, la juste proportion de ses membres dissimulait ce défaut; seulement sa voix, malgré sa clarté, paraissait trop grêle pour un corps aussi robuste.

« Toute sa personne présentait le type de l'homme de race germanique, déjà civilisé par le christianisme; mais on y retrouvait encore l'empreinte de cette aristocratie austrasienne dont il personnifiait le triomphe sur la Neustrie. Il en avait conservé le costume national, aussi bien que les habitudes et les traditions. Loin d'imiter les rois mérovingiens qui affectaient de porter le costume et d'adopter les mœurs des Romains, il dédaignait les vêtements étrangers à sa race. Deux fois seulement, pendant un séjour à Rome, il consentit à revêtir, à la prière du pape, la longue tunique, la chlamyde et la chaussure romaines. Il s'habillait ordinairement à la manière des gens du peuple de race germanique : sur la peau une chemise de lin, un caleçon de même étoffe et des bas retenus par des bandelettes entrelacées en croix. Une tunique bordée de franges de soie couvrait la chemise. En hiver, pour se garantir du froid, il ajoutait un justaucorps de peau de loutre et se chaussait, suivant la saison, de sandales ou de brodequins. Sur sa poitrine, brillait un baudrier d'or, supportant le fourreau de la terrible épée que les poètes ont appelée *Joyeuse*. Tel était l'homme qui réunissait sous sa puissance toute l'étendue de la Gaule, car son frère, le jeune Carloman, mourut prématurément le 4 décembre 771, à l'âge de vingt-et-un ans.

« La mission de Clovis avait été de faciliter la conversion des barbares établis en Gaule : Francs, Burgundes et Visigoths; l'œuvre de Charlemagne fut de contenir les peuples encore nomades de la Germanie, de les civiliser par le christianisme, de les fixer définitivement au sol, et de préparer ainsi l'Europe du moyen âge, la chrétienté. Ce fut par la guerre contre les Saxons que s'ouvrit son règne, le plus grand et le plus fécond entre ceux de Clovis et de saint Louis (1) ».

Tel fut ce Charlemagne, cet homme si grand que l'idée de grandeur est entrée dans son nom, « le Trismégiste des temps modernes », l'invincible et tout-puissant empereur, qui datait ses capitulaires du règne même de Notre-Seigneur Jésus-Christ : *Regnante Domino Nostro Jesu Christo;* et se qualifiait lui-même en termes si religieusement modestes : « Moi, Charles, par la grâce de Dieu et le don de sa miséricorde, roi et chef des Francs, dévot défenseur de la sainte Église, et, en toutes choses, humble auxiliaire du Siège apostolique. »

Avec de pareilles dispositions, on comprendra l'indignation de son âme en apprenant que le successeur d'Astolfe, Didier, roi des Lombards, venait de marcher sur Rome, pour y compromettre l'œuvre du roi Pépin.

« A l'annonce de cette marche, raconte Anastase le bibliothécaire, le très-saint pontife et son peuple fondant en larmes implorent le secours du Ciel. On prend en hâte toutes les mesures nécessaires à la défense; les portes de la ville sont fermées et les remparts soigneusement fortifiés. Appelant aux armes les milices de Toscane, de Campanie et du duché de Pérouse, le pape leur fait jurer de défendre la ville sainte jusqu'à la mort. Comme les deux basiliques de Saint-Pierre et de Saint-Paul situées en-dehors de l'enceinte fortifiée, devaient se trouver à la merci de l'ennemi, on les démeubla; tout ce qu'elles avaient de précieux, ornements et vases sacrés, fut emporté à l'intérieur de la ville. Ensuite on barricada en dedans les portes, afin que l'assaillant ne pût s'y introduire sans effraction et sans encourir, par conséquent, les anathèmes canoniques. Dès le premier moment d'angoisse, des nonces étaient partis par la voie de mer, portant au très excellent Charles,

---

(1) Edmond Demolins, *Histoire de France,* t. I, p. 210 et 211.

roi des Francs et patrice des Romains, des lettres apostoliques où le pape conjurait sa royale excellence de marcher sur les traces de son père Pépin, d'illustre mémoire, en secourant les provinces de Ravenne et de Rome et en délivrant le Saint-Siège de la tyrannie lombarde. »

L'ambassade du pape Adrien Ier débarqua à Marseille, traversa toute la Gaule à franc étrier et arriva à Thionville, où se trouvait alors Charlemagne. Avant d'engager la lutte, ce prince essaya les négociations ; mais, voyant tous ses efforts inutiles en face des prétentions de Didier, il réunit son armée, passa les Alpes et apparut subitement sous les murs de Pavie. La légende a vigoureusement peint cette arrivée du grand roi chrétien.

Quand on lui annonça l'arrivée de l'armée franque, qui accourait au secours du pape Adrien, Didier monta sur une haute tour, d'où la vue s'étendait au loin. Près de lui se tenait un comte austrasien, vaillant guerrier, Oger, dit le Danois, qui peu de temps auparavant avait offensé Charlemagne et s'était réfugié à la cour de Didier.

Les deux hommes jetèrent les yeux sur la campagne et les montagnes voisines :

« A l'horizon parurent d'abord les engins de guerre en tel nombre que Darius et César n'en eurent jamais tant. Aussitôt Didier s'écria :

— Voilà sans doute le roi Charles au milieu de ces forteresses mouvantes?

— Non, pas encore, répondit Oger.

Une multitude innombrable de guerriers suivait, réunie des points les plus extrêmes de l'empire franc.

— Cette fois, dit le roi lombard, voilà Charles avec son armée.

— Non, pas encore !

A ces mots, Didier manifesta son impatience et son découragement :

— Que pourrons-nous faire, hélas ! si ce n'est là que son avant-garde?

— Quand Charles paraîtra, je n'aurai pas besoin de vous l'indiquer. Sa présence se révèlera d'elle-même. Pour ce qui sera de nous, je l'ignore.

A ce moment, on aperçut les jeunes cavaliers de l'école palatine qui enveloppèrent d'un cercle immense toute la plaine. Didier suivit avec stupéfaction leur mouvement stratégique :

— Enfin, dit-il, voilà donc Charles déployant avec orgueil sa cavalerie !

— Non, non, pas encore !

Vint ensuite le cortège des évêques, abbés, clercs et chapelains, formant avec les comtes qui les entouraient une masse compacte. Alors Didier, ne pouvant plus supporter la lumière du jour, ni braver la mort, cria en gémissant :

— Descendons et cachons-nous dans les entrailles de la terre, loin de la fureur d'un si terrible ennemi.

— Ce n'est pas encore lui, dit Oger, qui avait fait partie de l'escorte de Charles et en connaissait la composition.

Puis, il ajouta :

— Quand vous verrez les moissons s'agiter d'horreur dans les champs, le Pô et le Tessin inonder les murs de la ville de leurs flots noircis par le fer, alors vous pourrez croire à l'arrivée de Charles.

« Comme il parlait ainsi, les montagnes au nord et à l'occident parurent se couvrir d'une sombre nuée qui se développait en cercle, obscurcissant la lumière du jour. De ce flot de poussière noire, soulevée comme par un ouragan, se dégagea bientôt l'éclat des armes étincelantes au soleil. Alors parut le roi Charles, cet homme de fer, la tête couverte d'un casque de fer, les mains garnies de gantelets de fer, sa poitrine de fer et ses épaules de marbre défendues par une cuirasse de fer, la main gauche armée d'une lance de fer qu'il soutenait élevée en l'air, car, sa main droite, il la tenait toujours étendue sur son invincible épée. Sur son bouclier, on ne voyait que du fer; son cheval avait la couleur et la force du fer. Tous ceux qui précédaient le monarque, tous ceux qui marchaient à ses côtés, tous ceux qui le suivaient, tout le gros même de l'armée avaient des armures pareilles, tous autant que les moyens de chacun le permettaient. Le fer couvrait les champs et les grands chemins. Les pointes de fer réfléchissaient les rayons du soleil. Ce fer si dur était porté par un peuple d'un cœur plus dur encore.

« A cet aspect, le peuple de Pavie, groupé sur les remparts, poussa des cris confus de terreur. Que de fer, hélas! que de fer! La fermeté des murs et des jeunes gens s'ébranla à la vue du fer, et le fer paralysa la sagesse des vieillards.

« Ce que moi, pauvre écrivain bégayant et édenté, j'ai tenté de peindre en une traînante description, Oger l'aperçut d'un coup d'œil rapide et dit au roi :

— Le voilà, ce Charles que vous cherchiez avec tant de peine!

« Et, en proférant ces paroles, il tomba presque sans vie. »

Tel est le récit du moine de Saint-Gall, qui a imagé la terreur que le grand Charles répandait sur son passage.

A côté de la légende, plaçons l'histoire. Elle est assez glorieuse pour la France, dans sa simple et forte vérité.

IV.

Le roi des Francs, dit Éginhard, après avoir accueilli avec respect les envoyés du pape Adrien, examina mûrement la situation et réunit à Genève
l'assemblée générale des Francs. A l'unanimité, il fut reconnu que l'envoyé
du Seigneur apostolique avait appuyé sa requête de raisons péremptoires et
que la guerre contre Didier était nécessaire. Le glorieux roi, divisant son ar-

Fig. 9. — Charlemagne franchit les Alpes au mont Cenis pour voler au secours du pape Adrien Ier.
D'après le tableau d'Eug. Royer. *Galeries historiques de Versailles.*

mée en deux corps, prit le commandement du premier et franchit les Alpes
par le mont Cenis, pendant que son oncle, le comte Bernard, avec le second
corps, traversait le mont Joux, sur l'autre versant des Alpes. Didier occu-
pait déjà les défilés. Charles vint camper en face des Lombards et envoya
une division à travers les gorges de la montagne pour prendre l'ennemi à
revers. Didier devina le piège et quitta brusquement sa position, en sorte que
par l'aide du Seigneur et l'intercession du bienheureux apôtre Pierre, sans
combat ni effusion de sang, le roi Charles traversa les défilés et entra en Italie. » L'heure de la justice avait sonné pour la monarchie lombarde, et les
trahisons et l'impiété des rois Hildebrand, Astolfe et Didier allaient être
châtiées.

C'était en l'année 774. « On entrait, dit le *Liber Pontificalis*, dans la semaine sainte. Charlemagne résolut d'aller célébrer à Rome la fête de Pâques. Il partit accompagné d'un certain nombre d'évêques, abbés, juges, ducs et comtes. Une troupe de cavaliers l'escortait. Il traversa ainsi la province de Toscane, précipitant tellement sa marche, que le samedi-saint il était aux portes de la Basilique vaticane. La surprise, la joie du très bienheureux pape Adrien à la nouvelle de la prochaine arrivée du héros franc, ne peuvent se décrire. Il envoya à sa rencontre toute l'armée romaine avec ses bannières à plus de trente milles, au lieu dit Nova. A un mille de Rome, toutes les écoles, dirigées par leurs maîtres, les enfants tenant à la main des palmes ou des rameaux d'olivier et chantant des hymnes, abordèrent le roi et firent retentir l'air d'acclamations triomphales. Ce pieux et touchant cortège était suivi des croix processionnelles, de tout le clergé et des fidèles des paroisses de Rome, ainsi qu'il se pratiquait aux réceptions officielles des patrices. A la vue des croix, Charlemagne descendit de cheval avec toute son escorte et fit à pied le reste du chemin. Le Pontife, entouré de son sénat sacerdotal, attendait le roi au sommet du portique de Saint-Pierre. Charlemagne voulut monter à genoux les degrés de la basilique, en les baisant l'un après l'autre. Ce fut ainsi qu'il parvint près du très bienheureux pape, et, se saluant, ils s'embrassèrent. Le très chrétien roi Charles, tenant la main droite du Pontife, entra dans le temple, et cependant le clergé, les religieux, la foule entière chantaient ces paroles prophétiques : *Benedictus qui venit in nomine Domini!*

« Avec leur roi, les évêques, abbés, juges, ducs et comtes francs vinrent se prosterner devant l'autel de la confession de Saint-Pierre, louant Dieu et proclamant à haute voix qu'ils devaient à l'intercession du prince des apôtres leur victoire sur les Lombards. Le très saint pape et le très excellent roi se jurèrent mutuellement alliance et fidélité sur le corps de saint Pierre; ils firent ensuite leur entrée solennelle à Rome et se rendirent à la basilique du Sauveur au Latran, où ils passèrent ensemble toute la journée du samedi saint. Ils se séparèrent au commencement de la nuit, le pape pour présider la cérémonie du baptême, usitée dans cette vigile sainte, le roi pour retourner dans les appartements de la basilique vaticane. »

Mais un événement plus considérable encore devait se produire les jours suivants.

« Dès l'aube du jour, le lendemain, jour de Pâques, le très saint Pontife, accompagné des magistrats et de la milice romaine, se rendit près du roi, qui fut conduit processionnellement avec tous les Francs de son escorte à la basilique de Sainte-Marie-ad-Præsepe. Après la messe pontificale, le pape et le roi se rendirent au Latran où ils mangèrent ensemble à la table apostolique. Le mercredi suivant, Charlemagne prit entre ses mains l'acte de Carisiacum (Quiercy-sur-Oise) par lequel son père le roi Pépin avait fait donation au siège apostolique de diverses cités et provinces d'Italie. Il en fit donner lecture à haute voix, et en approuva, lui et les Francs qui l'accompagnaient, toutes les clauses. Puis, de sa libre volonté, le roi très chrétien fit dresser par son chapelain et notaire Étherius une nouvelle donation dans la forme de la première. Par cet acte, Charlemagne renouvelait au bienheureux Pierre et au pontife Adrien la concession des mêmes villes et territoires. Le roi confirma cet acte en y apposant de sa main sa signature et en le faisant souscrire par tous les évêques, abbés, ducs et comtes de sa suite. La charte, signée de la sorte sur le maître-autel du bienheureux Pierre, fut ensuite déposée dans l'intérieur de la confession, sur le tombeau du Prince des apôtres. Là, Charlemagne et tous les Francs s'engagèrent par serment, vis-à-vis du bienheureux Pierre et de son Vicaire, le pontife Adrien, à en observer toute la teneur. Une copie authentique du diplôme, rédigée également par Étherius, fut déposée par les mains du roi dans l'évangéliaire qu'on fait baiser aux pèlerins sur la confession même, afin d'y rester à jamais comme une garantie solennelle et un monument à la gloire du grand roi et de la nation des Francs. De plus, Charlemagne en fit exécuter d'autres exemplaires qu'il emporta dans son royaume. »

On comprend, dit M. Hervé-Bazin, après ces grands événements, pourquoi la statue équestre de Charlemagne a été placée, depuis lors, avec celle de Constantin le Grand, à l'entrée de la Basilique de Saint-Pierre. Bossuet, dans son *Sermon sur l'unité de l'Église*, a résumé admirablement les desseins de la Providence établissant, par les mains des rois francs, l'indépendance du Saint-Siège : « Dieu, dit-il, qui voulait que son Église, la mère commune de tous les royaumes, dans la suite ne fût dépendante d'aucun royaume dans le temporel, et que le siège où les fidèles doivent garder l'unité à la foi fût mis au-dessus des partialités que les divers intérêts et les jalousies d'État pourraient causer, jeta les fondements de ce grand dessein par Pépin et Charlemagne. C'est par une heureuse suite de leur libéralité que l'Église, indépendante dans son chef de toutes les puissances temporelles, se voit en état d'exercer plus librement, pour le bien commun et sous la commune protection des rois chrétiens, cette puissance céleste de régir les âmes, et que, tenant en main la balance droite au milieu de tant d'empires souvent ennemis, elle entretient l'unité dans tout le corps, tantôt par d'inflexibles décrets et tantôt par de sages tempéraments. »

V.

Nous sommes à vingt-six ans de là.

Le pape Adrien était mort le 25 décembre 795. « Charles, qui n'avait pas de meilleur ami, dit Éginhard, le pleura, comme le frère ou le fils le plus cher; car il était très facile à contracter des amitiés et très constant à les conserver. » Il composa lui-même l'épitaphe en vers latins qu'on peut lire encore aujourd'hui à Rome sur la tombe de ce pontife. « Moi Charles, j'ai écrit ces vers, en pleurant un père bien-aimé... Je veux unir sur ta tombe nos noms et nos titres, Charles et Adrien, moi le roi, toi le père! O excellent père, souviens-toi de moi, et obtiens que ton fils te retrouve un jour dans le céleste royaume du Christ! »

Fig. 10. — Charlemagne (742-814).
D'après une gravure de la fin du XVIe siècle.

Le lendemain des funérailles d'Adrien, le collège sacerdotal, évêques et prêtres, lui donna à l'unanimité pour successeur Léon III. Les grands et le peuple de Rome ratifièrent le choix des électeurs ecclésiastiques. On ne consulta ni la cour d'Orient, ni aucune puissance étrangère. Par là disparaissait le vain droit de la confirmation accordé jusqu'à ce jour aux successeurs de Constantin.

Cependant, malgré les bienfaits de Pépin et de Charlemagne, Rome était moins la ville des papes que leur prison. Les élections étaient parfois accompagnées de violences, et le nouveau pape lui-même fut assailli, au milieu d'une procession, par un parti hostile. Renversé de cheval, foulé aux pieds, couvert de blessures, on le transporta dans un couvent voisin. Ainsi les factions qui déchiraient la ville et les invasions qui menaçaient l'Italie se retournaient également contre les souverains pontifes.

Léon III résolut de faire appel au grand roi franc et de s'en faire un protecteur permanent. La scène est grandiose, il faut la lire dans Éginhard.

« Le roi, dit le chroniqueur, se rendit à la basilique du bienheureux

Pierre pour y assister aux messes solennelles de la grande fête, et il s'agenouilla devant le maître-autel où il fit sa prière. Comme il se relevait, le pape Léon lui mit sur la tête la couronne d'or. Aussitôt l'immense foule des Romains éclata en acclamations : « Vive Charles Auguste, vie et victoire au grand et pacifique empereur des Romains, couronné par Dieu lui-même! » Les acclamations se prolongèrent, répétées dans des transports d'allégresse sans fin. Quand un peu de silence lui permit de parler, Charles déclara que, s'il avait soupçonné l'intention du Pape, il se fût abstenu de paraître dans la basilique, malgré la solennité de cette grande fête. On l'interrompit pour l'acclamer encore. Il attendit de nouveau que l'explosion universelle fût calmée, et il parla des dangers politiques qu'une telle proclamation pouvait faire naître. Mais il ne put résister aux vœux unanimes du peuple chrétien, et déclara qu'il se soumettait à la volonté de Dieu, exprimée par son Vicaire, par les évêques et l'assistance tout entière. A cette parole d'adhésion répondit une nouvelle salve d'applaudissements et d'actions de grâces; après quoi, le Pontife versa l'huile du sacre sur la tête du nouvel empereur. »

Le saint empire romain d'Occident était créé. La France était posée, à la droite du siège apostolique, l'épée à la main comme son défenseur-né et le glorieux soldat du Christ auprès de son Vicaire.

LIVRE SECOND

LES TEMPS HÉROIQUES

CHAPITRE PREMIER.

COMMENT L'ÉGLISE FORMA LA FRANCE.

Les pleurs du grand Empereur. — Le péril était grand. — Un autre péril. — Les dix vertus d'un Bailli. — Les Légistes. — Lutte de la Féodalité contre les clercs. — Si le Cléricalisme est l'ennemi. — Les terreurs de l'an mille. — Le vieux monde secoue ses haillons pour revêtir la robe blanche des églises. — La paix! La paix! — La Trêve de Dieu. — Comment naquit la Chevalerie. — L'idée de l'Honneur est une idée chrétienne. — Ce qu'était la Chevalerie. — Le huitième sacrement. — Cérémonial de la réception d'un Chevalier. — L'Église transforme la Féodalité. — Le Décalogue de la Chevalerie. — Le patriotisme chrétien. — Comment surgit l'idée de patrie. — La patrie française. — La France d'après les poètes des épopées nationales. — Elle est comme une reine. — Les Papes proclament la supériorité de la France.

I.

Charlemagne arriva un jour inopinément dans une ville maritime de la Gaule narbonnaise. Pendant qu'il dînait et n'était encore connu de personne, dit le moine de Saint-Gall, des corsaires vinrent pour exercer leurs pirateries jusque dans le port. Les officiers, compagnons de Charles, les prirent pour des marchands juifs, d'autres pour des africains ou des Bretons. Mais, Charles, plus clairvoyant, reconnut des bâtiments de guerre.

— Ces vaisseaux, s'écria-t-il, sont remplis, non de marchandises, mais d'implacables ennemis.

Les Francs aussitôt, à l'envi les uns des autres, courent aux navires. Mais, les corsaires, apprenant que là était celui qu'ils avaient coutume d'appeler Charles le Marteau, craignirent que toute leur flotte ne fût prise dans ce port, ou ne pérît réduite en débris, et ils évitèrent par une fuite d'une inconcevable rapidité, non seulement les glaives, mais même les yeux de ceux qui les poursuivaient.

Cependant, continue le Chroniqueur, le religieux Charles, saisi d'une juste crainte, se levant de table, se mit à la fenêtre qui regardait l'Orient, et demeura très longtemps le visage inondé de pleurs. Personne n'osant l'interroger, ce prince belliqueux, expliquant aux grands qui l'entouraient la cause de son action et de ses larmes, leur dit :

— Savez-vous, mes fidèles, pourquoi je pleure si amèrement? Certes je ne crains pas que ces hommes réussissent à me nuire par leurs misérables pirateries, mais je m'afflige profondément, que moi vivant, ils aient été près de toucher ce rivage, et je suis tourmenté d'une violente douleur quand je prévois de quels maux ils écraseront mes neveux et leurs peuples.

Les prévisions du grand Empereur ne se réalisèrent que trop. Retenus jusque-là par la crainte de Charles, les pirates normands et sarrazins auront bientôt pénétré dans l'intérieur des terres, et remonté les fleuves jusqu'au cœur de l'empire, sous les murs mêmes de Paris.

II.

Le péril était grand, Lacordaire ne l'a pas dissimulé.

« L'arianisme penchant vers son déclin, disait-il, Mahomet parut; Mahomet releva l'idée d'Arius à la pointe du cimeterre. Il voulut bien reconnaître que Jésus-Christ était un grand prophète; mais, comme son prédécesseur, il en nia la divinité. Il lui sembla qu'Arius n'avait pas assez donné à la corruption, il lui donna davantage; et, ce moyen ne devant pas suffire à la conversion de l'univers, il déchaîna les armes. Bientôt le mahométisme attaquait par tous les points à la fois la chrétienté. »

Si la chrétienté eût été vaincue par ces nouveaux envahisseurs, comme l'empereur Constantin Paléologue le fut plus tard, à Constantinople, par Mahomet II, l'Europe eût été la proie de l'Islamisme, et Dieu sait ce que sont devenus les peuples qui ont eu à subir son joug.

« Qu'on parcoure, dit fort justement et fort éloquemment M. Hervé-Bazin, qu'on parcoure l'Asie Mineure; qu'on interroge la Perse; qu'on visite l'Égypte et la Lybie, si belles, si riches, si savantes autrefois; qu'on jette un regard en Afrique, sur Carthage, Hippone, et les deux cent cinquante évêchés qui florissaient au temps de saint Cyprien et de saint Augustin et qui sont devenus, sous le Croissant, les États barbaresques, la Tripolitaine, la Tunisie, l'Algérie et le Maroc, repaires de brigands et d'assassins redoutés du monde entier jusqu'au jour où la croix fit de nouveau son apparition sur les vaisseaux de Charles X avec les drapeaux du comte de Bourmont; qu'on aille à Constantinople, qu'on traverse les marchés à esclaves, qu'on mette le pied dans ces rues infectes dont le nettoyage est confié aux chiens, qu'on contemple ce Bosphore magique qui devrait servir de trône à l'un des maîtres du monde et qui n'est plus que le séjour toléré, par la grâce de l'Europe, d'un sultan humilié et déchu; qu'on éloigne ses pas jusqu'à la banlieue, fertile plaine, qui jadis, de Constantinople à Andrinople, nourrissait des millions d'hommes et qui est devenue d'une incurable stérilité, et l'on saura ce que le Coran fait de ses disciples et des pays où il domine.

« Le Croissant, c'est la lente agonie des peuples. Mahomet, c'est le despotisme passant un rouleau sur le génie, l'initiative individuelle, la pensée, le travail et la liberté de l'homme. L'Islamisme, c'est la nuée de sauterelles qui, s'abattant sur un pays, le dévore, le ronge, arrache jusqu'aux racines, détruit jusqu'à l'espérance, et ne laisse qu'une large place noire là où étaient auparavant la verdure et la vie (1) ».

III.

Un autre péril non moins menaçant assurait à l'islamisme envahisseur un complice, inconscient mais puissant, à l'intérieur. C'est la Féodalité.

Dans son ensemble et d'un peu loin, la Féodalité se présente comme un système méthodiquement ordonné.

Le roi, suzerain par excellence, premier banneret, grand baron, se trouve à la pointe supérieure d'une pyramide qui va s'élargissant jusqu'à couvrir, à sa base, toute la société française. Il a, au-dessous de lui, une certaine quantité de vassaux immédiats qui lui doivent obéissance dans des cas déterminés; qui hors de ces cas, sont à peu près indépendants et dont, toutefois, le domaine doit retourner au domaine royal, à l'extinction de la race.

Ceux-ci ont, à leur tour, des vassaux immédiats, placés, en-dessous d'eux, dans une situation analogue à celle qu'ils occupent eux-mêmes sous le roi. Ces vassaux possèdent, de leur côté, des droits de suzeraineté; et ainsi ces droits se déroulent et s'appliquent jusqu'à la plus minime des terres féodales.

L'Église vit tout de suite le péril. Cette organisation puissante favorisait l'absolutisme et menaçait la liberté chrétienne des nations.

(1) *Op. cit.*, p. 69.

Elle se dressa en face des représentants de pouvoir féodal, qu'il s'appelle le Sénéchal ou le Bailli, et, comme plus tard sous Louis XIV, elle les rappela à l'observation de la loi fondamentale des nations baptisées par le Christ libérateur.

Rien n'est touchant comme cette énumération des dix vertus du Bailli, sorte de décalogue du système féodal, que l'Église s'efforce d'infuser à ce régime nouveau.

La Féodalité regimbait contre l'aiguillon modérateur. Elle ne voyait, observe justement M. Charles d'Héricault, d'autre ennemi que le clergé, qui, par la logique de son action, limitait les excès, les droits même de la force et de la conquête.

Elle avait un ennemi plus puissant, et dont elle se méfiait cependant beaucoup moins par un inexplicable aveuglement. C'étaient les Légistes, contre lesquels elle finit par se trouver désarmée, quand elle fut parvenue à affaiblir l'influence du Clergé.

Ces Légistes, gens du roi, en multipliant les « cas royaux », c'est-à-dire les causes où l'on en devait appeler au roi des exigences féodales, furent le plus utile instrument de la Royauté, les plus actifs agents de l'unité nationale, il est juste de le reconnaître. Mais, en même temps, ils poussèrent la

Fig. 11. — Acte de foi et d'hommage, d'après le sceau de Gérard de Saint-Arnaud (1186). Archives nationales.

royauté à une centralisation et à un absolutisme qui firent, il est vrai, la France puissante, riche, glorieuse, mais qui amenèrent une réaction violente à la fin du dix-huitième siècle. Ils créèrent un autre danger, moins considérable; ils remplacèrent par d'injustes lenteurs et par une insupportable « paperasserie » la procédu revive et simple de la féodalité.

Mais, c'est contre le clergé que les seigneurs organisèrent le plus vivement des ligues, comme celle qui, en 1246, lança tout à coup un violent manifeste.

La retentissante et creuse apostrophe d'un tribun contemporain date de loin.

— Le Cléricalisme, voilà l'ennemi!

Les vieux tyrans de la féodalité l'ont poussée les premiers.

« Non, » répondait l'Église, s'adressant à nos pères comme naguère le vaillant archevêque d'Aix à ses diocésains, « ne vous laissez pas leurrer par le spectre du cléricalisme qu'on exhibe à vos yeux, chaque fois qu'on a un mauvais conseil à faire accepter, une mauvaise action à demander, un vote à extorquer.

« Le Cléricalisme est votre meilleur ami : c'est la loi de Dieu vous aimant, vous protégeant, revendiquant vos droits, vous enseignant vos devoirs.

« Le Cléricalisme ne vous menace pas : il vous manque! »

IV.

L'heure était solennelle.

Aux périls de l'envahissement féodal, venaient s'adjoindre les terreurs de l'an mille.

Une croyance populaire, combattue comme superstitieuse par les évêques et par les moines, annonçait pour ce moment fatal la fin du monde et le jugement dernier.

Divers signes contribuaient à accroître la terreur populaire.

« L'année que mourut le roi Robert, dit le Chroniqueur, il y eut, à la troisième heure de la nuit, une éclipse de lune; et le 9 mars, à la dixième heure de la nuit, il apparut une comète de la longueur d'une lance, qui brilla jusqu'à l'aurore et fut aperçue pendant trois nuits. Il s'ensuivit une innombrable multitude de sauterelles, qui dévorèrent toute la verdure. L'année suivante, au mois de juillet, il tomba une si grande quantité de grêle qu'elle détruisit tous les grains, toutes les vignes, tous les arbres et tous les travaux des hommes. Après la grêle, il éclata une si terrible tempête qu'elle enleva tout l'espoir de ce qui était resté. De là une famine sans remède commença et dura trois ans, en sorte qu'on avait peine à s'abstenir de chair humaine; et qu'on regardait comme des mets délicieux les rats, les chiens et les autres animaux immondes. Ce fléau fit périr la plus grande partie du genre humain. »

Ranimés par l'intervention maternelle de l'Église, les esprits renaissent à une vie nouvelle, et il ne reste des sombres prévisions de la veille qu'un profond sentiment religieux, prélude d'une grande réforme sociale.

Ce sentiment se traduit d'abord par de nombreux pèlerinages aux tombeaux des saints, par des translations de reliques, auxquelles assistent des foules pieuses et recueillies. Bientôt ces multitudes trouvent pour leur pieux enthousiasme un élément nouveau; de toutes parts les vieilles églises sont démolies, et sur leurs ruines, s'élèvent, au chant des cantiques, ces magnifiques constructions romanes dont quelques-unes sont parvenues jusqu'à nous. On eût dit, selon l'expression d'un contemporain, que le vieux monde secouait ses haillons, pour revêtir la robe blanche des églises. Admirable figure de la réforme morale qui allait s'accomplir dans la société, sous l'influence des moines et de la papauté. L'Église osa tenter ce que les rois ne pouvaient faire; donnant l'exemple, elle commença par imposer au clergé la réforme qu'elle voulait étendre à la société entière.

La féodalité, en se constituant, avait peu à peu envahi le domaine ecclésiastique et menaçait d'enlever à l'Église sa vie propre, en portant le trouble dans sa hiérarchie. On rencontrait à chaque instant, malgré les protestations des évêques et du pape, des abbayes placées sous la dépendance d'un seigneur laïque qui portait le titre d'abbé et en touchait les revenus.

— Est-ce que les abbayes ne sont pas à moi? disait l'un d'eux à un évêque. Tu fais ce que tu veux de tes métairies, et moi je ne pourrais jouir à mon gré de mes abbayes?

Ainsi ces hommes rudes et grossiers s'habituaient à regarder les biens de l'Église comme leur propriété, au même titre qu'une ferme ou un château féodal.

Les évêques ne cessaient de se plaindre de cet abus et menaçaient de l'excommunication. Témoin cet évêque de Limoges qui, en plein concile, reprocha aux moines de Beaulieu leur conduite peu régulière :

Fig. 12. — Sceau de Jean, évêque du Puy et comte de Velay (1305), tenant une épée nue en signe de juridiction séculière.

— Donnez-nous un abbé régulier, et nous aurons la paix, répondirent ceux-ci; c'est un tyran que nous avons.

Leur abbé était un laïque; mandé par les évêques, il fut obligé de résigner sa charge. Mais tous ne se soumettaient pas aussi facilement; ils regardaient les évêques et les abbés comme des vassaux ordinaires, tenus aux mêmes devoirs et aux mêmes charges; ils croyaient à la sainteté du lien féodal. Comme ils avaient le droit de créer seigneur un évêque, ils se crurent celui de faire évêque un seigneur. Dès lors ils vendaient un évêché comme ils vendaient un fief, et transformaient en *bénéfices* toutes les propriétés ecclésiastiques. La simonie était devenue un acte public (1).

L'Église trouva dans sa vertu divine la puissance de se réformer elle-même; mais la société civile, déchirée par les guerres féodales, avait besoin d'un secours extérieur. L'Église le lui fournit, en suscitant le magnifique mouve-

(1) E. Demolins, *op. cit.*, t. I, p. 346.

ment de la *trêve de Dieu,* d'où devait sortir, avec la régénération sociale, les communes et le tiers état.

V.

Ce qui importait le plus, en effet, c'était la conservation d'une paix inviolable. L'Église tenta et opéra cette œuvre de géant.

« A mesure, dit M. Edmond Demolins, que l'Église accomplissait la réforme dans son sein, elle s'efforçait de l'étendre à la société féodale, où les guerres privées portaient le désordre et la ruine. Le droit de guerre s'exerçait légalement, non seulement entre les seigneurs, mais encore entre les seigneurs et le roi : les ducs de Normandie, les comtes de Champagne étaient très souvent en lutte contre la royauté. L'Église employa toute son influence à mettre un terme à ces calamités par l'établissement de la *paix* et de la *trêve de Dieu.* Le monde assista alors à cet étonnant spectacle d'un pouvoir spirituel sans armes entrant en lutte avec la seule force organisée de ce temps : la féodalité. A la féodalité, à l'association aristocratique, l'Église imagina d'opposer le peuple, l'association populaire, appelée dans la suite à de si grandes destinées. Au moyen de la prédication, le clergé suscita, comme prélude de l'agitation guerrière, une agitation pacifique, qui se traduisit par un nombre prodigieux de conciles : plus de quatre-vingts en un siècle.

Du nord au midi de la France, les évêques convoquent et tiennent des conciles pour l'établissement de la Paix et de la Trêve de Dieu. De toutes parts accourent les abbés et les prêtres, les habitants des villes et les habitants des campagnes; les édifices sacrés sont trop étroits pour contenir ces multitudes désireuses de la paix, et l'on se réunit sur les places publiques, sous la voûte du ciel. « Alors, dit un moine contemporain, les évêques, les abbés d'Aquitaine et les fervents chrétiens de toutes conditions s'assemblèrent en concile. Dans la province d'Arles, dans celle de Lyon, dans toute la Bourgogne, dans les contrées les plus éloignées de la France, les évêques et les seigneurs eux-mêmes formèrent des réunions pour le rétablissement de la paix. Les multitudes s'y rendirent avec transport; les bourgeois, les pauvres se déclarèrent prêts à marcher à la suite de leurs pasteurs; on eût dit qu'une voix du ciel se fût fait entendre sur la terre. »

Là, on jure de protéger la paix, de s'associer pour en combattre les violateurs, pour défendre les clercs, les femmes, les faibles, les paysans, les marchands : pacte, convention solennelle de la cité et de la patrie, disent les chroniqueurs, qui variait selon les lieux, mais qui renfermait toujours les mêmes obligations essentielles. Les seigneurs, eux-mêmes, entraînés par le mouvement général, jurent, en foule, la paix de Dieu; le roi Henri Ier l'établit dans ses domaines de l'Ile-de-France, et même en Bourgogne et à Lyon. En 1033, deux ans après le concile de Limoges, la France presque entière avait embrassé la Paix de Dieu.

On arrête dès lors par articles les lois auxquelles chacun doit obéir. Les hommes de toute condition devront voyager sans armes; des peines sévères sont portées contre ceux qui s'empareront du bien d'autrui, et contre les violateurs de la paix. C'est un enthousiasme général; les évêques lèvent leur crosse vers le ciel, et le peuple, portant des palmes en signe de joie, s'écrie : *La paix! La paix!*

Avant de contraindre par la force les violateurs de la paix publique, et de rassembler les *jurés de la paix*, pour assiéger les villes

Fig. 13. — Thomas de Savoie, comte de Flandre, et Jehanne sa femme octroient à la ville de Cambrai la *charte de la paix* faite entre les comtes de Hainaut et le chapitre de Cambrai en 1540. D'après une miniature du XVe siècle.

ou les forteresses des seigneurs injustes et tyranniques, l'Église invoquait la force morale, l'excommunication.

« Que tous les chevaliers de ce diocèse qui ne jurent pas la paix comme l'évêque l'a commandé, soient excommuniés. Qu'ils soient maudits, eux, leurs complices, leurs chevaux, leurs armes et tout ce qui leur appartient. Qu'ils n'aient d'autre compagnie que celle du fratricide Caïn, de l'apostat Judas, de Dathan et Abiron, précipités vivants dans les enfers! De même que ces flambeaux vont s'éteindre, de même ils seront terrifiés à l'aspect des anges du ciel, à moins qu'avant de mourir ils ne fassent une pénitence publique et ne subissent une juste pénitence. »

Puis tous les prêtres éteignaient les cierges allumés qu'ils portaient et tout le peuple s'écriait : « Que Dieu souffle ainsi sur le bonheur de ceux qui repoussent la paix et la justice. »

Cette loi nouvelle qu'apportaient ainsi les conciles se nomma *Institutio* ou *Pactio pacis,* ou bien encore *Cœtus communis.*

Cette nouvelle loi, ce pacte, cette *commune* embrassait ordinairement tout un diocèse. La France se couvrit de ces associations dont les membres reçurent le titre de *jurés de la paix.* Ce fut ce même titre de *jurés de la paix* que prirent les membres des premières communes urbaines. La commune de Laon s'institua en 1122, sous le nom de *Institutio pacis.* On continua à donner, pendant le Moyen Age, le nom de *paix* aux bourgs jouissant du droit de commune, comme on donnait aux bourgs fortifiés le nom de Ferté (*firmitas,* fortification).

Nous indiquons ces points de contact entre la commune diocésaine — qui, naissant de l'institution de la *paix de Dieu,* embrassa les paroisses rurales — et la commune urbaine qui limita dans les villes les droits seigneuriaux.

A la paix de Dieu se rattache la Trêve de Dieu.

La Paix de Dieu posait le principe, un principe de justice générale, de charité doctrinale. La Trêve en était une des applications et elle s'imposait plus directement aux seigneurs féodaux. Elle leur interdisait tout combat, depuis l'Avent jusqu'à l'Épiphanie, et depuis la Quinquagésime jusqu'à la Pentecôte; aux jours de fêtes, aux jours des quatre-temps, enfin chaque semaine depuis le mercredi soir jusqu'au lundi matin.

Le serment d'observer et de faire observer la Trêve de Dieu devait être prêté par tous les chrétiens, dès l'âge de quinze ans et renouvelé tous les trois ans.

Voici quelle en était la formule :

« Oyez, mes frères! j'observerai fidèlement la trêve ici établie, j'aiderai l'évêque ou l'archidiacre contre tous ceux qui refuseraient de la jurer ou voudraient la violer. Quand ils réclameront mon aide, je ne m'enfuirai ni ne me cacherai. Je prendrai les armes, je les suivrai; je secourrai tous ceux que je pourrai secourir, selon le bon droit et ma conscience. Que Dieu et les saints me soient en aide. » (Concile de Rouen.)

Ainsi, la justice l'emportait sur la force, la puissance ecclésiastique sur la puissance féodale. Mais, pour assurer ce triomphe, il fallait une institution permanente qui fît succéder à l'association populaire, sous la conduite des évêques, une association, sortie du sein même de la féodalité, pour la défense des faibles et des opprimés. De puissants seigneurs descendant de leurs châteaux-forts se firent les chevaliers de l'Église et de la justice; ainsi naquit cette admirable institution chrétienne, *la chevalerie.*

VI.

La Chevalerie, comme l'a définie M. Léon Gautier, c'est la forme chrétienne de la condition militaire; le chevalier, c'est le soldat chrétien.

La Chevalerie, toujours d'après le docte érudit, peut être considérée comme un « huitième sacrement » : et tel est peut-être le nom qui lui convient le mieux, qui la peint le plus exactement. C'est le sacrement, c'est le baptême de l'homme de guerre.

Le chevalier exerçait un véritable sacerdoce; les cérémonies de sa réception lui rappelaient le ministère aussi religieux que social qu'il avait à remplir. « Il était d'abord dépouillé de ses vêtements, dit Guizot, et mis au bain, symbole de purification. Au sortir du bain, on le revêtait d'une tunique blanche, symbole de pureté, d'une robe rouge, symbole du sang qu'il était tenu de répandre pour le service de la foi, d'une saie ou justaucorps noir, symbole de la mort qui l'attendait, ainsi que tous les hommes. Ainsi purifié et vêtu, le récipiendaire observait pendant vingt-quatre heures un jeûne rigoureux. Le soir venu, il entrait dans l'église et y passait la nuit en prières, quelquefois seul, quelquefois avec un prêtre et des parrains qui priaient avec lui. Le lendemain, son premier acte était la confession; après la confession, il recevait la communion; après la communion, il assistait à une messe du Saint-Esprit, et ordinairement à un sermon sur les devoirs des chevaliers et de la vie nouvelle où il allait entrer. Le sermon fini, le récipiendaire s'avançait vers l'autel, l'épée de chevalier suspendue au cou; le prêtre la détachait et la lui remettait au cou. Le récipiendaire allait alors s'agenouiller devant le seigneur, qui devait l'armer chevalier : « A quel dessein, lui demandait le seigneur, désirez-vous entrer dans l'ordre? Si c'est pour être riche, pour vous reposer et être honoré sans faire honneur à la chevalerie, vous en êtes indigne, et seriez à l'ordre de chevalerie que vous recevriez, ce que le clerc simoniaque est à la prélature. » Et, sur la réponse du jeune homme, qui promettait de se bien acquitter des devoirs de chevalier, le seigneur lui accordait sa demande.

« Alors s'approchaient des chevaliers, et quelquefois des dames, pour revêtir le récipiendaire de tout son nouvel équipement; on lui mettait les éperons, le haubert ou la cotte de mailles, la cuirasse, les brassards et les gantelets; enfin, on lui ceignait l'épée. Il était alors ce qu'on appelait *adoubé*, c'est-à-dire adopté. Le seigneur se levait, allait à lui, et lui donnait l'accolade, trois coups du plat de son épée sur l'épaule ou sur la nuque, et quelquefois un coup de la paume de la main sur la joue, en disant : « Au nom de Dieu, de saint Michel et de saint Georges, je te fais chevalier. « Et il ajoutait quelquefois : « Sois preux, hardi et loyal. » Le nouveau chevalier prenait alors le casque, et, sautant sur un cheval, ordinairement sans le secours des étriers, caracolait en brandissant sa lance ou en faisant flamboyer son épée. Il sortait sur la place, au pied du château, devant le peuple, avide de prendre sa part du spectacle.

L'Église transformait ainsi la Féodalité. Les peuples, trop souvent habitués à ne voir dans les seigneurs féodaux que des violateurs de la paix publique, purent enfin les considérer comme des protecteurs de la faiblesse contre la force. L'ordre reparut au milieu du morcellement féodal, sous la conduite et l'inspiration de l'Église, qui veillait à la vocation de la France.

M. Léon Gautier a patiemment reconstitué le code de la Chevalerie, le réduisant à dix commandements.

I. Tu croiras à tout ce qu'enseigne l'Église, et observeras tous ses commandements. — II. Tu protégeras l'Église. — III. Tu auras le respect de toutes les faiblesses, et t'en constitueras le défenseur. — IV. Tu aimeras le pays où tu es né. — V. Tu ne reculeras pas devant l'ennemi. — VI. Tu feras aux infidèles une guerre sans trêve ni merci. — VII. Tu t'acquitteras exactement de tes devoirs féodaux, s'ils ne sont pas contraires à la loi de Dieu. — VIII. Tu ne mentiras point, et seras fidèle à la parole donnée. — IX. Tu seras libéral, et feras largesse à tous. — X. Tu seras, partout et toujours, le champion du Droit et du Bien contre l'Injustice et le Mal.

VII.

Le quatrième commandement de ce Décalogue nous initie à cette idée nouvelle dans la société civile et dans la constitution des peuples, qui faisait dire naguère au vaillant archevêque d'Aix, s'adressant aux sectaires, ennemis de l'Église :

— En patriotisme, vous serez difficilement nos égaux : nos supérieurs, jamais. Notre patriotisme à nous est sous la protection du quatrième commandement : *Tes père et mère honoreras.* La Patrie française est aussi notre mère!...

Cette patrie et cet amour étaient impossibles avec tous les tiraillements mérovingiens. Avec une dynastie vraiment nationale, comme le fut celle des
Capétiens, l'idée et le nom de patrie se dilatent et se fondent.

On en vient tout naturellement à appeler FRANCE tout le domaine du roi
de France, et ce domaine, grâce à Dieu, s'agrandit tous les jours. Il se fait
aimer, on l'aime. Aux rois un peu tremblants du dixième et du onzième siècle,
succèdent ces rois à cheval, ces rois militants du douzième siècle, dont
Louis VI est le premier type, et non pas le moins noble.

Fig. 14. — Armement d'un chevalier, on lui chausse les éperons, tandis que le prince lui attache l'épée au
côté. D'après un manuscrit du XIIIᵉ siècle.

C'est la grande patrie que les Chevaliers doivent aimer, c'est la vraie
France, celle qui s'étend « de Saint-Michiel del Peril jusqu'as seing » et « de
Besançun jusqu'as porz de Guitsaut »; c'est celle qui s'épanouit au soleil « dis
Saint-Michel qui deson de la mer sist jusqu'à Germaise qui siet desor le
Rin » et « dès Huis cent sor la mer de ci que à Saint-Gille. » C'est ce vaste
et noble pays que les poètes nationaux, les poètes des Chansons de Geste
louent sans cesse au détriment des Lombards (c'est-à-dire des Italiens) et des
Tiois (c'est-à-dire des Allemands), comme pour bien marquer les limites
exactes de notre nationalité, et la séparer nettement des deux grands pays avec
lesquels on aurait pu la confondre. C'est cette terre incomparable, « la plus
vaillant do mont, » et qui est belle au regard autant que plaisante au cœur.
C'est cette terre charmante « qui abonde en bois, en rivières et en prés. » C'est
cette douce contrée où tous les habitants ont le cœur sur la main : « quar
France est un païs el'quel on doit trouver : Honor et loiauté et tout bien
savourer. » C'est par excellence la patrie des âmes fières : « Cil poples est
plus fiers que lupart ne lion. » C'est ce peuple qui a eu pendant plusieurs siècles

l'incontestable honneur d'être confondu avec la race chrétienne elle-même dans tout ce monde musulman où le mot « Franc » est glorieusement synonyme du mot « chrétien, » à tel point que ce n'est pas l'Orient latin qu'il faudrait dire, mais l'Orient chrétien.

L'amour de cette patrie, qui a enfin conscience d'elle-même, éclate à toutes les pages de nos vieux poèmes. Écoutez plutôt :

— Quand Dieu fonda cent royaumes, le meilleur fut douce France, et le premier roi que Dieu y envoya fut couronné sur l'ordre de ses anges. Depuis Charlemagne, toutes terres relèvent de la France : la Bavière, l'Allemagne, la Bourgogne, la Lorraine, la Toscane, le Poitou, la Gascogne jusqu'aux marches d'Espagne. Mais le Roi, qui de France porte au front la couronne d'or, a le devoir d'être un vaillant et de conduire une armée de cent mille hommes jusqu'aux portes de l'Espagne. S'il n'agit pas de la sorte France est déshonorée, et l'on s'est trompé en le couronnant.

Ces mêmes idées sont répétées presque textuellement au début d'un autre de nos poèmes.

— La première de toutes les couronnes est celle de France, et le premier roi de France fut couronné par les anges en chantant : « Tu seras, lui dit Dieu, mon sergent sur la terre, et tu y feras triompher la Justice et la Loi. »

C'est avec cette belle fierté que nos pères parlaient de leur pays. Ces vers excitaient des applaudissements frénétiques. C'était une sorte de chant national, auquel il a manqué seulement une mélodie entraînante et populaire.

Il n'est d'ailleurs pas étonnant que la France se soit fait aimer à ce point que, loin d'elle, ses enfants s'écrient : « Quand le doux vent vient à souffler, du côté de mon pays, m'est avis que je sens une odeur de Paradis. » Nul pays ne mérite un tel amour.

La France est comme une reine, assise sur un trône au pied duquel deux océans se rencontrent. Sous un ciel d'une douceur et d'une égalité charmantes, elle étale la beauté de ses grands fleuves, la fécondité de ses plaines immenses, la majesté de ses Alpes, de ses Cévennes et de ses Pyrénées. Elle a tous les arbres, tous les vins, tous les fruits. Beau peuple, en vérité; essentiellement jeune et vivant, et dont on se demande comment il pourrait vieillir. Il a dans l'intelligence, une clarté que rien ne voile; dans le cœur, un dévouement que rien ne lasse; dans la volonté, une énergie qui s'éteint trop facilement, mais se rallume plus vite encore. Parlant bien et aimant à parler longtemps, écoutant moins volontiers et n'agissant pas avec assez de tempéraments, il étonne le monde entier par le désintéressement de ses sacrifices, la rapidité de ses résolutions et la verve de ses entreprises. Il a le courage spirituel et l'esprit courageux; mais surtout il possède l'élan, qui est la première de toutes les qualités militaires. Dieu s'est servi de tant de nobles facultés que sa bénédiction a fécondées. Il a donné pour mission à la nation française de sauver, en toutes les attaques extraordinaires, les destinées et la vérité sur la terre. C'est la France qui, par Clovis, a mis le pied sur l'arianisme et l'a étouffé; c'est la France qui, par Charles-Martel, a chassé loin de nous le danger toujours croissant des invasions musulmanes; c'est la France qui, par Charlemagne, a délivré l'Europe et la chrétienté des redoutables excès de la barbarie germaine; c'est la France — nous l'allons voir — qui, par Godefroi de Bouillon, par saint Louis, par les Croisades, a décidément fait présent à l'Occident chrétien d'une sécurité que l'Orient menaçait.

C'est pourquoi les Papes du Moyen âge n'ont pas craint de faire à haute voix, devant les autres nations, l'éloge de la nation française; c'est pourquoi le vieux pape Grégoire IX, contemporain de nos dernières épopées françaises, n'a pas hésité de s'écrier, dans le magnifique langage que nous avons déjà cité tout au long :

— Le royaume de France est au-dessus de tous les autres peuples! (1)

CHAPITRE II.

DIEU LE VEUT!

Les temps héroïques. — Les croisades et la France, d'après Lacordaire. — Entretien de Pierre l'Ermite et d'Urbain II. — Le prédicateur de la première Croisade. — Le pape Urbain au Concile de Clermont. — Son discours. — C'est véritablement un hymne en l'honneur de la France. — Dieu le veut! Dieu le veut! — L'impatience des croisés. — En vue de Jérusalem! — L'assaut décrit par le Tasse. — Jérusalem est délivrée! — Ovations du retour. — Les croisades d'après le protestant Hurter. — La pensée de Joseph de Maistre. — Pour comprendre la croisade, il faut se mettre en face d'une cathédrale gothique.

I.

Nous voici aux temps héroïques de la France.

Lacordaire les a salués en quelques phrases, qui résonnent comme un coup de clairon dans cette glorieuse histoire des « Gestes de Dieu par les Francs. »

(1) Cf. Léon Gautier, la Chevalerie, passim.

« Le mahométisme, s'écriait le Bossuet moderne, attaquait par tous les points à la fois la chrétienté. Qui l'arrêta dans les champs de Poitiers? Encore un de vos aïeux, Charles Martel. Et plus tard, le péril ne faisant que s'accroître avec les siècles, qui songea à réunir l'Europe autour de la croix, pour la précipiter sur cet indomptable ennemi? Qui eut la première idée des croisades? Un pape français, Sylvestre II. Où furent-elles d'abord inaugurées? Dans un concile national, à Clermont; dans une assemblée nationale, à Vézelay. Vous savez le reste, ces deux siècles de chevalerie, où nous eûmes la plus grande part dans le sang et dans la gloire, et que couronne glorieusement saint Louis mourant sur la côte africaine. »

Depuis un siècle, la Papauté appelait ses fils les chrétiens au secours. Les regards des Vicaires de Jésus-Christ, noyés de larmes au récit des horreurs musulmanes, se tournaient du côté de la France.

Enfin, un homme se rencontra, qui va servir d'instrument à la Papauté.

Nous laissons parler les chroniques. Aucun récit, si éloquent fût-il, ne saurait remplacer ces touchantes et naïves peintures.

« Au temps, raconte donc Guillaume de Tyr, où la ville de Jérusalem, la ville aimée de Dieu, était en proie à l'horrible tyrannie des Turcs Seldjoucides, parmi ceux qui vinrent visiter les lieux saints se trouva un ermite, appelé Pierre, né dans le royaume de France et dans le diocèse d'Amiens. C'était un homme de très petite stature et dont l'extérieur n'avait rien que de misérable. Mais une grande âme habitait ce corps chétif. Son esprit était prompt, son œil perçant, son regard pénétrant et doux, et il parlait avec éloquence. Pierre fut présenté au patriarche Siméon. Celui-ci, reconnaissant au langage de Pierre que c'était un homme de prudence, expérimenté dans les choses de ce monde, s'ouvrit à lui sans réserve et lui exposa toutes les calamités qui pesaient sur les serviteurs de Dieu habitant la cité sainte.

« Peu après cet entretien, un jour que l'ermite Pierre songeait avec inquiétude à son retour en Europe et à la mission qu'il s'était imposée, il entra dans l'église de la Résurrection. La nuit étant survenue, fatigué de ses oraisons et de ses longues veilles, il s'étendit sur le pavé de la nef et s'abandonna au sommeil qui l'accablait. Tandis qu'il dormait, voici qu'il lui sembla que Notre-Seigneur Jésus-Christ était là devant lui et lui disait : « Debout, « Pierre, et hâte-toi! Exécute avec courage ce qui t'a été prescrit. Je serai « avec toi, car il est temps de purger les lieux saints et de secourir mes « serviteurs. »

« Pierre se leva, fortifié par cette vision de Dieu, et, suivant l'ordre d'en haut, il se disposa sans plus de délai à repartir. Après avoir pris congé du seigneur patriarche et reçu sa bénédiction, il s'embarqua sur un navire marchand, gagna Rome et remplit sa mission près du pape Urbain. »

Urbain partagea l'enthousiasme de Pierre l'Ermite et le chargea de prêcher la prochaine délivrance de Jérusalem.

Pierre alors traverse les Alpes, parcourt la France, réveillant partout la foi et excitant les courages. Il voyageait, monté sur une mule, un crucifix à la main, les pieds nus, la tête découverte, le corps ceint d'une grosse corde, couvert d'un long froc et d'un manteau d'ermite de l'étoffe la plus grossière. La singularité de ses vêtements était un spectacle pour le peuple ; l'austérité de ses mœurs, sa charité, la morale qu'il prêchait le faisaient révérer comme un saint.

II.

Lorsque les esprits furent préparés par la parole ardente de Pierre l'Ermite, Urbain II convoqua un grand concile à Clermont en Auvergne. « Dès le milieu du mois de novembre 1095, dit une ancienne chronique, les villes et les villages voisins furent envahis par une multitude innombrable qui dressait ses tentes au milieu des champs et des prairies, malgré la rigueur de la saison. » On ne s'entretenait que des maux des chrétiens de la Palestine, on ne parlait que de la guerre sainte et de la conquête de Jérusalem. L'enthousiasme était à son comble, lorsque le pape, suivi des cardinaux, monta sur une estrade au milieu de la place de Clermont encombrée par une foule immense. Pierre l'Ermite était à ses côtés. Il prit le premier la parole, rappelant les sacrilèges et les profanations dont il avait été témoin, et les persécutions infligées aux fidèles. Le solitaire avait le visage abattu et consterné : sa voix, entrecoupée de sanglots, fit passer dans l'âme de l'auditoire toutes les saintes passions qui agitaient la sienne.

Alors, Urbain se leva. C'était le 26 novembre 1095. Un moine, Robert, nous a conservé la parole chaude et colorée du pontife, qui, à huit siècles, remue encore nos âmes, comme elle transporta celle de nos aïeux.

« Nation des Francs, s'écria le pape Urbain, nation que ses antécédents représentent comme l'élue de Dieu ; distinguée des autres par sa situation géographique, sa foi catholique et son respect pour la sainte Église, c'est à vous que s'adressent notre discours et nos exhortations ; c'est à vous que nous voulons apprendre quelles tristes circonstances nous ont amené sur votre terre et quels

dangers vous menacent, vous et toute la société des fidèles. Des pays de Jérusalem et de Constantinople, il nous est parvenu une grave rumeur souvent reproduite, à savoir que la nation des Perses, peuple maudit et ennemi de Dieu,
a envahi les domaines de la chrétienté, y a promené le fer, la rapine et l'incendie. Les captifs qui tombent sous leurs mains sont impitoyablement égorgés ou
conduits sur la terre étrangère. Les églises de Dieu sont rasées de fond en comble ou consacrées à la célébration du culte des infidèles. Les autels sont renversés, après avoir été profanés par d'indignes souillures. Les chrétiens sont
condamnés à subir la circoncision et le sang qui en provient est répandu sur
les autels ou versé dans des urnes baptismales. Par un raffinement de cruauté,
ils ouvrent le ventre des chrétiens, leur arrachent les entrailles à l'aide desquelles ils les lient à un arbre et dans cet état les flagellent jusqu'à ce que la
vie les abandonne. Quelquefois, dans cette horrible position, ils les font périr
à coups de flèches, ou bien s'exercent à leur trancher la tête d'un seul coup.
Que vous dirai-je des indignes traitements qu'ils font subir aux femmes? Ils sont
tels qu'il est plus sage de les passer sous silence. Ces peuples ont soumis à leur
domination une partie de l'empire grec, si étendue qu'on pourrait à peine la
franchir dans une marche de deux mois. A qui donc convient-il de venger de
pareils outrages et de conquérir ces domaines mieux qu'à vous auxquels Dieu
a donné, de préférence aux autres nations, l'éclat des armes, la grandeur du
courage, l'agilité du corps et la force de faire courber le front de tous ceux qui
vous résistent? Échauffez votre vertu au souvenir de la vigueur qu'ont montrée
vos ancêtres et de la puissance de Charlemagne, de son fils Louis et des rois
leurs successeurs par qui le règne des Turcs a été anéanti, et les possessions de
la sainte Église agrandies aux dépens des infidèles. Surtout laissez-vous émouvoir par la pensée que le tombeau du Christ est au pouvoir des nations immondes, et que les Lieux saints, loin d'être honorés comme ils devraient l'être,
sont présentement livrés à d'abominables profanations. O braves guerriers issus d'une race toujours victorieuse, gardez-vous de dégénérer, mais souvenez-
vous des vertus de vos ancêtres. Que ceux d'entre vous qui portent dans le cœur
l'amour de leurs parents, de leurs enfants, de leurs compagnes, n'oublient pas
ces paroles de l'Évangile : « Quiconque aime son père ou sa mère plus que moi
n'est pas digne de moi. Quiconque à cause de mon nom abandonnera sa maison,
son père, sa mère, sa femme, ses enfants ou ses domaines, recevra en échange
le centuple et possédera la vie éternelle. » Qu'aucun de vous ne se laisse dominer par l'attrait de ses possessions ou par des considérations mondaines, parce
que la terre que vous habitez, circonscrite par la mer et les montagnes, suffit
à peine à vous contenir, qu'elle est pauvre et peut tout au plus fournir la nour-

riture à ceux qui la cultivent; d'où il résulte que vous passez votre vie à vous entre-déchirer et à vous faire des guerres acharnées, fatales à tous les partis. Que les haines donc et les querelles s'apaisent; que les guerres et les discussions sommeillent. Élancez-vous sur la route du Saint-Sépulcre; ravissez la Terre sainte aux mains d'une nation exécrable. Soumettez-la à votre domination, cette terre qui a été donnée par Dieu aux enfants d'Israël, et où, selon le langage de l'Écriture, *coulent le lait et le miel*. Jérusalem est le centre du monde, une

Fig. 15. — Pierre l'Ermite remettant au pape Urbain II, en 1095, le message de Siméon, patriarche de Jérusalem. D'après le dessin colorié d'un manuscrit du XVᵉ siècle.

terre fertile entre toutes et un second paradis. Le Rédempteur du genre humain l'a illustrée par son avènement et le séjour qu'il y a fait, consacrée par sa passion, rachetée par sa mort et signalée par sa sépulture. Cette royale cité, placée au milieu du monde, est tenue en captivité par ses ennemis et soumise aux pratiques superstitieuses des nations qui sont dans l'ignorance du vrai Dieu. Elle vous appelle à grands cris pour que vous lui apportiez sa délivrance, vous en qui tout son espoir se fonde comme étant, de tous les peuples de la terre, celui à qui Dieu a départi la plus grande vertu guerrière. Engagez-vous donc dans la voie sainte, sûrs que vous devez être d'obtenir la rémission de vos péchés et la gloire impérissable du ciel. »

A ces mots, l'assemblée répondit par un cri formidable :

— Dieu le veut! Dieu le veut!

Et le mot demeurera le cri de ralliement des croisés, durant deux siècles.

« Dès que le printemps parut, raconte Michaud, rien ne put contenir l'impatience des croisés. Ils se mirent en marche pour se rendre dans les lieux où ils devaient se rassembler. Le plus grand nombre allait à pied, quelques cavaliers paraissaient au milieu de la multitude; plusieurs voyageaient montés sur des chars traînés par des bœufs ferrés; d'autres côtoyaient la mer, descendaient les fleuves dans les barques; ils étaient vêtus diversement, armés de lances, d'épées, de javelots, de massues de fer. La foule des croisés offrait un mélange bizarre et confus de toutes les conditions et de tous les rangs : des femmes paraissaient en armes au milieu des guerriers; des joies profanes se montraient au milieu des austérités de la pénitence et de la piété. On voyait la vieillesse à côté de l'enfance, l'opulence près de la misère; le casque était confondu avec le froc, la mitre avec l'épée, le seigneur avec les serfs, le maître avec ses serviteurs. Près des villes, près des forteresses, dans les plaines, sur les montagnes, s'élevaient des tentes, des pavillons pour les chevaliers, et des autels dressés à la hâte pour l'office divin; partout se déployait un appareil de guerre et de fêtes solennelles. D'un côté, un chef militaire exerçait ses soldats à la discipline; de l'autre, un prédicateur rappelait à ses auditeurs les vérités de l'Évangile : ici, on entendait le bruit des clairons et des trompettes; plus loin, on chantait des psaumes et des cantiques. Depuis le Tibre jusqu'à l'Océan, depuis le Rhin jusqu'au-delà des Pyrénées, on ne rencontrait que des troupes d'hommes revêtus de la croix, jurant d'exterminer les Sarrasins, et d'avance célébrant leurs conquêtes; de toutes parts retentissait le cri de guerre : Dieu le veut! Dieu le veut! »

III.

On n'attend pas de ce livre qu'il refasse l'histoire complète de cette croisade, pas plus que de celles qui la suivirent.

Nous avons hâte d'ailleurs de suivre la sainte armée au terme de sa glorieuse entreprise. La voici en vue de Jérusalem!

A l'aspect de la ville sainte, l'armée se prosterna et, s'étant relevée, se disposa à cet assaut qu'a immortalisé la sublime description du Tasse.

« La veille du jour qui doit éclairer le combat, dit-il, le pieux Bouillon se livre à la prière : il ordonne que tous ses guerriers se prosternent aux pieds des prêtres, et fassent l'humble aveu de leurs fautes et que du pain céleste ils se nourrissent et se fortifient...

« L'aurore allume ses feux, avant-coureurs du jour qui la suit. A sa clarté naissante, les infidèles voient de trois côtés s'élever les trois formidables tours, partout leurs yeux rencontrent des béliers, des catapultes et mille instruments funestes. Ils se troublent à cet aspect.

« Mais bientôt, avec une ardeur égale, ils travaillent à leur défense, et ramènent aux endroits qui vont être attaqués les machines qu'eux-mêmes ont préparées.

« Des flèches empoisonnées volent dans les airs; un nuage immense de traits obscurcit le ciel et dérobe la clarté. Du sein des machines guerrières partent des coups plus terribles; des globes de marbre, des poutres armées de fer, portent sur les remparts la destruction et la mort.

« La foudre est moins meurtrière : les armures sont brisées; les cadavres disparaissent; il n'en reste que des lambeaux sanglants et déchirés. Les javelots traversent le corps tout entier, fuient encore loin du guerrier blessé et laissent la mort dans la blessure.

Fig. 16. — Prise de Jérusalem par les Croisés, 15 juillet 1099. *Galeries historiques de Versailles.*

« Tant de fureur et de carnage n'étonne point les Sarrasins. Déjà ils ont tendu des toiles et d'autres matières, dont la molle résistance trompe les efforts des chrétiens et les affaiblit. Ils lancent des flèches et des pierres au milieu des rangs les plus serrés.

« Les chrétiens, avec une ardeur toujours égale, poussent leur triple attaque. Les uns, à l'abri de leurs marchines, se dérobent aux traits qui pleuvent inutilement sur eux. D'autres font rouler auprès des murailles ces redoutables tours que les assiégés repoussent de toutes leurs forces : le bélier s'élance et par d'horribles secousses ébranle le pied des remparts, tandis que les ponts s'abaissent sur le sommet. »

L'assaut fut terrible, il fallut y revenir à diverses reprises, car, dit le poète, « les infidèles sur leurs remparts ont planté un tronc d'arbre qui fut jadis un mât de vaisseau. A ce tronc est attachée une poutre, dont la tête est armée de fer, et qui, retirée en arrière par des câbles, se reporte en avant avec un mouvement redoublé.

« Cette poutre immense frappe contre la tour. Les chocs répétés en relâchent les jointures, l'ouvrent, l'ébranlent et la repoussent. Mais tout à coup de cette terrible machine sortent des faux tranchantes, qui vont couper les câbles auxquels est suspendue la poutre ennemie.

« Elle tombe, et dans sa chute entraîne les hommes, les armes et les créneaux... Bouillon s'avance. Il se flatte d'arborer bientôt sur la muraille sa triomphante enseigne; mais tout à coup on lance sur lui de noirs torrents de flamme et de fumée. Jamais, de ses entrailles brûlantes, l'Etna ne vomit tant de feux. Jamais, dans les ardeurs de l'été, le ciel de l'Inde ne brûla de tant de vapeurs embrasées.

« Partout volent des vases de feu et des flèches allumées. Une épaisse fumée dérobe la lumière du jour, le feu s'attache à la machine; le cuir qui la défend se ride et bientôt ne pourra plus la garantir.

« Mais Bouillon, le front toujours serein, l'âme toujours intrépide, encourage ses guerriers, qui pour sauver la tour arrosent le cuir dont elle est revêtue. Mais déjà l'eau commence à leur manquer. Soudain s'élève un vent impétueux qui reporte l'incendie contre ses auteurs.

« Le feu s'élance sur les toiles que l'infidèle a tendues et les dévore : les remparts sont couverts de flammes. O pieux guerrier! O mortel chéri des cieux! L'Éternel combat pour toi; les vents obéissent au son de tes trompettes et la nature s'arme pour te défendre. »

Enfin, Jérusalem est prise! « C'était, dit Guillaume de Tyr, le vendredi 15 juillet 1099, à trois heures de l'après-midi, heure solennelle où le Sauveur rendit sur la croix son esprit à son Père. Il y avait trois ans que le peuple fidèle s'était engagé dans cette glorieuse croisade. Le pontife de la sainte Église était Urbain II, en France régnait le roi Philippe Ier, Henri IV détenait la souveraineté de Germanie, et Alexis portait le sceptre de l'empire grec. »

« L'étendard triomphant, s'écrie le poète, se déploie dans les airs, les vents respectueux soufflent plus mollement; le soleil, plus serein, se dore de ses rayons. Sion et la colline semblent s'incliner et lui offrir l'hommage de leur joie.

« Tous les chrétiens, à la fois, poussent les cris de l'allégresse et de la victoire! Les montagnes en retentissent et répètent leurs derniers accents. »

IV.

Le retour des Croisés fut une longue et inénarrable ovation.

Ils arrivaient en Occident, portant des palmes dans leurs mains et faisant retentir sur leur passage des hymnes de triomphe.

Fig. 17. — Godefroy de Bouillon suspend aux voûtes de l'Église du Saint-Sépulcre les trophées de la bataille d'Ascalon (1099). D'après le tableau de Granet. *Galeries historiques de Versailles.*

« Leur retour fut regardé, dit M. Michaud, comme un miracle, comme une espèce de résurrection, et leur présence était partout un sujet d'édification et d'enthousiasme. La plupart d'entre eux s'étaient ruinés dans la guerre sainte; mais ils rapportaient d'Orient de précieuses reliques que leur piété mettait au-dessus des plus riches trésors. On ne pouvait se lasser d'entendre le récit de leurs travaux et de leurs exploits. Des larmes se mêlaient aux transports de l'admiration et de la joie, lorsqu'ils parlaient de leurs nombreux compagnons que la mort avait moissonnés en Asie. Il n'était point de famille qui n'eût à pleurer un défenseur de la Croix, ou qui ne se glorifiât d'avoir un martyr dans le ciel... Dans toutes les occasions où il ne fallait que de la bravoure, on ne trouve rien de comparable aux exploits des croisés. Réduits à un petit nombre de combattants, ils ne triomphèrent pas moins de leurs ennemis que lorsqu'ils avaient des armées innombrables. Quarante mille croisés s'emparèrent de Jérusalem défendue par une garnison de soixante mille Sarrasins. Il restait à peine vingt mille hommes sous leurs drapeaux, lorsqu'ils eurent à combattre toutes les forces de l'Orient dans les plaines d'Ascalon. L'imagination des hommes les plus indifférents sera toujours frappée des traits d'héroïsme que nous présente l'histoire des Croisades. Que de noms illustrés par cette guerre sont encore aujourd'hui l'orgueil des familles et de la patrie! Ce qu'il y a peut-être de plus positif dans les résultats de la première croisade, c'est la gloire de nos pères, cette gloire qui est aussi un bien réel pour une nation; car les grands souvenirs fondent l'existence des peuples comme celle des familles et sont la plus noble source du patriotisme. Mais les croisés offraient un autre spectacle ignoré de l'antiquité, c'est la réunion de l'humilité religieuse et de l'amour de la gloire. L'histoire nous présente sans cesse ces guerriers si fiers, l'effroi de l'Asie et des musulmans, abaissant leur front victorieux dans la poussière et marchant de conquête en conquête couverts du sac de la pénitence. Les prêtres qui les exhortent aux combats ne relèvent leur courage qu'en leur reprochant leurs fautes. Lorsqu'ils éprouvent des revers, mille voix s'élèvent parmi eux pour accuser leur conduite; lorsqu'ils sont victorieux, c'est Dieu seul qui leur a donné la victoire, et la religion leur défend de s'en glorifier. »

« On ne saurait trop apprécier, s'écrie l'historien protestant Hurter les services rendus par la papauté en réunissant les forces de l'Occident contre les torrents de guerriers sauvages débordés de l'Orient. Qui sait si les Croisades n'ont pas préservé l'Europe d'une invasion qui aurait pu devenir aussi dangereuse que celles de 710 et de 1683? Et si de l'année 1529 nous portons nos regards à environ quatre siècles en arrière, ne devons-nous pas présumer que l'Europe n'a été sauvée d'invasions semblables de la part des partisans de Mahomet que par ceux qui dirigèrent les forces de l'Europe vers les pays de l'Islamisme? » C'est aussi la pensée de Joseph de Maistre. « Lorsqu'au moyen âge, dit-il, nous allâmes en Asie, l'épée à la main, pour essayer de briser, dans son propre terrain, ce redoutable croissant qui menaçait toutes les libertés de l'Europe, les Français furent à la tête de cette mémorable entreprise. Un simple particulier qui n'a légué à la postérité que son nom de baptême, orné du modeste surnom de l'Ermite, aidé seulement de sa foi et de son invincible volonté, souleva l'Europe, épouvanta l'Asie, brisa la féodalité, anoblit les serfs, transporta le flambeau des sciences et changea l'Europe. »

Mais, comme l'a éloquemment fait observer M. Hervé-Bazin, pour comprendre la croisade, il faut se placer en face d'une cathédrale gothique, se plonger sous ses voûtes, jeter les regards sur ses colonnes, ses admirables sculptures, ses rosaces et ses vitraux étincelants, et se représenter par la pensée le peuple, l'époque et la foi capables de créer de telles merveilles et d'offrir au Dieu Sauveur de tels hommages et de telles hymnes, avec la pierre, le marbre et l'airain.

CHAPITRE III.

LE SIÈCLE DE SAINT BERNARD.

Saint Bernard. — Son arrivée à Cîteaux d'après les chroniques de l'Ordre. — Son portrait tracé par un contemporain. — Sa place dans notre histoire nationale. — Son influence sur Suger. — Portrait de ce dernier. — L'émancipation du peuple par l'institution des communes. — Les chartes constitutives. — Action de l'épiscopat sur le mouvement communal. — La charte de Noyon. — Saint Bernard prêche la croisade. — Le grand parlement de Vézelay. — La croix! la croix! — La porte de l'Asie. — Prise de Constantinople par les croisés. — Mort de Suger. — Mort de Saint Bernard.

I.

Nous entrons à pleines voiles dans le port sûr et magnifique, où l'Église, aidée de la France son instrument dans la chrétienté, amène la société civile et religieuse du moyen âge.

C'est un grand homme, moine et saint, un Français, qui préside à cette apogée. Nous avons nommé saint Bernard.

Il était né en 1091, à Fontaine-lès-Dijon, en Bourgogne, d'une famille distinguée par sa noblesse. Pendant que sa mère le portait dans son sein, elle eut un songe qui lui causa une grande frayeur : il lui semblait entendre, à la place de l'enfant, un petit chien qui commençait à aboyer. Un saint homme la rassura, en lui prédisant que son fils serait un chien fidèle du troupeau du Seigneur, qui ne cesserait d'aboyer contre les loups, et annoncerait la parole de Dieu avec une éloquence irrésistible.

Le XIIe siècle tout entier salue en lui un réformateur et un guide.

Son arrivée dans la solitude de Cîteaux est merveilleusement contée par les annalistes de l'ordre.

« Il y avait, disent-ils, en ce temps, un frère qui était sur le point d'aller recevoir la récompense de ses travaux. Alors saint Étienne, s'approchant de lui plein de l'esprit de Dieu, lui parla de cette sorte en présence de tous les religieux :

« — Vous voyez, mon frère bien-aimé, quelle est l'affliction, la peine et l'abattement où nous nous trouvons. Nous croyons certainement marcher dans la voie étroite que notre bienheureux père saint Benoît nous a montrée ; mais nous ne savons pas si notre genre de vie est agréable à Dieu, surtout considérant que les religieux de ce pays nous condamnent comme des gens qui ont inventé de nouvelles manières de vivre et qui causent du scandale, le schisme et la division. Je suis encore sensiblement affligé de voir que le grand nombre des frères qui nous quittent tous les jours nous réduit à si peu de religieux ; et comme Dieu ne nous envoie personne pour remplir la place de ceux qu'il appelle à lui, je redoute fort que ce nouvel institut ne finisse avec nous. C'est pourquoi, au nom de Notre-Seigneur Jésus-Christ, pour l'amour duquel nous avons choisi cette voie étroite qu'il a proposée dans son Évangile, je vous commande, en vertu de la sainte obéissance, qu'après que vous serez allé à Dieu, vous nous reveniez trouver au temps et en la manière qu'il lui plaira, pour nous faire savoir, selon qu'il le voudra, ce que nous devons croire de notre état et de la vie que nous menons.

« A ces paroles, le moribond répondit avec simplicité :

« — Mon révérend Père, je ferai très volontiers ce qu'il vous plaît de me commander, pourvu que vous m'assistiez toujours de vos saintes prières, afin que je puisse exécuter vos ordres.

« Quelques jours s'étaient écoulés depuis la mort du religieux, et le saint abbé, se trouvant au travail avec ses frères, avait donné le signal du repos, comme c'était la coutume. Il se retira un peu à l'écart, et, s'étant assis et couvert la tête de son scapulaire, il se mit en oraison. Dans cet instant, le moine défunt se présenta à lui tout resplendissant de clarté et il paraissait élevé en l'air sans toucher la terre. Le saint abbé lui demanda comment il se trouvait. — Je suis heureux, lui répondit-il, et je prie Dieu qu'il vous rende aussi heureux que je le suis ; car, par vos instructions salutaires et votre continuelle sollicitude, je jouis présentement de ces joies et de cette paix incompréhensibles qui passent toutes les pensées des hommes. Et maintenant, pour obéir au commandement qu'il vous a plu de m'imposer, je reviens pour vous faire savoir, à vous, mon Père, et à mes frères, la grâce et la miséricorde de Notre-Seigneur Jésus-Christ au sujet de ce nouvel ordre. Sachez-le donc et n'en doutez point : votre genre de vie est saint et agréable à Jésus-Christ. Bannissez votre affliction ou plutôt qu'elle se change en joie, car, voici que dans peu de temps Dieu vous fera connaître la magnificence de sa miséricorde, et il vous enverra un grand nombre de personnes entre lesquelles il y en aura de nobles, d'illustres et de savantes, et ils rempliront tellement cette maison qu'ils en sortiront comme des essaims d'abeilles pour se répandre en diverses parties du monde et ils les peupleront de monastères qui seront les heureux rejetons de la semence de bénédictions qui a crû et s'est fortifiée dans ce lieu-ci par la grâce de Dieu. »

La prédiction se réalisa. Bernard se fit moine à Cîteaux. Dans cette paisible retraite, ses vertus brillèrent d'un si vif éclat qu'à peine âgé de vingt-cinq ans, il fut chargé de fonder le monastère de Clairvaux, dont on le nomma abbé. Cette tâche ne suffisant point à son ardeur, il médita d'étendre à l'ordre monastique et à la société entière les réformes qu'il avait introduites à Clairvaux.

Un des premiers biographes du grand réformateur l'a écrit, avec un accent d'enthousiasme que l'histoire a ratifié :

« Il serait difficile de se persuader que le roi d'Israël eût autant conquis l'affection de l'Orient par son règne glorieux, que ce saint abbé n'a conquis celle du monde entier par sa seule humilité. Mais j'ose dire de plus qu'il est très difficile de trouver dans toutes les histoires qu'un homme encore vivant ait été aussi renommé et aussi généralement aimé depuis le Levant jusqu'au Couchant, depuis le Septentrion jusqu'au Midi, car sa réputation se répandit dans l'Église orientale et dans l'Hybernie où le soleil se couche, vers le Midi dans les provinces les plus reculées de l'Espagne, et vers le Nord dans les îles éloignées du Danemark et de la Suède. De toutes parts il recevait des lettres, de tous les côtés on lui envoyait des présents, tout le monde lui demandait sa bénédiction ; enfin, comme une vigne abondante, il étendit ses branches dans toutes les directions de la terre. »

II.

L'illustre et saint abbé de Clairvaux tient par des liens très étroits à notre histoire nationale, soit philosophique, soit politique : par Abélard, dont le rationalisme, à la fois éblouissant et spécieux, eût pu faire dévier le bon sens chrétien du moyen âge, et à qui il fournit les occasions de montrer sa sincérité et son touchant repentir ; par Guillaume de Champeaux, le doux et puissant représentant de ce bon sens chrétien ; par Suger, qui lui dut tout le développement de sa vertu, et par là, toute la concentration de son génie.

Bernard et Suger dominent en effet toute cette époque.

« Néavec un corps petit et grêle, dit Guillaume le Moine, Suger avait encore beaucoup épuisé ses forces par un travail trop assidu ; mais sa sobriété dans le manger, son exactitude à éviter les mets qui peuvent irriter l'appétit et son soin vigilant de lui-même, le firent, avec l'aide du Seigneur, parvenir jusqu'à la vieillesse... Au milieu de tous les genres divers de grâces qu'il reçut du ciel, une seule lui manqua, celle de devenir plus gras après avoir pris les rênes du gouvernement... Été comme hiver, n'ayant besoin que de peu d'heures de sommeil, il lisait après son souper ou écoutait lire pendant longtemps, ou instruisait ceux qui se trouvaient avec lui par le récit de faits mémorables. Sa lecture habituelle était les livres authentiques des Pères, et quelquefois des morceaux d'histoire ecclésiastique. D'un naturel fort gai, il racontait souvent tantôt ses propres actions, tantôt celles d'autres hommes d'un grand caractère, qu'il avait vues ou apprises, prolongeait quelquefois ses récits jusqu'au milieu de la nuit, et se reposait ensuite un peu dans un lit ni trop dur ni trop délicat.

Fig. 18. — Suger, abbé de Saint-Denis, premier ministre de Louis VI et de Louis VII (vers 1082-1152). D'après la statue de Foyatier. *Galeries historiques de Versailles.*

« Lorsqu'après avoir célébré l'office de matines avec toute la solennité accoutumée, Suger s'était reposé et s'éveillait, son premier soin chaque jour était de se rendre à l'église au lever de l'aurore ; là, avant de s'approcher de l'autel, il se prosternait humblement devant les tombeaux des saints, s'immolait, dans ses prières, tout entier au Seigneur, et inondait le pavé de ses larmes ; et c'est ainsi que ce prêtre vénérable se préparait à offrir, avec autant de piété que de pompe, les saintes hosties.

« Quand quelques-uns de ses religieux tombaient malades, Suger n'épargnait aucune dépense pour les faire guérir et leur procurer des médecins; et cependant, pour le dire en un mot, il laissa les revenus annuels de son monastère doublés par son habileté. Des témoins de ce fait existent encore et j'en suis un moi-même, moi le dernier de ses moines.

« Entre autres choses grandes et nobles qu'a faites Suger, il appela des divers points du royaume des ouvriers de toute espèce, maçons, menuisiers, peintres, forgerons, fondeurs, orfèvres et lapidaires, tous renommés par leur habileté dans leur art et voulut qu'ils consacrassent le bois, la pierre, l'or, les diamants et toutes les autres matières précieuses à rehausser la gloire des saints martyrs, et à rendre leur église neuve, vaste et brillante, de vieille, petite et obscure qu'elle était autrefois. Il enrichit de plus cette église d'un précieux et abondant mobilier, c'est-à-dire de vases d'or et d'argent, de fioles d'onyx, de sardoine, d'émeraude et de cristal, d'étoffes de pourpre, de robes brodées d'or, et d'habits entièrement de soie; à tout cela il ajouta des ouvrages en verre et en marbre qui ne sont pas à dédaigner, et augmenta le nombre des vases sacrés.

« Il existe encore beaucoup de lettres que lui adressèrent des hommes célèbres; ceux qui, entre autres, lui écrivirent le plus fréquemment furent Pierre, abbé de Cluny, et Bernard, abbé de Clairvaux, tous deux illustres par leur vie et leur science, et, ce qui ne mérite d'être compté qu'après, leur éloquence.

« Tout le temps que dura son administration, il ne prit pour son propre usage que cette humble cellule, d'à peine dix pieds en largeur et quinze en longueur, et la prit dix ans avant sa mort, afin d'y recueillir sa vie, qu'il avouait avoir dissipée trop longtemps dans les affaires du monde. C'était là que, dans les heures qu'il avait de libres, il s'adonnait à la lecture, aux larmes et à la contemplation; là, il évitait le tumulte et fuyait la compagnie des hommes du siècle. Là il appliquait son esprit à la lecture des plus grands écrivains, à quelque siècle qu'ils appartinssent, s'entretenait avec eux, étudiait avec eux; là il n'avait pour se coucher, au lieu de plume, que de la paille, sur laquelle était étendue, en place d'une fine toile, une couverture assez grossière de simple laine, que recouvraient, pendant le jour, des tapis décents. »

III.

C'est à l'inspiration de ces deux grands hommes, lumière et gloire de l'Église de leur temps, que le peuple français dut son émancipation. La Chevalerie avait dompté la Féodalité, les Communes amènent aux vassaux des grands seigneurs une protection inespérée.

On ne saurait aujourd'hui s'en faire l'idée, car, comme l'observe fort justement M. Edmond Demolins, celui qui parcourrait aujourd'hui la France, en voyant des villes si calmes, administrées par un fonctionnaire venu de Paris, des bourgeois si attentifs au moindre bruit de la capitale, ne se douterait pas qu'il fut un temps où ces mêmes villes étaient agitées comme l'antique Rome, où elles s'administraient elles-mêmes par des magistrats élus dans l'assemblée générale des habitants, où les bourgeois réunis, soit dans l'église, soit sur la place publique changée en forum, délibéraient plus librement qu'à Sparte ou qu'à Athènes sur les affaires de la ville.

Ces libertés municipales du moyen âge étaient nées à la suite et sous l'influence de l'association pour la paix et la trêve de Dieu, dont l'Église avait pris l'initiative au onzième siècle. En effet, de l'association pour la trêve à l'association pour la commune jurée ou pour la liberté municipale, il n'y avait qu'un pas : il fut aisément franchi. Le jour où le peuple se réunit par commune et par paroisse, au lieu de s'assembler par contrée et par diocèse, le mouvement communal commença. Ce changement est sensible sous Louis VI : « Alors, dit le chroniqueur Orderic Vital, une communauté populaire fut établie en France par les évêques et les prêtres qui accompagnèrent le roi pour les combats ou les sièges avec les bannières et tous les paroissiens. »

C'est à la même époque que le mot *commune* apparaît dans les actes publics; mais le mot de *paix* persiste encore pendant longtemps, comme pour montrer le lien étroit qui unit ces deux institutions. Dès ce moment, la puissance royale et la puissance populaire, rapprochées par l'Église, se prêtent un mutuel appui, et se développent simultanément pour arriver de concert à cette magnifique expression du moyen âge : la France des communes (1).

Les chartes constitutives de la commune déterminaient avec une grande précision les rapports des habitants entre eux; le premier article porte en général que les bourgeois se prêteront un secours mutuel, pour empêcher qu'on leur fasse aucun tort, qu'on les assujettisse à des taxes arbitraires. Si le roi ou le seigneur veut faire son entrée dans la ville, les bourgeois, avant d'ouvrir la porte, lui font signer la confirmation de la charte. Elle donne aux habitants une sorte de souveraineté; c'est la bourgeoisie qui règle la solde, le nombre des troupes, qui nomme les officiers, le commandant ou connétable, qui fait la guerre, qui fait la paix avec les villes, avec les seigneurs d'alentour; dans

(1) *Op. cit.*, t. II, p. 13.

les traités, on voit figurer les noms de simples artisans : *Martinus faber,
Johannes tonsor pannorum.*

Les communes s'unissent souvent entre elles contre les seigneurs, sans cesse
appelant le roi à leur secours, sans cesse prêtes à courir au sien et à lui fournir
contre eux des milices et de l'argent. « Le roi le sait bien, dit un chroniqueur
du moyen âge; les bourgeois sont beaucoup plus attachés au roi que les nobles;
aussi le prince les aime davantage; il va dîner, souper chez eux, y faire le
compère, enfin, voulant être bourgeois, autant qu'il le peut, il signe sur le
registre de la grande confrérie des bourgeois. ».

Fig. 19. — Affranchissement des Communes (1112). D'après le tableau de Alaux.
Galeries historiques de Versailles.

La royauté trouvait ainsi, dans les classes bourgeoises et populaires, son
allié naturel et désormais inséparable pour le maintien de l'ordre et l'exercice
du gouvernement. Dès ce moment, la royauté et le tiers état naissant se développent ensemble, sous l'influence de l'Église, jusqu'à saint Louis, la plus
haute expression du pouvoir chrétien et populaire (1).

IV.

Pendant que ces grandes choses s'accomplissaient en France, sous l'inspiration de l'Église, tout à coup durant l'hiver de l'année 1145, on apprit, en

(1) *Ibid.*, p. 22.

Occident, que, pendant la nuit de Noël, la ville d'Édesse, en Mésopotamie, avait été prise par les Turcs et noyée dans le sang de trente mille chrétiens.

Aussitôt, le roi de France, inspiré par saint Bernard, convoqua une grande assemblée.

C'est à Vézelay, raconte le chroniqueur, que le rendez-vous avait été indiqué pour la tenue d'un *grand parlement*, où saint Bernard devait lire une lettre encyclique du pape Eugène III, sur l'état précaire des principautés latines de l'Asie Mineure.

Ni la grande église, ni la place publique, ni le château, ne pouvaient contenir la foule qui accourait de toutes parts. C'est pourquoi on construisit audehors, sur le flanc de la montagne qui domine la plaine de Vézelay, une énorme chaire, afin que l'abbé de Clairvaux pût parler d'en haut à l'assemblée.

Bernard, fort de l'autorité apostolique et de sa propre sainteté, monta sur cette estrade, ayant à ses côtés le jeune roi Louis VII, déjà orné de la croix.

« Lorsque l'orateur céleste commença, selon sa coutume, à répandre la rosée de la parole divine (1), raconte Odon de Dinès, un cri général l'interrompit : « La croix ! La croix ! »

Saint Bernard n'avait pas achevé la lecture de la lettre encyclique du Pape. Alors, élevant sa voix avec force, il fit entendre les accents plaintifs de la ville sainte et conjura les princes des Gaules et les peuples chrétiens de s'armer pour la défense du tombeau de Jésus-Christ. « Dieu le veut ! Dieu le veut ! » s'écrie d'une seule voix l'immense assemblée. Le roi, vivement ému, se jette, en présence de tout le peuple, aux pieds de saint Bernard et s'engage solennellement à marcher au secours de la Terre Sainte. Revêtu du signe sacré de la Rédemption, il parle à son tour et annonce au peuple les heureuses déterminations que Dieu lui a inspirées; il convoque les braves guerriers, et leur représente en termes énergiques l'empire Philistin, versant l'opprobre et le blasphème dans la maison de David. Les paroles du monarque, entrecoupées de sanglots, achèvent d'électriser les cœurs; le vaste auditoire fond en larmes et les collines environnantes retentissent des cris d'enthousiasme de la multitude. A l'exemple de Louis le Jeune, la reine sa femme demande et reçoit des

---

(1) « Si l'on vous annonçait, dit-il, que l'ennemi est entré dans vos cités, qu'il a ravi vos épouses et vos filles, profané vos temples, qui de vous ne volerait aux armes? Eh bien, tous ces malheurs, et des malheurs plus grands encore sont arrivés : la famille de Jésus-Christ, qui est la vôtre, a été dispersée par le glaive des païens; des barbares ont renversé la demeure de Dieu et se sont partagé son héritage. Volez donc aux armes! Qu'une sainte ardeur vous anime au combat et que le monde chrétien retentisse de ces paroles du prophète : *Malheur à celui qui n'ensanglante pas son épée!* »

mains de l'abbé de Clairvaux la croix des pèlerins. Plusieurs évêques se
croisent à leur tour. Après eux, un nombre infini de seigneurs et de barons se
pressent autour de la chaire et demandent des croix. Parmi les plus illustres,
l'histoire cite le brave Robert de Dreux, frère du roi, Henri, fils du comte de
Champagne, Théodore d'Alsace qui, dans l'âge avancé de la vie, conservait
l'intrépide vigueur de la jeunesse, le prince Enguerrand de Coucy, Archam-
bault, sire de Bourbon, Hugues de Lusignan et une *foule d'autres valeureux
gens d'armes, chevaliers et hommes du petit peuple*. La provision de croix

Fig. 20. — Louis VII prend la croix des mains de saint Bernard (1147).
Galeries historiques de Versailles

qu'on avait préparée ne put suffire au grand nombre de pèlerins. Saint Bernard,
pour contenter leur pieuse impatience, déchira ses propres vêtements et en fit
des croix. Couvert de lambeaux, il continua jusqu'au soir à *semer plutôt qu'à
distribuer* ces glorieux symboles de la foi chrétienne. Les jours suivants,
l'affluence ne discontinua point et l'enthousiasme ne fit que croître. La sainte
allégresse des croisés se communiqua rapidement de proche en proche et
l'entraînement de l'exemple propagea l'effet de la parole (1).

Dès le commencement de la seconde croisade, des promoteurs avaient
compris que la conquête de Constantinople devait précéder toute marche
vers la Terre-Sainte.

« Depuis longtemps, dit un des évêques qui accompagnaient Louis VII
(Othon de Deuil), Constantinople est une barrière importune entre nous et

(1) Ratisbonne, *Histoire de saint Bernard.*

nos frères d'Orient. Il faut enfin nous ouvrir le libre accès de l'Asie. Les Grecs, vous le savez, ont laissé tomber entre les mains des infidèles le Sépulcre de Jésus-Christ et toutes les villes chrétiennes de l'Orient.

Constantinople, n'en doutez pas, sera bientôt elle-même la proie des Turcs, et un jour, par son extrême lâcheté, elle ouvrira aux Barbares le chemin de l'Occident. Les empereurs de Byzance ne savent ni défendre leurs États ni souffrir qu'on les défende. Toujours ils ont paralysé les efforts des guerriers catholiques. Hâtons-nous de prévenir notre ruine par celle des traîtres et ne laissons pas derrière nous une ville qui ne cherche qu'à nous perdre. »

Villehardouin a raconté la Prise de Constantinople.

« L'empereur Murtzuphle, dit-il, s'était venu loger en une place avec toutes ses forces devant le lieu où l'on devait donner l'assaut et y avait fait dresser ses tentes et pavillons d'écarlate. D'autre part, le lundi arrivé, les nôtres qui étaient dans les navires, les palandries et les galères, prirent tous les armes et se mirent en état de faire une nouvelle attaque, ce que voyant ceux de la ville ils commencèrent à les craindre plus que devant, mais d'ailleurs les nôtres furent étonnés de voir les murailles et les tours remplies d'un si grand nombre de soldats qu'il n'y paraissait que des hommes. Alors l'assaut commença rude et furieux ; chaque vaisseau faisait son effort à l'endroit où il était, et les cris s'élevèrent si grands qu'il semblait que la terre dût s'abîmer. Cet assaut dura longtemps et jusqu'à ce que Notre-Seigneur fît lever une forte bise qui poussa les navires plus près de terre qu'ils n'étaient auparavant ; en sorte que deux d'entre eux qui étaient liés ensemble, l'un appelé la Pèlerine, l'autre le Paradis, furent portés si près d'une tour, l'un d'un côté, l'autre de l'autre, que l'échelle de la Pèlerine s'alla joindre contre la tour. Et à l'instant un Vénitien et un chevalier français, appelé André d'Urboise, y entrèrent, suivis incontinent après de nombre d'autres, qui tournèrent en fuite ceux qui la gardaient et les obligèrent à l'abandonner.

« Les chevaliers qui étaient dans les palandries, ayant vu que leurs compagnons avaient gagné la tour, sautèrent à l'instant sur le rivage ; et ayant planté leurs échelles au pied du mur, montèrent contremont à vive force et conquirent encore quatre autres tours. Les autres, animés du même exemple, commencèrent de leurs navires, palandries et galères, à redoubler l'attaque à qui mieux mieux, enfoncèrent trois des portes de la ville, entrèrent dedans, et ayant tiré leurs chevaux hors des palandries, montèrent dessus et allèrent à toute bride au lieu où l'empereur Murtzuphle était campé. Il avait rangé ses gens en bataille devant ses tentes et pavillons, lesquels, comme ils virent les chevaliers montés sur leurs chevaux de combat venir droit à eux, se mirent en fuite et l'empereur même s'en alla courant dans les rues et fuyant au château ou palais Bucoléon. Lors vous eussiez vu abattre les Grecs de tous côtés, les nôtres gagner chevaux, palefrois, mulets et autres butins, et tant de morts et de blessés qu'ils ne se pouvaient compter. La plupart des principaux seigneurs grecs se retirèrent vers la porte de Blaquerne. Comme le soir approchait déjà et que nos gens étaient las et fatigués du combat et du carnage, ils sonnèrent la retraite, se ralliant en une grande place qui était dans l'enceinte de Constantinople, puis avisèrent de se loger cette nuit près des murailles et des tours qu'ils avaient gagnées, n'estimant pas que d'un mois entier ils pussent conquérir le reste de la ville tant il y avait d'églises fortes, de palais et autres lieux où l'on se pouvait défendre, outre le grand nombre de peuple qu'il y avait dans la ville.

« Suivant cette résolution, ils se logèrent devant les murs et les tours près de leurs vaisseaux. Le comte Baudouin de Flandres s'alla loger dans les tentes d'écarlate de l'empereur Murtzuphle qu'il avait laissées toutes tendues. Henri, son frère, devant le palais de Blaquerne et le marquis de Montferrat avec ses gens dans le quartier le plus avancé de la ville. Ainsi l'armée prit ses logements et Constantinople fut prise d'assaut le lundi de Pâques fleurie. »

V

Suger cependant s'en allait mourir. Prosterné aux pieds de ses frères et versant d'abondantes larmes, il demanda pardon à tous des sujets de plaintes qu'il avait pu leur donner. Son âme se tourna en ce moment suprême vers l'abbé de Clairvaux, son conseiller et son ami. « Homme de Dieu, lui écrivit celui-ci, ne craignez point de vous dépouiller de l'homme terrestre qui vous courbe vers la terre pour vous conduire au tombeau. Qu'avez-vous de commun avec ces restes mortels, vous qui allez être revêtu, dans le ciel, de la robe de gloire ? Souffrez donc avec patience, ou plutôt désirez avec joie le dépouillement complet de tout ce qu'il y a de terrestre en vous. « Suger expira peu après, le 13 janvier 1151, en récitant l'Oraison dominicale et le Symbole des apôtres. Louis VII assista aux funérailles de son ministre, dont le tombeau fut placé à Saint-Denis, avec cette simple inscription : *Ci-gît l'abbé Suger*.

Saint Bernard, dans sa lettre à Suger, suppliait ce dernier de se souvenir de lui après sa mort, et de lui obtenir la grâce de le suivre bientôt. Il ne tarda pas à être exaucé. Jusqu'au dernier moment, son esprit demeura calme et serein;

il demanda à tous les assistants des prières pour aller plus tôt à Dieu et échapper « à la dent et aux embûches du serpent. » Il mourut le 20 août 1153, dans la soixante-troisième année de son âge.

Ainsi s'éteignirent à la fois les deux hommes qui avaient le plus illustré ce siècle : le premier, par son administration ferme et éclairée; le second, par son zèle pour la réforme religieuse et le maintien de l'orthodoxie.

CHAPITRE IV.

LE GRAND ROI.

L'idéal de la société chrétienne. — Une mère incomparable. — Portrait de saint Louis tracé par le sire de Joinville. — Il prend la croix, malgré les supplications de son entourage. — Le récit de Mathieu Pâris. — Départ pour la croisade. — La reine Marguerite et son vieux chevalier. — A la bataille de Mansourah. — Sans le roi, tout était perdu. — Si grand honneur n'advint jamais à roi de France. — Le roi de France ne peut se racheter à prix d'argent. — L'Église et l'État au treizième siècle. — La théorie de Beaumanoir. — Saint Louis au milieu de sa cour. — Comment Dieu montra qu'il aimait le roi et la France. — La couronne d'Épines et la Sainte-Chapelle de Paris. — Les reliques de la Passion. — Sous les murs de Tunis. — Dernières exhortations du saint roi. — Monseigneur! mon frère! — Qui nous donnera de voir la foi prêchée à Tunis! — Une résurrection.

I.

Avec saint Louis, nous arrivons au sommet de la société chrétienne, au moyen age. Comme on l'a souvent remarqué, il en est le produit le plus logique comme la plus exquise expression. C'est à lui que cette société doit la sympathie passionnée qu'elle a inspirée à tant de nobles esprits, malgré ses imperfections, malgré ses fautes, et la justice que les esprits impartiaux commencent à lui rendre. Il est, en effet, l'individu le plus parfait que l'histoire nous montre.

Une mère incomparable l'avait élevé pour Dieu et pour la France.

« La reine Blanche elle-même instruisit ledit roi comme celui qui devait si grand royaume gouverner, et comme celui qu'elle aimait avant tous les autres parmi ses enfants. Et il fut nourri bien et saintement par les soins de sa dite mère qui lui mettait devant les yeux bons exemples, et lui apprenait à faire toutes choses qu'elle croyait qui fussent agréables à Dieu et lui baillait bonnes personnes qui bons conseils lui donnassent pour le royaume loyalement, sagement et fermement gouverner. »

Ainsi parle le compagnon fidèle du saint roi, ce bon Joinville qui a tracé de son maître ce suave portrait :

« Au nom de Dieu tout-puissant, moi Jean sire de Joinville, sénéchal de Champagne, fais écrire la vie de notre saint Louis, et ce que je vis et ouïs par l'espace de six ans que je fus en sa compagnie, au voyage d'outre-mer et depuis que nous fûmes revenus. Et avant que je vous raconte ses grands faits et sa chevalerie, je vous conterai ce que j'ai vu et ouï de ses saintes paroles et de ses bons enseignements, pour qu'ils se trouvent ici dans un ordre convenable, afin d'édifier ceux qui les entendront. Ce saint homme aima Dieu de tout son cœur et agit en conformité de cet amour. Il y parut bien en ce que, de même que Dieu mourut pour l'amour qu'il avait pour son peuple, de même le roi mit son corps en aventure de mort, et qu'il l'eût bien évité s'il l'eût voulu comme on verra ci-après.

L'amour qu'il avait pour son peuple parut dans ce qu'il dit à son fils aîné, en une grande maladie qu'il eut à Fontainebleau : « Beau fils, lui dit-il, je te

Fig. 21. — Blanche de Castille (1187-1252). D'après une gravure des *Monuments de la Monarchie française.*

prie que tu te fasses aimer du peuple de ton royaume, car vraiment j'aimerais mieux qu'un Écossais vînt d'Écosse et gouvernât le peuple du royaume bien et loyalement, que tu le gouvernasses mal à point. » Il aima tant la vérité qu'il ne voulut pas refuser, même aux Sarrasins, ce qu'il avait promis, comme vous le verrez plus loin. Il fut si sobre sur sa bouche, que jamais de ma vie je ne l'entendis ordonner de lui servir nulles viandes, comme font maints riches hommes, mais il mangeait patiemment ce que ses cuisiniers lui apportaient devant lui. Il fut modéré dans ses paroles, car jamais de ma vie je ne l'ouïs dire mal de personne, ni jamais ne l'entendis nommer le diable dont le nom est si répandu dans le royaume, ce qui, je crois, ne plaît point à Dieu. Il trempait son vin en proportion de ce qu'il voyait que le vin pouvait lui faire mal : il me demanda un jour dans l'île de Chypre pourquoi je ne mettais pas de l'eau dans mon vin, et je lui dis que les médecins me l'ordonnaient, en me disant que j'avais une grosse tête et un estomac froid, et que je ne pouvais m'enivrer; et le roi me dit qu'ils me trompaient, car si je ne le trempais dans ma jeunesse et que je le voulusse faire dans ma vieillesse, la goutte et les maux d'estomac me prendraient, que jamais je n'aurais de santé, et que si je buvais le vin tout pur en ma vieillesse, je m'enivrerais tous les jours, et que c'était une trop vilaine chose pour un vaillant homme de s'enivrer.

Il me demanda si je voulais être honoré dans ce siècle et avoir le paradis après ma mort. Je lui dis : Oui; et il reprit : « Gardez-vous donc de ne faire, de ne dire à votre escient aucune chose que vous ne puissiez avouer, si tout le monde le savait, et ne puissiez dire : J'ai fait cela, j'ai dit cela. »

Il m'appela une fois et me dit : « Je n'ose vous parler à cause de l'esprit subtil dont vous êtes doué, de chose qui touche à Dieu; et pour cela j'ai appelé les frères qui sont ici, car je veux vous faire une demande... » La demande fut celle-ci : « Sénéchal, dit-il, qu'est-ce que Dieu? et je répondis : C'est si bonne chose que meilleure ne peut être. — Vraiment! reprit le roi, c'est bien répondu, car cette réponse que vous avez faite est écrite en ce livre que je tiens en main. Or, je vous demande, dit-il, lequel aimeriez mieux ou d'être lépreux ou d'avoir fait un péché mortel? » Et moi qui jamais ne lui mentis, je répondis que j'aimerais mieux en avoir fait trente que d'être lépreux. Et quand les frères furent partis, il m'appela tout seul, me fit asseoir à ses pieds et me dit : « Comment m'avez-vous dit cela? » Et je lui dis qu'encore je le disais, et il reprit : « Vous parlez sans réflexion, comme un étourdi; car il n'y a si vilaine lèpre comme d'être en péché mortel, parce que l'âme qui est en péché mortel est semblable au diable; aussi, je vous prie, autant que je le puis, d'habiter votre cœur, pour l'amour de Dieu et de moi, à mieux aimer que tout mal advînt à votre corps par la lèpre ou tout autre maladie, que si le péché mortel venait dans votre âme. » Il me demanda ensuite si je lavais les pieds aux pauvres le jour du jeudi saint. « Sire, dis-je, quel malheur! les pieds de ces vilains, je ne les laverai pas. — Vraiment, fit-il, ce fut mal dit, car vous ne devez pas avoir en dédain ce que Dieu fit pour notre enseignement. Je vous prie donc, pour l'amour de Dieu d'abord, et pour l'amour de moi ensuite, que vous vous accoutumiez à les laver, car vous pouvez bien faire malgré vous ce que fait le roi d'Angleterre qui lave les pieds aux lépreux et les baise. » Tous les jours, ajoute Joinville, il donnait à manger à une grande foison de pauvres, sans compter ceux qui mangeaient en sa chambre; et maintes fois je vis que lui-même leur taillait leur pain et leur donnait à boire.

Tous les jours, dit encore le bon sénéchal, il entendait ses heures avec chant, et une messe de *Requiem* sans chant et puis, s'il y avait lieu, la messe du jour ou du Saint avec chant. Tous les jours il se reposait dans son lit après avoir mangé; et quand il avait dormi et reposé, il disait dans sa chambre, en son particulier, l'office des morts, lui et un de ses chapelains, avant qu'il entendît ses vêpres. Le soir il entendait ses complies. Il avait sa besogne réglée en telle manière que nous autres qui étions autour de lui et qui avions ouï nos messes, allions ouïr les plaids de la porte qu'on appelle maintenant les requêtes; et quand il revenait de l'église, il nous envoyait quérir, et s'asseyait au pied de son lit pour rendre la justice à tous. Maintes fois il advint qu'en été il allait s'asseoir au bois de Vincennes après sa messe et s'accotait à un chêne, et nous faisait asseoir autour de lui.

Fig. 22. — Saint Louis rendant la justice sous le chêne de Vincennes. D'après le tableau de Rouget. *Galeries historiques de Versailles.*

Et tous ceux qui avaient affaire venaient lui parler, sans empêchement d'huissier ni d'autres gens. Et alors il leur demandait de sa propre bouche : « Y a-t-il ici quelqu'un qui ait sa partie? » Et ceux qui avaient leur partie se levaient, et alors il disait : « Taisez-vous tous, et on vous expédiera l'un après l'autre. »

II.

Cependant, le pape Innocent pressait les chrétiens de secourir leurs frères de Palestine, de plus en plus maltraités par les musulmans. Venu en France pour y présider le célèbre concile œcuménique de Lyon, il se rendit, avant de quitter le royaume, au monastère de Cluny, où il devait avoir une entrevue sur ce sujet avec le roi Louis IX.

Celui-ci, en l'année 1244, dans une occasion solennelle, avait fait vœu de prendre la croix.

« Il advint, raconte Joinville, qu'une grande maladie prit le roi à Paris, dont il fut à telle extrémité que l'une des dames qui le gardaient lui voulait tirer le drap sur le visage et disait qu'il était mort. Et une autre dame, qui était de l'autre côté du lit, ne le souffrit pas ; mais elle disait qu'il avait encore l'âme au corps. Et comme il venait d'ouïr le débat de ces deux dames, Notre-Seigneur opéra en lui et lui envoya tantôt la santé ; car avant il était muet et ne pouvait parler. Et sitôt qu'il fut en état de parler, il requit qu'on lui donnât la croix, et ainsi fit-on. Alors la reine sa mère ouït dire que la parole lui était revenue, et elle en montra aussi grande joie qu'elle put. Et quand elle sut qu'il était croisé, ainsi que lui-même le contait, elle montra aussi grand deuil que si elle l'eût vu mort. »

Blanche de Castille, préoccupée de l'état du royaume, fit beaucoup d'objections, et, un jour qu'elle renouvelait ses instances, devant Guillaume d'Auvergne, évêque de Paris, le saint roi dit :

— Vous prétendez que le délire de la fièvre a été cause que j'ai pris la croix. Eh bien, comme vous le désirez et me le conseillez, je dépose la croix et vous la remets.

Et, ce disant, il arrache la croix de son épaule, et la donne à l'évêque de Paris ; puis, sur le moment où tout le monde s'empressait de le féliciter, il reprend vivement :

— A coup sûr maintenant, je ne suis pas malade ni privé de raison. Or, je demande qu'on me rende ma croix, car celui-là en est témoin qui sait toutes choses, rien de ce qui se mange n'entrera dans ma bouche, jusqu'à ce que j'aie été de nouveau marqué de ce signe. » Il le fut en effet, et dès ce moment personne n'osa plus s'opposer à la croisade.

Le Ménestrel de Reims a raconté le départ pour la croisade.

« Quand le roi, dit ce naïf chroniqueur, eut préparé son voyage, il prit l'écharpe et le bourdon à Notre-Dame de Paris où l'évêque lui chanta sa messe; puis il partit de Notre-Dame, lui, la reine, ses frères et leurs femmes, tous marchant pieds nus, et les congrégations et le peuple, de les conduire jusqu'à Saint-Denis en larmes et en sanglots. Là, le roi prit congé d'eux et les renvoya à Paris et il pleura assez au départ des bonnes gens. Mais la reine sa mère demeura avec lui et l'accompagna trois jours contre sa volonté; enfin le roi lui dit : « Belle très douce mère, par la foi que vous me devez, retournez désormais; je vous laisse mes enfants en garde, Louis, Philippe et Isabelle, je vous laisse en garde le royaume de France, et je sais qu'il sera bien gardé et gouverné. » Alors lui dit la Reine en pleurant : « Beau très doux fils, comment pourra mon cœur endurer la séparation de vous et de moi? Certes, il sera plus dur que pierre, s'il ne se fend en deux moitiés, car vous m'avez été le meilleur fils qui fût jamais! » A ces mots, elle tomba évanouie et le roi la releva et la soutint; puis il prit congé d'elle en pleurant; la reine se pâma de nouveau et demeura longtemps évanouie, et quand elle fut revenue à elle, elle dit : « Beau tendre fils, jamais je ne vous verrai, le cœur me le dit bien! — Et elle dit vrai, car elle mourut avant son retour. »

La reine, Marguerite de Provence, accompagna son héroïque époux, digne compagne du saint héros, elle donna la mesure de sa propre vaillance, car, dit le sire de Joinville, « vous avez ouï les grandes persécutions que le roi et nous, nous souffrîmes, la Reine n'y échappa point. Tandis qu'elle était malade, lui vint la nouvelle que le roi était pris. De laquelle elle fut si effrayée, que toutes les fois qu'elle s'endormait dans son lit, il lui semblait que toute la chambre était pleine de Sarrasins, et elle s'écriait : « — A l'aide! à l'aide! » De peur qu'il ne lui arrivât accident pendant sa maladie, elle faisait coucher, devant son lit, un vieux chevalier de plus de quatre-vingts ans qui la tenait par la main. Chaque fois que la reine poussait ce cri, il disait : « — Dame, n'ayez garde, car je suis là. »

Un jour, elle demanda que tout le monde quittât la chambre, excepté le vieux chevalier. Puis elle s'agenouilla devant lui et lui requit un don. Le chevalier s'y engagea par serment. Alors elle lui dit : « — Je vous demande, sur la foi que vous m'avez donnée, que, si les Sarrasins prennent cette ville, vous me couperez la tête avant qu'ils ne me prennent. » Et le chevalier répondit : « — Soyez certaine que je le ferai volontiers, car j'étais déjà décidé à vous occire avant qu'ils nous eussent pris. »

Mais, n'anticipons point sur les événements.

III.

C'est à la bataille de Mansourah, en 1250, que le saint roi déploya la bravoure du saint guerrier qu'il était.

« Comme j'étais à pied avec mes chevaliers, blessé, raconte Joinville, vint le roi avec tout son corps de bataille, à grands cris et à grand bruit de trompettes et de timbales, car il s'arrêta sur un chemin en chaussée. Jamais je ne vis si beau chevalier, et il paraissait au-dessus de tous nos gens, les dépassant à partir des épaules, un heaume doré, une épée d'Allemagne à la main. Quand il se fut arrêté là, les bons chevaliers qu'il avait dans son corps de bataille se lancèrent au milieu des Turcs. Et sachez que ce fut un très beau fait d'armes, car nul n'y tirait de l'arc ou de l'arbalète, mais c'était un combat à la masse et à l'épée entre les Turcs et nos gens, qui tous étaient mêlés. Un mien écuyer qui s'était enfui avec une bannière et était revenu à moi m'amena un roncin sur lequel je montai, et allai vers le roi tout côte à côte...

« Quand l'armée du roi s'ébranla, il y eut de nouveau grand bruit de trompettes et de cors sarrasins. Il n'avait guère marché, quand il reçut plusieurs messages du comte de Poitiers, son frère, du comte de Flandres et de plusieurs autres riches hommes, qui avaient là leurs troupes, qui tous le priaient qu'il ne se mût pas, car ils étaient si pressés par les Turcs qu'ils ne le pouvaient suivre. Le roi appela tous ses prud'hommes, chevaliers de son conseil, et tous furent d'avis qu'il attendît. Un peu après revint Mgr Jean de Valéry, qui blâma le roi et son conseil de ce qu'ils s'étaient arrêtés. Après qu'il eut parlé, tout le conseil fut d'avis que le roi se portât vers le fleuve, ainsi que le sire de Valéry l'avait conseillé. Au même instant, le connétable, Mgr Imbert de Beaujeu, vint à lui et lui dit que le comte d'Artois se défendait dans une maison de Mansourah et qu'il l'allât secourir. Et le roi lui dit : « Connétable, allez devant, et je vous suivrai. » Je dis au connétable que je serais son chevalier, et il m'en remercia beaucoup. Nous nous mîmes en chemin pour aller à Mansourah. Alors un sergent à masse vint au connétable tout effrayé et lui dit que le roi était repoussé et que les Turcs s'étaient mis entre lui et nous. Nous retournâmes et vîmes qu'il y en avait bien mille et plus entre lui et nous, et nous n'étions que six.

« Et l'on dit que nous étions absolument tous perdus dès cette journée, si le roi en personne ne se fût trouvé là. »

Jean Sarrasin, dans son récit, confirme le dire de Joinville.

« Il y eut assez de gens qui furent à cette bataille, qui depuis dirent et affirmèrent certainement que, si le roi ne s'était maintenu si hardiment et si vigoureusement, ils eussent été tous morts et pris. Jamais le roi ne retourna son visage ni n'écarta son corps des Turcs. Il encourageait et exhortait nos gens à bien faire, tellement qu'ils en étaient tous rafraîchis. »

C'est que la parole qu'il avait prononcée, à l'âge de quatorze ans, saint Louis ne l'oublia jamais :

— Jamais, avait-il dit, on ne combattra mes hommes que mon corps ne soit avec eux !

Alors, toujours d'après le récit de Joinville, le roi attendit que tout le monde fût réuni ; il donna le commandement de l'arrière-garde à Gaucher de Châtillon, qui sollicitait ce dangereux honneur, puis il se mit en marche vers le camp que les Sarrasins occupaient le matin au bord du Thanis. Le soleil allait se coucher, mais la chaleur était encore excessive ; le roi étouffait sous son heaume ; Joinville le lui fit ôter et lui donna un chapeau de fer qui lui permit de respirer. « Et alors, vint à lui frère Henri de Ronnay, prévôt de l'Hôpital, qui avait passé la rivière, et il lui baisa la main tout armée. Le roi lui demanda s'il savait quelques nouvelles du comte d'Artois, son frère, et il lui dit qu'il en savait bien des nouvelles, car il était certain que son frère, le comte d'Artois, était en paradis. « Eh, sire, ayez-en bon réconfort, car si « grand honneur n'advint jamais à roi de France que celui qui vous est ad- « venu : vous avez passé une rivière à la nage, pour combattre vos ennemis ; « vous les avez déconfits et chassés du champ de bataille et pris leurs ma- « chines et leurs tentes, là où vous coucherez encore cette nuit. » Et le roi ré- pondit que Dieu fût adoré pour les dons qu'il lui faisait, et alors les larmes lui tombaient des yeux bien grosses. »

On sait comment la maladie et la trahison firent tomber le saint roi aux mains des infidèles. Les conseillers du Soudan demandèrent au roi, pour sa ran- çon, qu'il leur livrât les châteaux-forts possédés dans ce pays, soit par les che- valiers du Temple et de l'Hôpital, soit par les barons francs établis en Pa- lestine. Le roi répondit tranquillement que, cela il ne le pouvait faire, parce que de ces châteaux les uns ne lui appartenaient pas et que les châtelains des autres avaient juré sur les reliques de ne pas les rendre « pour délivrance de corps d'homme ».

« Alors les Turcs le menacèrent et lui dirent que, puisqu'il ne le voulait pas faire, ils le feraient mettre dans les bernicles. »

« Les bernicles sont le plus cruel tourment que l'on puisse souffrir ; ce sont deux morceaux de bois pliants munis de dents au bout, et ils entrent l'un en l'autre et sont liés au bout avec de fortes courroies de bœuf. Et quand ils veulent mettre les gens dedans, ils les couchent sur le côté et leur mettent les jambes dans les chevilles; et puis alors ils font asseoir un homme sur les morceaux de bois, d'où il advient qu'il ne demeurera plus un demi-pied entier d'os qui ne soit tout brisé. Et pour faire du pis qu'ils peuvent, au bout de trois jours, quand les jambes sont enflées, ils remettent les jambes enflées dans les bernicles et les rebrisent tout derechef.

« A ces menaces le roi leur répondit qu'il était leur prisonnier et qu'ils pouvaient faire de lui à leur volonté.

« Quand ils virent qu'ils ne pouvaient vaincre le bon roi par les menaces, ils revinrent à lui et lui demandèrent combien il voulait donner d'argent au Soudan et avec cela il leur rendrait Damiette. Et le roi leur répondit que, si le soudan voulait prendre de lui une somme raisonnable de deniers, il manderait à la reine qu'elle les payât pour leur délivrance. Et ils dirent : « Comment est-ce que vous ne nous voulez pas dire que vous ferez ces choses? » Et le roi leur répondit qu'il ne savait si la reine le voudrait faire, parce qu'elle était la maîtresse. Et alors les conseillers retournèrent parler au soudan et rapportèrent au roi, que si la reine voulait payer un million de besants d'or, qui valaient cinq cent mille livres, il délivrerait le roi.

« Et le roi leur demanda leur serment. Et dès qu'ils eurent juré, le roi dit et promit aux émirs qu'il payerait volontiers les cinq cent mille livres pour la délivrance de ses gens et Damiette pour la délivrance de sa personne. Car il était indigne d'un roi de France de se racheter pour de l'argent, étant impossible de trouver aucune somme qui pût valoir un roi. »

IV.

Louis IX se hâta de rentrer en France, où la mort de la régente sa mère demandait impérieusement qu'il reparût.

C'est à ce moment de son histoire qu'apparaît dans tout son jour la doctrine qui régla à cette époque les rapports de l'Église et de l'État. Elle sortit lentement, non de la conception d'un homme, mais de la pratique constante des peuples, et fut la plus haute expression d'une société qui ne séparait pas dans son existence l'âme du corps, le chrétien du citoyen.

« Deux épées sont, dit Beaumanoir, par lesquelles tous les peuples doivent être gouvernés, l'une *espirituel* et l'autre *temporel*. L'espirituel doit être baillée à sainte Église et le temporel aux princes de la terre. Et celle qui est baillée à sainte Église est appelée espirituel, parce que celui qui en est frappé périt en l'âme espirituellement. L'épée temporel est d'autre sorte, car par lui doit être faite droite justice sans délai, et vengeance prise des malfaiteurs, corporellement. Et quand une épée a besoin de l'autre, elles doivent s'entr'aider, sauf que l'épée espirituel ne se doit entremettre de nulle justice temporel, dont nul puisse perdre vie ou membre, mais spécialement l'épée temporel doit toujours être prête pour garder et défendre sainte Église toutes les fois que besoin est. »

Or, dit éloquemment le Père V. Alet, Dieu avait suscité pour conduire le chœur des saints et des grands hommes de cette époque un prince incomparable, le fils de Blanche de Castille, saint Louis. Qu'il fait bon le voir entouré d'évêques, de barons, de docteurs, de chevaliers, de croisés, de moines, donnant à tous l'exemple de la foi

Fig. 23. — La couronne d'épines apportée en France. Les trois compartiments du bas rappellent : 1° la visite du roi à la Sainte Chapelle ; 2° la réception de la couronne, apportée à Paris en 1239 ; 3° l'adoration de la couronne dans la Sainte Chapelle par le roi et sa mère, Blanche de Castille. On voit dans le haut l'île de Chypre, la flotte des Croisés et un combat contre les Sarrasins rappelant la croisade de Louis IX. D'après un missel du XVe siècle.

la plus vive, de la plus parfaite vertu, imprimant à tout son royaume, et en quelque sorte à tout son siècle, un rapide mouvement vers la civilisation chrétienne, c'est-à-dire vers la conquête de la grandeur morale et même de la prospérité matérielle ! Mais que je l'aime mieux encore au milieu de sa cour de pauvres, vénérant en eux Jésus-Christ même, leur faisant rendre justice, les servant de ses propres mains, et, à certains jours, leur lavant les pieds, assisté de ses frères et de ses enfants.

Une telle sainteté méritait sa récompense. Dieu la fit magnifique et conforme à l'esprit profondément religieux de ces temps héroïques : ce fut le don de la sainte couronne et d'autres insignes reliques de la Passion. « Dieu montra bien en cette rencontre, dit un vieux chroniqueur, qu'il aimait le roi et le royaume de France quand il voulut souffrir que de si précieux et sacrés trésors fussent apportés en la couronne et au royaume de France. De quoi le roi et le royaume ont été depuis honorés et le seront toujours, s'il plaît à Dieu et s'ils sont prud'hommes, car le roi de France est le chef des princes chrétiens (1). » Fières et chrétiennes pensées, auxquelles ne s'élèvent plus, hélas! les générations présentes.

Gauthier, évêque de Sens, heureux témoin de ces pieux événements, où souvent même il fut acteur, nous en a laissé le récit ému et circonstancié.

Deux Frères Prêcheurs eurent l'honneur d'être envoyés à Constantinople pour y chercher cette couronne, plus précieuse que celle de tous les rois et empereurs. Après de lentes négociations et divers incidents, trop longs à raconter ici, ils arrivèrent avec l'inestimable joyau au bourg de Villeneuve-l'Archevêque, à cinq lieues de Sens. C'est là qu'eut lieu la rencontre de saint Louis et de ses délégués. Le coffre de bois qui contenait le reliquaire fut ouvert, et l'on aperçut sur les parois d'une boîte d'argent les sceaux des barons de Constantinople, qui se trouvèrent conformes à ceux de leurs lettres adressées au roi de France et à l'empereur Baudouin. Les sceaux rompus et la boîte ouverte, apparut un magnifique reliquaire d'or pur, qui contenait la sainte Couronne. Bientôt il fut exposé aux yeux de tous, et l'on essayerait vainement de comprendre quelle fut l'émotion, la joie, quels furent les soupirs et les larmes du roi, de la reine et des autres fortunés assistants. Tous demeurèrent longtemps silencieux, contemplant la sainte relique, et ils ressentaient la même ferveur de dévotion que s'ils eussent vu là, présent, Notre-Seigneur lui-même couronné d'épines. C'était le jour de saint Laurent, 10 août 1239.

Le lendemain, la Couronne du Sauveur entrait à Sens, au milieu de l'immense concours d'un peuple ivre de joie. Aux abords de la ville, le roi, les pieds nus et sans manteau, porta la précieuse relique sur ses épaules avec le

---

(1) Un jour, la France tressaillit de la plus pure émotion qui ait jamais fait battre son âme : saint Louis rentrait dans sa capitale, portant dans ses royales mains la couronne d'épines qui avait ensanglanté le front de Jésus-Christ. Pendant huit siècles, de sainte Hélène à saint Louis, le monde, réchauffé au contact sacré de la croix sur laquelle était mort Jésus-Christ, poussa le cri vainqueur : *Oui, nous croyons à l'amour infini de Dieu pour l'homme.* » (Bougaud, *Histoire de la B. Marguerite-Marie,* p. 18.)

comte Robert son frère, qui marchait nu-pieds et en simple tunique comme
lui. Des soldats, eux aussi les pieds nus, précédaient et suivaient. De toutes les
églises sortirent des processions de clercs, de moines et de fidèles portant les
reliques des saints, comme si les bienheureux habitants du ciel eussent voulu
honorer encore sur la terre leur Rédempteur et leur maître. De toutes parts
retentissaient des chants de
fête. Les murs des maisons
étaient couverts de tapis et de
tentures; les rues, les places
étincelaient d'innombrables
flambeaux. Enfin, l'on arriva à
l'église Saint-Étienne; et l'allégresse du peuple fut au comble
quand on eut exposé le trésor
sacré à ses regards avides.

Le jour suivant, le roi, toujours chargé du précieux reliquaire, s'achemina vers Paris,
salué par des acclamations enthousiastes. Le huitième jour,
on éleva dans la plaine, hors
des murs de la ville, près de
l'église Saint-Antoine, une
estrade, du haut de laquelle
on montra la relique à la multitude sortie de Paris pour la
voir.

Tel est en substance le récit
de Gauthier de Sens. Guillaume de Nangis raconte de

Fig. 24. — Saint Louis fait déposer dans la Sainte Chapelle,
à Paris, les reliques apportées d'Orient le dimanche de Qua-
simodo, 25 avril 1428. D'après un tableau de M. A. Lenoir.

son côté l'entrée de la couronne à Paris. Nous lui empruntons ces quelques lignes : « Le vendredi, après la fête de l'Assomption de Notre-Dame,
le roi Louis partit du bois de Vincennes, nu-pieds, sans ceinture et en simple cotte. Ses frères Robert, Alphonse et Charles étaient avec lui. Ils portè-
rent fort honorablement la relique de la sainte Couronne, au milieu d'une
grande multitude de clercs et de religieux, faisant belle mélodie de chants, et
se dirigèrent vers l'église Notre-Dame. » Puis, l'abbé et les moines de Saint-
Denis, qui étaient venus en magnifique appareil se joindre au cortège, accom-

pagnèrent la sainte Couronne jusqu'au palais, où elle fut déposée dans la chapelle du roi.

« Bientôt le bruit se répandit jusqu'au fond des provinces que la sainte Couronne était à Paris. On accourut de toutes parts pour la voir ; mais comme il fut impossible de contenter les désirs de ces foules pieuses, elles allaient baiser dévotement l'estrade du haut de laquelle on l'avait montrée aux habitants de la cité. D'éclatants miracles récompensèrent cette ferveur.

Deux ans plus tard, le 14 septembre 1241, une notable partie de la croix où Notre-Seigneur fut crucifié, l'éponge dont on se servit pour lui donner à boire, et le fer de la lance dont le soldat lui perça le côté, acquis à grands frais par la piété de saint Louis, vinrent encore enrichir son incomparable trésor. C'est alors qu'il fit dresser les plans de ce ravissant reliquaire de pierre qu'on appelle la Sainte-Chapelle.

Dans le testament du saint Roi, on lit ces belles paroles adressées à sa fille Isabelle, la bienheureuse abbesse de Longchamps : « Chère fille, mettez votre cœur à ce que, si vous étiez certaine de n'avoir jamais récompense de nul bien que vous fissiez, ni châtiment de nul mal, néanmoins vous voudriez vous garder de faire chose qui déplût à Dieu, et entendriez faire tout ce qui lui plairait, selon votre pouvoir, purement par amour de lui. » Telle est la formule du plus parfait amour, et c'est avec cette héroïque générosité que saint Louis voulut servir et servit en effet son Dieu. En faut-il davantage pour comprendre les sentiments de religieux patriotisme, si bien exprimés par le chroniqueur déjà cité, Gauthier de Sens : « Comme Notre-Seigneur Jésus-Christ, dit-il, choisit la Terre Promise pour y donner à contempler les mystères de la douloureuse rédemption du monde, ainsi semble-t-il avoir choisi notre France pour faire honorer avec une dévotion plus ardente les victoires que ses douleurs lui ont conquises, afin que, selon la parole de l'Écriture, de l'Orient à l'Occident, le nom du Seigneur soit béni (1).

V.

Le 4 juillet 1270, le saint roi s'embarquait à Aigues-Mortes pour la huitième et dernière croisade.

Louis IX devait y trouver la mort, sous les murs de Tunis.

Elle fut digne d'une telle vie.

(1) V. ALET, *la France et le Sacré Cœur*, p. 167 et suiv.

Se sentant mourir, il fit appeler Philippe, son fils aîné, et lui adressa ses dernières instructions.

On raconte qu'avant de mourir, saint Louis s'était écrié :

— Oh! qui nous donnera de voir la foi chrétienne prêchée à Tunis?

A huit siècles de ce cri si digne d'une aussi grande âme, la France est venue réaliser le vœu du croisé mourant, et aujourd'hui, là où saint Louis a rendu sa belle âme à Dieu, une basilique chante ses louanges, tandis que la foi, dont il fut l'ardent chevalier, lui qui s'appelait « le sergent de Dieu, » est prêchée au soleil d'Afrique, surpris d'assister à une telle résurrection.

<hr>

CHAPITRE V.

LE SIÈCLE DE SAINT LOUIS.

L'apogée du règne de Jésus-Christ. — Les deux patriarches Dominique et François. — Saint Bonaventure. — Saint Thomas d'Aquin. — Les cloîtres essaiment. — L'Université de Cambridge leur doit sa fondation. — L'amour des livres. — Légendes charmantes. — Comment fut fondée l'Université de Paris. — Son organisation. — Diffusion de la langue française. — Saint Louis et les lettres. — Comment on bâtissait les cathédrales. — L'art français. — L'architecture chrétienne au siècle de saint Louis. — Les embrassements de l'ogive. — La ligne horizontale disparaît. — La sculpture. — Les tombeaux. — Les reliquaires. — La peinture et l'idéal de l'art chrétien.

I.

Le règne de saint Louis est l'apogée du règne public de Jésus-Christ en terre de France. Il faut donc s'attendre à ce que, sous le rayonnement divin, la sainteté chrétienne fasse explosion, et que toutes les activités humaines, arts, sciences, lettres, institutions, organisation sociale, guerres même, à prendre l'ensemble, s'inspirent de l'Évangile et tendent à la glorification du Dieu Rédempteur : c'est ce qui ne manqua pas d'arriver.

Saluons d'abord les deux patriarches, Dominique de Guzman et François d'Assise, qui, par l'éclat de leurs vertus et l'immortelle création de deux nouvelles familles religieuses, inaugurent en quelque sorte ce grand siècle. La France ne peut revendiquer ni leur berceau ni leur tombe. Mais Dominique lui appartient par le saint Rosaire, popularisé d'abord dans notre Midi, et dont il se servit comme d'une arme triomphante contre l'infâme hérésie des Albigeois. Quant au fils de Bernadone, il eut toujours une particulière prédilection pour la France, à laquelle il avait emprunté son nom, dont il parlait la langue, sinon avec une merveilleuse facilité, du moins avec un merveilleux plaisir : « Toujours, nous dit le bienheureux Thomas de Celano, lorsque, embrasé des feux du Saint-Esprit, il voulait exprimer en paroles ardentes le sentiment qui le transportait, c'est en français qu'il parlait ».

Fig. 25 — La Glorification de saint Thomas d'Aquin. Tableau de Benozzo Gozzoli, Musée du Louvre. — Jésus-Christ dans sa gloire, bénit le saint. A sa gauche : saint Paul, saint Jean et saint Marc, à sa droite, Moïse, saint Luc et saint Mathieu, chacun d'eux avec les attributs qui lui sont propres. Au-dessous : le saint est assis au centre d'un disque de lumière, entre Aristote qui l'écoute, et Platon qui l'admire, il tient ouvert la *Somme de Théologie*. Sous ses pieds est étendu le docteur de l'Université de Paris, Guillaume de Saint-Amour, dont il réfuta les opinions.

Entre leurs premiers et plus glorieux disciples, deux surtout ont droit de figurer, en place d'honneur, dans cette galerie, saint Bonaventure et saint Thomas d'Aquin. Nés tous deux en Italie, ils vinrent à Paris suivre les cours de son Université, alors si florissante; et honorés, jeunes encore, de ses plus hautes distinctions, ils y enseignèrent à leur tour, avec une immense réputation de science et de

(1) ALET, *op. cit.*, p. 159.

sainteté, que l'avenir devait confirmer, et qui rendait avec usure à l'*Alma Mater* tout ce qu'elle avait pu leur donner.

Jean de Fidenza, qui sera un jour le Docteur Séraphique, avait eu, dès l'enfance, la « bonne aventure » d'être guéri par saint François lui-même d'une langueur mortelle; de là son nom populaire, que l'histoire lui maintient. Ce fut bien le fils de l'incomparable stigmatisé du mont Alverne.

Thomas d'Aquin, né en 1227, descendait par sa mère des princes normands, qui occupèrent le trône de Sicile. Il étudia à Cologne, puis à Paris, sous la direction du célèbre Albert le Grand, de l'ordre de Saint-Dominique. Ses condisciples l'avaient surnommé, à cause de son silence et de son opiniâtreté au travail, « le bœuf muet de Sicile. » « Oui, vraiment, dit un jour son maître, Albert le Grand, mais les doctes mugissements de ce bœuf retentiront dans l'Église entière. » Cette prédiction ne tarda pas à se réaliser : Thomas prit de bonne heure l'habit des frères prêcheurs, et, dès l'âge de vingt-cinq ans, fut chargé d'un cours de théologie par le chancelier de l'Université de Paris.

Un jour que Thomas avait été admis à la table du roi, il ne put s'empêcher de s'écrier tout à coup par distraction, en frappant sur la table : « Cet argument est décisif contre Manès; on ne saurait rien y répondre. » S'apercevant aussitôt de son inadvertance, il essaya de s'excuser. Mais saint Louis, loin de s'en offenser, voulut qu'il lui exposât son argument, et, pour ne pas l'oublier, il le fit transcrire sur-le-champ par un secrétaire.

Saint Thomas est véritablement le disciple d'Albert le Grand, mais un disciple qui surpasse le maître. Lui aussi prend Aristote pour guide, mais il le redresse, il le commente, il le développe, il en fait un corps de doctrine régulier. Aux obscurités involontaires d'Albert, à sa trop grande abondance, Thomas substitue une argumentation froide, précise comme un syllogisme, serrée, claire, irrésistible. Il ne laisse, dans les œuvres d'Aristote et des commentateurs arabes et juifs, aucun argument dont puissent se servir les hérétiques. L'École adopta avec transport la doctrine de saint Thomas, et les générations successives se sont transmis avec respect jusqu'à nos jours les enseignements de l'*Ange de l'École* (1).

II.

C'est du sein des cloîtres que partait ce beau mouvement intellectuel qui a fait du siècle de saint Louis l'une des périodes les plus brillantes dans l'histoire de l'esprit humain.

(1) E. DEMOLINS, *op. cit.*, p. 214.

L'Angleterre protestante l'a peut-être oublié, mais c'est à cinq moines français qu'elle doit la célèbre Université de Cambridge.

Bordier l'a raconté avec autant d'impartialité que de charme.

« Cinq étudiants, dit-il, quittèrent l'abbaye de Saint-Evroul pour aller porter en Angleterre la science qu'ils avaient acquise dans ce monastère. Ils s'établirent dans un collège près de Cambridge. Chaque jour, ils allaient à la ville faire des leçons publiques. Dès la seconde année, le nombre de leurs auditeurs devint si considérable que la grange qu'ils avaient louée pour faire leurs cours était insuffisante.

C'est à ces mêmes monastères français que l'érudition moderne est redevable de la conservation de tant de trésors littéraires et historiques.

Le moyen âge chrétien fit une vertu de l'amour des livres.

Il existe, dans les annales monastiques des divers ordres religieux, des légendes touchantes et charmantes sur cet amour respectueux que le Moyen Age avait pour les livres. On les racontait dans les monastères pour engager les moines à copier les manuscrits avec un soin redoublé par la piété. Tantôt c'est l'histoire d'un religieux, qui était le plus indiscipliné des moines, mais qui avait copié de son plein

Fig. 26. — Sceau de l'Université de Cambridge, fondée par cinq moines français.

gré la Bible. Le plaidoyer de l'ange gardien et du démon a lieu devant le Juge miséricordieux. Ses fautes sont innombrables, mais l'ange présente au Seigneur le livre copié par lui, il en compte les lettres. A chaque péché révélé par le démon, l'ange répondait par une lettre et la lettre écrite effaçait la faute. On arrive au bout de cette longue énumération. Le démon est obligé de reconnaître qu'il a dévoilé tous les péchés. Il restait encore une lettre et le moine fut sauvé par cette lettre.

Une autre fois l'on raconte qu'on fut obligé de changer le lieu d'un cimetière d'abbaye et de déterrer les corps qui reposaient là. On en trouva un dont les membres étaient réduits en poussière, sauf le pouce et les deux premiers doigts de la main droite qui étaient aussi frais que s'ils appartenaient à un vivant. On se rappela que le moine avait été un copiste vaillant et soigneux. Le Seigneur avait voulu montrer ainsi combien il bénissait ceux de ses enfants qui aimaient les livres et en multipliaient le nombre.

Ce n'était pas seulement au treizième siècle que cet amour avait existé, la tradition était vieille dans les monastères et les fondateurs d'ordre s'étaient préoccupés de le développer.

L'un des premiers Prieurs de la Grande-Chartreuse, en recueillant, vers l'année 1125, les usages de l'ordre de Saint-Bruno, nous donne, là-dessus, des détails intéressants.

« Au chapitre XXVIII, du mobilier de la cellule, *de ustensilibus cellæ*, Guigues, ce prieur, se plaît à détailler le petit matériel du copiste. « On donne, dit-il, au religieux, pour transcrire : une écritoire, des plumes, de la craie, deux pierres ponces, deux petites cornes, un canif, deux rasoirs pour râcler les parchemins, un

Fig. 27. — Moine copiant un manuscrit, d'après une miniature du XIIIᵉ siècle. Bibl. nationale, à Paris.

poinçon un peu gros et un autre beaucoup plus fin, de plomb, une règle, une planche à dessin, des tablettes (ou des parchemins) et un style ou poinçon pour écrire. Si quelqu'un parmi nous ne savait pas transcrire (ce qui est bien rare chez les chartreux ; car presque tous nous nous occupons à copier), on tâchera de lui apprendre cet art. » — Plus loin le même auteur parle des religieux occupés à la reliure *ou à corriger les manuscrits*. Notons, en passant, que ces passages des coutumes se trouvent reproduits mot pour mot dans les « Antiqua Statuta » édités en 1259. Seulement le relieur a un petit chapitre à part, « c'est lui qui rabote les couvertures en bois, prépare les cuirs et prend soin de tout ce qui est dans son obédience ».

Les chartreux attachaient la plus grande importance aux livres. « Nous commandons, dit Guigues, qu'on les soigne avec la plus grande sollicitude, il faut les préserver de la fumée, de la poussière, éviter la moindre tache. Nous voulons qu'on les conserve avec le plus grand soin possible et qu'on y mette toute sa science pour les transcrire aussi parfaitement que possible. Les livres sont l'éternel aliment de l'âme; en les copiant nous annonçons par ce travail de nos doigts la sainte parole de Dieu, qu'il nous est interdit par notre vocation de prêcher aux fidèles (1). »

Une autre fois, il expose, avec une grande vigueur philosophique, pourquoi les moines se sont tellement occupés à répandre les livres.

« Les livres que nous copions deviennent autant de prêcheurs de la vérité. Nous espérons que Dieu nous récompensera, et pour tous les hommes que les livres auront débarrassés de l'erreur, et pour ceux qu'ils auront affermis dans la vérité catholique (2). »

III.

On ne s'étonnera plus après cela que cet amour des livres et de tout ce qui favorise l'essor intellectuel au moyen âge ait abouti à la fondation qui fut l'une des plus belles gloires du treizième siècle.

C'est à l'amour même de ce grand siècle chrétien, en l'an 1200, que Philippe-Auguste rendit l'ordonnance célèbre, inaugurale de la fameuse Université de Paris.

M. Edmond Demolins, qui s'est justement complu à narrer par le détail ces origines, fait remarquer que le roi Philippe-Auguste, inspiré par l'Église, décida que tous les prévôts, à leur entrée en charge, jureraient devant l'Université assemblée d'observer cette ordonnance; pendant quatre siècles, ce serment fut régulièrement prêté. Saint Louis, dès la seconde année de son règne, reconnut et confirma ces privilèges. Les papes les étendirent encore; ils déclarèrent que les écoliers ne pourraient être arrêtés par leurs créanciers, et couvrirent l'Université de leur protection.

Avant le douzième siècle, il n'y avait en France que des écoles monastiques et des écoles épiscopales; à partir de cette époque il s'en fonda de nouvelles, sous la direction de maîtres particuliers, grâce à la liberté complète laissée à chacun de créer des chaires. La seule condition requise était la *licence*, ou per-

---

(1) *Coutumes de l'ordre des Chartreux*, trad. par Dom Cyprien Boutrais, chartreux.
(2) Statuts.

mission d'enseigner, que délivrait le chancelier de la cathédrale, par simple
mesure fiscale. L'ordonnance de Philippe-Auguste et de saint Louis, sans
détruire l'autonomie de ces diverses écoles, les constituait en corporation sous
le nom d'*Université*.

Les écoliers se divisaient, suivant leur origine, en quatre nations : la nation
française, la nation anglaise et allemande, la nation picarde, la nation normande,
qui se subdivisaient elles-mêmes en provinces embrassant tout le monde chrétien. Une seule de ces provinces comprenait les étudiants d'Italie, d'Espagne,
de Syrie, d'Égypte, d'Ar-
ménie, de Perse, etc. Chacune des quatre facultés de
théologie, de droit, des arts
ou des lettres et de méde-
cine, avait ses assemblées
particulières sous la prési-
dence de son doyen. Des
assemblées générales ré-
glaient les intérêts communs
de l'Université, les élèves
y siégeaient à côté de leurs
maîtres, nommaient les
administrateurs du corps,
émettaient leurs votes dans
les assemblées mensuelles
où étaient lus les statuts,
les comptes des recettes et

Fig. 28. — Sceau des quatre Nations ou Faculté des Arts.
XVIe siècle. Bibl. nationale, à Paris.

des dépenses. Un procureur, nommé par l'Université elle-même, veillait au
maintien de la paix et de la concorde, charge difficile dans des universités
aussi nombreuses qus celles de Paris, où l'on ne comptait pas moins de vingt
à trente mille étudiants.

Cependant, les discussions de la philosophie et de la science, débattues au
sein des Universités, ne dépassaient pas les hautes sphères de la société du
moyen âge ; à l'exception des clercs et de quelques laïques, la masse de la
nation les ignorait ; ses préoccupations se tournaient d'un autre côté. A Aristote et à l'antiquité classique, elle préférait les romans de chevalerie, les drames
liturgiques et les épopées en langue vulgaire. Depuis longtemps, le peuple
avait altéré la langue latine, en la mélangeant d'expressions germaniques et en
violant les règles de la syntaxe, Mais, sur ces débris, il avait élevé peu à peu

l'édifice nouveau de la langue vulgaire, qui allait bientôt devenir la langue française.

Le grand roi Louis IX ne négligeait rien pour favoriser cet essor merveilleux de l'esprit français sous son règne. Il fonda la première grande bibliothèque laïque, fit traduire et copier les meilleurs ouvrages de l'antiquité, encouragea tous les savants clercs et laïques, non seulement par ses libéralités, mais surtout, en leur donnant une longue période de paix, d'ordre et de sage liberté. Sur ce point, comme sur les autres, aucun prince n'accéléra davantage l'œuvre de la civilisation chrétienne.

On peut donc conclure, avec tous les historiens sans exception, que le règne de saint Louis forme, sans conteste possible et à la gloire de la France chrétienne qui en fut le centre européen, l'apogée du mouvement intellectuel des temps modernes.

On ne saurait trop le redire à ce siècle oublieux : Saint Louis fut un protecteur éclairé des lettres et des arts.

IV.

En architecture en effet, son siècle marque le triomphe de l'art chrétien, cet art que la reconnaissance publique appelait alors *l'art français* (1).

C'est le siècle de saint Louis qui a vu s'élever, entre mille autres, Notre-Dame de Paris, Notre-Dame d'Amiens, les cathédrales de Beauvais, de Chartres, de Reims, d'Auxerre, de Rouen, la Sainte-Chapelle, ce chef-d'œuvre d'élégance et de légèreté.

Ce développement naissait de l'esprit de foi qui animait alors la France chrétienne. « Qui a jamais ouï, s'écrie un contemporain, qui a jamais vu des

(1) Je tiens à me justifier, ne fût-ce que vis-à-vis de moi-même, de l'usage que j'ai fait, pour le titre de cet ouvrage, d'un vocable que je suis le premier à trouver défectueux, celui de *l'Art Gothique*. Je condamne, comme tous les amis sincères de notre art national, l'impropriété et l'injustice de cette dénomination. Elle est vide de sens, elle offense la raison et cependant son emploi se trouve si fortement entré dans l'usage, qu'aucun autre, même celle d'*Art ogival*, ne pourrait être aussi bien comprise du public et ne saurait, par conséquent, prévaloir pour un titre de livre. Le mot *gothique*, venu de l'Italie et issu de l'ignorance du temps où tout ce qui n'était pas à l'antique était qualifié de barbare, n'a heureusement plus aujourd'hui la signification méprisante qu'on lui attribuait au dix-septième siècle, au dix-huitième et jusqu'au milieu du dix-neuvième. Conservons-le donc, jusqu'au jour lointain, s'il vient jamais, où nous pourrons dire bien haut et tout court L'ART FRANÇAIS, le STYLE FRANÇAIS, comme on disait partout au moyen âge, pour qualifier une forme d'art, qui, ainsi que j'espère le démontrer, est radicalement et uniquement français, dans son essence, dans ses origines et dans ses développements. (GONSE, *l'Art Gothique*, Avant-Propos.)

princes, des seigneurs puissants dans le siècle, des hommes d'armes et des
femmes délicates plier leur cou sous le joug auquel ils se laissent attacher
comme des bêtes de somme pour charrier de lourds fardeaux? On les rencontre par milliers traînant parfois une seule machine, tellement elle est pe-
sante, et transpor-
tant à de grandes
distances du fro-
ment, du vin, de
l'huile, de la chaux,
des pierres et autres
matériaux pour les
ouvriers. Rien ne
les arrête, ni monts
ni vaux, ni même
les rivières; ils les
traversent comme
autrefois le peuple
de Dieu. Mais la
merveille est que
ces troupes innom-
brables marchent
sans désordre et
sans bruit... Leurs
voix ne se font en-
tendre qu'au signal
donné; alors ils
chantent des canti-
ques ou implorent
merci pour leurs
péchés... Arrivés à
leur destination, les
confrères (car tous

Fig. 29. — L'architecture et la sculpture ogivales. Cathédrale de Reims.
XIIIᵉ siècle.

ces travailleurs se sont réunis en une pieuse confrérie), environnent l'é-
glise; ils se tiennent autour de leurs chars comme des soldats dans leur
camp; à la nuit tombante, on allume des cierges, on entonne la prière, on
porte l'offrande sur les reliques sacrées; puis les prêtres, les clercs et les
fidèles s'en retournent avec grande édification, chacun dans son foyer, marchant avec ordre en psalmodiant et priant pour les malades et les affligés. »

Dans l'introduction à son incomparable *Histoire de sainte Élisabeth de Hongrie,* Montalembert a fort bien mis dans tout son jour cette efflorescense de l'art chrétien au treizième siècle. C'est à ce maître regretté que nous demanderons le développement de ce qui nous en reste à dire.

L'architecture, le premier des arts pour la durée, la popularité et la sanction religieuse, devait être aussi la première à subir la nouvelle influence qui s'était développée chez les peuples chrétiens, le premier où s'épanouissaient leurs grandes et saintes pensées. Il semble que cet immense mouvement des âmes que représentent saint Dominique, saint François et saint Louis, ne pouvait avoir d'autre expression que ces gigantesques cathédrales qui paraissent vouloir porter jusqu'au ciel, au sommet de leurs têtes et de leurs flèches, l'hommage universel de l'amour et de la foi victorieuse des chrétiens. Les vastes basiliques des siècles précédents leur paraissent trop nues, trop lourdes, trop vides, pour les nouvelles émotions de leur piété, pour l'élan rajeuni de leur foi. Il faut à cette vive flamme de la foi le moyen de se transformer en pierre, et de se léguer ainsi à la postérité. Il faut aux pontifes et aux architectes quelque combinaison nouvelle qui se prête et s'adapte à toutes les nouvelles richesses de l'esprit catholique; ils la trouvent en suivant ces colonnes qui s'élèvent vis-à-vis l'une de l'autre dans la basilique chrétienne comme des prières qui, en se rencontrant devant Dieu, s'inclinent et s'embrassent comme des sœurs : dans cet embrassement, ils trouvent l'ogive. Par son apparition, qui ne devient un fait général qu'au treizième siècle, tout est modifié, non pas dans le sens intime et mystérieux des édifices religieux, mais dans leur forme extérieure. Au lieu de s'étendre sur la terre comme de vastes toits destinés à abriter les fidèles, il faut que tout jaillisse et s'élance vers le Très-Haut. La ligne horizontale disparaît peu à peu, tant domine l'idée de l'élévation, la tendance au ciel. A dater de ce moment plus de cryptes, plus d'églises souterraines; la pensée chrétienne, qui n'a plus rien à craindre, se produira tout entière au grand jour. « Dieu ne veut plus, » dit le *Titurel,* le plus grand poème de l'époque, et où se trouve formulé l'idéal de l'architecture chrétienne, « Dieu ne veut plus que son cher peuple se rassemble d'une manière timide et honteuse dans des trous et des cavernes. » Comme il a voulu donner tout son sang pour Dieu dans les croisades, ce *cher peuple* veut maintenant donner toutes ses fatigues, toute son inspiration, toute sa poésie, pour qu'on fasse à ce même Dieu des palais dignes de lui. D'innombrables beautés fleurissent de toutes parts dans cette germination de la terre fécondée par le catholicisme, et qui semble reproduite dans chaque église par la merveilleuse végétation des chapiteaux, des clochetons et des fenestrages.

La sculpture chrétienne ne pouvait que suivre les progrès de l'architecture, et commençait dès lors à porter ses plus beaux fruits. Ces belles rangées de saints et d'anges, qui peuplent les façades des cathédrales, sortent alors de la pierre. On voit s'introduire l'usage de ces tombes où apparaissent, dormant du sommeil des justes, l'époux à côté de l'épouse, leurs mains quelquefois entrelacées dans la mort comme elles l'avaient été dans la vie; ou encore la mère couchée au milieu de ses enfants : ces statues si graves, si pieuses, si touchantes, empreintes de toute la placidité du trépas chrétien, la tête soutenue par de petits anges, qui semblent avoir recueilli le dernier soupir; les jambes croisées, quand on avait été à la croisade. Les reliques des saints que l'on avait rapportées en si grand nombre de Byzance conquise, ou que fournissait sans cesse la gloire des élus contemporains, étaient une occasion perpétuelle de travail pour la sculpture et l'orfèvrerie catholiques.

Quant à la peinture, quoiqu'elle ne fît que naître, déjà elle annonçait un glorieux avenir. Les vitraux, qui devenaient d'un usage universel , lui offraient un champ nouveau, en versant sur toutes les cérémonies du culte une nouvelle et mystérieuse lumière. Les étonnantes miniatures du *Missel* de saint Louis et des *Miracles de la sainte Vierge* par Gauthier de Coinsy, qu'on voit

Fig. 3o. — Crosse ornée d'une annonciation. Travail du moyen âge.

à la Bibliothèque nationale, montrent ce que pouvait déjà produire l'inspiration chrétienne. Déjà la popularité de cet art naissant était si grande, que l'on ne cherchait plus l'idéal de la beauté dans la nature déchue, mais bien dans ces types mystérieux et profonds dont d'humbles artistes avaient puisé le secret au sein de leurs contemplations religieuses.

Mais nous serions infini, si nous nous attardions au charme de ces souvenirs si glorieux pour notre vocation française; aussi bien, du reste, une autre merveille sollicite nos regards.

CHAPITRE VI.

JEANNE D'ARC.

L'attente de la France. — Le plus grand signe de l'amour de Dieu sur notre pays, d'après le Père Airolles et le Père Alet. — L'hymne du cardinal Pie. — L'enfance de Jeanne. — Les premières révélations. — Saint Michel dans la vie de Jeanne d'Arc. — Le prince de l'empire des Gaules. — Le Mont Saint-Michel. — L'épopée de la Pucelle. — Portrait de Jeanne. — L'épreuve. — Comment Charles VII cessa d'hésiter. — Jeanne devant ses examinateurs. — La Hire et Xaintrailles. — Manifeste aux Anglais. — Lettre aux habitants de Troyes. — Le *droiturier*. — Elle fait lever le siège d'Orléans. — Au sacre de Reims. — Pressentiments de fin prochaine. — Pierre Cauchon vendu aux Anglais se charge de juger la Pucelle. — L'interrogatoire. — La condamnation. — Les apprêts du supplice. — Les quatre échafauds. — Rouen! Rouen! — Jésus! Marie! — Nous avons brûlé une sainte. — Premières réhabilitations.

I.

La France, à l'heure où j'écris ce livre, est en attente. De tous côtés, l'on espère, l'on désire, l'on réclame la canonisation de notre antique et virginale libératrice, celle que l'on a appelée « le chevalier des chevaliers, » l'honneur de la chevalerie chrétienne.

Un éloquent religieux, le Père Airolles, a résumé, dans un livre magistral, les aspirations du pays. Son livre, *Jeanne d'Arc sur les autels,* l'a rappelé, dès ses premières pages.

Un des plus graves contemporains de la Pucelle, l'honneur de la magistrature de son temps, Mathieu Thomassin le dit en son style vieilli et non sans majesté. Après avoir rapporté, dans un livre qui semblait ne pas le comporter, *le Registre Delphinal,* « le miracle évident », les faits de guerre « merveilleux et comme impossibles » de la Pucelle, il s'écrie :

« Sache un chacun que Dieu a montré et montre un chacun jour qu'il a aimé et aime le royaume de France, et qu'il l'a spécialement élu pour son héritage et pour par le moyen de lui entretenir la sainte Foi catholique et la remettre du tout sus (la relever). Et pour ce Dieu ne veut pas le laisser perdre. Mais sur tous les signes d'amour qu'il a envoyés au royaume de France, il n'y en a point eu de si grand, ni de si merveilleux, comme celui de cette Pucelle. »

Par ce signe d'amour plus merveilleux et plus grand que les précédents,

Jésus-Christ résumait donc ses miséricordes passées; il disait à tous les siècles et à tous les peuples ce que la France était pour son amour; il rajeunissait par le miracle l'antique constitution politique, qu'il lui avait donnée par le temps et les événements, ses ministres dans le gouvernement extérieur des peuples : constitution que ses vicaires en terre les Papes avaient confirmée.

C'est, en effet, commente le P. Alet, le plus grand ou du moins le plus extraordinaire, le plus visiblement miraculeux des dons du ciel à la France, *une libératrice inspirée, Jeanne d'Arc!* C'est là un fait inouï, un privilège à part, qui n'a d'analogue que dans l'histoire de l'ancien peuple de Dieu. Interrogez, scrutez les annales des autres nations : vous n'y trouverez rien de semblable. Seul, le royaume des Lys a sa Débora, son Esther, sa Judith. Mais plus vaillante encore, plus gracieuse et plus pure, plus douce surtout et plus généreuse que ces illustres héroïnes du vieux Testament, notre libératrice ne verse pas le sang, et ses mains virginales n'en porteront jamais la moindre tache. Elle déploie sa blanche bannière, où brillent ces mots naïfs et triomphants : *Jésus, Maria ;* elle marche ainsi à la tête des bataillons qu'elle entraîne, et « en son Dieu » les mène à la victoire.

« Étonnante prédilection du Seigneur pour son peuple de France! Quand tout est désespéré, lui-même daigne intervenir! Les Anglais étaient maîtres des trois quarts du territoire. Leur roi Henri V avait été couronné roi de France à Paris même. Notre roi Charles VII, réduit à n'être plus que le roi de Bourges, se laissait dire, sans rougir, « que jamais prince ne perdit plus gaiement son royaume ». Au reste, plus d'armée, plus d'argent, presque plus de patrie. Partout des factions, partout des ruines, et en beaucoup d'endroits des massacres et des excès hideux, qui le cèdent à peine aux récentes horreurs de la Commune parisienne. C'en était fait, ce semble, de la France. Jamais elle n'avait été si bas; et, ne craignons pas de l'affirmer, notre situation présente, si déplorable soit-elle, nous laisse bien plus de ressources et de gages d'avenir que notre situation d'alors.

« Jeanne paraît! c'est une jeune fille inconnue, une petite bergère. A peine a-t-elle fait reconnaître sa mission divine, tout change de face, tout renaît. Orléans est délivré. Les cœurs se raniment. Les vieux guerriers suivent cet ange, cette envoyée d'en haut. Patay est témoin d'un premier et éclatant triomphe : Patay où, cinq siècles plus tard, pour sauver au moins l'honneur français, les soldats du Cœur de Jésus et du Pape verseront leur noble sang, mais sans autre victoire que celle des martyrs!... L'ennemi épouvanté fuit de toutes parts. Troyes ouvre ses portes, Reims n'oppose aucune résistance; et c'est là qu'en présence du drapeau de Jeanne, qui « devait être à la gloire après avoir été à la peine », Charles, désormais le *Victorieux*, reçoit la solennelle onction des rois. »

« O Dieu! s'écriait dès 1844, dans un magnifique élan d'enthousiasme, le futur évêque de Poitiers (1), ô Dieu! dont les voies sont belles, qui marchez par un chemin virginal, soyez béni d'être venu à notre aide par des mains si pures et si dignes de vous! Soyez béni d'avoir fait notre Jeanne si belle, si sainte, si immaculée! Je cherche en vain ce qui pourrait manquer à mon héroïne : tous les dons divers s'accumulent sur sa tête; pas une pierrerie à joindre à sa couronne. Par l'esprit et par le cœur, je ne connais rien de plus français que Jeanne d'Arc, rien de plus mystique et de plus naïf; en elle la nature et la grâce se sont embrassées comme sœurs; l'inspiration divine a laissé toute sa part au génie national, tout son libre développement au caractère français; c'est une extatique chevaleresque, une contemplative guerrière; elle est du ciel et de la terre; c'est une martyre qui pleure; *c'est une sainte qui n'a pas d'autels;* que l'on vénère, que l'on invoque presque, et qu'il est permis de plaindre; que le prêtre loue dans le temple, que les citoyens exaltent dans les rues de la cité; modèle à offrir aux conditions les plus diverses, à la fille des pâtres et à *la fille des rois* (elle a prouvé, elle aussi, qu'elle savait comprendre la noble et sainte figure de Jeanne), à la femme du siècle et à la vierge du cloître, aux prêtres et aux guerriers, aux heureux du monde et à ceux qui souffrent, aux grands et aux petits; type le plus complet et le plus large au double point de vue de la religion et de la patrie; figure historique qui n'a son semblable nulle part, Jeanne d'Arc, c'est une douce et chaste apparition du ciel au milieu des agitations tumultueuses de la terre, une île riante de verdure dans l'aride désert de l'histoire humaine, un parfum de l'Éden dans notre triste exil, et, pour parler le langage de saint Augustin, c'est Dieu venant à nous, cette fois encore, par un sentier virginal. Car Jeanne d'Arc est de Dieu; elle est l'envoyée de Dieu, elle n'a cessé de le dire. Et quel Français se sentirait le triste courage de nier le témoignage des paroles de Jeanne, si magnifiquement confirmé par le témoignage de ses œuvres et par le témoignage de sa vie et de sa mort? Et cela, pour ne pas reconnaître cette vérité si consolante : que Dieu aime la France, et qu'au besoin il la sauve par des miracles.

« Prince de Bourgogne, écrivait Jeanne à l'ennemi de son roi, je vous fais asscavoir, de par le Roy du Ciel, pour votre bien et votre honneur, que vous ne gaignerez poinct la bataille à l'encontre des loyaulx Françoys, et que tous

______

(1) *Œuvres du cardinal Pie*, t. Ier, *Panégyrique de Jeanne d'Arc*.

ceulx qui guerroyent contre le dict sainct Royaulme de France guerroyent
contre le Roy Jésus, Roy du Ciel et de tout le monde; s'il vous plaist aguer-
royer, allez sur le Sarrasin. » Vous l'entendez? Le saint royaume de France,
le Royaume des loyaux Français, c'est le royaume de Dieu même; les ennemis de la France, ce sont les ennemis de Jésus. Oui, Dieu aime la France,
parce que Dieu aime son Église, rapporte tout à son Église, à cette Église qui
traverse les siècles, sauvant les âmes et recrutant les légions de l'éternité;
Dieu, dis-je, aime la France, parce qu'il aime son Église, et que la France,
dans tous les temps, a beaucoup fait pour l'Église de Dieu. »

L'histoire de la glorieuse héroïne vaut de nous arrêter quelque temps. Il
n'en est peut-être point, dans nos annales, où la vocation de la nation française éclate plus lumineusement.

II.

Non loin des sources de la Meuse, dans une vallée calme et riante, au milieu
de prairies, de champs, de vergers et de vignobles, est situé le petit village de
Domremy. Les montagnes qui le dominent étaient, au quinzième siècle, couronnées par de sombres et antiques forêts, où, d'après l'imagination populaire,
les fées se livraient autrefois à des danses joyeuses.

C'est dans cet obscur village que, le 6 janvier 1412, Jacques d'Arc et Isabelle Romée mirent au monde une fille qu'ils appelèrent Jeanne; la mère
avait rêvé, peu auparavant, qu'elle accouchait de la foudre. C'était une
famille d'honnêtes laboureurs, craignant Dieu et nourrissant leurs enfants du
travail de leurs mains.

Boulainvilliers, dans sa lettre au duc de Milan, nous a conservé un touchant
détail de cette naissance. « C'est la nuit de l'Épiphanie, jour de joie pour
tous les chrétiens, que la jeune fille a vu la lumière, et, chose merveilleuse!
tous les habitants de Domremy se sentent inondés d'une ineffable joie. Igno-
rant le mystère de cette naissance, ils sortent de leurs maisons, et se demandent les uns aux autres ce qui est arrivé de nouveau. Plusieurs sentent leur
joie redoubler. Que vous dire encore? Les coqs, comme autant de hérauts
d'un si heureux événement, font à une heure inaccoutumée entendre des con-
certs qu'on ne leur connaissait pas, battent des ailes, et presque durant deux
heures paraissent annoncer la signification de la nouvelle naissance (1). »

(1) *Procès*, t. V, p. 116.

La petite Jeanne grandit au milieu de bons exemples, jusqu'à l'âge de treize ans; son temps se passait à filer en priant et à garder les troupeaux.

C'est encore le témoignage de Boulainvilliers et des compatriotes de la Pucelle, lors de son procès, à Rouen. « Jannette grandit; et jamais aucun des agneaux confiés à sa garde ne souffrit mauvaise morsure; et tant qu'elle fut dans la maison paternelle, aucun des siens n'eut tant soit peu à souffrir, ni de l'ennemi, ni des pillards, ni des vexations des gens mal intentionnés. »

De Jeannette le pasteur de la paroisse disait : « Elle n'a pas sa pareille dans la paroisse; je ne lui connus jamais d'égale. Personne qui ne l'aimât jusqu'à la vénération. »

Durant deux ans, le père de Jeanne avait été visité de songes mystérieux : il voyait Jeannette partir avec des hommes d'armes.

L'heure des révélations approchait. Un jour d'été, vers midi, tandis qu'elle se trouvait dans le jardin de son père, elle aperçut du côté de l'église une grande lumière, et entendit une voix qui lui disait : « Jeanne, sois bonne et sage enfant, va souvent à l'église. » La pauvre petite eut grand'peur. Les apparitions se multiplièrent; elles devinrent familières avec l'innocente paysanne. C'était l'archange saint Michel, sainte Marguerite et sainte Catherine. Un jour, entre autres, saint Michel lui dit : « Jeanne, va au secours du roi de France et tu lui rendras son royaume. » Elle répondit en tremblant : « Messire, je ne suis qu'une pauvre fille, je ne saurais chevaucher, ni conduire des hommes d'armes. » La voix reprit : « Tu iras trouver messire Robert de Baudricourt, capitaine de Vaucouleurs, et il te fera mener au roi. Sainte Catherine et sainte Marguerite viendront t'assister. »

III.

Arrêtons-nous un instant ici, pour saluer le grand protecteur de la France. Saint Michel est la grande explication des merveilles accomplies par Jeanne d'Arc. C'est celle que donne Jeanne elle-même. Qui saurait en donner de meilleure ?

L'archange l'a suscitée, formée et conduite; il lui a été donné pour la gouverner; il lui a appris à se diriger; il lui donne grand réconfort; il l'assiste tous les jours sans jamais lui faire défaut : autant d'expressions tombées de la bouche de l'héroïne.

Elle va plus loin : elle lui attribue sa mission tout entière. Dans certaines séances du prétendu procès de Rouen, elle se donne pour saint Michel en personne, et présente comme ayant été visiblement accompli par saint Michel ce qui n'était visible qu'en elle. Elle en avait le droit, disent les avocats et les docteurs de la réhabilitation; les saintes Écritures offrent des exemples semblables, et le mandataire peut attribuer au mandant ce qu'il accomplit par ses ordres, et en vertu de la puissance qu'il en reçoit.

Saint Michel forme avec sainte Catherine et sainte Marguerite le *conseil* invisible qui inspire et soutient tout ce que Jeanne entreprend. Jeanne réfère à ce conseil des difficultés suscitées par les guerriers, des questions posées par les faux docteurs de Rouen; et elle oppose hardiment les décisions et les réponses qu'elle en reçoit aux décisions et aux sophismes des guerriers et des faux juges.

Saint Michel n'apparaît pas seul; il est dignement accompagné comme il sied au premier des purs esprits, Jeanne les a souvent vus parmi les hommes, auxquels ils se mêlent sans être aperçus.

Fig. 31. — Jeanne entend ses voix qui lui disent de partir au secours de la France. Statue de Chapu. Musée du Luxembourg, à Paris. XIXᵉ siècle.

La révélation de ce protectorat de saint Michel sur la France datait de l'an 708. Une nuit, saint Aubert, évêque d'Avranches, avait été averti, par révélation céleste, de construire au sommet d'un mont, autrefois occupé par les druides et objet d'un religieux effroi, un temple en l'honneur du grand archange. Une deuxième et une troisième apparition ayant dissipé les premiers doutes du pieux pontife, il se mit résolument à l'œuvre. La dédicace de la nouvelle

église se fit avec une grande solennité le 16 novembre 709. La fondation
d'une abbaye bénédictine y assura la pompe et la perpétuité du service divin.

A partir de cette époque, le mont Saint-Michel — tel fut désormais son nom
— devint le but d'un pèlerinage qui n'a pas discontinué jusqu'à la Révolution,
et qui a repris dans ces derniers temps, comme tous les autres, sur la terre
encore très chrétienne de France. Il n'est point d'honneurs que nos rois n'aient
rendus à saint Michel, se plaisant à lui donner le titre et le rang de « Prince
de l'empire des Gaules : *Princeps imperii Galliarum.* »

Mais, la plus belle, la plus longue apparition de saint Michel, c'est Jeanne la
Pucelle, la Pucelle acceptée telle qu'elle s'est donnée.

Elle a constamment affirmé qu'elle avait été suscitée, formée, fortifiée, conduite par saint Michel. « Il m'assiste tous les jours, disait-elle, sans jamais
me faire défaut. »

Saint Michel répondait ainsi à la confiance de la France, car, affirme
M. Siméon Luce, la France attendait de saint Michel un secours surnaturel.

L'ancienne France voyait l'Archange guidant Clovis quand il allait à Vouglé
briser la puissance politique de l'Arianisme; elle le voyait donnant au bras du
fils de Pépin d'Héristal la dureté du marteau pour broyer l'infidèle; Charlemagne l'avait fait peindre sur ses étendards; plus d'une fois les rois de France
gravèrent son effigie sur la monnaie.

La chevalerie se conférait au nom de saint Michel. Dans l'idéal et l'esprit
premier de l'institution, que devaient être les chevaliers, sinon autant d'anges
revêtus d'une chair immaculée?

La terre de France était parsemée d'oratoires, d'églises, en l'honneur de
saint Michel. Toute cathédrale, toute grande église avait sa chapelle, son
autel dédié à l'archange. Le nom des places et des rues qui en tant de lieux
gardent encore le nom de Saint-Michel nous rappelle à quel point son culte
fut populaire.

Jeanne d'Arc, conclut le père Airolles, cette enfant suscitée par saint Michel,
remplie de la force de saint Michel, fut l'apparition de la miséricorde divine sur
la France.

Reprenons ce récit. Aucune épopée ne l'égale.

Le voici, dans sa noble simplicité, tel que nous l'a transmis la célèbre
Chronique de la Pucelle.

IV.

« En l'an mil quatre cent vingt-neuf, il y avait dans le territoire de Vaucouleurs — qui était terre détachée non de la Lorraine mais de la Champagne,
et faisait partie immédiatement du domaine du roi de France — une jeune
fille, née dans le village de Domremy, ne faisant qu'un avec le village de
Greux, de l'élection de Langres. Elle était fille de Jacques d'Arc et d'Ysabeau,
sa femme. C'était une simple villageoise, qui, hors le temps où elle gardait
les vaches, apprenait à coudre ou bien filait. Elle était âgée de dix-sept à
dix-huit ans, bien faite et vigoureuse (1). Un jour elle quitta son père et sa
mère sans leur en avoir demandé permission, non qu'elle ne les eût en grand
honneur et révérence, et qu'elle manquât de soumission et de crainte filiale,
mais elle n'avait pas osé s'en découvrir à eux, de peur qu'ils ne missent obstacle à son dessein. Elle vint donc trouver à Vaucouleurs messire Robert de
Baudricourt, vaillant chevalier, qui y tenait le parti du roi et y commandait
de vaillants soldats toujours en guerre avec les Bourguignons et autres ennemis de la France. Jeanne lui vint dire avec simplicité les paroles suivantes :
« Messire capitaine, sachez que Dieu, depuis un certain temps, m'a commandé, à plusieurs reprises, de me rendre auprès du Dauphin qui doit être et
est bien vrai roi de France, afin qu'il me donne des gens d'armes, car j'ai
mission de lever le siège d'Orléans et faire sacrer le roi à Reims. » Messire Robert prit cela pour une moquerie et la regarda comme une rêveuse ou une fan-
tasque, mais elle le pressait instamment de lui faire avoir un habillement
d'homme, un cheval et des compagnons pour la mener au roi. « Par le nom
de Dieu, lui dit-elle enfin, vous tardez trop. Aujourd'hui même, le noble Dauphin vient d'éprouver dans le proche voisinage d'Orléans une bien grande
défaite, il est en voie d'en éprouver de plus considérables encore, si vous tardez. » Le capitaine mit ces paroles en sa mémoire et il apprit, en effet, que, le
jour indiqué, le connétable d'Écosse et le seigneur d'Orval avaient été battus par
les Anglais (la journée des Harengs). Après avoir bien hésité, il se décida à l'envoyer. Il lui fit faire chaperon et robe d'homme, casque, chausses attachées,

(1) « Elle était très grande de corps et tous ses membres forts et robustes. Le visage était plutôt viril que de dame. Elle avait les yeux jaunes et beaux et de très gaie expression. Le nez et la
bouche bien placés. Elle paraissait en tout bien conformée, ses cheveux étaient *très longs et blonds,*
qu'elle nouait, et pendant les batailles elle les portait hors du casque bien que cela fût périlleux.
Les siens la reconnaissaient à cela, et sa chevelure répandue sous le casque ressemblait à des
houppes d'un chapeau. » (*Chroniq. Espagnole de la Pucelle.* Tr. par le comte de Puymaigre.)

houseaux et éperons. Il lui donna un cheval et un varlet, et commanda à
deux gentilshommes Champenois, Jean de Metz et Bertrand de Pelonge, de
l'escorter. Ils résistèrent d'abord et avec raison, car il fallait traverser la ligne
occupée par les ennemis. Mais Jeanne, qui connaît leurs craintes, leur dit :
« Par le nom de Dieu, menez-moi vers le gentil Dauphin et n'ayez crainte.
Ni vous, ni moi, n'éprouverons le moindre obstacle. » Et sachez qu'elle n'appela le roi que Dauphin jusqu'au moment de son sacre. Les dits gentilshommes
se décidèrent enfin à mener Jeanne vers le roi, qui était alors à Chinon.

Ils traversèrent Auxerre et plusieurs autres villes, bourgs et villages appartenant à l'ennemi, et aussi les pays soumis au roi, mais ravagés par les pillards. Personne ne mit obstacle à leur voyage, et ils arrivèrent à Chinon. Ils
étaient émerveillés de ce voyage, ayant passé des rivières profondes et traversé
des passages très périlleux sans aucun méchef. Dès qu'ils furent arrivés, le 6
mars, le roi fit venir devant lui les gentilshommes et leur demanda ce qu'ils
voulaient. Ils ne surent rien lui dire que ce que nous venons de raconter.

Le roi et ses conseillers hésitèrent longtemps à faire comparaître Jeanne.
Mais enfin on décida qu'elle verrait le roi. Elle fut amenée là où il était accompagné de beaucoup de seigneurs. Jeanne avait commencé par demander
à ce qu'on ne la trompât point et qu'on lui montrât celui à qui elle devait parler.
Il y avait plusieurs des seigneurs qui jouaient le rôle du prince. Mais elle alla
directement vers lui et dit que Dieu l'avait envoyée pour le secourir ; qu'il
lui confiât des soldats et qu'elle lèverait le siège d'Orléans et le mènerait sacrer à Reims ; car c'était le bon plaisir de Dieu que ses ennemis les Anglais
s'en retournassent en leur pays ; car le royaume lui devait rester ; et s'ils ne
s'en allaient pas il leur arriverait malheur.

Cela dit, on la ramena en son logis. Le roi assembla son conseil pour aviser.
Il y avait l'archevêque de Reims (Regnault de Chartres), son chancelier, plusieurs prélats et seigneurs laïcs. On décida qu'on la ferait examiner par plusieurs docteurs en théologie, canonistes et juristes. Elle fut donc interrogée à
diverses fois et par diverses personnes. C'était chose merveilleuse d'observer
comme elle se comportait en son fait, ce qu'elle disait quand elle racontait la
mission que Dieu lui avait donnée, comme elle parlait alors grandement et
sagement, et cela saisissait d'autant plus qu'en tout le reste elle était la plus
simple bergère qu'on vît oncques. Néanmoins, on s'étonnait de la nouvelle
qu'elle avait donnée, à messire Robert de Baudricourt, de la bataille de Rou-
vray, autrement dit des Harengs, et de la protection providentielle qui lui avait
permis de venir, sans obstacle, jusqu'à Chinon.

Un jour elle voulut parler au roi en particulier : « Gentil Dauphin, lui dit-

elle, pourquoi ne me croyez-vous pas? Je vous dis que Dieu a enfin pitié de
vous, de votre royaume, de votre peuple, car Charlemagne et saint Louis
sont à genoux devant lui, priant pour vous. Eh bien, je vais vous dire, si vous
le voulez, une chose qui vous prouvera que je mérite croyance. »

Elle demanda que la plupart des assistants s'éloignassent. Il resta le duc
d'Alençon, Robert de Mâcon, seigneur de Trêves, Christophe de Harcourt
et maître Gérard Machet, confesseur du roi. Celui-ci, à la requête de Jeanne,
leur fit jurer qu'ils ne révéleraient jamais rien. Alors elle dit au roi une chose

Fig. 32. — Jeanne d'Arc introduite au château de Chinon, distingue le roi parmi les seigneurs. Bas-relief de
M. Vital-Dubray, à Orléans, XIX⁰ siècle.

très importante, qu'il avait faite très secrètement, ce dont Charles fut fort surpris, et il n'y avait que Dieu et lui qui le sût. — On croit qu'il s'agissait d'une
prière où il demandait au Seigneur s'il ne serait pas opportun de cesser la lutte
et, pour éviter tant de larmes et de sang versé, de quitter le royaume de
France.

Dès lors, le roi n'hésita plus et il se décida à faire ce qu'elle désirait. Toutefois, il voulut encore la mener à Poitiers où était réfugiée la cour du Parlement, et où se trouvaient les plus notables clercs en théologie, tant séculiers
que réguliers. Il y alla donc et la mena avec lui. A mi-chemin, elle demanda
où on allait. Il lui fut répondu que c'était à Poitiers. « Par le nom de Dieu,
je sais que j'y serai bien retournée. Mais Messire (Jésus-Christ) m'aidera. Or,
allons de par Dieu. »

Elle fut donc amenée en la cité de Poitiers et logea chez maître Jean Rabuteau qui avait épousé une bonne femme. Jeanne était toujours vêtue comme un homme et ne voulait pas d'autres habits. On fit assembler plusieurs notables docteurs en théologie ou en autre faculté, et des bacheliers. Quand elle les vit entrer dans la salle où elle était, elle alla s'asseoir au bout du banc et leur demanda ce qu'ils voulaient. L'un d'eux lui répondit qu'ils étaient amenés parce qu'elle prétendait que Dieu l'avait envoyée au roi et que cela était incroyable. Ils lui dirent là-dessus les plus belles et les plus fortes raisons. Ils y furent deux heures et chacun parla à son tour. Elle leur répondit de façon à les étonner, car personne ne pouvait supposer une aussi prudente sagesse en une jeune fille simple bergère. Il y eut notamment un carme, docteur en théologie, homme bien aigre, qui lui dit que la sainte Écriture défendait d'ajouter foi à de telles paroles, à moins qu'elle ne fît un miracle (1). Elle répondit nettement qu'elle ne voulait pas tenter Dieu, que le miracle que Dieu lui avait donné à faire, c'était de lever le siège d'Orléans et de mener sacrer le roi à Reims, que cela elle le ferait et qu'ils y pouvaient venir. Cela semblait chose forte et comme impossible à cause de la puissance des Anglais, et d'autant plus que d'Orléans et de Blois jusqu'à Reims tout était en la main de l'ennemi... Les théologiens s'assemblèrent et conclurent unanimement que, bien que ses promesses fussent étranges, le roi pouvait avoir confiance en elle et essayer d'exécuter ce qu'elle demandait. »

V.

On s'occupa dès lors de l'équiper. La Hire (2) et Xaintrailles, qui s'étaient illustrés dans les rangs des Armagnacs, devaient l'accompagner. Mais, avant

(1) L'un d'eux lui ayant dit que, pour chasser les Anglais, elle n'avait pas besoin de gens d'armes, puisqu'elle venait de la part de Dieu : « En nom Dieu, répondit-elle, les gens d'armes batailleront, et Dieu donnera la victoire. » Un autre, Limousin d'origine, et « bien aigre homme », après l'avoir accablée de questions dans un français limousin, lui demanda quelle langue parlaient ses prétendues voix célestes : « meilleure que la vôtre, » repartit vivement la paysanne lorraine, qui commençait à s'impatienter de toutes ces lenteurs. « Croyez-vous en Dieu? continua le Limousin sans s'émouvoir. — Mieux que vous, » reprit Jeanne. Ainsi, dit M. Demolins, elle avait raison de ses juges, soit par la simplicité et la vérité de ses affirmations, soit par la vivacité de ses saillies. Ceux-ci, vaincus par l'évidence, se décidèrent enfin à adresser au roi un rapport favorable.

(2) C'est le même La Hire, qui, avec une soixantaine de lances et trois ou quatre mille hommes de pied commandés par Kennedy, un capitaine écossais et l'abbé de Serquenceaux, s'en vient devant Montargis que les Anglais assiégeaient et qu'il s'agissait de ravitailler. En approchant, il se dit qu'il fera mieux et qu'il enlèvera la ville assiégée. « C'était chose très difficile. » Aussi songea-t-il à quelques gros péchés que « d'aventure » il pouvait avoir sur la conscience. Il n'y avait, d'ailleurs, pas de temps à perdre. Il trouva un chapelain auquel il dit qu'il lui donnât

de se mettre en route, la sainte fille voulut avoir une arme. Guidée par ses
voix qui ne l'abandonnaient pas, elle révéla qu'il y avait dans l'église Sainte-
Catherine de Fierbois, cachée derrière l'autel, une épée dont la garde était
marquée de cinq croix. On l'y trouva en effet, et dès ce jour elle ne la quitta
plus, quoiqu'elle ne s'en servît jamais, ne voulant tuer personne de sa main.
Outre son épée, elle se procura un étendard blanc semé de fleurs de lys d'or;
on y voyait d'un côté Dieu au milieu d'une nuée et deux anges à ses pieds,
avec cette inscription : *Jésus, Marie;* sur l'autre, était représenté l'écu de
France soutenu par deux anges. Un second étendard plus petit, qu'elle fit
faire en même temps, représentait un ange offrant un lys à la sainte Vierge.

Quand elle fut prête à partir, la Pucelle dicta le manifeste suivant qu'elle
fit envoyer aux Anglais :

« † Jesus, Maria. † Roi d'Angleterre et vous, duc de Bedford, qui vous
dites régent du royaume de France, faites raison au Roi du Ciel, rendez à la
Pucelle les clefs de toutes les bonnes villes que vous avez prises. Elle est venue
de par Dieu pour réclamer le sang royal, et toute prête à faire paix si vous voulez faire raison. Celui qui tiendra le royaume, c'est le roi Charles, vrai héritier,
car telle est la volonté de Dieu. Si vous ne voulez croire les nouvelles de la
Pucelle, nous frapperons de bons horions, et nous vous bouterons hors du
royaume avec si grand tapage que, depuis mille ans, il n'y en aura pas eu un
si grand. Écrit le mardi de la Sainte Semaine, de par la Pucelle. »

Dans la lettre aux Anglais, fait remarquer le père Airolles, Jésus-Christ,
par le chétif instrument qu'il s'est choisi, parle en roi guerrier résolu de
chasser l'envahisseur étranger, et de rétablir le vassal injustement dépossédé.
C'est la menace.

Le ton est tout différent dans la lettre aux habitants de Troyes, et au duc
de Bourgogne. Les Anglo-Bourguignons sont des sujets égarés qu'il faut
ramener. Jeanne fait entendre la voix du roi pacificateur qui veut rétablir
l'ordre troublé dans ses États.

Voici la lettre aux habitants de Troyes. La menace disparaît, couverte qu'elle
est par les paroles d'affection, les promesses de pardon, de victoire et de
paix.

---

hativement l'absolution. Le chapelain lui dit qu'il voulait bien, et qu'il confessât ses péchés. La
Hire répondit qu'il n'aurait pas le temps, car il fallait frapper promptement sur l'ennemi, et que
le chapelain savait bien ce que les gens de guerre ont habitude de faire et que c'était là sa confession. Sur quoi le chapelain lui bailla l'absolution telle quelle. Alors La Hire fit sa prière à
Dieu, en lui disant en son gascon, les mains jointes : « Dieu, je te prie que tu fasses aujourd'hui
pour La Hire autant que tu voudrais que La Hire fît pour toi, s'il était Dieu et que tu fusses La
Hire ». Et il pensait très bien dire et prier. » (*Chron. de la Pucelle.*)

JHESUS † MARIA.

« Très chers et bons amis, s'il ne tient à vous (si cela vous agrée) : seigneurs, bourgeois et habitants de la ville de Troyes : Jeanne la Pucelle vous mande et vous fait savoir, de par le roi du Ciel, son droiturier et souverain seigneur, duquel elle est un chacun jour en son service royal, que vous fassiez vraie obéissance et reconnaissance au gentil roi de France, qui sera bien brief à Reims et à Paris, qui que vienne contre, et en ses bonnes villes du saint royaume, à l'aide du roi Jésus.

« Loyaux Français, venez au-devant du roi Charles, et qu'il n'y ait point de faute ; et ne vous doutez de (ne craignez rien pour) vos corps, ni de (ni pour) vos biens, si ainsi le faites.

« Et si ainsi ne le faites, je vous promets et certifie sur vos vies, que nous entrerons, à l'aide de Dieu, en toutes les bonnes villes qui doivent être du saint royaume, et y ferons bonne paix ferme, qui que vienne contre.

« A Dieu vous commande (recommande) : Dieu soit garde de vous.

« JEHANNE. »

On voit combien Jeanne affecte de donner à Notre-Seigneur le nom de *droiturier*. Là était le vrai titre de Charles, et la force de Jeanne. Là aussi la principale fin de la mission de la Pucelle. Elle était suscitée pour montrer dans la loi chrétienne le vrai droit français.

Fidèles à se conformer à ce droit, les *loyaux* Français étaient et seraient invincibles ; car quiconque *guerroie contre le saint royaume, guerroie* contre le roi Jésus.

Quand la France en croira-t-elle la Pucelle ?

La royauté de Jésus-Christ, sa providence sur le saint royaume, lorsque ce royaume est vraiment saint, c'est-à-dire fidèle *au droiturier*, telle est donc la grande idée inspiratrice de Jeanne.

Jeanne met en avant la royauté de Jésus-Christ, soit qu'elle promette la couronne au *gentil Dauphin*, soit qu'elle somme l'Anglais d'avoir à rendre les bonnes villes qu'il a violées en France. Au nom de la royauté de Jésus-Christ, elle adjure les Anglo-Bourguignons de revenir au saint royaume, et leur duc révolté de ne pas prolonger une rébellion qui finirait par lui devenir funeste.

C'est sous la conduite de Jésus-Christ-roi qu'elle mène l'armée à la victoire.

Jeanne arriva devant Orléans le 29 avril 1429. Dunois vint au-devant d'elle, et l'introduisit dans la ville avec son convoi et ses hommes d'armes.

Les habitants la reçurent avec de grandes démonstrations d'enthousiasme. « Ils avaient, dit le journal du siège, une aussi grande joie que s'ils avaient vu Dieu descendre parmi eux. Ils se sentaient tout réconfortés et comme désassiégés par la vertu divine, qu'on leur avait dit être dans cette simple pucelle. »

Le siège d'Orléans durait depuis sept mois; dix jours suffirent à Jeanne d'Arc pour le faire lever. Les Anglais, attaqués sur plusieurs points à la fois, furent chassés de toutes leurs positions. Mais, dans une de ces sorties, la Pucelle fut blessée par une flèche, ainsi qu'elle l'avait prédit à son confesseur. Le dimanche 8 mai, les assiégés, voyant que les Anglais, découragés par leurs échecs, s'apprêtaient à se retirer, résolurent de les assaillir. Avertie de ce projet, Jeanne, malgré sa blessure, revêtit à la hâte sa cotte de mailles et courut s'opposer à la bataille : « Pour l'amour et l'honneur du saint dimanche, s'écriat-elle, ne les attaquez pas, c'est la volonté de Dieu; s'ils veulent partir, qu'on les laisse aller. Pour nous, allons rendre grâces à Dieu ! »

Fig. 33. — Attaque du pont de Meung. Partie supérieure d'un vitrail de l'église Notre-Dame de Cléry, près Meung, exécuté par M. L. Ottin, à Paris, en 1875. Dans le haut, on voit saint Michel, le protecteur de Jeanne.

Orléans une fois délivré, Jeanne rejoignit le roi à Tours. Celui-ci, dit une chronique, « l'eût volontiers baisée de la joie qu'il avait ». Elle, sans perdre de temps, le pressa d'aller se faire sacrer à Reims : « Je ne durerai guère plus

d'un an, dit-elle, il faut songer à bien besogner cette année, car il y a beaucoup
à faire. »

Pour faciliter ce difficile voyage, la Pucelle enleva successivement aux Anglais les places de Jargeau, de Meung-sur-Loire et de Beaugency. Le 18 juin,
on livra, sur son avis, une grande bataille à Patay, entre Orléans et Château-
dun : « Avez-vous de bons éperons, dit-elle, avant l'action à ses hommes
d'armes, car nous aurons bon compte des Anglais, et il nous faudra les pour-

Fig. 34. — Sacre de Charles VII à Reims, le 17 juillet 1429. A gauche, Jeanne portant sa bannière.
D'après le tableau de Vinchon. *Galeries historiques de Versailles.*

suivre. » La victoire fut éclatante ; Talbot et la plupart des capitaines anglais
restèrent prisonniers. Dès lors, la route de Reims était ouverte, et Jeanne
décida Charles VII à partir, malgré les périls et la longueur du voyage. La
ville de Troyes, qui se trouvait sur le chemin, fut prise après deux jours de
siège. Quelques jours après ce fut le tour de Châlons, dont l'évêque apporta
lui-même les clefs au roi. Enfin, le 16 juillet 1429, Charles, ayant auprès de
lui la Pucelle portant son étendard, fit son entrée solennelle dans la ville de
Reims.

Le sacre fut fixé au lendemain, qui était un dimanche. A l'église, pendant
la cérémonie, Jeanne se tint auprès du roi, son étendard à la main. Quand il

eut été sacré et couronné, elle se prosterna devant lui, embrassa ses genoux, et
lui dit, en versant d'abondantes larmes :

— Gentil roi, maintenant est exécuté le plaisir de Dieu, qui voulait que
vous vinssiez à Reims recevoir votre digne sacre, montrant ainsi que vous
êtes vrai roi et celui auquel le royaume doit appartenir.

VI

Jeanne cependant répétait avec insistance « que ses voix l'avertissaient de
son sort et qu'elle serait prise avant la Saint-Jean ; quand et comment, elle
l'ignorait. » Un jour, après avoir entendu la messe et communié, elle dit à
ceux qui l'entouraient : « Mes enfants et chers amis, je vous signifie que l'on
m'a vendue et trahie, et que de bref je serai livrée à mort ; je vous supplie, priez
Dieu pour moi. »

Sur ces entrefaites, continue M. Demolins à qui nous empruntons ce dou-
loureux récit qu'il a fort bien résumé d'après les meilleurs travaux de l'érudition contemporaine, les Anglais et leurs alliés les Bourguignons étant venus
mettre le siège devant Compiègne, Jeanne fit une sortie à la tête de ses gens.
Mais, soit imprudence, soit trahison, avant que les derniers rangs de son escorte, parmi lesquels elle se trouvait, fussent rentrés dans la ville, on leva
le pont et on baissa la herse.

Jeanne était prise. C'était le 23 mai 1430.

Les Bourguignons la livrèrent aux Anglais, moyennant dix mille livres et
Pierre Cauchon fut désigné pour la juger.

Pierre Cauchon était de cœur aussi Anglais que Bourguignon ; il avait pris
part aux excès des Cabochiens, et, en 1418, s'était fait nommer commissaire
pour juger les prêtres armagnacs. Le duc de Bourgogne avait récompensé ce
zèle par l'évêché de Beauvais. Mais les habitants de cette ville, favorables à la
cause de Charles VII, n'avaient pas tardé à le chasser. En désespoir de cause,
l'ambitieux s'était alors retourné vers les Anglais. Le procès de la Pucelle lui
parut une occasion de faire éclater son zèle envers ses étranges protecteurs, et
il la saisit avec empressement. « Nous allons voir un beau procès, » s'écria-
t-il un jour avec une joie non déguisée.

Cette œuvre d'iniquité n'était pas aussi facile que le croyait Cauchon. Lorsqu'il voulut, à Rouen où il s'était installé, composer son tribunal, il rencontra
une énergique réprobation parmi les membres les plus éminents du clergé,
qui tenaient à séparer leur cause de la sienne. L'abbé de Jumièges, Nicolas de

Houppeville, déclara qu'il ne siégerait pas dans un procès aussi illégal :
« Cauchon, dit-il, appartient au parti ennemi de la Pucelle; d'ailleurs, le cas
a été jugé par l'archevêque de Reims, son métropolitain, qui a approuvé la
conduite de Jeanne. » Pour se venger de ce refus, Cauchon, non content d'assigner devant lui l'abbé de Jumièges, le fit arrêter et jeter en prison. Un autre
membre ne consentit à siéger que sur une menace de mort. C'est devant un
tribunal ainsi constitué que Jeanne fut appelée à comparaître pour le 21 février 1431, dans la chapelle du château de Rouen.

Dès son arrivée dans cette ville, la Pucelle avait été enfermée d'abord dans
une cage de fer, ensuite dans une chambre obscure de la tour du château, les
fers aux pieds, sous la garde de quatre ou cinq hommes d'armes. Au jour
fixé, Pierre Cauchon commença son interrogatoire, en la requérant de jurer
qu'elle dirait la vérité sur toutes choses. « Je ne sais sur quoi vous voulez
m'interroger, répondit-elle; peut-être me demanderez-vous des choses que je
ne vous dirais pas. En ce qui touche mes révélations, par exemple, vous pourriez me demander de dire telle chose que j'ai juré de ne pas dire; ainsi, j e
serais parjure, ce que vous ne devriez pas vouloir. » Comme il insistait : « Vous
me chargez trop, dit Jeanne, je ne veux prêter le serment de dire toute la vérité que sur les choses qui touchent la foi. Je viens de la part de Dieu, et je n'ai
rien à faire ici; renvoyez-moi à Dieu de qui je viens. — Vous croyez-vous
dans la grâce de Dieu? lui demanda Cauchon. — Si je n'y suis, Dieu veuille
m'y mettre; et si j'y suis, Dieu veuille m'y garder. » Elle avait parfois des
réponses sublimes. Cauchon lui ayant demandé : « Pourquoi votre étendard
a-t-il été présent au sacre de Reims plutôt que celui des autres capitaines. —
Il avait été à la peine, répondit-elle, c'était bien raison qu'il fût à l'honneur. »
D'autres fois elle avait des reparties qui fermaient la bouche à ses juges.
« Sainte Marguerite parle-t-elle anglais? lui demanda Cauchon. — Comment
parlerait-t-elle anglais, puisqu'elle n'est pas du parti des Anglais? »

La menace des peines corporelles fut aussi impuissante sur cette simple fille
des champs que cet interrogatoire artificieux et subtil. « Vraiment, dit Jeanne
à qui on avait montré les instruments de torture, si vous me deviez faire arracher les membres et faire partir l'âme hors du corps, je ne vous dirais autre
chose; et si je vous disais autre chose, après je vous dirais toujours que vous
me l'auriez fait dire par force. » Ennuyé de ces délais, Cauchon se décida à
précipiter le dénouement.

Le mardi 29 mai, il réunit trente-neuf ou quarante assesseurs, gagnés
d'avance, et leur exposa les faits à sa manière. Jeanne fut déclarée coupable à
l'unanimité, et condamnée à être brûlée vive le lendemain.

Le 3o au matin, en apprenant sa condamnation, elle éprouva, comme le divin Maître au jardin de l'agonie, un moment de saisissement : « Hélas! dit-elle, me traite-t-on si horriblement et si cruellement qu'il faille que mon corps, en entier et qui ne fut jamais corrompu, soit aujourd'hui consumé et réduit en cendres? Ah! j'aimerais mieux être décapitée sept fois que d'être brûlée! » Pierre Cauchon étant arrivé au même instant : « Je meurs par vous, lui dit-elle; si vous m'eussiez mise aux prisons de l'Église et aux mains des juges ecclésiastiques compétents et convenables, ceci ne fût pas advenu. J'en appelle à vous devant Dieu. »

Fig. 35. — Jeanne en prison à Rouen et chargée de chaînes, est insultée par ses geôliers.
Bas-relief de M. Vital-Dubray, à Orléans.

Elle put ensuite se confesser et communier.

A neuf heures, la fatale charrette, attelée de quatre chevaux, arriva dans la cour du château. On revêtit Jeanne d'une chemise longue; on la coiffa de la mitre des condamnés, sur laquelle étaient représentés des diables et des flammes, avec ces mots : « Hérétique, relapse, apostate, idolâtre. » Dans ce costume, elle monte sur la charrette : l'appariteur Massieu et le dominicain Ladvenu, son confesseur, prirent place à ses côtés. Cent vingt Anglais, armés de lances, d'épées et de bâtons, formaient l'escorte. Jeanne priait et pleurait. Par moments, on l'entendait s'écrier : « Rouen! Rouen! est-ce ici que je dois mourir! »

Quatre échafauds s'élevaient sur la place du Vieux-Marché, où se pressait une foule innombrable. Les deux premiers étaient occupés par les personnages qualifiés, désireux de prendre part à cette lugubre fête. Sur le troisième, se tenait Nicolas Midi, le prédicateur désigné. Le quatrième enfin, le plus élevé de tous, était le bûcher, surmonté d'un poteau, sur lequel étaient inscrits ces mots en gros caractères : « Jeanne, qui s'est fait nommer la Pucelle, menteresse, pernicieuse, abuseresse du peuple, devineresse, superstitieuse, blasphémeresse de Dieu, présomptueuse, mécréante en la foi, vengeresse, idolâtre, cruelle, dissolue, invocatrice du diable, apostate, schismatique et hérétique. »

Jeanne écouta dans le plus grand silence le prédicateur. Puis, le juge laïque Raoul Bouteiller, bailli de Rouen, allait prononcer la sentence, tandis que le confesseur adressait encore à Jeanne ses dernières exhortations, lorsqu'un cri s'éleva du milieu des soldats anglais : « Prêtres, nous ferez-vous dîner ici? » Le bailli effrayé dit aux gardes d'emmener de suite la condamnée; puis, se tournant vers le bourreau : « Fais ton devoir, » lui dit-il.

Jeanne s'agenouilla sur le bûcher et prononça

Fig. 36. — Second monument élevé sur le pont d'Orléans en l'honneur de Jeanne, le 15 mars 1571.

Charles VII et Jeanne sont agenouillés devant le Christ mort. En bas, on voit l'écu de France, les armes d'Orléans et celles de Jeanne d'Arc. Ce monument qui avait été édifié en remplacement de celui détruit par les calvinistes en 1562, fut démoli, lui aussi, en 1792.

une dernière prière. Elle se leva ensuite, et la foule ne l'aperçut plus qu'à travers les flammes qui l'environnaient de toutes parts. Ceux qui étaient plus rapprochés l'entendirent protester jusqu'au dernier moment que ses voix étaient divines et que ses révélations venaient de Dieu; puis elle dit : *Jésus! Marie!* et expira. Quelques Anglais riaient, mais la foule était profondément impressionnée, et l'on rapporte que, vaincu par l'émotion, Pierre Cauchon

lui-même versa des larmes. Un des soldats affirma qu'au moment où
elle rendait le dernier soupir, il aperçut une colombe qui s'élançait hors des
flammes et s'envolait au ciel. En revenant du supplice, le secrétaire du roi
d'Angleterre s'écria : « Nous sommes tous perdus, nous avons brûlé une
sainte. »

Vingt-quatre ans après cette immolation, le roi Charles VII, qui avait été
impuissant à arracher Jeanne d'Arc au bûcher, fit adresser au pape Calixte III
une requête en réhabilitation. La procédure fut reprise avec soin, et, le
7 juillet 1456, la sentence portée contre la Pucelle fut cassée publiquement;
on ordonna « une procession générale et sermon solennel en la place de Saint-
Ouen et au Vieux-Marché, où ladite Pucelle avait été cruellement et horriblement brûlée; plus une plantation de croix convenable sur la place du Vieux-
Marché, les juges se réservant de faire faire notable signification de leur
sentence dans les cités et lieux insignes du royaume. » De son côté, la ville
d'Orléans, que la Pucelle avait délivrée des Anglais, s'associa à cette réparation en élevant sur le pont de la Loire une statue en bronze représentant Jeanne
d'Arc agenouillée devant Notre-Dame et deux anges à ses côtés.

La France, que Jeanne a délivrée, attend maintenant l'apothéose de sa libératrice. Un jour, — Dieu veuille qu'il soit proche! — nous verrons, sur les
autels, celle en qui s'incarna l'amour du nom français avec la fidélité à l'auguste mission de la France poussée jusqu'à l'héroïsme et au martyre!

LIVRE TROISIÈME

PÉRIODE DE LUTTE

CHAPITRE PREMIER.

L'ATTAQUE.

Vue d'ensemble, par Lacordaire. — Comment naquit la prétendue Réforme. — Le paganisme de la Renaissance. — A l'usage des bourgeois et du peuple. — Le besoin de réforme. — Les plaintes du cardinal Julien Césarini. — Le mot de Léon X. — Est-ce qu'il n'y a plus de résine en Galaad? — Les tombeurs d'images. — Paul III recommande la miséricorde envers les Huguenots. — La Pragmatique Sanction et le concordat de Léon X. — Légistes et Universitaires murmurent. — La réponse de François Ier. — Calvin. — Genèse de son apostasie. — Les grands caractères. — La Conjuration d'Amboise. — L'épître de Ronsard. — Les excès des Calvinistes. — Le baron des Adrets.

I.

Ainsi, la France avait vaincu Arius et Mahomet, elle avait fondé temporellement la papauté. Il lui manquait une quatrième couronne. Voici, d'après Lacordaire, comment elle fut appelée à en ceindre son front de fille aînée de l'Église.

« Après ces deux honteuses défaites, dit le grand orateur des gloires françaises, le démon comprit qu'il n'atteindrait jamais son but, en s'attaquant directement à Jésus-Christ. Car Jésus-Christ et l'Évangile, c'est la même chose, et l'Évangile va trop droit au cœur des hommes pour espérer de l'y détrôner. Mais l'Église, ce n'est plus Jésus-Christ qu'indirectement; elle est composée d'hommes sujets aux passions et aux faiblesses de l'humanité : on pouvait, peut-être, dans ce côté humain, ruiner l'œuvre divine. Luther vint au monde; à sa voix l'Allemagne et l'Angleterre se séparèrent de l'Église, et si une grande nation de plus, si la France eût suivi leur terrible invitation, qui peut dire, le miracle à part, ce que fût devenue la chrétienté! La France n'eut pas seulement la gloire de se tenir ferme dans la foi ; elle eut à combattre dans son propre sein l'extension de l'erreur représentée par Calvin, et la révolte d'une partie de sa noblesse, un moment appuyée de la royauté. L'élan national la sauva ; on la vit, confédérée dans une sainte ligue, mettre sa foi plus haut que tout, plus haut même que la fidélité à ses souverains, et ne consentir à en reconnaître l'héritier légitime qu'après que lui-même eut prêté serment au Dieu de Clovis, de Charlemagne et de saint Louis. »

II.

C'est au commencement du seizième siècle que naquit l'erreur lamentable, qui déchire la robe sans couture de l'Église de Jésus-Christ depuis bientôt quatre cents ans.

En ce temps-là, vivait, à Wittemberg, en Saxe, dans le couvent des Augustins, un jeune moine, qui se faisait remarquer par l'ardeur de son zèle et l'austérité de ses mortifications. Mais, sous ces apparences de ferveur, maître Luther — c'était son nom — cachait une âme déjà envahie par le doute et dévorée d'un insatiable orgueil.

— Qui ne sait, écrivait-il dès l'âge de trente-quatre ans, que sans l'orgueil on ne peut rien entreprendre de neuf ? Pourquoi le Christ et les martyrs sont-ils morts, si ce n'est parce qu'ils se montrèrent superbes et contempteurs de la plus haute sagesse de leur temps ?

Le mouvement que va inaugurer ce moine orgueilleux s'appuie, il faut bien le reconnaître, sur un état d'esprit nouveau dans la société d'alors.

Le mouvement schismatique s'étayait surtout du besoin incontestable que la discipline relâchée de cette époque avait d'être réformée.

Déjà, sous Eugène IV, un pieux cardinal, Julien Cesarini, suppliait le Pape de réagir sévèrement contre les désordres du temps.

— Si on ne les corrige, disait-il, on doit craindre que les laïques se jettent sur le clergé à la manière des Hussites, comme ils nous en menacent hautement. On se jettera sur nous, quand on n'aura plus aucune espérance de notre correction. Les esprits des hommes sont en attente de ce qu'on fera, et ils semblent devoir bientôt enfanter quelque chose de tragique. Le venin qu'ils ont contre nous se déclare : bientôt ils croiront faire à Dieu un sacrifice agréable, en maltraitant ou en dépouillant les ecclésiastiques, comme des gens odieux à Dieu et aux hommes et plongés dans la dernière extrémité du mal. Le peu qui reste de dévotion envers l'ordre sacré achèvera de se perdre. On rejettera la faute de tous ces désordres sur la cour de Rome, qu'on regardera comme la cause de tous les maux, parce qu'elle aura négligé d'y apporter le remède nécessaire. Je vois que la cognée est à la racine : l'arbre penche, et, au lieu de le soutenir pendant qu'on le pourrait encore, nous le précipitons à terre.

Et Léon X, faisant écho à son prédécesseur Jules II, s'écriait :

— Le champ du Seigneur a besoin d'être remué de fond en comble pour porter de nouveaux fruits.

Et le Concile de Latran, convoqué dans ce but, exhortait les gens d'Église, en ajoutant :

— Employez, pour guérir les plaies des pécheurs, l'huile et le vin, à l'instar du Samaritain, afin qu'on ne vous dise pas avec Jérémie : Est-ce qu'il n'y a plus de résine en Galaad? Est-ce qu'il n'y a plus ailleurs de médecins?

Mais, cela ne faisait point le compte des novateurs. Ils voulaient bien profiter du besoin de réformation et crier à la Réforme, mais, ils n'entendaient pas la laisser s'accomplir dans l'Église, en dehors d'eux et sans eux.

Les violences éclatèrent bientôt de toute part.

En France, elles s'ouvrirent le lundi 1er juin 1528, lendemain de la fête de la Pentecôte, « quelques hérétiques, dit le *Journal d'un Bourgeois de Paris*, vinrent de nuit à une image de Notre-Dame de Pierre, qui est à Paris, à un coin de la rue derrière l'église du Petit-Saint-Antoine, à laquelle image ils donnèrent plusieurs coups de couteau, lui ôtèrent la tête et celle de son petit enfant, Notre-Seigneur. Mais on ne sut oncques qui furent les rompeurs d'images. Alors, le roi François Ier étant à Paris, de ce averti, fut si courroucé et marri, qu'on dit qu'il en pleura très fort. Et incontinent, par deux jours ensuivants, il fit crier à son de trompe, par les carrefours de la ville, que si l'on savait qui avait fait cela, on l'annonçât et dît à la justice et à lui, et qu'il donnerait mille écus d'or. Néanmoins on n'en put rien savoir, bien que le roi en fit grandes diligences, et qu'il y eût des commissaires ordonnés pour aller par toutes les maisons faire enquête. Les mardi et autres jours suivants, il y eut des processions particulières des paroisses et autres églises de la ville qui allèrent quasi toutes audit lieu. Et le jour de la Fête-Dieu, qui était le onzième dudit mois de juin, le roi alla en procession bien dévotement avec la paroisse de Saint-Paul et tout le clergé jusqu'au lieu où était ladite image. Lui-même portait une torche de cire blanche ardente, la tête nue, en moult grande révérence, ayant avec lui les instruments et hautbois avec plusieurs clairons et trompettes, qu'il faisait beau voir, tant mélodieusement ils jouaient. Et avec lui était le cardinal de Lorraine et plusieurs prélats et gros seigneurs et tous gentilshommes, ayant un cierge chacun de cire blanche en main, et allèrent ainsi jusques au lieu où était ladite image, en moult grand honneur et révérence, ce qu'il faisait beau voir et dévotieux. »

Les excès des sectaires furent bientôt tels que le roi se vit obligé de sévir. Il le fit avec une sévérité, qui émut le Pape. « Le bruit fut, en juin 1535, raconte encore le *Journal d'un Bourgeois de Paris*, que le pape Paul III, averti de la rigoureuse justice que le roi faisait sur les luthériens en son royaume, manda au roi de France qu'il en était informé, et qu'il pensait bien qu'il le fît en bonne part, usant toujours du beau titre qu'il avait d'être nommé le roi très chrétien ; néanmoins Dieu le créateur, lui, étant en ce monde, a plus usé de miséricorde que de rigoureuse justice, qu'il ne faut aucune fois user de rigueur, et que c'était une cruelle mort que de faire brûler vif un homme, parce qu'il pourrait plus qu'autrement renoncer la foi et la loi. Par quoi le pape priait et requérait le roi par ses lettres, vouloir apaiser sa fureur et rigueur de justice en leur faisant grâce et pardon. Voulant suivre le vouloir du pape, le roi manda à la cour du Parlement de non plus y procéder en telle rigueur qu'ils avaient fait ci-devant. A cette cause, il n'y fut plus procédé rigoureusement par la justice. »

III.

L'hérésie cependant, loin de se laisser toucher par les procédés miséricordieux du siège apostolique, s'efforçait de s'insinuer en France, à la faveur des erreurs du gallicanisme et des prétendues libertés gallicanes.

Sur le conseil du pape, François Ier recourut à un acte de politique vigoureuse qui aida puissamment l'Église de France à échapper à la diplomatie rusée des Huguenots comme l'imperturbable et pieuse énergie du peuple et de la bourgeoisie sauva la patrie française de leurs entreprises violentes. Nous voulons parler du Concordat conclu avec le pape Léon X. Il fit sentir son action jusqu'à la Révolution. Nous n'hésitons pas à dire, bien que ceci puisse paraître une opinion nouvelle, que c'est par là surtout que le règne de François Ier fut grand. La mission providentielle de la royauté avait été de faire et de maintenir l'unité de la France, par la politique, par l'administration, par la justice et par les armes. François continua cette mission. Le Concordat maintint, par la foi catholique, cette unité au moment où la foi protestante, doublée de sédition et d'ambition, allait lui livrer un des plus rudes assauts qu'elle pût subir. La Pragmatique Sanction de Charles VII conférait à l'élection le droit de nommer aux charges ecclésiastiques. Les divisions, les discussions, les brigues, les corruptions, la simonie qui accompagnaient ces élections eussent affaibli et discrédité l'église de France, et l'habileté comme la hardiesse des Huguenots eussent eu beau jeu pour peupler l'Église gallicane de leurs créatures ou de leurs complices.

Mais ce Concordat portait atteinte à ce qu'on nommait les libertés de l'Église gallicane. Les juristes parlementaires et césariens dont le droit canon et les théologiens ultramontains contrariaient les visées autoritaires, se déclaraient les défenseurs de ces libertés. Le Concordat permettait également au trésor pontifical de prélever une part légère sur les revenus des bénéfices. Les candidats à ces bénéfices s'en trouvaient lésés. La politique royale eut donc à lutter énergiquement contre le Parlement aussi bien que contre l'Université. Celle-ci achevait son règne, celui-là commençait le sien. Mais la première n'avait pas encore perdu toute puissance, le second en avait déjà acquis.

Les gallicans, tant universitaires que parlementaires, jetèrent les hauts cris, quand ils apprirent que le pape Léon X et le roi François Ier, s'accordant pour détruire l'œuvre néfaste connue sous le nom de *Pragmatique Sanction,* venaient de conclure un accommodement, resté célèbre dans l'histoire sous le nom de *Concordat.*

Et cependant, Louis XI lui-même l'avait confessé, quand il disait au pape :

— Nous avons reconnu, Très Saint-Père, que la Pragmatique Sanction est attentatoire à votre autorité, à celle du Saint-Siège; que, née dans un temps de schisme et de sédition, elle finirait par amener le renversement de l'ordre et des lois, puisqu'elle vous empêche d'exercer la souveraine puissance que Dieu vous a déférée. C'est par la Pragmatique que la subordination est détruite, que les prélats de notre royaume élèvent un édifice de licence, que l'unité qui doit lier tous les chefs chrétiens se trouve rompue. Nous vous connaissons, Très Saint-Père, pour le chef de l'Église, pour le grand prêtre, pour le pasteur du troupeau de Jésus-Christ, et nous voulons demeurer uni à votre personne et à la Chaire de saint Pierre. Ainsi nous cassons dès à présent et nous détruisons la Pragmatique Sanction dans tous les pays de notre domination; nous voulons que le bienheureux apôtre saint Pierre, qui nous a toujours assisté, et vous qui êtes son successeur, ayez dans ce royaume la même autorité pour les provisions de bénéfices qu'ont eue vos prédécesseurs, Martin V et Eugène IV. Nous vous la rendons, cette autorité; vous pouvez désormais l'exercer tout entière!

Mais, légistes et universitaires gallicans avaient été assez puissants pour faire de la déclaration de Louis XI une lettre morte. Et cependant, c'était l'unique moyen de prévenir le schisme imminent et de procéder en sécurité à la réformation de la discipline.

Quand ils apprirent la conclusion du Concordat, les opposants réclamèrent un concile national.

— Vous ne voulez pas, s'écria le roi irrité; oh! je vous ferai bien vouloir, ou je vous enverrai tous à Rome dire vos raisons au Pape. Je sais qu'il y a dans mon Parlement des gens de bien, des gens sages; mais je sais aussi qu'il y a des fous turbulents et téméraires; je les connais; je suis instruit des discours qu'ils osent tenir sur ma conduite. Je suis roi aussi bien que mes prédécesseurs, je veux être obéi comme eux. J'ai tout fait pour rendre la paix à mon royaume; je ne souffrirai pas qu'on anéantisse ici ce que j'ai terminé avec tant de difficulté en Italie.

Les oppositions cédèrent. L'Université se tut et le Parlement enregistra.

IV.

Vers cette époque, étudiait à l'Université de Bourges un jeune homme au visage amaigri et contracté, au regard pénétrant et dur, que son père destinait à la carrière du barreau; double nature, teutone par sa ténacité au travail, gauloise par sa grande promptitude à recueillir les leçons du maître et les saillies des disputes orales. « Il écrivait et étudiait jusqu'à la nuit, raconte son condisciple et ami Théodore de Bèze, et pour ce faire, mangeait bien peu au souper; puis, le matin, étant éveillé, il se tenait encore quelque temps dans sa couchette, remémorant et ruminant tout ce qu'il avait appris le soir. » Ce jeune homme s'appelait Jean Calvin; il était né à Noyon, le 10 juillet 1509. Un jour, son maître de littérature grecque, Melchior Wolmar, qui professait en secret les doctrines luthériennes, le prit à part : « Sais-tu, lui dit-il, que ton père s'est trompé sur ta vocation? Tu n'es pas appelé à prêcher sur le droit, ni, comme moi, à débiter du grec! Livre-toi à la théologie, car la théologie est la maîtresse science de toutes les sciences! »

Ces paroles décidèrent de l'avenir de Calvin, qui se mit dès lors à étudier la Bible avec ardeur. De l'étude il passa à la critique du texte sacré, et peu à peu, sous l'influence de Wolmar, il se sentit envahi par le doute, bientôt par le remords : « J'étais alors, s'écriait-il plus tard, bien éloigné de la certaine tranquillité de ma conscience. Car toutes les fois que je descendais

en moi ou que j'élevais le cœur à Dieu, une si extrême horreur me surprenait,
qu'il n'y avait ni purifications ni satisfactions qui m'en pussent aucunement
guérir. Et tant plus je me considérais de près, tant plus rudes aiguillons pressaient ma conscience, tellement qu'il ne demeurait autre soulagement ni
confort, sinon de me tromper moi-même en m'oubliant. » Un grand déchirement s'opérait en lui; la religion de sa jeunesse s'en allait de son âme, en y
laissant un vide immense que rien ne pouvait combler; déjà il n'était plus catholique, il avait repoussé, suivant son expression, « les ténèbres du papisme, » pour embrasser la doctrine nouvelle fondée sur le libre examen. C'est dans cette situation d'esprit qu'il arriva à Paris en 1532.

On n'attend pas de ce livre qu'il refasse toute cette lamentable histoire des guerres de religion soulevées par les prédications de Calvin et de ses disciples.

Mais, comment ne pas saluer, à la gloire de la France, de la fille aînée de l'Église, ces grands caractères que le calvinisme rencontra sur sa route dans notre patrie, convoitée par l'hérésie, ces hommes puissants

Fig. 37. — François de Lorraine, duc de Guise (1519-1563),
assassiné par Poltrot de Méré. D'après un tableau du temps.
Galeries historiques de Versailles.

en œuvres et en paroles, tels que saint Ignace de Loyola, François Xavier et,
avec tant d'autres, le bienheureux Pierre Lefèvre, cet humble et pieux enfant
de la Savoie, dont le modeste apostolat opérera des prodiges. Le Parlement,
la Sorbonne et le peuple, sinon toujours la royauté et la noblesse, opposeront
une digue infranchissable aux nouvelles doctrines. Notre terre, profondément imprégnée du sang de Jésus-Christ, aura encore assez de vigueur,
malgré la trop visible décadence des mœurs publiques, pour susciter de
vrais martyrs et aussi des héros chrétiens, parmi lesquels figurent au premier
rang Anne de Montmorency, le maréchal de Saint-André, le sublime François

de Guise, et cet invincible défenseur de Malte, Jean de Lavalette. Aussi, les hordes calvinistes pourront bien couvrir notre sol de ruines sacrilèges et l'arroser du sang le plus précieux, elles ne parviendront pas à nous arracher la vieille foi de nos pères; elles n'empêcheront pas la formation de la sainte Ligue catholique, dont il faut regretter les déviations et les excès, mais sans oublier que la France lui doit la conversion de son roi Henri IV et la préparation d'une ère nouvelle, la plus belle de son histoire après celle de saint Louis.

V.

Ces choses demandent à être reprises par leur glorieux détail.

Les Calvinistes voyant à la tête du pouvoir un enfant, guidé par deux reines, toutes deux étrangères, l'une Marie Stuart toute jeune, l'autre fort calomniée, Catherine de Médicis, crurent le moment venu de mettre la main sur la France. Ils avaient déjà séduit les deux plus proches cousins du roi, le roi de Navarre et le prince de Condé. Ils avaient miné la société française en tant d'endroits qu'ils crurent pouvoir abandonner la diplomatie gémissante, pour les coups de couteau, et la musique attendrissante des psaumes pour les coups d'arquebuse. Ils répondirent à la condamnation juridique du président du Bourg par l'assassinat du président Minard; et, avec une habileté qui indique une merveilleuse entente dans l'art de conspirer, ils organisèrent l'entreprise connue sous le nom de *Conjuration d'Amboise*. Il s'agissait non seulement de supprimer la famille de Guise, mais de s'emparer du roi et de la famille royale. La réussite de ce complot eût mis la Royauté française sous la tutelle despotique de Calvin (1). Le bon peuple de France eût protesté sans doute; il ne se fût pas laissé conquérir sans essayer de protéger sa foi et sa liberté. Il se fût défendu, mais dans des conditions plus défavorables que celles où il se trouva, puisque les Calvinistes seraient devenus maîtres de la puissance légale. Si l'on veut considérer le mal qu'il eut à triompher, on devine les efforts qu'il eût fallu pour vaincre, dans une situation moins avantageuse.

Une naïve épître en vers de Ronsard révèle les procédés du Calvinisme pour s'introduire en France, en même temps qu'elle traduit pittoresquement

(1) L'histoire a conservé deux précieux aveux des chefs huguenots « si, écrivait l'un d'eux, si le roi veut perdre son royaume, il n'a qu'à changer de religion et à devenir huguenot. » (L'amiral de Coligny avant son apostasie.) « La première guerre de religion — la guerre civile — commença par la surprise que fit le prince de Condé — chef des huguenots — de la ville d'Orléans. » (D'Aubigné.)

l'impression de la grande majorité du peuple français, ce peuple fidèle qui triomphera finalement de l'hérésie.

Les vers sont charmants dans leur naïveté archaïque et demeurés justement célèbres dans notre histoire littéraire.

> ... Ces nouveaux chrestiens qui la France ont pillée,
> Vollée, assassinée, à force despouillée,
> Et de cent mille coups tout l'estomach batu
> Comme si brigandage estoit une vertu,
> Vivent sans châtiment, et à les ouïr dire
> C'est Dieu qui les conduit, et ne s'en font que rire.
> ... Et quoy? Brusler maisons, piller et brigander,
> Tuer, assassiner, par force commander,
> N'obéir plus aux rois, amasser des armées,
> Appelez-vous cela Eglises réformées?
>
> . . . .
>
> ... De Bèze, je te prie, escoute une parolle :
> La terre qu'aujourd'huy tu remplis toute d'armes,
> Et de nouveaux chrestiens desguisez en gendarmes,
> O traistre piété! qui du pillage ardents
> Naissent dessous ta voix, tout ainsi que des dents
> Du grand serpent thébain les hommes qui muèrent
> Le limon en couteaux desquels s'entretuèrent...
> ... L'Eglise n'est pas terre allemande ou gothique,
> Ny une religion tartare ny scythique,
> C'est celle où tu nasquis, qui douce te receut ;
> Si tu es envers elle enfant de bon courage,
> Ores que tu le peux, rens-luy son nourrissage.
> Retire tes soldats, et au lac Genévois,
> Comme chose exécrable, enfonce leur harnois.
> Ne presche plus en France une doctrine armée,
> Un Christ empistolé, tout noirci de fumée,
> Qui comme un Méhémet va portant en la main
> Un large coutelas rouge de sang humain.
> ... Vous appelez athée un homme qui déteste
> Et vous et vos erreurs comme infernale peste.
> Et vos beaux prédicans qui, subtils oiseleurs,
> Pipent le simple peuple ainsi que basteleurs,
> Lesquels, enfarinez, au milieu d'une place
> Vont jouant finement leurs tours de passe-passe!
> Et afin qu'on ne voye en plein jour leurs abus,
> Soufflent dedans les yeux leur poudre d'oribus!
> Vostre poudre est crier bien haut contre le pape,
> Deschirant maintenant sa tiare et sa chape,
> Maintenant ses pardons, ses bulles, et son bien,
> Et plus haut vous criez, plus estes gens de bien ;
> Vous ressemblez à ceux que les fièvres insensent,

Qui cuident estre vrais tous les songes qu'ils pensent.
Toutefois la plupart de vos rhétoriqueurs
Vous preschent autrement qu'ils n'ont dedans les cœurs.
L'un monte sur la chaire ayant l'âme surprise
D'arrogance et d'orgueil, l'autre de convoitise,
Et l'autre qui n'a rien voudroit bien en avoir;
L'autre brûle d'ardeur de monter en pouvoir;
L'autre a l'esprit aigri, qui par mainte traverse
Sous ombre des abus la vérité renverse.
Vous ne ressemblez pas à nos premiers docteurs,
Qui, sans craindre la mort ni les persécuteurs,
De leur bon gré s'offraient eux-mesmes aux supplices,
Sans envoyer pour eux je ne sçay quels novices!

. . . .
Mais monstrez-moy quelqu'un qui ait changé de vie
Après avoir suivy vostre belle folie!
J'en voy qui ont changé de couleur et de teint,
Hideux en barbe longue et en visage peint,
Qui sont plus que devant tristes, mornes et pâles,
Comme Oreste agité de fureurs infernales.
Mais je n'en ay point veu, qui soient d'audacieux
Plus humbles devenus, plus doux ny gracieux,
De paillards, continens, de menteurs, véritables,
D'effrontez, vergongneux, de cruels, charitables,
De larrons, aumôniers, et pas un n'a changé
Le vice dont il fut auparavant chargé.

. . . .
Il faut tant seulement avecques hardiesse
Détester le Papat, parler contre la Messe,
Estre sobre en propos, barbe longue et le front
De rides labouré, l'œil farouche et profond,
Les cheveux mal peignez, le sourcy qui s'avale,
Le maintien refrongné, le visage tout pasle,
Se montrer rarement, composer maint escrit,
Parler de l'Eternel, du Seigneur et du Christ,
Avoir d'un grand manteau les épaules couvertes;
Brief, estre brigand et ne jurer que : Certes.
Il faut encor pour rendre les peuples estonnez
Discourir de Jacob et des prédestinez,
Avoir sainct Paul en bouche et le prendre à la lettre;
Aux femmes, aux enfans l'Evangile permettre,
Les œuvres mespriser, et haut louer la foy,
Voilà tout le sçavoir de vostre belle loy.

Les vers de Ronsard furent vite populaires. Nous avons, de ce temps malheureux et des excès auxquels se livrèrent les Calvinistes, pour arracher du
cœur de la France catholique son antique foi, un autre souvenir, resté vi-

vant, après quatre siècles, dans les traditions du peuple, c'est celui des forfaits du célèbre brigand huguenot, la baron des Adrets.

Gabriel de Saconay a raconté comment les Calvinistes essayèrent de donner le change sur ce malfaiteur insigne.

« Le comparant à Josué, dit-il, les huguenots demandent qu'on le reçoive
triomphalement dans Lyon, pour avoir fait sauter le seigneur de Monselas
d'une hauteur de trois cents toises sur un rocher et avoir fait subir le même
supplice à onze autres gentilshommes. Ce capitaine Monselas, lorsqu'il commandait en Piémont pour le service du roi, avait à l'assaut de Valferrières, secouru ledit baron des Adrets qui était tombé dans un fossé où il se trouvait
à la merci des ennemis. Sans lui, il y aurait laissé la vie. Il lui avait toujours
été un bon compagnon de guerre. C'est ce que lui rappela Monselas, lorsqu'après l'avoir fait monter en haut du donjon de Montrond, il le fit mettre
nu. Il venait de l'admettre à sa table; il était de sens rassis, la fureur de la
bataille était passée. Mais rien ne l'arrêta, ni la noblesse, ni l'humanité, ni
l'ancienne amitié, ni la camaraderie guerrière, ni les services rendus, ni les
prières de tous les capitaines le suppliant de traiter, selon les lois de la bonne
guerre, le capitaine Monselas. Il le fit précipiter du haut du donjon, sur les
rochers où se trouvaient les fidèles ministres du prévôt Saduret, le traître
qui avait livré la ville de Montbrison. Là ils coupèrent la gorge aux pauvres
gentilshommes que la chute n'avait pas complètement tués. Le baron des
Adrets avait commencé par faire mettre à mort à Montbrison trois à quatre
cents hommes, et un peu plus comme ils dirent, et en réalité huit cent soixante-
trois hommes et dix-neuf dames de nom et de famille notables, qu'ils avaient
outragées. »

Les mémoires de Castelnau achèvent de nous peindre cette féroce incarnation du fanatisme des huguenots, dans leur lutte contre la foi des Français
fidèles.

« Le baron des Adrets qui avait été capitaine en Piémont avec le maréchal
de Brissac, sortit de Lyon avec quelques compagnies, vers le commencement
de juillet, et alla chercher le comte de Suze qui voulait assiéger Vauréas, tenu
par les huguenots, et eut quelque avantage sur ledit comte qui se retira avec
la plupart de ses gens. Ce qui fut cause que le baron des Adrets reprit les
villes que le comte de Suze avait ôtées aux huguenots dans le Comtat Ve-
naissin, et entr'autres Nomas où environ deux cents catholiques qui avaient
rendu la ville par composition s'étaient retirés au château, estimant que la
capitulation leur serait tenue et qu'ils auraient la vie sauve avec leurs baga-
ges... Néanmoins, sans égard à la foi jurée publiquement, le baron des Adrets

les fit cruellement précipiter du haut du château. Quelques-uns de ceux qui furent précipités et jetés par les fenêtres se voulant prendre aux grilles, ledit baron leur fit couper les doigts avec une très grande inhumanité. Il y en eut un qui, en tombant du haut en bas du château, qui est assis sur un grand rocher, se prit à une branche et ne la voulut jamais abandonner, ce que voyant, on lui tira un nombre infini de coups d'arquebuse et on lui jeta des pierres sur la tête sans qu'il fût possible de le toucher. Ledit baron, étant émerveillé de cela, lui sauva la vie et il réchappa comme par miracle. J'ai été voir le lieu depuis avec la reine, mère du roi, étant en Dauphiné; celui qui fut sauvé vivait encore là auprès. Le même baron des Adrets, quelque temps après, assiégea et prit Montbrison en Forêt, et en fit précipiter encore cinquante, disant pour toutes raisons que quelques-uns des siens avaient été tués. Bref, toutes choses étaient réduites à l'extrémité; ledit baron des Adrets y fit bien parler de lui et son nom fut connu de toute la France (1). Ainsi la guerre civile était comme une rage et un feu qui brûlait et embrasait toute la France. »

CHAPITRE II.

LA DÉFENSE.

Comment naquit la Compagnie de Jésus. — Le moine apostat Luther et saint Ignace de Loyola. Le protestantisme et la Compagnie. — Ce que Guizot dit des Jésuites. — Haine des Huguenots et préventions gallicanes contre eux. — Comment ils contribuèrent à faire aboutir les sages efforts du Concile de Trente. — Une lettre d'un évêque contemporain concernant les décrets de ce Concile. — Pourquoi ne ferions-nous pas une Ligue? — Premiers essais de Conjuration Catholique. — L'appel de la Ligue. — Le serment des Ligueurs. — Ceux de Picardie expliquent leurs motifs. — Déclaration des États Généraux. — Le bon côté de la Ligue. — Les déviations. — Bénissons la vaillance de nos pères dans la foi et leur patriotisme. — La *Satyre Ménippée*. — Ce qu'il faut penser de ce pamphlet. — La réplique des Ligueurs. — Une page superbe.

I.

Le 15 août 1534, à une demi-lieue de Paris, dans la crypte d'une petite église dédiée à Notre-Dame, sur la colline de Montmartre, loin du bruit de la

(1) Le célèbre historien de Thou, qui le vit en 1572, décrit ainsi le féroce condottiere. « Des Adrets était alors fort vieux, mais d'une vieillesse encore vigoureuse et forte, d'un regard farouche, le nez aquilin, le visage maigre, décharné et marqué de taches couleur de sang noir, tel que l'on nous dépeint Sylla; du reste, il avait l'air d'un véritable homme de guerre. »

ville et seuls sous les antiques voûtes de ces catacombes, un ancien soldat espagnol, nommé Ignace de Loyola, entouré de quelques hommes, fervents comme lui, prononçait les premiers vœux et inaugurait les premiers engagements d'une société nouvelle, devenue depuis si célèbre sous son nom militant et glorieux de Compagnie de Jésus.

Quatre ans auparavant, Ignace avait gagné son premier compagnon, Pierre Lefèvre, et peu après, cet autre disciple que l'Église a élevé sur ses autels et vénéré sous le nom de saint François Xavier. En 1533, Jacques Laynès et Alphonse Salmeron précédaient chez lui Alphonse Bobadilla et Simon Rodriguez. En tout sept, pas un seul français, mais tous persuadés que leur entreprise devait s'inaugurer en France, au cours même de la lutte engagée par les huguenots contre l'Église.

Ignace de Loyola avait conçu et fait partager à ses compagnons l'idée d'une sorte de croisade spirituelle contre l'hérésie. Sa pensée fut parfaitement comprise par le pape Paul III, et l'Église fit de la nouvelle société une redoutable phalange qu'elle opposa aux plus forts athlètes du protestantisme.

Ce but, clairement indiqué dans la bulle d'institution des Jésuites, éclate dans l'opposition qui s'établit entre Luther et Ignace, entre la Compagnie de Jésus et la prétendue Réforme.

Ignace et Luther sont deux hommes d'une grande puissance d'entraînement. Tous les deux sont arrachés du monde par un coup extraordinaire de la grâce. Mais, tandis qu'Ignace tourne vers le service de Dieu toute l'ardeur et toute l'énergie de son caractère, Luther jette l'habit religieux pour s'abandonner sans frein à tous les vices.

Luther, caché sous un faux nom à la Wartbourg, se vante de communications avec le diable, se déchaîne contre les vœux monastiques et pousse des peuples entiers à la révolte. — Ignace, retiré dans la grotte de Manrèze, est favorisé d'inspirations célestes, voue à Dieu sa chasteté, forme le dessein d'un grand Ordre monastique et écrit ces Exercices Spirituels qui doivent gagner à Dieu d'innombrables âmes.

Dieu permet qu'ils soient, tous les deux, assaillis d'anxiétés de conscience, de doutes cruels; tous les deux cherchent inutilement, par des austérités, à ramener la paix dans leur âme : l'un se perd par l'orgueil; l'autre, grâce à son humilité, devient, dans les mains de Dieu, l'instrument de grands desseins. « Luther, dit Ranke, avait sondé avec épouvante ces terribles profondeurs d'une âme en lutte avec elle-même; il avait désespéré de pouvoir obtenir la réconciliation avec Dieu, par l'accomplissement difficile des préceptes rigoureux de la religion. Luther et Loyola sortirent enfin l'un et l'autre de ce labyrinthe, mais par des chemins opposés » ; l'un, en se jetant dans un abîme de corruption et d'iniquité; l'autre, en s'élevant par la foi, aux plus magnifiques vertus.

Quand le fils du pauvre et obscur paysan d'Eisleben, s'érigeant en doc-

Fig. 38. — Vœu des premiers compagnons de saint Ignace, dans l'église de Montmartre, le jour de l'Assomption (1534). Tableau de l'École de Simon Vouet (XVIIᵉ siècle), conservé à l'École Sainte-Geneviève, à Paris.

Le B. Pierre Lefèvre, seul prêtre alors de toute la compagnie est celui qui dit la messe.

teur, prétend imposer son Islam à l'Allemagne et se livre à tous les excès de la plus superbe arrogance, le noble et riche descendant des Loyola, le héros de Pampelune, s'abaisse aux œuvres de charité les plus pénibles, parcourt en pèlerin l'Espagne, l'Italie, la Palestine, s'assied sur les bancs de l'école et redevient enfant pour l'amour de Jésus-Christ.

De là, entre protestants et Jésuites, cet antagonisme flagrant et irréductible, cette antithèse radicale dont Juan de Gonzalez rend si bien la raison : .

« Dans le protestantisme, l'homme est tout pour ainsi dire par lui-même ; dans la Compagnie, l'homme est tout par ses supérieurs.

« Dans le protestantisme, l'homme est juge de ses croyances ; dans la Compagnie, il fait le sacrifice le plus absolu de son sens propre et de sa volonté.

« Le protestantisme tend à absorber l'homme en lui-même ; dans la Compagnie, il ne peut aspirer à obtenir des dignités ecclésiastiques, et cela à tel point et avec tant de vérité, que saint Ignace ordonna de célébrer des messes solennelles et de chanter un *Te Deum* d'actions de grâces, lorsque Ferdinand se désista du désir qu'il avait exprimé d'élever le P. Le Jay à la dignité d'évêque de Trieste.

« Dans le protestantisme, la haine et la guerre contre le Saint-Siège sont les principes fondamentaux de la secte ; dans la Compagnie, toutes les âmes, tous les corps, tous les individus se dévouent à aller partout où le Saint-Siège les envoie, pour la propagation de la foi.

« Luther condamnait les sciences ; les Jésuites les cultivent et les enseignent avec les meilleurs résultats, au bénéfice de la religion et de la société.

« Le protestantisme pousse l'esprit de l'homme à se lancer dans toutes les aberrations ; dans la Compagnie, la direction des consciences est l'un des objets auxquels ses membres se consacrent avec le plus de succès.

« Dans le protestantisme, l'homme reste isolé et réduit à sa seule et souveraine personnalité ; dans la Compagnie, on concède et l'on donne effectivement à la personnalité un grand pouvoir et un grand développement, mais toujours dans les sphères et dans les principes de l'ordre, c'est-à-dire dans les limites d'une grande identification.

« Le protestantisme proclame l'exclusive prééminence de la Bible, comme l'unique lumière ; la Compagnie préconise les exercices spirituels pour dompter les passions et recevoir de Dieu, toujours par l'inspiration de l'Église, la lumière des facultés de l'âme.

« Enfin, dans le protestantisme, l'esprit de l'homme s'exalte ; dans la Compagnie au contraire, il s'humilie. »

II.

Personne n'ignore, dit Guizot, que la principale puissance instituée pour lutter contre la révolution religieuse du seizième siècle a été l'Ordre des Jé-

suites. Rien n'est plus certain, ils ont eu de la grandeur; une grande idée
s'attache à leur nom, à leur influence, à leur histoire. C'est qu'ils ont su ce
qu'ils faisaient, ce qu'ils voulaient; c'est qu'ils ont eu pleine et claire connaissance des principes d'après lesquels ils agissaient, du but auquel ils tendaient :
c'est-à-dire qu'ils ont eu la grandeur de la pensée, la grandeur de la volonté.

Les huguenots français le virent tout de suite.

III.

Un des plus sages historiens de cette époque de lutte l'a constaté.

En même temps que les huguenots, arrivait en France Ignace de Loyola (1535).
Jésus-Christ, qui a toujours offert un nouveau champion à son Église, à chaque
appel qu'un prochain danger lui arrache, joignait un nouveau frère d'armes
aux Augustin, aux Benoît, aux Bruno, aux François d'Assise, aux Dominique qui avaient jusqu'ici défendu la civilisation chrétienne. De nouveaux ennemis appelaient un renfort de combattants : La Compagnie de Jésus était
fondée en 1540.

La rage des hérétiques et l'animadversion des gallicans contre les jésuites
s'accrurent du fait qu'ils avaient puissamment contribué à faire aboutir les
efforts tentés au concile de Trente pour l'apaisement des querelles religieuses.

Les uns et les autres s'unirent pour empêcher que le concile fût promulgué
en France.

Du moins, la doctrine était proclamée. Le gallicanisme empêchait la réforme
d'être complète, mais le calvinisme était battu.

Alors s'éleva ce grand mouvement, qui va assurer, sur le terrain populaire,
la défense contre l'invasion protestante.

IV.

De toutes parts, en présence des étranges compromissions et des désordres
de la cour, les catholiques de France s'en allaient répétant :

— C'est à une ligue fortement organisée que les hérétiques ont dû leurs
succès; pourquoi les bons chrétiens ne feraient-ils pas une Ligue aussi, afin
de défendre la religion que le roi abandonne?

Déjà, depuis 1550, plusieurs tentatives d'association contre l'hérésie
avaient été faites dans les provinces. Dès 1563, Blaise de Montluc, gouverneur

de la Guyenne, et les capitouls de Toulouse avaient conclu « un traité
d'association entre l'état ecclésiastique, la noblesse et le commun du tiers état,
pour défendre l'honneur de Dieu et de son Église catholique romaine. » En
Bourgogne, le maréchal de Tavannes avait également organisé, sous le nom
de *Confrérie du Saint-Esprit*, une association de résistance, « advenant qu'il
fut donné occasion de réprimer et châtier ceux de la religion dite réformée ».
En Champagne, vers 1568, une ligue du même genre avait essayé de se former
autour du duc Henri de Guise, gouverneur de cette province. Mais ce n'é-
taient là que des tentatives isolées, auxquelles l'exaspération des catholiques,
au lendemain de la paix de 1576, vint donner tout à coup l'unité sous un chef.

Ce fut le duc de Guise, Henri le Balafré, qui prit l'initiative du mouvement. Sous sa direction, on fit circuler dans toutes les provinces un acte d'u-
nion ainsi conçu :

« Au nom de la sainte Trinité, l'association des catholiques doit être et
sera faite, pour rétablir la loi de Dieu en son entier, remettre et retenir le
saint service d'icelui, selon la forme et manière de la sainte Église catholique,
apostolique et romaine, abjurant et renonçant toutes erreurs au contraire;
pour conserver le roi en l'état, splendeur, autorité, service et obéissance qui
lui sont dus par ses sujets; pour restituer aux provinces de ce royaume les
franchises et libertés anciennes, et encore meilleures si elles se peuvent in-
venter. Lesdits associés seront tenus d'employer tous leurs biens et moyens,
même leurs propres personnes, jusqu'à la mort, pour punir et courir sus à
à ceux qui voudront mettre empêchement à ce que dessus. »

Les Ligueurs prêtaient ce serment : « Je jure Dieu le Créateur touchant cet
évangile et sur peine d'anathématisation et damnation éternelle, que j'ai entré
en cette sainte association catholique, selon la forme du traité qui m'y a été lu
présentement, loyaument et sincèrement, soit pour y commander ou y obéir,
et promets sur ma vie et mon honneur, de m'y conserver jusqu'à la dernière
goutte de mon sang, sans y contrevenir, pour quelque mandement, prétexte,
excuse ni occasion que ce soit. »

Ceux de Picardie donnaient la raison de leur entrée dans cette sainte conspiration. « Voyant bien par ce qui s'est passé jusqu'ici que les ennemis n'ont et
n'eurent jamais d'autre but que d'établir leurs erreurs et hérésies en ce
royaume, de tout temps très chrétien et catholique, d'anéantir la religion
ancienne, d'exterminer ceux qui en font une inviolable profession, de miner
peu à peu la puissance et autorité du roi, changer en tout et partout l'état de
la France, en y introduisant un autre régime que la monarchie, les prélats,
gentilshommes, capitaines, soldats, habitants, n'ont pu moins faire, pour le

devoir de leur honneur et conscience, que de résister, par une sainte union, aux sinistres desseins des rebelles ennemis de Dieu, des lois et de la France. — Pour ces raisons, après avoir préalablement appelé l'aide de Dieu et l'inspiration du Saint-Esprit, par la communion et participation à son précieux corps, ils ont résolu d'employer leurs biens et leur vie jusqu'à la dernière goutte de leur sang pour la conservation de la ville et de la province en l'obéissance du roi et en la soumission à l'Église catholique, apostolique et romaine. »

Les politiciens purent sans doute faire dévier la sainte Ligue de son grand et généreux principe, mais, au début, les États généraux, réclamés et obtenus par les Ligueurs, le proclamaient haut et ferme.

« La profession de la religion catholique, apostolique et romaine n'est point seulement l'ancienne coutume, mais la principale et fondamentale loi du royaume, et la forme essentielle qui donne le nom et le titre de chrétien à nos rois. Et est la couronne de France si conjointe à la religion catholique que les sujets ne sont tenus d'obéir aux rois qu'après leur sacre, étant ladite religion beaucoup plus fondamentale que la loi salique. »

V.

On a beaucoup écrit pour et contre la Ligue.

Le jugement qui va suivre, et que nous empruntons à M. d'Héricault, nous paraît le seul vrai, il fait la part du bien et du mal dans une juste mesure.

Sage en son principe, patriotique en ses débuts, elle tomba, comme la plupart des mouvements démocratiques, dans l'anarchie. La tendance naturelle de la démocratie est, en France surtout où elle est aussi facile à duper par les mots qu'amoureuse d'égalité, de faire émerger, non pas un individu, mais des individus ambitieux et médiocres, c'est-à-dire à la fois hypocrites et peu redoutables. Il lui faudrait, au contraire, un homme, un seul, mais un homme de génie, car rien ne se coordonne que par la main d'un seul. La France est, plus que toute autre nation, soumise à cette loi. Or, la Ligue trouva cent chefs, pas un maître.

La corruption bizarre et les étincelantes folies au milieu desquelles la Renaissance terminait sa carrière, démontèrent le bon sens et, par une inévitable réaction, poussèrent aux violences les hommes enthousiastes et dévoués.

La Ligue finit par oublier que si le Catholicisme est nécessaire à la vie de la nation française, un roi héréditaire était alors nécessaire à son gouvernement. Sans doute, elle ne tomba pas dans le grotesque autant que les pamphlets des Politiques veulent nous en persuader. Le courageux et tenace dévouement de la population parisienne suffit à la protéger contre le ridicule. Mais, en discréditant l'élément populaire, elle éloigna trop complètement l'influence démocratique des conseils du gouvernement. Ainsi encore elle contribua à l'établissement de la dictature royale.

Au moins, avant de tomber en défaillance, la Ligue avait accompli la plus noble partie de son œuvre. Elle avait sauvé l'unité de la patrie en luttant contre la révolte calviniste. Aussi intrépide contre la force brutale qu'avisée en présence des ruses, sans se laisser abattre ni duper, elle protégea la civilisation française, en défendant la tradition de la race et le génie national. Elle força Henri IV à grandir, à devenir le roi de France, quand, sans elle, il n'eût été que le roi des Réformés. Ainsi la grandeur du siècle de Louis XIV ne lui est pas étrangère. Elle peut supporter, sans accablement, la fine raillerie de Pierre Pithou; et nous voulons pouvoir admirer, en lettrés, l'esprit de la *Satyre Ménippée*, tout en bénissant, en patriotes et en chrétiens, la vaillance de nos pères dans la foi et dans le patriotisme.

La *Satyre Ménippée* est fort connue et fort admirée, comme œuvre de rhétorique. Mais, historiquement, il n'y faut voir qu'un pamphlet, le plus charmant, le plus amusant, le plus fin des pamphlets et, par là même, l'un des plus dangereux. Il fut composé par une demi-douzaine de bourgeois savants et spirituels, économisant leur âme, digérant mal les impressions fortes, ne rêvant en ce monde que l'*otium cum dignitate*, pardonnant mal au populaire de ne leur avoir laissé ni loisirs ni dignités et au clergé de mettre Horace au-dessous de l'*Imitation*.

A la *Satyre Ménippée* les Ligueurs répondirent par un éloquent manifeste, demeuré célèbre et connu, dans l'histoire littéraire, sous son titre d'*avertissement aux catholiques français*. Il fut du reste aussi fameux en son temps que la *Satyre Ménippée*. Il lui est inférieur par le style, très supérieur par le mouvement, par l'âme et la vigueur. Il est, si l'on peut dire, peuple, comme la *Satyre Ménippée* est bourgeoisie, représentant l'un et l'autre le maximum des qualités de ces castes et le représentant admirablement. Franc, hardi, véhément, entraînant, écrasant, enflammant l'âme, entraînant l'indifférent, écrasant l'ennemi, l'*Avertissement* a un défaut, il est long, quelquefois brutal, çà et là diffus et parfois plus puissant que correct. Il est à la bataille, quand la *Satyre Ménippée* est au spectacle, et il pousse les soldats en avant quand le bourgeois spirituel les enchaîne pour les mener, en se moquant d'eux, aux vainqueurs. Mais, si l'on prend un jour la peine de

concentrer ce pamphlet — car il en est un aussi — on aura quelques pages
qui pourront lutter d'éloquente chaleur, avec ce que les orateurs grecs nous ont
laissé de plus ardent.

L'auteur de ce pamphlet est Louis d'Orléans que la Ligue nomma avocat
général au Parlement. Il suppose que les Catholiques anglais, subissant l'in-

Fig. 39 — Excès des huguenots français contre les catholiques. Fac-simile d'une gravure sur cuivre
du *Theatrum crudelitatum nostri temporis* ; Anvers 1587. in-4°.

A. Noble dame de Montbrun (Charente) torturée par des soldats qu'elle a reçus avec libéralité. Ils lui brûlent la plante des pieds à l'aide de lames de fer rougies au feu, et avec le tranchant de ces lames, ils lui découpent la peau des jambes en forme de lanière. — B. Maître Jean Arnoud, procureur du roi à Angoulème, après avoir subi plusieurs mutilations, est étranglé dans sa maison. — C. La veuve du procureur près le tribunal criminel de cette ville, âgée de 70 ans, est traînée par les cheveux à travers les rues.

tolérable tyrannie des Protestants, démontrent aux Français qu'ils ne doivent
épargner aucun effort pour éviter un despotisme analogue.

« Qu'est-il besoin de vous rappeler tous les détails des atrocités des Calvinistes? Il nous suffit de vous représenter le corps de votre État, pâle, maigre,
défiguré, et de vous rappeler le saccage de vos temples, l'incendie de vos villes et villages, vos prêtres meurtris, vos religieux massacrés, vos frères tués et
rançonnés, leurs biens ravis, leurs femmes violentées, leurs filles martyrisées,
leurs enfants égorgés, et tout ce que l'impiété a pu suggérer à ceux qui n'ont
aucune piété (1). Il s'en est suivi une telle difformité en votre royaume que

(1) En quelques années, trente-six mille trois cents preudhommes ont été massacrés, douze
cents femmes ou filles ont été étranglées ou noyées, six cent cinquante mille soldats, tous français,

difficilement on y peut reconnaître cette couleur vive et vermeille qui paraissait auparavant en son visage, et les linéaments de la vertu du temps passé...
Vous avez éprouvé que jamais, en la France, Dieu ne fut moins servi, le roi
moins honoré, le magistrat moins révéré, les sages moins prisés, les pères
moins aimés, les maîtres moins craints. Bref, vous avez vu la déroute de
toutes les vertus françaises, et votre champ ensemencé d'une graine de révolte
et de vices dont il vous reste aujourd'hui à faire la moisson... Ne sont-ce pas
eux qui vous forcèrent de récompenser le comte Palatin Casimir, le chef des
reîtres allemands qu'ils avaient amenés en France, et de le combler de biens
pour le remercier d'avoir été l'ami de ces hérétiques amis de l'étranger? On
lui donna même le collier de l'Ordre, qu'il renvoya dédaigneusement, insul-
tant, dans son adversité, cette France qu'il n'eût point osé regarder dans sa
prospérité, quand elle ne s'était pas encore rendue esclave de l'hérésie...
L'histoire de France tout entière, depuis Clovis, ne nous montre-t-elle pas
qu'en combattant rondement les hérétiques, on acquiert des provinces, et qu'en
les prenant en protection, on perd ce que les prédécesseurs ont acquis?...
Les hérétiques savent bien que vous, catholiques, vous les surpassez en
nombre, en force, en puissance guerrière; que vous tenez les villes, que
vous commandez aux provinces; que les catholiques font la plus grande,
la plus saine, la meilleure partie du royaume; que l'église, la noblesse,
les juges, les marchands, le peuple sont catholiques; que s'ils veulent
s'allier, que si seulement chacun veut mettre un peu du sien pour soutenir la guerre, eux, calvinistes, sont perdus et forcés de fuir le royaume comme
des loups malmenés qui prendront pour retraite la caverne de la Rochelle ou
iront s'embourber dans le lac fangeux de Genève. C'est pourquoi, aussitôt
qu'ils apprirent la formation de la Ligue, plusieurs d'entr'eux firent leur pa-
quet et les autres mirent tout en œuvre pour en empêcher le développement,
jusqu'à implorer l'intervention de ce reître de Casimir. Il eut l'audace de s'en
plaindre orgueilleusement à l'ambassadeur du roi, comme si ce cadet allemand
donnait des lois à la France et que celle-ci ne pût se conduire que par son
avis. Ah! oui, c'est un beau mot que celui d'un docte personnage disant : Les
catholiques ont bonne cause et la défendent mal; les hérétiques ont mauvaise
cause et la défendent bien... Ah! vous avez bien oublié vos pères qui ont répandu mille fois leur sang pour replanter la foi où les infidèles l'avaient arra-

ont perdu la vie. Bref, cette litière huguenote est couverte de plus de sept cent soixante-cinq mille
livres perdues, à l'entour de laquelle vous voyez douze mille trois cents femmes et filles martyrisées;
elle est éclairée de plus de huit mille maisons qui brûlent. » (N. Froumenteau, *Secret des Finan-
ces descouvert*).

chée! La porterez-vous aux pays étrangers, vous qui la laissez perdre dans vos maisons? Aurez-vous souci des murs de Jérusalem, vous qui laissez gagner Paris par les huguenots? Combattrez-vous les Turcs, vous qui n'avez pas le courage de chasser de vos villes un ministre séditieux? Répandrez-vous votre sang, vous qui regardez à donner un denier? Oui, c'est une honte à voir qu'une poignée de gens grouillant de vices, corrompus de mœurs, bigarrés d'opinions, donne la loi au peuple de France, tienne en bride tant de catholiques endormis qui n'ont souci ni de leur salut, ni de leur religion, ni de leur vie... »

CHAPITRE III.

LE ROI CATHOLIQUE.

Qu'avez-vous gagné? — La circulaire de Reims. — Les débuts d'un règne. — Plutôt mourir que de souffrir un roi huguenot. — Le Béarnais s'efforce de faire entendre des paroles de conciliation. — Un siège mémorable. — Héroïsme dans la souffrance de la part des Parisiens assiégés. — La famine. — Henri mande son conseiller Sully. — L'avis du conseiller protestant. — Je suis résolu à me faire instruire. — La conversion du Roi. — L'Archevêque de Bourges reçoit son abjuration. — Entrée dans Paris. — Joie universelle. — A Notre-Dame!

I.

Jehan Vauthier raconte qu'on disait alors aux Parisiens, en se moquant d'eux :

— Qu'avez-vous gagné à vous être ainsi révoltés contre votre roi?

Ils répondaient qu'ils étaient cause de sa conversion, qu'ils l'avaient forcé à aller à la messe, à vivre en bon chrétien, et ils disaient aux huguenots :

— Puisque le roi est converti, que ne faites-vous comme lui?

Nous allons raconter cette généreuse lutte par son détail.

Un manifeste, imprimé à Reims, circulait dans toute la France. On y exposait « au nom du Dieu tout-puissant, Roi des rois, les griefs et les sujets d'alarme des gens de bien; les prétentions des ennemis de l'Église à la succession du roi, dans le cas où Sa Majesté décéderait sans lignée, comme il est trop à craindre; l'appui que rencontraient ces prétentions parmi ceux qui, s'étant glissés en l'amitié du roi; s'étaient comme saisis de son autorité, avaient tiré à eux tout l'or et l'argent de ses coffres, et accablé ses sujets d'infinies oppressions; les préparatifs des hérétiques qui retenaient des villes et places fortes qu'ils eussent dû avoir remises de longtemps entre les mains du roi, et leurs pratiques chez les princes protestants d'Allemagne, pour avoir des forces afin d'opprimer les gens de bien plus à leur aise. Pour ces justes causes et considérations, le cardinal Charles de Bourbon, premier prince du sang, comme celui à qui touche de plus près de prendre en sauvegarde la religion et l'État, déclarait avoir juré de réintégrer la sainte Église de Dieu en la vraie seule catholique religion, de remettre la noblesse en franchise, de soulager le peuple des impositions établies depuis Charles IX, de tenir les États généraux au moins une fois tous les trois ans; protestant de poser les armes aussitôt qu'il aura plu à Sa Majesté de faire cesser le péril qui menace la ruine du service de Dieu et de tant de gens de bien; mais de plutôt mourir tous que de les poser dans cette condition ».

II.

Tout à coup, le bruit se répand que le roi vient d'être assassiné.

« Henri IV, raconte le protestant d'Aubigné, se trouva roi plus tôt qu'il n'eût pensé et désiré, et demi-assis sur son trône branlant. Au lieu des acclamations et du *Vive le roi!* accoutumé en tels accidents, il vit dans la même chambre le corps mort de son prédécesseur, deux minimes aux pieds avec des cierges, faisant leur liturgie; mais tout le reste parmi les hurlements, enfonçant leurs chapeaux, ou les jetant par terre, fermant le poing, complotant, se touchant la main, faisant des vœux et promesses, desquelles on entendait pour conclusion :

« Plutôt mourir de mille morts que de souffrir un roi huguenot. »

Le Béarnais se hâta de faire entendre des paroles de conciliation.

« J'ai promis au feu roi, mon prédécesseur, dit-il, de maintenir mes sujets, catholiques ou protestants, dans une liberté égale, jusqu'à ce qu'un concile canonique, général ou national, ait décidé ce grand différend. J'ai appris que quelques-uns dans mon armée se font scrupule de rester à mon service, à moins que je n'embrasse la religion catholique. Je suis bien aise de leur déclarer que j'aimerais mieux que ce jour fût le dernier de ma vie que de faire aucune démarche qui pût me faire soupçonner d'avoir songé à renoncer à la religion que j'ai sucée avec le lait, avant d'avoir été mieux instruit par un concile légitime à l'autorité duquel je me soumets d'avance. »

Les Ligueurs tinrent bon, et le Béarnais se vit contraint de mettre le siège devant Paris.

Ce siège mémorable mit dans son jour le courage et l'héroïsme des catholiques, préférant mourir de faim que de se soumettre à un roi hérétique.

On le lira avec intérêt et admiration, comme l'une des plus belles pages des *Gesta Dei per Francos*.

III.

Le 7 mai 1590, racontent nos historiens, le Roi vint camper devant Paris, entre le faubourg Saint-Martin et le faubourg Saint-Antoine. Il avait quinze mille hommes de bonnes troupes. Les Parisiens avaient trente mille hommes de milice et plus de cinq mille soldats de troupes régulières.

Le jeune duc de Nemours, actif et vaillant, commandait en place du duc de Mayenne qui rassemblait en province une armée pour remplacer les troupes de la Ligue mises en déroute à Arques et à Ivry. L'histoire de ce siège honore la population parisienne plus que toute autre page de ses annales. Elle montra, comme elle l'avait fait au dixième siècle et comme elle le devait faire encore au dix-neuvième, une patience, une docilité, une puissance de résistance, en plein contraste avec ses défauts habituels.

IV.

Après beaucoup d'incidents, dont le récit se trouve dans nos histoires, Henri, pressé d'en venir à une résolution définitive, un soir, au commencement de février 1593, manda Sully, son conseiller et son ami.

« Je trouvai, raconte celui-ci dans ses Mémoires, Sa Majesté au lit, qui me dit :

— Mon ami, je vous ai envoyé quérir pour vous demander si je dois me résoudre à quelque accommodement pour ce qui regarde la religion. Vous savez que mes cousins les princes du sang et tant d'autres seigneurs, comme d'Épernon, Longueville, Biron d'O, Vitry, me pressent de me faire catholique, sinon ils se joindront à la Ligue. D'autre part, je sais de certain que messieurs de Turenne, de la Trémoille et leur séquelle travaillent journellement pour que, si je me fais catholique, il soit donné un autre chef à ceux de la religion réformée.

— Sire, répondis-je, je conclus en peu de paroles, qu'il vous faut encore user quelque temps de grande dextérité, patience et prudence, afin que, dans tout ce confus, anarchique et chimérique corps, qu'ils nomment entre eux la sainte Union catholique ou la Ligue, il s'engendre tant de jalousies et desseins si contraires qu'il faudra enfin que tout ce qu'il y a de Français se viennent jeter entre vos bras, par pièces et lopins, et ne reconnaissent que votre seule royauté. Pourtant, si un retour à la catholicité vous devenait bien agréable, et s'il était reçu dans des formes honorables, il serait de grande utilité et pourrait servir de ciment entre vous et tous vos sujets catholiques. »

Cet avis, d'autant plus décisif qu'il venait d'un protestant, fixa les irrésolutions d'Henri. Profitant de ce que les états généraux de la Ligue étaient alors réunis à Paris pour élire un roi, il députa vers eux un trompette chargé de proposer une conférence, entre catholiques des deux partis. Après quelques hésitations, elle fut acceptée et eut lieu à Suresnes. L'archevêque de Bourges, un des commissaires désignés par le roi de Navarre, demanda aux ligueurs, « s'ils ne voulaient pas aider les royaux à faire le roi catholique ».

— Plût à Dieu répondit l'archevêque de Lyon, qu'il fût bon catholique et que notre Saint-Père en pût être bien satisfait! Nous sommes enfants d'obéissance, et ne demandons que la sûreté de notre religion et le repos du royaume. On discourut longuement, sans pouvoir s'entendre, et on se sépara, les ligueurs répétant qu'ils mourraient plutôt que d'obéir à un prince hérétique.

Cette opposition triompha des dernières hésitations du Béarnais. Il convoqua son conseil et lui annonça qu'il était décidé à réunir, dans le plus bref délai, des évêques et des docteurs, pour se faire instruire dans la religion catholique.

« Je suis résolu, écrivit-il à plusieurs d'entre eux, de recevoir au plus tôt l'instruction sur le différend dont procède le schisme qui est dans l'Église, afin que je puisse, avec repos et satisfaction de ma conscience, être éclairé sur les difficultés qui nous tiennent séparés en l'exercice de la religion. A cette cause, je vous prie de vous rendre près de moi, le quinzième jour de juillet, vous assurant que vous me trouverez disposé et docile à tout ce que doit un roi très chrétien. »

La conversion d'Henri IV au catholicisme allait lui ramener tous les Français de bonne foi.

V.

« Le dimanche 25 juillet 1593, le roi, revêtu d'un manteau et chapeau noir, d'un pourpoint et chausses de satin blanc, assisté de plusieurs princes, grands

seigneurs, des officiers de la couronne et autres gentilshommes en grand nombre, précédé des Suisses de sa garde, des gardes du corps écossais et français,
de douze trompettes, est allé, à huit heures du matin, dans la grande église de
Saint-Denis. Les rues étaient tapissées et jonchées de fleurs, le peuple répétait
mille fois : Vive le Roi!

A l'entrée de l'Église étaient l'archevêque de Bourges, assis en une chaise,

Fig. 40. — Entrée de Henri IV à Paris. Fac-simile d'une gravure intitulée : « Réduction miraculeuse de
Paris sous l'obéissance du roy très-chrestien Henri IV, et comme Sa Majesté y entra par la porte Neuve
le mardy 22 de mars 1594. N. Bollery, pinxit, Jean Le Clerc excudit. » Bibl. nat., à Paris.

couverte de damas blanc, aux armes de France et de Navarre; le cardinal de
Bourbon, plusieurs évêques et tous les religieux de Saint-Denis qui l'attendaient avec la croix, le livre des Évangiles et l'eau bénite. L'archevêque de
Bourges lui a demandé qui il était : « — Je suis le Roi. — Que demandez-
vous? — Je demande à être reçu dans le giron de l'Église catholique, apostolique et romaine. — Le voulez-vous sincèrement? — Oui, je le veux et le désire. » A l'instant le roi s'est mis à genoux et a fait sa profession en ces termes :
« Je proteste et jure, devant la face du Tout-Puissant, de vivre et mourir en
la religion catholique et romaine; de la protéger, de la défendre contre tous, au
péril de mon sang, de ma vie; renonçant à toutes hérésies contraires à icelle. »

Laquelle profession il a donnée, écrite sur un papier et signée de sa main. L'archevêque, après avoir pris le papier, lui a donné à baiser son anneau, puis l'absolution et la bénédiction. Après quoi, le roi a été conduit au chœur de l'église, où il s'est mis à genoux devant l'autel et a réitéré devant les Saints Évangiles sa profession et son serment. Puis, ayant baisé la pierre, il passa derrière l'autel où l'archevêque de Bourges entendit sa confession, tandis que les chantres chantaient le *Te Deum*.

L'archevêque le conduisit devant un prie-Dieu couvert de velours cramoisi brun, semé de fleurs de lys d'or. Il s'y est agenouillé et a entendu la grand'messe, célébrée par l'évêque de Nantes. A l'évangile, le cardinal de Bourbon lui a apporté le livre des Évangiles à baiser et il a été très dévotement à l'offrande.

A l'heure des vêpres, il s'est rendu à la même église, où il a entendu la prédication faite par l'archevêque de Bourges. Puis, il est monté à cheval. Il est allé à l'église de Montmartre rendre grâces à Dieu. Le soir, tous les villages d'alentour étaient éclairés par un feu de joie (1). »

Maintenant, le roi catholique peut entrer dans sa bonne ville de Paris.

Le chroniqueur le raconte avec enthousiasme :

Le Roi arriva au même temps à la porte Neuve dont le pont fut abaissé, et ses gens, sans attendre que la barrière fût ouverte, passèrent dessous à pied et se coulèrent à gauche le long des remparts, vers la porte Saint-Honoré que l'échevin Néret devait occuper.

Cependant les garnisons de Melun et de Corbeil, descendues par eau en plusieurs bateaux, furent reçues par Grossier, capitaine du quartier Saint-Paul, où il était fort accrédité. Il avait pratiqué nombre de bateliers et gens d'eau, tous à sa dévotion, et baissé la chaîne qui traversait la rivière de l'Arsenal au quartier de la Tournelle.

Vitry entra par la rue Saint-Denis et d'O vint à pied avec sa compagnie par le quai de l'École Saint-Germain; et ne trouva Vitry de résistance que de quelque cinquante mutins en diverses troupes qu'il dissipa et dont deux furent tués.

Quant à d'O, il trouva au port de l'École un corps de garde de vingt-cinq à trente lansquenets qu'il mit en pièces et fit jeter à l'eau. Après qu'il eut occupé ou fait occuper, par les capitaines de quartier royalistes, le Louvre, le Palais, le grand Châtelet, les principales places et carrefours et les avenues des ponts, le Roi à cheval, suivi de nombre de seigneurs et de quantité de no-

(1) Supplément au Journal de l'Estoile.

blesse et de cinq ou six cents hommes d'armes armés de corselets et de ron-
daches, après avoir reçu les clefs de la ville qui lui furent présentées par le
prévôt des marchands L'Huillier, entra dans Paris par la porte Saint-Honoré
qui lui fut ouverte par Néret, échevin. Il fut en l'église Notre-Dame où il
avait mandé qu'il désirait entendre la messe. Et pour l'absence du cardinal
de Gondi et du doyen Seguier qui avaient été forcés de se retirer par la
faction des Seize ès villes de l'obéissance du Roi, il y fut reçu par l'archidiacre Dreux et le reste du clergé qui vint au-devant de lui avec la croix que le
roi baisa avec grande humilité et dévotion. Il entendit la messe et le *Te Deum*
en musique et se rendit après à cheval, accompagné de sa noblesse et gens
d'armes, au Louvre où il trouva son dîner préparé comme s'il y avait été
attendu de plusieurs jours.

Pendant que le Roi était à Notre-Dame, L'Huillier, prévôt des marchands,
Langlois, échevin, et bon nombre d'autres, accompagnés des hérauts, trompettes et gens de toutes sortes, à pied et à cheval, faisant grand bruit, couraient et allaient en tous les quartiers et rues de la ville dont ils s'assuraient
par les capitaines et bons bourgeois annonçant la paix, pardon et grâce au
peuple qui témoignait sa joie par des acclamations redoublées, que faisaient
hommes, femmes et enfants, de *Vive le Roi, la paix et la liberté!* le peuple
se mêlant librement et familièrement avec les soldats qu'ils faisaient boire et
entrer dans leurs maisons.

Les cloches sonnaient partout en signe de réjouissance, et les gens de bien,
qui ne s'attendaient à rien moins qu'à un tel changement, passèrent bientôt de
la surprise et de la crainte à la joie et au contentement, tels qu'il n'en fut
jamais vus de semblables, même en beaucoup de ceux que jusque-là l'on
avait tenus pour francs ligueurs. Alors le Roi sortit de Notre-Dame; il se
trouva pour le voir si grande affluence de peuple venu de toutes parts, que
l'église, le parvis et les rues voisines qui y abordent n'étaient pas assez grandes
pour le contenir. On n'entendait de toutes parts que des cris et acclamations de
joie et de triomphe, comme si Sa Majesté fût venue en paix assurée (1).

(1) L'ambassadeur de Florence l'écrivait à son gouvernement en 1601 : « Le roi qui ne cesse
de reconnaître que la grâce signalée qui lui a été faite vient de Dieu, a fait des démonstrations
publiques de reconnaissance. Pendant la nuit même, il s'est rendu à l'église et a fait chanter
le *Te Deum;* le matin on a célébré par son ordre la messe du Saint-Esprit, et sur le propos de
la religion catholique il a dit que s'il croyait que son fils n'en dût pas être le protecteur et
le défenseur, il l'étranglerait de ses propres mains. Mgr le Nonce a recueilli tous les témoignages
de ces pieuses dispositions pour les rapporter au Pape. »

CHAPITRE IV.

REGNUM MARIÆ.

Le royaume de France, c'est le royaume de Marie. — Conclusion du pape Benoît XIV. — Le culte de Marie aux origines de la France. — Sous les Carlovingiens. — Les premiers Capétiens proclament Marie « l'Étoile de la France ». — Le Rosaire et l'Angelus. — Les confréries. — Le premier éclairage de nos villes. — Jeanne d'Arc et Marie. — Il manquait un acte authentique. — Le protestantisme vaincu par Celle qui écrase les hérésies. — Tristesse de Louis XIII. — Les visions du frère Fiacre. — Naissance de Louis XIV. — La France consacrée à Marie. — Le vœu de Louis XIII. — Ses conséquences. — Marie au dix-neuvième siècle.

I.

Nos anciens chroniqueurs (1) l'avaient proclamé :

— Le royaume de France, c'est le royaume de Marie : *Regnum Galliæ, regnum Mariæ.*

Et le grand pape Benoît XIV, après avoir rappelé la formule traditionnelle, ajoutait cette conclusion :

— Voilà pourquoi la France ne périra jamais, *nunquam peribit.*

En tout temps, Marie régna sur la France.

Le culte de la Mère de Dieu fut apporté sur notre sol par les premiers prédicateurs de l'Évangile : saint Denis qui l'avait contemplée à Jérusalem; saint Pothin, disciple de son fils adoptif, Jean le bien-aimé; saint Lazare, et ses deux sœurs Marthe et Marie-Madeleine, qui si souvent la reçurent à Béthanie, etc.

A peine converti au Dieu de Clotilde, c'est-à-dire au Fils de Marie, Clovis jette dans la cité, à l'emplacement d'un temple druidique, les fondements de Notre-Dame, qu'achève son fils Childebert. Notre-Dame de Paris était déjà bien belle, avec ses colonnes de marbre, ses fresques à fond d'or, son pavé en mosaïque, ses verrières que saint Fortunat de Poitiers a chantées dans ses vers. Elle sera bien plus belle, lorsqu'elle sera reconstruite sur un plan plus vaste par Maurice de Sully, et achevée, vers la fin du règne de Philippe-Auguste, telle que le monde entier l'admire aujourd'hui.

(1) Dans ce chapitre, nous nous sommes aidé des données du P. Alet (*La France et le Sacré-Cœur*), du P. Trochon (*Les Pèlerinages de Marie en France*) et de M. l'abbé Maynard (*La Sainte Vierge*).

Le culte de Marie croît avec la France et se développe avec sa mission providentielle.

Il est en grand progrès sous la deuxième race de nos rois.

Pépin, traversant l'Austrasie, s'arrête aux petites chapelles forestières de

Fig. 41. — Notre-Dame de Paris.

Marie, construites par les ermites, et y laisse sa toque enrichie de pierres précieuses.

Son fils Charlemagne bâtit à Marie trois églises; il veut que son image orne le palais du souverain et qu'elle soit déposée avec lui dans le tombeau.

Le neveu du grand Empereur, Roland, en partant pour l'Espagne, fait un vœu à Notre-Dame de Roc-Amadour, et il meurt en demandant qu'on bâtisse un sanctuaire à la Vierge dans la vallée de Roncevaux.

Alcuin, le grand ministre de Charlemagne, le restaurateur des études, mérite un autre titre plus glorieux encore, celui de Défenseur de la Foi, en défendant la maternité divine contre des sectaires, qui tentaient de ressusciter le Nestorianisme.

Louis le Pieux, son fils, porte toujours sur lui une image de Marie; et, quand il est seul dans les bois, il la tire de son sein, la place au pied d'un chêne, s'agenouille et prie devant elle. A cette image il bâtit une abbaye, où il la dépose avec révérence et amour.

Assiégé par les Normands, Paris se met sous la protection de Notre-Dame, dont l'église lui est une citadelle. Il promène sa statue autour des remparts. Les archers l'invoquent en lançant leurs traits, qui atteignent le but, tandis que les ennemis la visent et la manquent. La victoire est célébrée par une illumination générale, avec flambeaux en cire blanche, et le moine Abbon, poète du siège dont l'évêque Gozlin a été le héros, renvoie tout honneur à Marie.

Établis en France, les Normands reconnaissent Marie pour Reine, et lui sont plus fidèles et plus dévoués qu'au roi. Dans sa dévotion pour Celle qu'il nomme « Madame Sainte Marie, » Rollon rebâtit Notre-Dame de Rouen, où il voudra être enterré; il enrichit Notre-Dame de Bayeux, et dote Notre-Dame d'Évreux.

Les Normands se comportent en chevaliers de Marie dans leurs courses aventureuses, et lui font une large part de leur butin. Après avoir triomphé de cinq cent mille Sarrasins avec leurs cinq cents lances, Tancrède et Robert Guiscard envoient à l'évêque de Coutances, Geoffroy de Mombray, assez d'argent pour construire cette cathédrale de Sainte-Marie, dont Vauban disait :

— Quel est le fou sublime qui a jeté cette merveille dans les airs?

II.

Les premiers Capétiens proclament Marie « l'Étoile de leur royaume ».

Trente cathédrales, qui surgissent presque simultanément sous son invocation, témoignent du progrès constant de son culte parmi nous. Et quelles cathédrales, pour ne citer que celles de Paris, de Chartres, d'Amiens, de Reims, de Strasbourg, de Rouen, de Coutances, de Bayeux, de Séez, de Mende, du Puy, de Clermont! vraies merveilles bâties, dont le mode de construction est encore une merveille qui en suppose bien d'autres! De ces poèmes en pierre, plus que de l'*Iliade,* on pourrait dire qu'ils n'ont d'autre auteur que les populations inspirées du même souffle, l'amour de Marie et la confiance en sa royale maternité.

Quand la France se croisa pour la délivrance du Saint-Sépulcre, Urbain II
et Pierre l'Ermite ne voulurent pas séparer la Mère du Fils, et, sur la croix

Fig. 42. — Notre-Dame du Rosaire; d'après Guido Reni.
Ce tableau, peint sur soie, et qui se portait comme bannière est maintenant au musée de Bologne.

des pèlerins armés, ils marièrent la couleur blanche de Marie à la pourpre
du Crucifié.

Au concile de Clermont, Urbain II imposa à tous les clercs la récitation de l'office de la sainte Vierge, qui passa plus tard aux laïques des deux sexes, et Pierre l'Ermite proposa aux croisés la récitation plus abrégée d'une sorte de chapelet. De là naquit la pratique de l'*angelus*, dont l'annonce convoquait les armées au milieu du jour, en attendant que le son en retentît encore le matin et le soir. Les croisés furent victorieux, tant qu'ils demeurèrent fidèles à ces pieuses pratiques; et, au contraire, en les perdant, ils perdirent mœurs et discipline.

Saint Louis, le héros des croisades, récitait chaque jour l'office de la Vierge; et saint Bernard, leur apôtre et leur grande voix, est la personnification même du culte de Marie.

C'est en France, sous notre beau ciel méridional, que naquit, à la voix du grand Dominique, la touchante et si populaire dévotion de Notre-Dame du Très-Saint Rosaire, à qui le temps n'a rien ôté parmi nous de son efficacité ni de son charme.

Grâce à saint Dominique et à saint François d'Assise, le treizième siècle fut le siècle de Marie, et c'est pour cela qu'il est le plus grand des siècles chrétiens, après le siècle qui a vu Jésus-Christ.

C'est en France que se propagea d'abord, pour envahir ensuite l'univers, le scapulaire si souvent miraculeux du Mont-Carmel, dont tant de nobles cœurs sont toujours fiers de se couvrir.

C'est en France surtout que se multiplièrent presque à l'infini, à la gloire de la Vierge, les confréries, les congrégations religieuses de toute nature, les sanctuaires et spécialement les pèlerinages, aux noms les plus doux et dans les sites les plus variés, attirant aux pieds de la divine Mère des foules immenses de pieux visiteurs. La France aussi, la première entre les nations occidentales, eut l'insigne honneur de rendre un culte public à la Conception Immaculée, destinée à devenir de nos jours un dogme de notre foi, et pour nous, Français, un signe particulier d'espérance.

A chaque angle, à chaque carrefour des villes ou des campagnes, le peuple met une statue de Marie, ornée de fleurs, éclairée d'une lampe aussi inextinguible que sa foi et sa piété. C'est le premier éclairage des rues, et, chaque soir, les jeunes gens s'assemblent à cette clarté, en chantant les litanies de la Vierge.

C'est d'un sanctuaire de Marie, Notre-Dame de Bermont, que part l'héroïque vierge de Vaucouleurs, terrible, elle aussi, comme une armée rangée en bataille; c'est une bannière de Marie qu'elle fait porter devant elle; c'est dans un temple de Marie, Notre-Dame de Reims, qu'elle fit couronner son roi; enfin, c'est à l'ombre d'un autre temple de Marie, Notre-Dame de Rouen,

qu'elle subit le martyre, couronnement de presque toute grande vie et de
toute mission chrétienne.

III.

Et cependant, il n'existait point encore d'acte authentique qui constatait
cette donation réciproque de la France à Marie, et, disons-le aussi, de Marie
à la France. Le jour de la solennelle consécration ne devait se lever qu'après
les grandes luttes religieuses du seizième siècle et du commencement du
dix-septième.

Cet événement, que nos historiens ont trop laissé dans l'ombre, mérite
d'être présenté avec quelques détails. Il apparaît à la fois comme une récompense divinement accordée à notre pays, pour avoir si énergiquement rejeté
le venin de l'hérésie protestante, et comme le prélude lointain de cette autre
consécration, qui se prépare à Montmartre, et fermera, nous l'espérons, l'ère
des agitations révolutionnaires.

Et qu'on ne vienne pas nous dire, ainsi qu'une histoire menteuse s'obstine
à le répéter, que dans ces sanglantes guerres d'autrefois les catholiques se
montrèrent intolérants jusqu'à la barbarie; qu'on cesse de nous jeter à la face
les atrocités de la Saint-Barthélemy, accusation banale, qui n'est plus à l'u-
sage que de l'ignorance, de la mauvaise foi et d'une lâcheté haineuse. Sans
doute, il y eut de cruelles et indignes représailles, imputables surtout à la
politique, et que notre religion condamna toujours hautement, bien plus
hautement que la secte ne le fit jamais.

Mais à qui la faute, et sur qui doit retomber la responsabilité? D'où venaient les provocations? De quel droit le calvinisme, soutenu plus d'une fois
par l'or ou les armes des frères et amis d'Angleterre et d'Allemagne, se per-
mettait-il de piller et de saccager nos monastères, de brûler les reliques de
nos saints et d'en jeter aux vents les cendres profanées, de livrer à la dévas-
tation, souvent à une destruction complète, les plus vénérables et plus magnifiques monuments de la piété de nos pères, couvrant le sol français de plus
de sang et de ruines que ne devait le faire plus tard la Révolution elle-même?
De quel droit venait-on troubler la possession tant de fois séculaire de notre
vieille foi catholique, par l'importation violente de doctrines étrangères,
toutes d'invention nouvelle, aussi funestes à l'ordre public qu'à la religion,
profondément imprégnées d'un esprit de révolte?

La France sentit comme d'instinct qu'il y avait là, même pour son existence nationale, un véritable danger. Elle se LIGUA, et victorieuse jusque dans la défaite, elle convertit son roi Henri IV. Cependant, le calvinisme continuant à s'agiter et à compromettre l'intégrité du territoire, non moins que la sécurité des citoyens et l'unité nécessaire du pays, Richelieu, dont la politique, souvent répréhensible à l'extérieur, fut par plusieurs côtés si catholique et si française à l'intérieur, comprit qu'il fallait une bonne fois en finir : par le siège mémorable et la prise de la Rochelle, sa puissante main, en 1628,

> Porta le dernier coup à la dernière tête
> De la rébellion.

Dès lors l'hérésie était vaincue et vaincue sans retour : n'était-ce pas pour Marie, dont elle avait sacrilègement combattu le culte, le moment d'être proclamée patronne et reine de la France?

La France était bien arrachée au protestantisme et rendue définitivement à Marie. L'hérésie, comme toujours, s'en était prise d'abord à Marie; et par Marie, comme toujours, la vraie foi, soutenue par la France, avait réagi contre l'hérésie. La France devenait le Royaume de Marie, et il ne restait plus qu'à lui en faire la consécration officielle et publique.

Cette consécration est l'honneur de Louis XIII, le chaste et pieux Louis XIII, et de son règne.

IV.

Déjà, saint Louis, né d'un vœu à la Maternité divine, était en quelque sorte fils de Marie autant que de Blanche de Castille. C'est d'un vœu, d'une dévotion semblable qu'est né Louis XIV.

Vainqueur de l'hérésie armée, Louis XIII était triste toujours, parce que, après plus de vingt ans de mariage, il n'avait pas d'héritier de son royaume reconquis et rétabli.

Il y avait alors, à l'église des Petits-Pères, aujourd'hui Notre-Dame des Victoires, un frère Fiacre, très dévot à Notre-Dame des Sept-Douleurs. Reconnaissant des dons prodigués par Louis XIII à sa communauté, il demandait instamment à Dieu de lui donner un fils. Le 3 novembre 1637, il priait avec une ferveur nouvelle, lorsque Marie lui apparut, vêtue d'une robe bleue semée d'étoiles, les cheveux flottants et couronnés de trois diadèmes. Elle tenait un enfant, qu'elle montrait au Frère prosterné.

— Ce n'est pas mon Fils, lui dit-elle, c'est l'enfant de France.

Elle lui apparut de nouveau avec Jésus flagellé; une troisième fois, avec le même enfant, et, à côté, Jésus dans sa gloire. Fiacre doutait toujours.

— Ne doutez pas, lui dit Marie, que la Reine fasse trois neuvaines, et elle sera exaucée.

Anne d'Autriche obéit, et, le 3 septembre de l'année suivante, Louis XIV naissait à Saint-Germain-en-Laye.

L'heureuse mère fit dor à Notre-Dame de Lorette d'une statue d'ange en argent massif, tenant sur son bras un enfant en or, du poids de Louis XIV naissant.

Plus heureux encore, le père s'était montré aussi plus pressé de payer à Marie son tribut de reconnaissance.

Il avait d'abord, en 1636, fait un véritable vœu, par lequel le pieux monarque, plein de confiance en Marie, s'engageait « à dresser et à fonder une lampe d'argent, qui brûlerait à perpétuité devant l'autel de Notre-Dame de Paris ». Puis, le 10 février 1638, fut publiée la déclaration royale, où l'on reconnaît le style ferme et grandiose de Richelieu (1), mais que Louis fit sienne en la signant et en veillant à ce que le Parlement l'enregistrât comme un acte solennel de l'autorité souveraine. Nous croyons devoir en reproduire ici le texte officiel, malgré sa longueur. Il est peu connu et mérite de l'être beaucoup : rien n'est plus honorable pour notre pays et pour la royauté française.

« Louis, par la grâce de Dieu, roi de France et de Navarre, à tous ceux qui ces présentes lettres verront, salut.

« Dieu, qui élève les rois au trône de leur grandeur, non content de nous avoir donné l'esprit qu'il départ à tous les princes de la terre pour la conduite de leurs peuples, a voulu prendre un soin si spécial de notre personne et de notre État, que nous ne pouvons considérer le bonheur du cours de notre règne, sans y voir autant d'effets merveilleux de sa bonté que d'accidents qui nous menaçaient. Lorsque nous sommes entré au gouvernement de cette couronne, la faiblesse de notre âge donna sujet à quelques mauvais esprits d'en troubler la tranquillité; mais cette main divine soutint avec tant de force la justice de notre cause, que l'on vit en même temps la naissance et la fin de ces pernicieux desseins. En divers autres temps, l'artifice des hommes et la malice du démon ayant suscité et fomenté des divisions non moins

---

(1) Voir *Mémoires de Richelieu*, dans Michaud et Poujoulat, Nouvelle collection de Mémoires, 2ᵉ série, t. IX, p. 205 et 206. Le cardinal reproduit en son nom presque tout le texte de l'ordonnance.

dangereuses pour notre couronne que préjudiciables à notre maison, il lui a
plu de détourner le mal avec autant de douceur que de justice. La rébellion
de l'hérésie ayant aussi formé un parti dans l'État, qui n'avait d'autre but
que de partager notre autorité, il s'est servi de nous pour en abattre l'orgueil,
et a permis que nous ayons relevé ses saints autels, en tous les lieux où la
violence de cet injuste parti en avait ôté les marques. Si nous avons entrepris
la protection de nos alliés, il a donné des succès si heureux à nos armes, qu'à
la vue de toute l'Europe, contre l'espérance de tout le monde, nous les avons
rétablis en la possession de leurs États dont ils avaient été dépouillés. Si les
plus grandes forces des ennemis de cette couronne se sont ralliées pour conspirer sa ruine, il a confondu leurs ambitieux desseins, pour faire voir à toutes
les nations que, comme la Providence a fondé cet État, sa bonté le protège,
et sa puissance le défend.

« Tant de grâces si évidentes font que, pour n'en différer pas la reconnaissance, sans attendre la paix, qui nous viendra sans doute de la même main
dont nous les avons reçues, et que nous désirons avec ardeur pour en faire
sentir les fruits aux peuples qui nous avons commis, nous avons cru
être obligé, nous prosternant aux pieds de sa Majesté divine que nous
adorons en trois personnes, à ceux de la très sainte Vierge, et de la sacrée
Croix où nous révérons l'accomplissement des mystères de notre rédemption
par la vie et par la mort du Fils de Dieu, de nous consacrer à sa grandeur
par son Fils rabaissé jusques à nous, et à ce Fils par sa Mère élevée jusqu'à
lui, EN LA PROTECTION DE LAQUELLE NOUS METTONS PARTICULIÈREMENT NOTRE
PERSONNE, NOTRE ÉTAT, NOTRE COURONNE ET TOUS NOS SUJETS, POUR OBTENIR PAR
CE MOYEN CELLE DE LA SAINTE TRINITÉ PAR SON INTERCESSION, ET CELLE DE TOUTE
LA COUR CÉLESTE PAR SON AUTORITÉ ET SON EXEMPLE. Nos mains n'étant pas
assez pures pour présenter nos offrandes à la Pureté même, nous croyons que
celles qui ont été dignes de la porter les rendront hosties agréables; et c'est
chose bien raisonnable qu'ayant été médiatrice de ces bienfaits, elle le soit
de nos actions de grâces.

« *A ces causes*, nous avons déclaré et déclarons que, *prenant la très
sainte et très glorieuse Vierge pour protectrice spéciale de notre royaume,
nous lui consacrons particulièrement notre personne, notre couronne et
nos sujets, la suppliant de nous vouloir inspirer une sainte conduite, et
défendre avec tant de soin ce royaume contre l'effort de tous ses ennemis,
que soit qu'il souffre le fléau de la guerre, ou qu'il jouisse de la douceur
de la paix que nous demandons à Dieu de tout notre cœur, il ne sorte
point des voies de la grâce, qui conduisent à celles de la gloire. Et afin*

que la postérité ne puisse manquer de suivre nos volontés à ce sujet, pour monument et marque immortelle de la consécration présente que nous faisons, nous ferons construire de nouveau le grand autel de l'église cathédrale de

Fig. 43. — Monument élevé en commémoration du vœu de Louis XIII, derrière le maître-autel de Notre-Dame de Paris.

Paris, avec une image de la Vierge qui tienne entre ses bras celle de son précieux Fils descendu de la croix : nous serons représenté aux pieds et du Fils et de la Mère, comme leur offrant notre couronne et notre sceptre (1).

(1) Ce monument, commencé par Louis XIII, fut continué par Louis XIV et terminé seulement

« Nous admonestons le sieur archevêque de Paris, et néanmoins lui enjoignons que, tous les ans, le jour et fête de l'Assomption, il fasse faire commémoration de notre présente déclaration à la grand'messe qui se dira en son église cathédrale, et qu'après les vêpres dudit jour, il soit fait une procession en ladite église, à laquelle assisteront toutes les Compagnies souveraines et le Corps de ville, avec pareille cérémonie que celle qui s'observe aux processions générales les plus solennelles. Ce que nous voulons aussi être fait en toutes les églises, tant parochiales que celles des monastères de ladite ville et faubourgs, et en toutes les villes, bourgs et villages dudit diocèse de Paris.

« Exhortons pareillement tous les archevêques et évêques de notre royaume, et néanmoins leur enjoignons de faire célébrer la même solennité en leurs églises épiscopales et autres églises de leurs diocèses : entendant qu'à ladite cérémonie les Cours de Parlement et autres Compagnies souveraines et les principaux officiers des villes y soient présents. Et d'autant qu'il y a plusieurs églises épiscopales qui ne sont point dédiées à la Vierge, nous exhortons lesdits archevêques et évêques, en ce cas, de lui dédier la principale chapelle desdites églises, pour y faire ladite cérémonie, et d'y élever un autel avec un ornement convenable à une action si célèbre, et d'admonester tous nos peuples d'avoir une dévotion toute particulière à la Vierge, d'implorer en ce jour sa protection, afin que, sous une puissante patronne, notre royaume soit à couvert de toutes les entreprises de ses ennemis, qu'il jouisse longuement d'une bonne paix, que Dieu y soit servi et révéré si saintement, que nous et nos sujets puissions arriver heureusement à la dernière fin pour laquelle nous avons tous été créés.

« Car tel est notre plaisir.

« Donné à Saint-Germain en Laye, le dixième jour de février, l'an de grâce mil six cent trente-huit, et de notre règne le vingt-huitième.

« *Signé :* Louis. *Et sur le repli :* par le roi, SUBLET.

Les acclamations publiques applaudirent à cet acte sublime de piété nationale, et quelque six mois après, le 5 septembre de la même année, naissait le dauphin qui devait être Louis XIV.

Ainsi s'accentuait de plus en plus cet admirable mouvement de rénovation intellectuelle et morale, qui date en France de la conversion d'Henri IV, mouvement comparé par Le Play à tout ce que présentent de plus beau les temps de saint Louis, et auquel se rattachent les illustres noms de Marie de

---

en 1714 : la statue du fils y fait pendant à celle du père. On peut la voir encore dans le chœur de Notre-Dame, derrière le maître-autel.

l'Incarnation, de Jeanne de Chantal, de François de Sales, de François Régis, de Vincent de Paul, de Mlle Le Gras, de Condren, d'Eudes, d'Olier, de Maunoir, de Marguerite-Marie, de Jean-Baptiste de la Salle, et de cent autres. Ainsi, sous les auspices de la bienheureuse Vierge qu'exaltera bientôt l'incomparable éloquence de Bossuet, se préparaient en silence les splendeurs de ce siècle si noble, si poli, si grand, et, malgré ses défaillances, encore si chrétien!

V.

Mais la France a-t-elle été constamment fidèle à ses engagements ? Hélas! que d'outrages n'avons-nous pas fait subir à notre divine Reine! Les fureurs révolutionnaires, déchaînées par le philosophisme voltairien, ont dévasté, souillé, renversé grand nombre de ses plus anciens et plus augustes sanctuaires. Et pourtant, jamais ne s'éteignit le filial amour des Français pour leur céleste Souveraine. A l'aurore de notre siè-

Fig. 44. — Révélation de la Médaille Miraculeuse à sœur Catherine Labouré, des Filles de la Charité de Saint-Vincent de Paul, le 17 novembre 1830. D'après un tableau peint sur les indications de sœur Catherine. (Chapelle de la Maison-Mère, à Paris.)

cle, dès les premières lueurs de liberté religieuse, les ruines se relèvent, les pèlerins reprennent le chemin à peine effacé des temples et des chapelles d'autrefois. Les trésors des vieux âges ont disparu; peut-être la Madone vénérée a-t-elle été détruite ou mutilée : n'importe. La piété survit immortelle; rien ne peut comprimer son essor; et voilà que sous nos yeux, en présence d'un monde sceptique et matérialiste, le culte virginal a reconquis un développement, une publicité, une pompe, dignes des plus beaux jours du passé.

Voyez plutôt. C'est, en 1830, à Paris même, au centre, au foyer de la Révolution, la Médaille Miraculeuse révélée à une humble fille de la Charité, et devenant bientôt l'instrument d'innombrables prodiges; puis, dès 1836, toujours à Paris, dans une paroisse alors inconnue, entre la Bourse et la Banque, Notre-Dame des Victoires, enrôlant sous la bannière de son Cœur immaculé, refuge des pécheurs, plus de trente millions d'associés.

C'est le dogme de l'Immaculée Conception, accueilli dans tout l'univers, et spécialement en France, par des fêtes et des acclamations triomphales, dont le souvenir demeure impérissable : à la voix infaillible du Pontife, la Vierge de Lourdes ne devait pas tarder à faire écho, en se nommant elle-même « l'Immaculée Conception ».

C'est Notre-Dame de France couronnant au Puy, de sa masse gigantesque, les hauterus du mont Corneille : les canons de Sébastopol en avaient fourni la matière, montrant à tous que nos armées savaient encore demander à la victoire le bronze des monuments destinés à en perpétuer le souvenir.

C'est la restauration, mais agrandie et embellie, des anciens pèlerinages de Liesse, de Rocamadour, de Boulogne, de la Garde, de la Treille, de Fourvière, de Folgoat, de je ne sais combien d'autres, chers à la piété de nos pères, et qui ne le sont pas moins à celle de leurs descendants.

Ce sont d'antiques ou nouvelles Vierges, couronnées au nom du Vicaire de Jésus-Christ, avec une magnificence inouïe et un immense concours de peuple.

Ce sont enfin — et comment les oublier? — ces apparitions récentes, à la Salette, sur une cime des Alpes; à Lourdes, au pied des Pyrénées; à Pontmain, vers l'entrée de la Bretagne; mais il est temps de reprendre notre récit.

CHAPITRE V.

LE GRAND SIÈCLE.

Une ère nouvelle. — Ce qui en a fait la grandeur. — Comment on peut concilier d'apparentes
contradictions. — La dominante du grand siècle, d'après Sainte-Beuve. — Aux négations du
protestantisme la France oppose les affirmations catholiques. — Le Carmel en France. — Les
missions de saint François Régis. — Où s'est formé saint François de Sales. — Dialogue avec
Théodore de Bèze. — Les inventions de M. Vincent. — Des religieuses d'un nouveau genre. —
Sanctification du clergé. — L'esprit chrétien dans la littérature. — Bossuet prédicateur du
Roi. — L'Homère de l'éloquence sacrée. — Sur le tombeau de Condé. — Le grand tragique.
— Les beautés de *Polyeucte*. — Comment Racine écrivit *Esther*. — L'inspiration de l'Église
sur le grand siècle.

I

La conversion de Henri IV et son abjuration solennelle à Saint-Denis en
1593 inaugurent pour la France une ère vraiment nouvelle.

Après un siècle de désordres sans nom, après les pillages, les incendies, les
massacres, les effroyables dévastations de ces longues et atroces guerres
civiles déchaînées par les novateurs, quel apaisement, quelle renaissance, quel
joyeux réveil d'esprit patriotique et chrétien sous le sceptre réparateur du
petit-fils de saint Louis, enfin réconcilié avec l'Église et avec son peuple !

Le dix-septième siècle se lève sur notre histoire religieuse et civile.

Ce siècle, a dit éloquemment un de nos historiens contemporains, quand
nous le regardons dans son ensemble, est, avec le treizième siècle, le plus
grand non seulement de l'histoire de France, mais, autant que je puis le voir,
de l'histoire de tous les peuples. Chacune de ces deux périodes, en effet, joint
aux éléments généraux qui constituent la grandeur d'une époque un caractère
particulièrement élevé qui n'appartient qu'à lui : le treizième siècle a l'Honneur, le dix-septième le Repentir.

C'est par là surtout que le siècle de Louis XIV prouve qu'il a en lui
l'énergie de la force morale, abondante source de la Grandeur. C'est le siècle
du Repentir. L'homme y montre des faiblesses, comme en toute période de
l'histoire humaine, mais, au lieu de se laisser aller au lâche abandon, au désespoir, à la persévérance dans la bassesse, il avait une telle vigueur d'âme
que la maturité la rendait plus forte, la vieillesse ne l'affaiblissait pas ; et la

générosité dans la vertu reconquise compensait le mal causé par le vice.

D'où provenait cette cause de grandeur? Il faut reconnaître qu'en consultant surtout les documents généraux de l'histoire, on ne trouve pas aisément l'explication du caractère éminemment chrétien que présentent les événements et l'ensemble de la société d'alors.

« Les détails sur la majorité des hommes et des faits, à nous livrés par les mémoires et biographies, sont en contradiction avec ces instincts, si grandement, si noblement catholiques, qui nous sont prouvés par l'art, par les lettres, comme par tout le développement social.

Cependant ce siècle a été nommé le grand siècle. Il a été bien nommé. Il est grand, chrétien; de lui comme du treizième siècle, les catholiques doivent être fiers.

Oublions un instant les détails que nous venons d'indiquer; laissons de côté, pour un moment, toute analyse, toute réflexion; retournons-nous, et d'ici, de notre temps, regardons ce dix-septième siècle, voyons la masse qu'il forme à l'horizon, la trace qu'il a laissée, pour ainsi dire, dans le ciel de l'histoire; écoutons le bruit qu'il nous envoie. N'est-il pas vrai que l'aspect en est grandiose et brillant; que les voix y sont fort harmonieuses et fort sonores?

Approchons-nous : voici la grandeur parfaite, dans l'autorité, dans l'administration, dans la guerre, dans les lettres, dans l'art, dans les œuvres fécondes et glorieuses qui, de la France inspirée par l'Église, s'en vont rayonner sur le monde entier.

Nous allons développer le récit de cette action et de cette renaissance.

Mais, auparavant, il nous faut répondre à la question que nous venons de nous poser. Comment en effet concilier de telles contradictions?

La réponse est facile.

On a trop regardé à la Cour, et, à la Cour, ceux qui tranchent sur la masse, au lieu de regarder la France. Je sais bien qu'il y avait, à Versailles, les grands instruments du pouvoir, les illustres représentants de l'honneur de la France, les nobles serviteurs de la royauté; mais l'ensemble de la Cour ne représentait l'ensemble de la société française, que comme la reine et les frelons représentent la ruche; les abeilles, les infatigables ouvrières de la cire et du miel n'étaient point là; et celles-ci, l'histoire ne nous les amène pas habituellement sous les yeux : elle ne nous montre pas la société ecclésiastique, nobiliaire et bourgeoise de province, société et province bien plus puissantes alors que maintenant; elle n'analyse pas la vie de famille, cette vie de tous les jours, commencée par l'éducation chrétienne, continuée près du foyer domestique respecté, et terminée dans l'exercice de la charité.

C'était là ce qui maintenait, contre les exemples des courtisans, la probité sévère, la dignité tranquille, la piété énergique, la gravité de la pensée, la simplicité noble des caractères, et la sérénité des idées.

Cette vie de tous les jours était véritablement la mère nourrice du génie de la France : elle lui donnait le sang et les muscles, l'âme et la physionomie ; les vêtements élégants, les broderies et les bijoux venaient d'ailleurs, je le veux bien.

Au point de vue social, il naissait encore de cette masse d'instincts vigoureux et chrétiens une influence qui assiégeait la Cour elle-même, qui y maintenait la foi entière et le respect de la piété, qui y apportait le souvenir de l'enfance religieuse, et, avec les remords, les résolutions généreuses. Elle y venait chercher le cardinal de Retz pour le jeter dans la retraite, Rancé pour l'enterrer à la Trappe, cent dames nobles pour en faire les fondatrices de couvents ; et la foule des gentilshommes, pour les ramener charitables au milieu de leurs vassaux.

C'est cet esprit vigoureusement chrétien qui permettait à Bossuet d'écrire à Louis XIV, comme les plus grands et les plus autorisés dans l'État moderne n'auraient pu le faire au moindre petit maire du dernier de nos villages.

On connaît cette lettre du grand Bossuet au grand roi.

C'était en 1675. Louis XIV hésitait à rompre des liens criminels. « Sire, lui mande l'évêque de Meaux, le jour de la Pentecôte approche, où Votre Majesté a résolu de communier. Quoique je ne doute pas qu'elle ne songe sérieusement à ce qu'elle a promis à Dieu ; comme elle m'a commandé de l'en faire souvenir, voici le temps que je me sens le plus obligé de le faire. Songez, Sire, que vous ne pouvez être véritablement converti, si vous ne travaillez à ôter de votre cœur non seulement le péché, mais la cause qui vous y porte. La conversion véritable ne se contente pas seulement d'abattre les fruits de mort, comme parle l'Écriture, c'est-à-dire, les péchés ; mais elle va jusqu'à la racine, qui les ferait repousser infailliblement, si elle n'était arrachée. Ce n'est pas l'ouvrage d'un jour, je le confesse ; mais plus cet ouvrage est long et difficile, plus il y faut travailler. Votre Majesté ne croirait pas s'être assurée d'une place rebelle, tant que l'auteur des mouvements y demeureroit en crédit. »

En somme, la caractéristique et la dominante du Grand Siècle, c'est l'Esprit chrétien.

Un critique célèbre, peu suspect de partialité envers l'Église, Sainte-Beuve l'a constaté loyalement et sa constatation est précieuse à recueillir.

« Le seizième siècle, dit-il, avait été dans son ensemble une vaste décomposition de l'ancienne société religieuse, catholique, féodale ; l'avènement de la philosophie dans les esprits et de la bourgeoisie dans la société. Mais, cet avènement s'est fait à travers l'orgie des intelligences et l'anarchie matérielle la plus sanglante, principalement en France, moyennant Rabelais et la Ligue. Le dix-septième siècle eut pour mission de réparer ce désordre, de réorganiser la société, la religion, la résistance. A partir de Henri IV, il s'annonce ainsi, et, dans sa plus haute expression monarchique, sous Louis XIV, il couronne son but avec pompe.

« Nous n'essaierons pas ici, conclut Sainte-Beuve, d'énumérer tout ce qui se fit dès le commencement du dix-septième siècle de tentatives sévères au sein de la religion, par des communautés, des congrégations fondées, des réformes d'abbayes, et au sein de l'Université, de la Sorbonne, pour rallier la milice de Jésus-Christ, pour reconstituer la doctrine... »

Ce que Sainte-Beuve n'essaie pas, nous allons le tenter en une esquisse rapide. Aussi bien d'ailleurs, il est indispensable de présenter avant tout un court tableau du mouvement religieux, afin d'expliquer la renaissance catholique, qui marqua la fin du seizième et le commencement du dix-septième siècle. En effet, si l'inexorable fermeté de Richelieu a pu courber les corps sous son empire, ce n'est que la puissance de la charité et de la sainteté qui a pu fléchir les esprits, ramener dans le sein de l'Église tant de dissidents, enfin rétablir l'ordre et le calme dans cette société si profondément bouleversée par les guerres de religion et par les luttes intestines.

D'ailleurs, le lecteur aimera, comme nous, à se reposer, en revoyant vivre sous ses yeux ces douces et sympathiques figures de saints, beaucoup plus utiles à l'humanité, que tous ces faux grands hommes, qui encombrent les avenues de l'histoire.

II.

Pour bien comprendre le mouvement régénérateur que nous avons à raconter, il faut se rappeler que la France avait reçu d'en haut la mission de s'opposer aux envahissements lamentables du protestantisme et de consoler l'Église de ce schisme.

Or, le protestantisme avait voulu substituer, à l'idéal d'immolation et de sacrifice, la pratique plus facile du sensualisme libertin.

Voilà pourquoi Dieu suscite parmi nous plusieurs congrégations d'hommes et de femmes qui relèvent l'idéal de l'abnégation et de la pénitence et prouvent que Jésus-Christ fait toujours épanouir dans son Église les fleurs mystiques de la pauvreté, de la chasteté et de l'obéissance.

A cette époque, dès 1603 (1), en France principalement, tous les yeux se tournent vers l'illustre Thérèse de Jésus, morte vingt ans auparavant, après avoir ramené à la primitive observance l'Ordre antique du Carmel et rempli l'univers du bruit de sa sainteté séraphique. Pouvait-on oublier que la conservation de la foi en France avait été l'idée inspiratrice de sa Règle, si particulièrement marquée du sceau de l'apostolat par la prière et la pénitence? Le royaume très chrétien veut donc à tout prix posséder une colonie de ses dignes filles, on dirait par reconnaissance.

L'établissement parmi nous des Carmélites déchaussées devient une affaire d'État. Le roi donne à ce sujet des instructions pressantes à son ambassadeur près de Philippe III. De plus, il députe un de ses aumôniers, le célèbre M. de Bérulle, à la tête de plusieurs autres envoyés, pour aller chercher en Espagne des religieuses formées de la main même de la sainte réformatrice. La négociation fut longue et pénible; mais enfin la France l'emporta. Six Carmélites espagnoles nous furent accordées, toutes éminentes par la vertu et une intrépidité toute virile. Leur voyage à travers nos provinces méridionales fut un continuel triomphe. Les châteaux et les abbayes se disputaient l'honneur de leur donner l'hospitalité. Souvent, des cavalcades de gentilshommes allaient à leur rencontre et leur faisaient cortège. Leur arrivée à Paris prit les proportions d'un événement. La cour se fit représenter à leur réception par des princes et des princesses du sang.

Mais, avant de s'installer dans l'humble couvent provisoire qui les attendait rue Saint-Jacques, elles demandèrent à gravir les hauteurs de Montmartre, pour y aller prier dans la chapelle du *Martyrium* sur le tombeau du

Fig. 45. — Mme Acarie (Bienheureuse Marie de l'Incarnation) fondatrice de l'ordre des Carmélites en France. (1565-1618). D'après une gravure de l'époque.

(1) ALET, *op. cit.*, p. 212.

premier apôtre de Paris. C'était bien comprendre l'esprit apostolique de leur Mère. Bientôt il fallut créer de nouveaux monastères : chaque ville voulait avoir le sien. Circonstance touchante et qui, sans doute, se renouvela plus d'une fois : quand s'éloigna de Paris la petite colonie destinée à fonder le Carmel de Pontoise, elle s'arrêta à Montmartre comme pour s'y retremper dans les ardeurs de l'apostolat.

C'est ainsi qu'en moins de vingt années la France se crouvrit de ces pieuses retraites; et les plus nobles familles, les Marillac, les Larochefoucauld, les Brissac, les Séguier, les Bérulle, les Sancy, les Fontaine-Mareuil et cent autres tinrent à honneur d'être représentées dans les rangs de la nouvelle milice.

Entre les premières, s'était enrôlée avec trois de ses filles, aussi pures que belles, l'illustre Mme Acarie, que dirigea saint François de Sales, et que sainte Thérèse elle-même avait miraculeusement désignée comme la seconde Mère de son Ordre en France. Dès qu'elle fut libre, la grande dame devint petite sœur converse au couvent de la rue Saint-Jacques, sous le nom de Marie de l'Incarnation, qu'elle devait rendre si glorieux en le sanctifiant.

III.

Le protestantisme avait préconisé l'esprit personnel, l'égoïsme qui ne s'occupe des autres qu'en vue de l'intérêt propre.

L'Église, en France, suscite des apôtres, dénués de tout esprit personnel et dévorés du besoin de se sacrifier au bien du prochain.

Jean-François Régis, né le 31 janvier 1597, entra chez les jésuites en 1610. Ses premières prédications s'adressèrent plus particulièrement aux enfants et aux pauvres. Une clochette à la main, il parcourait les rues, pour expliquer à ses auditoires improvisés les vérités fondamentales du christianisme. Ayant appris que la peste s'était déclarée à Toulouse, il demanda, comme une faveur, la permission d'aller s'y dévouer au service des pestiférés. Sorti sain et sauf de ce dangereux ministère, il reprit le cours de ses prédications dont le succès croissait tous les jours. Un grand nombre de protestants se convertissaient à sa parole.

C'est à l'école des Jésuites que vient se former, à Paris, au collège de Clermont, une des gloires de l'Église à cette époque, François de Sales. Dès son entrée dans les ordres, il fut choisi pour évangéliser les populations protestantes du

Chablais. L'entreprise était difficile et même périlleuse. On rencontrait dans tout le pays les traces profondes des guerres religieuses. Ainsi qu'il le dit lui-même, ce n'étaient qu' « églises renversées, presbytères en ruines, gibets substitués aux croix sur les chemins, restes informes de tours, de châteaux incendiés; partout la plus complète désolation. » Mais ce qui l'affligeait plus que ces ruines matérielles, c'étaient les ruines religieuses opérées dans les âmes de ces malheureuses populations.

Les premières tentatives du missionnaire furent accueillies par des menaces de mort, qui échouèrent devant sa fermeté et sa douceur. Effrayé d'un pareil début, son père, le comte de Sales, lui écrivit en le pressant de revenir : « Je m'estimerais fort heureux d'avoir des saints dans ma maison, mais j'aimerais mieux que ce fussent des confesseurs que des martyrs. »

C'est lui qui, discutant avec Théodore de Bèze, lui décocha cet argument :

— Peut-on faire son salut dans l'Église Romaine?

Bèze, pris au dépourvu, se retira dans sa chambre et revint après un quart d'heure de réflexion :

— Oui, dit-il, on le peut, c'est une vérité incontestable et nul doute que votre Église n'était la mère Église.

— Puisqu'on peut faire son salut dans l'Église romaine, reprit François, pourquoi les calvinistes ont-ils versé tant de sang, afin d'établir leur religion en France?

Le sectaire s'emporta en violentes injures contre les papistes. François de Sales l'arrêta et lui dit avec une infinie douceur :

— Monsieur, votre sang-froid, au commencement de notre conversation m'avait fait penser que vous vous croyiez sans aucun doute dans la vérité et non dans l'erreur; mais votre colère actuelle me montre que vous avez senti la force de mes preuves et que vous ne voyez rien de solide à y opposer. Au reste je ne suis pas venu ici pour vous faire de la peine, puisque je vous irrite, veuillez m'excuser, je vous promets de ne plus traiter avec vous de questions controversées. »

Henri IV, charmé du zèle et de l'éloquence de l'évêque de Genève, voulut le retenir à Paris. « Demeurez avec moi, lui dit-il, je vous procurerai une position meilleure que celle que vous avez dans les États du duc de Savoie. — Je prie Votre Majesté, répondit François, de m'excuser, je ne puis accepter ses offres. Je suis marié, j'ai épousé une pauvre femme, je ne puis la quitter pour une plus riche. »

En 1604, François de Sales fut appelé par les magistrats de Dijon, pour

Fig. 46. — Sainte Jeanne-Françoise de Chantal, fondatrice de la Visitation. (1572-1641). D'après un tableau de Restout, XVIIIᵉ siècle.

prêcher dans cette ville la station du Carême. Parmi ses auditeurs se trouvait la jeune veuve de Christophe Rabutin, baron de Chantal. Elle avait fait vœu de ne point se remarier, mais elle hésitait encore sur le parti à prendre. La parole de François de Sales fixa ses incertitudes.

L'Ordre de la Visitation naquit de la rencontre de ces deux saints. « Notre Seigneur, dit le P. Alet, construisit ainsi avec amour cette belle ruche virginale de la Visitation, où il ne devait pas tarder à déposer, d'une manière sensible et authentique, le miel de son divin Cœur. La plus pure élite de la jeunesse française, de tous les rangs et de toutes les conditions, ne manqua pas d'y accourir, attirée par les charmes de la divine charité. Ces aimables épouses de l'Agneau, dans tous les monastères, s'abreuvaient délicieusement aux sources de son Cœur, en attendant que l'une d'elles, trente-quatre ans après la mort de sainte Chantal, fût appelée à révéler ce trésor à l'Église et au monde. »

IV.

Le protestantisme avait voulu, dans un grand festin de Balthazar, dévorer le patrimoine des petits et des pauvres. La France catholique va opposer, dans une sublime incarnation de la charité, à la plaie hideuse du paupérisme, toutes les inspirations et les inventions de l'amour des pauvres.

— Quand j'établis la charité à Mâcon, écrivait celui qu'on appelait alors M. Vincent et que la France reconnaissante saluera bientôt avec l'Église universelle de son titre glorieux et à jamais populaire de saint Vincent de Paul, chacun se moquait de moi ; on me montrait au doigt par les rues, croyant que je ne pourrais jamais en venir à bout ; et quand la chose fut faite, chacun fondait en larmes de joie ; et les échevins de la ville me faisaient tant d'honneur au départ que je fus contraint de partir en cachette, pour éviter cet applaudissement.

Dieu lui envoya comme à saint François de Sales, son contemporain et son ami, une aide admirable, en la personne de Mlle Legras, avec laquelle il fonda la merveilleuse société, si connue, des *Filles de la Charité*.

— Ces filles, dira-t-il en parlant de ce genre alors nouveau de religieuses, n'ont ordinairement pour monastères que les maisons des malades, pour cellule qu'une chambre de louage, pour chapelle que l'église de leur paroisse, pour cloître que les rues de la ville ou les salles des hôpitaux, pour clôture que l'obéissance, pour grille que la crainte de Dieu et pour voile qu'une sainte et exacte modestie.

Vincent institua encore les dames de l'Hôtel-Dieu, pour soigner et consoler les pauvres malades de cet hôpital : la duchesse de Mantoue, depuis reine de Pologne, en faisait partie ; l'hospice du nom de Jésus pour quatre-vingts vieillards, l'hôpital général de la Salpêtrière, et l'œuvre si urgente et si populaire des *Enfants trouvés*.

V.

Le protestantisme avait affiché les premières prétentions à ce qu'on a appelé de nos jours, par un barbarisme inepte, « la laïcité » dans l'enseignement.

La Compagnie de Jésus et l'Oratoire répondirent à ce défi.

Leurs collèges, en développant la culture de l'esprit en France, assu-

Fig. 47. — Sermon de saint Vincent de Paul en faveur des enfants trouvés. D'après le tableau de Galloche, gravé par Bonnard. XVIIe siècle.

rèrent aux jeunes Français une instruction et une éducation que la secte ne put jamais contester, ni surtout égaler.

VI.

Enfin, le protestantisme avait prêché le sacerdoce universel du peuple et mis au nombre des superstitions à renverser, des despotismes à proscrire, l'institution divine du sacerdoce.

Fig. 48. — Mlle Legras, (Louise de Marillac), fondatrice des Filles de la Charité, *dites* de Saint-Vincent de Paul (1591-1662). D'après une gravure du XVIIe siècle.

Pour sauver le sacerdoce, Dieu, se servant de la France comme de son instrument de prédilection en cette œuvre capitale, fait surabonder les hommes et les entreprises.

Les séminaires, institués par le Concile de Trente, s'établissent en France, où ils deviennent rapidement florissants, grâce au zèle, à la vertu, au savoir, à l'expérience et aux sublimes exemples des Olier, des Bérulle, des Baudoin, des Condren et des Vincent de Paul.

Celui-ci, convaincu, il le disait, que « la dépravation de l'état ecclésiastique sera toujours la cause principale de la ruine de l'Église de Dieu, » se montra sévère pour l'admission au sacerdoce. Il établit ces retraites pour les Ordinands, dont on a pu dire avec raison que tout ce que l'Église de France a compté de plus éminent pendant trente années, par la doctrine et la vertu, est sorti de ces conférences ecclésiastiques. M. Olier, qui devait bientôt après fonder les Sulpiciens, pour l'enseignement du clergé, et l'illustre Bossuet en faisaient partie. Sur la fin de sa vie, ce dernier dans une lettre à Clément XI, s'applaudissait encore « d'avoir eu le bien, durant les sept dernières années de la vie de M. Vincent, d'être admis dans la compagnie des ecclésiastiques qui s'assemblaient pour la conférence spirituelle des mardis. Ses pieux et sages conseils n'ont pas peu contribué à nous inspirer du goût pour la vraie et solide piété et de l'amour pour la discipline

ecclésiastique. Dans cet âge avancé où nous sommes, nous ne pouvons nous
en rappeler le souvenir sans une extrême joie. »

Mais nous avons hâte d'en venir à ce qui a rendu le Grand Siècle l'un des
siècles littéraires les plus merveilleux de l'histoire de l'esprit humain.

VII.

Nous avons déjà dit, d'après Sainte-Beuve, que le caractère de cette période de notre littérature fut l'esprit chrétien.

Le célèbre critique a développé son assertion.

« A la littérature gauloise et irrévérencieuse des Marot, des Bonaventure
Despériers, Rabelais, Régnier, etc., à la littérature grecque, païenne, épicu-
rienne de Ronsard, Baïf, Jodelle, etc., philosophique et sceptique de Montaigne et de Charron, en succède une qui offre des caractères bien différents et
opposés. Malherbe, homme de forme, de style, esprit caustique, cynique
même, n'a de chrétien dans ses odes que les dehors; mais le génie de Corneille, du père de Polyeucte et de Pauline, est profondément chrétien. D'Urfé
l'est aussi. Balzac, bel esprit vain et fastueux, savant rhéteur occupé des mots,
a les formes et les idées toutes rattachées à l'orthodoxie. L'antagoniste du
doute et de Montaigne, Pascal, apparaît. La détestable école poétique de
Louis XIII, Boisrobert, Ménage, Costar, Conrard, d'Assoucy, Saint-Arnaud, etc., ne rentre pas sans doute dans cette voie de réforme; elle est peu
grave, peu morale, à l'italienne, et comme une répétition affadie de la littérature des Valois. Mais tout ce qui l'étouffe et lui succède sous Louis XIV
se range par degrés à la foi, à la régularité : Despréaux, Racine, Bossuet.
La Fontaine lui-même, au milieu de sa bonhomie et de ses fragilités, a des
accès de religion, lorsqu'il écrit ses poèmes empruntés à la vie des Pères du
désert, et finit par la pénitence. En un mot, plus on avance dans le siècle de
Louis XIV, et plus la littérature, la poésie, la chaire, le théâtre, toutes les
facultés mémorables de la pensée, revêtent un caractère religieux, chrétien;
plus elles accusent, même dans les sentiments généreux qu'elles expriment, ce
retour de croyance à la révélation, à l'humanité vue *dans* et *par* Jésus-Christ;
c'est là un des traits les plus caractéristiques et profonds de cette littérature
immortelle. Le dix-septième siècle en masse fait digue entre le seizième siècle
et le dix-huitième siècle qu'il sépare. »

Il ne saurait disconvenir à aucun des lecteurs de ce livre que nous cherchions à prouver l'appréciation de Sainte-Beuve dans les principaux représentants de l'histoire littéraire du Grand Siècle (1).

VIII.

En ville, au chasteau royal du Louvre, préchera le carême devant Leurs Majestez, M. l'abbé Bossuet, docteur en théologie de la Faculté de Paris.

Les Parisiens qui lurent cet avis sur la liste des prédicateurs du carême de l'année 1662 se doutèrent-ils de tout ce qu'il renfermait d'éloquent pour la postérité? A coup sûr, bien peu en eurent l'intuition complète, sauf un peut-être, et celui-là aura la gloire de donner son nom à son siècle, parce qu'il en a fait éclore toutes les illustrations en les devinant et en les produisant au grand jour.

Louis XIV avait vingt-quatre ans. La gloire l'environnait, sans ombre et sans conteste. Au dedans il était le maître; au dehors il était le victorieux. Sa majesté rayonnait de toute part. La grandeur de son âme se révélait sur sa belle et imposante figure. Chacun s'inclinait devant lui, le peuple comme les grands, le génie comme les rois ses frères. Une cour brillante évoluait autour de l'astre-roi. Depuis deux ans, il avait fait asseoir à ses côtés une fille du sang royal d'Espagne, dont la foi vive et la grâce souveraine achevaient de donner au ton de la Cour du roi très chrétien ce cachet de catholicisme, que l'ardente piété de la reine mère lui avait imprimé.

Bossuet avait trente-cinq ans. Tout en lui respirait la grâce et la noblesse. Une chevelure abondante encadrait, en retombant sur ses épaules, un visage imposant et néanmoins d'agréable aspect. « Il était, dit l'abbé Ledieu, plein d'agréments et de bonne grâce, et sa jeunesse avait toute la beauté du visage et les manières les plus engageantes. Il avait la voix douce, sonore, flexible, mais aussi ferme et mâle, un geste modeste et naturel. »

C'était le 2 février 1662. En ce jour-là, l'usage voulait que le prédicateur chargé de la station prochaine, s'essayât en quelque sorte et donnât sa mesure. Anne d'Autriche, qui l'avait évidemment signalé au choix de son fils, savait bien que, pour un prélude, on aurait un chant, et un triomphe au lieu d'un premier engagement.

---

(1) Nous l'avons fait tout au long dans une série d'études sur LE GRAND SIÈCLE, qui comprendra dix volumes, et dont cinq ont déjà paru. C'est à cette série que nous empruntons les grands traits auxquels les limites obligatoires de ce livre nous astreignent, à notre très grand regret.

L'étiquette le réglant ainsi, le prédicateur était déjà dans sa chaire, quand
la foule des courtisans, grands seigneurs, hauts dignitaires de la couronne, les
plus beaux noms de France, avec les princes du sang, se leva, parce qu'on
entendit de loin ve-
nir le monarque :

— Messieurs, le
Roi !

Louis XIV entra,
prit place et tout le
monde s'assit.

Seul, Bossuet resta
debout, respectueux
sans bassesse, mo-
deste sans trouble,
visiblement pénétré
de son culte pour le
pouvoir et tout à la
fois de la supériorité
de son ministère di-
vin. Le roi le regarda
fixement.

L'un et l'autre,
Bossuet et Louis
XIV se mesurèrent
a i n s i réciproque-
ment. Les contem-
porains assurent que
le roi était déjà con-
quis, rien qu'à ce
premier coup d'œil
qui ne trompait ja-
mais son incompa-

Fig. 49. — Louis XIV (1638-1715). D'après le tableau de Rigaud. (*Galeries
historiques de Versailles.*)

rable pénétration. Du moins, n'en laissa-t-il rien voir, et les courtisans,
toujours prêts à composer leur visage sur celui du maître, n'y purent rien
démêler.

Le jeune orateur n'attendait pas cet auguste encouragement du sourire royal,
et Louis XIV avait compris que ce nouveau prophète n'en avait nul besoin.
Il se sentit dompté par cet homme, aussi grand que lui par les côtés éminents

de son être, et plus grand par la mission dont il était investi et pénétré.

Bossuet commença. Il parla comme eût parlé un voyant d'Israël devant le plus grand des rois de Juda. Il conduisit ses auditeurs à l'école du sacrifice, tel que l'enseignait le mystère du jour. Pressentant les orages prochains que soulèveront autour du cœur du monarque les ardeurs de sa nature et les complicités de l'adulation, il répond à ce regard que Louis XIV a jeté tantôt sur lui, en rappelant que « si c'est quelque chose de si agréable d'imprimer le respect par ses regards, combien plus de conserver à la raison cet air de commandement avec lequel elle est née, cette majesté intérieure qui modère les passions, qui tient les sens dans le devoir... »

Il allait finir, quand, tout à coup, paraissant s'animer d'un nouveau courage, il interpella directement son royal auditeur :

— Sire, dit-il, Votre Majesté rendra compte à Dieu de toutes les prospérités de son règne, si vous n'êtes aussi fidèle à faire ses volontés, comme il est soigneux d'accomplir les vôtres. Plus la volonté des rois est absolue, plus elle doit être soumise... Rien de plus dangereux à la volonté d'une créature que de penser trop qu'elle est souveraine !

A quelques jours de là, le premier dimanche de carême, commença la station proprement dite. Louis XIV, avant le sermon, avait donné des signes de son impatience à voir arriver le moment où il irait reprendre place devant cette chaire. Bossuet l'avait remué dès le premier jour. Comme on devine la forte charpente d'un bel édifice sous la majesté des ornements, il avait deviné le grand orateur de son siècle. D'autres préféreront Bourdaloue, Mascaron, Massillon. Bossuet demeurera toujours le prédicateur du roi.

Avec Anne d'Autriche et Marie-Thérèse, Louis XIV avait à ses côtés Monsieur et la duchesse de Montpensier. Bossuet aborda de front ce grand thème de la Providence qui le préoccupa toute sa vie et lui dicta ses plus beaux chefs-d'œuvre, à tel point qu'on a pu, sans mentir, le désigner d'un nom qui, nous l'avouons, nous paraît le mieux lui convenir entre tous les surnoms glorieux dont la postérité l'a honoré, en l'appelant « le prophète et le docteur de la Providence ».

« C'est une chose surprenante, s'écrie-t-il en débutant, que ce grand silence de Dieu parmi les désordres du genre humain. »

Louis XIV tressaillit à ce trait. Son œil se fixa sur l'auteur et ne s'en détacha plus jusqu'à la fin. Bossuet en fut touché.

— Vous savez, ô Dieu vivant, dit-il d'un accent profond, le zèle ardent qui m'anime pour le service de mon roi. O Dieu, donnez efficace à votre parole !

Puis, détournant son beau regard de l'autel au trône,

— Sire, ajouta-t-il, c'est Dieu qui doit parler en cette chaire !

Tout le long de ce carême, comme pendant l'avent de 1665 où Louis XIV réclama son prédicateur préféré, Bossuet se montra tel qu'il demeura toujours, noble et sublime dans ses pensées, correct et de plus en plus épuré dans son langage, sûr et profond dans sa doctrine, mais aussi ferme et vraiment apostolique.

C'est une injustice criante que l'aveuglement passionné des critiques, qui ont osé taxer d'adulation courtisanesque (1) le langage si noble, si mesuré, si apostolique de Bossuet devant le grand roi. Sans doute, Bossuet a professé (2) une sorte de culte pour la monarchie, c'était dans l'esprit de sa famille et dans l'esprit de la nation ; il a mesuré, de tout son génie, ce qu'il y avait de grandeur personnelle dans le roi Louis XIV. Mais il faut n'avoir jamais lu ses sermons prononcés devant le royal objet de son admiration, pour ne pas se rendre compte que, de ses lèvres éloquentes et hardies tombèrent souvent des leçons que ne supporterait plus d'entendre aujourd'hui l'oreille du plus petit proconsul du dernier village de France.

On attendait, à la fin du carême de 1662, non sans quelque curiosité un peu mêlée d'impatience, de voir comment Louis XIV, évidemment sous le charme, saurait trouver une expression adéquate de sa satisfaction.

Le roi déjoua l'attente des courtisans.

Sans rien dire à personne ni à l'orateur lui-même de son dessein, il appela, dans le secret de son cabinet royal, le secrétaire le plus intime, Rose, et, quelques instants après, un courrier extraordinaire partait pour Metz ! Louis XIV venait d'avoir une de ces inspirations, comme il devait en avoir bien d'autres dans son règne, une de ces vues subites d'un cœur royal qui gagnent et séduisent les cœurs au point de les fondre dans un attendrissement irrésistible. Consultant son âme, il se dit que rien ne toucherait davantage l'âme

(1) « Cet homme, dit M. de Maistre, à qui les souffrances du peuple n'arrachèrent jamais un seul cri. » L'éditeur des sermons de Bossuet lui-même, Dom Déforis, lui reproche « d'avoir donné trop de louanges à Louis XIV », « et d'avoir rempli (!) ses discours des éloges de ce monarque ». La Harpe ajoute que ces louanges furent toujours « directes et sur le ton de l'hyperbole ». Sismondi affirme, d'une façon encore plus générale, que « jamais, à la Cour de Louis XIV, ne sortit, de la bouche des prédicateurs du Louvre, un conseil, jamais une exhortation à l'humanité, à la miséricorde, rien enfin autre chose que les accents de l'adulation. » Il n'est pas jusqu'à Lamartine qui, après avoir fait sur tant de points, et en termes magnifiques, l'éloge de Bossuet, ne trouve, « dans toute sa conduite avec Louis XIV, que la complaisance d'un courtisan ».

(2) M. Floquet, dans ses riches *Études sur Bossuet*, a pulvérisé ces sottes accusations, en prenant la peine de rechercher, dans les œuvres du grand orateur, une masse accablante de textes et de documents qui prouvent, jusqu'à l'évidence, que Bossuet n'a été ni flatteur, ni oublieux des devoirs du prédicateur devant la Cour.

du fils comme la joie du père. Il venait d'écrire au père de Bossuet :

— Je vous félicite d'avoir un tel fils !

Et, à quelques années de là, comme on lui montrait, avant le sermon, le vieillard, confondu dans la foule pressée au pied de la chaire de son fils :

— Ah ! dit-il, voilà un père qui doit être bien heureux !

Nul ne comprit mieux Bossuet que Louis XIV. Les autres voyaient surtout en lui les qualités de l'esprit. Cet homme leur semblait trop grand pour avoir beaucoup de cœur, comme si le cœur n'était pas, sinon le tout, du moins le plus beau côté de notre nature, à tel point que, pour définir l'homme par excellence, l'homme parfait, on a pu dire : « Jésus-Christ, c'est surtout son cœur ! »

Louis XIV pénétra plus avant que les autres dans la connaissance du plus beau génie de son siècle, et, nous le verrons plus tard, lorsque son cœur royal aura besoin d'être consolé, c'est à Bossuet qu'il demandera ce réconfort que sa majesté lui interdisait de réclamer près d'un autre.

Ce qu'Homère est encore pour l'épopée, Bossuet le sera pour le genre d'éloquence qui lui fut subitement ouvert, la veille même du jour où il se disposait humblement à entrer en retraite préparatoire à son sacre.

Nous voulons parler des Oraisons Funèbres, cette gloire devenue française de la carrière oratoire de Bossuet. Dans l'impossibilité matérielle de tout dire, nous ne rappellerons qu'un seul souvenir.

C'était à Notre-Dame. La vieille basilique en deuil attendait, silencieuse malgré la foule illustre qui la remplissait, une voix capable d'harmoniser les douleurs nationales avec un chant funèbre digne de la France et d'un si glorieux cercueil.

Le voici, enfin, l'éloquent traducteur de ce deuil national, avec son beau visage pénétré d'une douleur contenue, avec ses cheveux blancs qui lui font une auréole, avec son inspiration de pontife et de prophète, « faisant cet effort, pour sa douleur, d'animer de sa voix toutes ces tristes représentations et tout cet appareil funèbre ». Comme il la domine du regard, cette pompe vraiment royale ! Et comment la regarderait-il d'un autre œil ? Ne vient-il pas, dans cette chaire, « pousser à bout la gloire humaine, détruire cette idole des ambitieux », l'abattre d'un coup superbe pour « qu'elle tombe anéantie devant les autels » ?

On a épuisé les ressources de la langue française pour louer ce dernier accent de l'éloquence funèbre, que nul, sans une inspiration plus qu'humaine, ne dépassera jamais.

« C'est la première leçon d'éloquence française, par laquelle on essaie le goût et les dispositions des générations naissantes. Elle vient se graver d'elle-même dans la mémoire des jeunes gens aussitôt que leur oreille se montre sensible à l'harmonie; elle fait battre de jeunes cœurs étonnés d'une émotion qu'ils n'avaient point encore ressentie, elle fait couler les premières larmes que la puissance du génie arrache à des âmes encore neuves. A quelque âge que ce soit, quelque gloire qu'on ait acquise dans la carrière des armes, des lettres, de la magistrature, du barreau, de l'éloquence de la chaire, on se rappelle avec complaisance l'enthousiasme qu'on éprouva dans ses jeunes ans en lisant pour la première fois l'oraison funèbre du grand Condé; et on aime à attribuer au sentiment naissant de tant de beautés l'attrait et le goût qui ont dirigé nos études dans la maturité de l'âge. »

Le cardinal de Bausset, en faisant cette juste remarque, ajoute ensuite, pour expliquer la raison de cette influence que tous les lecteurs ont sans doute éprouvée : « Ce que la religion a de plus auguste et de plus sacré; l'histoire, de plus imposant; l'éloquence, de plus noble et de plus majestueux; la poésie, de plus sensible, se trouve réuni dans

Fig. 5o. — Bossuet (1627-1704). D'après la gravure d'Edelinck. XVIIe siècle.

cette admirable composition; et il faut dire qu'elle est encore plus l'ouvrage du cœur de Bossuet que celui de son génie. »

On n'attend pas ici une reproduction de tant de morceaux, qui sont dans toutes les mémoires. Mais comment résister au besoin de rappeler, au moins d'un mot, avec quelle fière audace l'orateur sacré abat l'idole au pied des autels :

« La gloire!... Ah! qu'est-ce que la gloire des rois, des conquérants, des Alexandre, qui s'efforce de s'attacher, quoi? Peut-être à leurs médailles, ou à leurs statues déterrées, reste des ans et des barbares; aux ruines de leurs monuments et de leurs ouvrages qui disputent avec le temps, ou plutôt à leur idée, à leur ombre, à ce qu'on appelle le nom... Venez, rassasiez-vous, grands de la terre! saisissez-vous si vous pouvez, de ce fantôme de gloire!... »

Et cet hommage profond et saisissant rendu à ce qu'il y a de meilleur en l'homme :

« Lorsque Dieu forma le cœur et les entrailles de l'homme, il y mit la bonté, comme le propre caractère de la nature divine, et pour être comme la marque de cette main bienfaisante dont nous sortons. »

Et cette image du « fleuve majestueux et bienfaisant », que les maîtres ont retenue comme modèle et comme exemple! Et ces mots jetés comme par hasard et demeurés proverbes, « ce je ne sais quoi d'achevé que le malheur ajoute aux grandes vertus ». Et cette grande leçon de la foi de Condé mourant : « Chrétiens, vous devez l'en croire; dans l'état où il est, il ne voit plus rien au monde que la vérité. »

Mais surtout, comment omettre ce défilé incomparable, où Bossuet mit tout son génie avec tout son cœur!

Représentons-nous, avec le premier historien de Bossuet, « s'il est possible, le siècle de Louis XIV encore dans sa splendeur, et tout ce que la France comptait alors de noms fameux par la grandeur, le génie, la naissance, les dignités, réuni dans le premier temple de la capitale; toutes les livrées de la mort décorées d'une lugubre magnificence; les sombres voûtes des tombeaux fermées aux rayons du jour, et éclairées de la seule clarté des flambeaux de la nuit; les princes et princesses d'une auguste famille privés de celui qui en avait fait la gloire et l'ornement; les compagnons et les témoins de tant de victoires; les amis éplorés d'un prince dont l'amitié seule était un titre d'honneur; les pontifes de la religion, dont le ministère sacré se montre encore plus imposant dans ces grands triomphes de la mort; tous les premiers ordres de l'État en longs habits de deuil... Voyons-les traverser en silence cette lugubre enceinte, et s'approcher avec respect de ce vaste monument dont la hauteur s'élevait jusqu'à la voûte du temple, comme pour porter jusqu'au ciel les prières et les vœux de la religion et de la patrie ».

Représentons-nous maintenant, « à la suite de ce long cortège, Bossuet avec ses cheveux blancs que ses travaux avaient vieillis avant l'âge, recueilli dans sa douleur et dans les pensées qui lui retracent tant de souvenirs chers à sa grande âme, laissant échapper, d'une voix affaiblie, ces paroles, les dernières qu'il devait faire entendre dans la chaire funèbre (1) » :

— Pour moi, s'il m'est permis, après tous les autres, de venir rendre les derniers devoirs à ce tombeau, ô prince, le digne sujet de mes louanges et de

____

(1) Bausset, *op. cit.,* liv. VIII, n. 7.

mes respects! vous vivrez éternellement dans ma mémoire : votre image y sera tracée, non point avec cette audace qui promettait la victoire, non, je ne veux rien voir en vous de ce que la mort y efface; vous aurez dans cette image des traits immortels. Je vous y verrai tel que vous étiez à ce dernier jour, sous la main de Dieu, lorsque sa gloire commença à vous apparaître; c'est là que je vous verrai plus triomphant qu'à Fribourg et à Rocroy... Agréez ces derniers efforts d'une voix qui vous fut connue. Vous mettrez fin à tous ces discours. Au lieu de déplorer la mort des autres, grand prince, dorénavant je veux apprendre de vous à rendre la mienne sainte. Heureux si, averti par ces cheveux blancs du compte que je dois rendre de mon administration, je réserve au troupeau que je dois nourrir de la parole de vie, les restes d'une voix qui tombe et d'une ardeur qui s'éteint!

Il n'y a rien après de telles beautés.

IX.

Il y avait, ce soir-là, lecture dans les salons de Madame de Rambouillet. La société des Précieux et Précieuses, Godeau et Voiture en tête, était réunie au complet. Il s'agissait de juger la pièce nouvelle, que M. de Corneille rapportait de Rouen, désireux de la soumettre au souverain aréopage, avant de la donner aux comédiens.

Par malheur, comme on sait, Corneille lisait mal (1). Il aurait dû faire lire son nouvel ouvrage par quelque habile lecteur. Mais, comment introduire un comédien chez Madame de Rambouillet, à ce moment où la profession n'avait point, tant s'en faut, acquis droit de cité?

Pendant tout le temps que dura la lecture, Godeau se taisait et Voiture n'applaudissait guère que du bout des doigts. Cependant, dit Fontenelle, « la pièce y fut applaudie, autant que le demandaient la bienséance et la grande réputation que l'auteur avait déjà. » En termes plus modernes et moins gazés, Corneille n'avait obtenu, au tribunal des affaires de l'esprit en ce temps-là, qu'un succès d'estime.

Quand il fut parti, Godeau, en sa qualité d'évêque, jugea que le héros de la nouvelle pièce faisait montre d' « un zèle imprudent ». Les autres estimèrent

(1) Corneille reprochait un jour à Boisrobert d'avoir mal parlé d'une de ses pièces, sur le théâtre. — Comment pourrais-je avoir mal parlé de vos vers sur le théâtre, répliqua durement Boisrobert, les ayant trouvés admirables dans le temps que vous les barbouilliez en ma présence?

qu'il fallait renvoyer « ces sujets saints dans les collèges, où tout est bon pour exercer les enfants, et où l'on peut impunément représenter tout ce qui est capable d'inspirer ou de la dévotion, ou la crainte des jugements de Dieu (1) ».

Mais Corneille était un peu naïf. Il avait pris au sérieux les premiers compliments et, au sortir de la soirée, remis la pièce aux mains des comédiens.

Quand on le sut à l'hôtel Rambouillet, l'émoi fut grand. D'une part, on ne voulait pas blesser l'amour-propre d'un auteur aussi haut placé dans l'opinion, et on ne voulait pas non plus paraître avoir approuvé une pièce qui n'aurait certainement aucun succès à la scène.

Voiture se chargea de tirer l'aréopage d'embarras.

Voiture est ce Callicrate du *Grand Cyrus,* duquel Mlle de Scudéry disait que « d'une bagatelle il en faisait une agréable lettre ; et, si les Phrygiens disent vrai, lorsqu'ils assurent que tout ce que Midas touchait devenait or, il est encore vrai de dire que tout ce qui passait dans l'esprit de Callicrate devenait diamant, étant certain que, du sujet le plus stérile,

Fig. 51. — Vincent Voiture (1598-1648), de l'Académie française. D'après la gravure de E. Desrochers.

le plus bas et le moins galant, il en tirait quelque chose de brillant et d'agréable ». Or, rien assurément de « moins galant » que d'aller dire à un grand poète qu'il a eu tort de s'en fier aux compliments de ces dames. La difficulté insurmontable pour tout autre n'en était pas une pour « Callicrate ».

Il s'en vint trouver Corneille et, dit Fontenelle, « prit des tours fort délicats pour lui dire que la pièce n'avait pas réussi comme il pensait, que surtout le christianisme avait extrêmement déplu ».

Corneille alarmé voulut retirer la pièce d'entre les mains des comédiens qui l'apprenaient. Mais, l'un d'eux, qui n'y jouait point, parce qu'il se jugeait

(1) De Villiers, *Entretien sur les tragédies de ce temps.*

trop mauvais acteur, lui répondit que ses confrères (1) répondaient du succès, et s'inscrivit en faux contre l'arrêt du bureau d'esprit.

Il s'appelait Hauteroche, mauvais acteur peut-être, mais homme d'esprit et lui-même auteur de plusieurs comédies qui ne sont pas sans valeur.

Hauteroche eut raison de l'hôtel Rambouillet.

Boileau, qui ne fut pas de l'hôtel Rambouillet et ne jugeait pas plus mal pour cela, Boileau, qui « ne connaissait rien au-dessus des trois premiers actes d'Horace », qui « n'avait pas de termes assez forts pour exalter *Cinna* », regarda *Polyeucte* comme le chef-d'œuvre de Corneille.

Comme *le Cid, Polyeucte* révélait un genre de beautés inconnues, faites pour étonner la régularité de ces tribunaux suprêmes du bon goût et du bon ton, qui prononçaient sur les passions, le code des bienséances à la main. Les idées du christianisme semblaient ne pouvoir se présenter décemment sur un théâtre dont le paganisme était tellement en possession qu'on n'osait y prononcer le mot de Dieu qu'au pluriel.

L'observation est de M. Guizot (2). Sainte-Beuve lui a donné son développement historique, dans cette analyse qu'il a faite de la tragédie chrétienne dans son *Port-Royal* (3), en se plaçant malheureusement au point de vue un peu systématique de l'influence exercée sur l'inspiration de Corneille par « ces vagues rumeurs des questions de la Grâce qui grondaient à l'entour ».

Corneille s'inspira, croyons-nous, exclusivement de son génie profondément religieux, qui lui permit de remettre sur la scène un sujet banni par l'engouement des sujets empruntés au paganisme et aussi, reconnaissons-le avec Sainte-Beuve, par le mauvais goût de ceux qui l'avaient précédé dans cette voie des *Mystères*. « Depuis longtemps, on ne faisait plus en France de *Mystères*. Ce genre, qui avait tant charmé et orné le moyen âge, surtout le moyen âge déclinant; qui avait rempli les quatorzième et quinzième siècles, et le commencement du seizième, avait été repoussé comme barbare et grossier lors de la renaissance des lettres; il s'était continué depuis en divers endroits sans

(1) Prévoyaient-ils que la pièce à l'étude amènerait la déclaration faite par le roi en 1641 en faveur de leur profession? C'est grâce à elle, en effet, que cet exercice qui, selon les termes de l'édit, « peut innocemment divertir le peuple de diverses occupations mauvaises », ne peut plus « être imputé à blâme aux comédiens, ni préjudicier à leur réputation dans le domaine public ». On n'a pas assez remarqué l'influence du théâtre de Corneille, et de cette pièce en particulier, sur l'opinion nouvelle qui s'introduisait dès lors, en France, en faveur de ce qu'on appelait alors « la Comédie », où bien des gens religieux, des ecclésiastiques mêmes, comme nous l'avons raconté nous-même dans le volume consacré à *Bossuet*, ne se firent plus scrupule de paraître, surtout quand on représentait des pièces aussi morales que celle-là.

(2) *Op. cit.*, p. 199.

(3) T. I, p. 121.

doute, mais obscurément, et sur des tréteaux sans honneur. Chose remarquable! il n'avait rien laissé de distinct (1) et qui ressemblât de loin à une œuvre individuelle, ne fût-ce qu'à un accident particulier de talent. Tandis que les moralités ou farces, également rejetées et répudiées à cette époque du seizième siècle, laissaient du moins le souvenir survivant de quelques œuvres, de l'une au moins (et celle-là immortelle), l'*Avocat Patelin*, les *Mystères* n'avaient à offrir dans leur masse aucun échantillon pareil, aucune trace singulière, qui de loin eût nom. Quand l'école de Ronsard et de Jodelle eut remplacé ces genres surannés par une tentative classique et grecque, les sujets chrétiens cédèrent naturellement le pas à des sujets antiques : les Grecs et les Romains firent leur entrée sur notre théâtre et y mirent le pied pour longtemps; la famille des Atrides, Agamemnon en tête, nous arriva à toutes voiles. Ce fut, comme on disait, toute une flottille de héros d'Ilion : Francus ramenait Hector... L'héritage des mystères était donc à peu près oublié et perdu en France, quand Corneille rouvrit soudainement le genre sacré par *Polyeucte*, et, chez nous, le fonda, le premier, dans l'art (2). »

(1) Il ne s'agit, bien entendu, point ici des *Épopées* ni des *Chansons de Geste*, si noblement tirées d'un injuste oubli par la verve et l'érudition patriotique de M. Léon Gautier.

(2) Je regrette que Boileau, en ses œuvres, ne se soit pas plus déclaré là-dessus; je ne me rappelle pas d'endroit notable où il cite particulièrement le saint martyr, tandis qu'il allègue à tout instant le *Cid*, *Cinna*, les *Horaces*. J'aurais voulu que, dans l'*Art poétique*, à propos de l'art chrétien, il fît tout haut à *Polyeucte* la part glorieuse et motivée dans laquelle il admit plus tard *Athalie*. Lorsqu'il a parlé au long et avec mépris des anciens mystères et des martyrs chrétiens produits sur la scène :

> De pèlerins, dit-on, une troupe grossière
> En public à Paris y monta la première,
> Et, sottement zélée en sa simplicité,
> Joua les Saints, la Vierge et Dieu, par piété.
> Le savoir, à la fin, dissipant l'ignorance,
> Fit voir de ce projet la dévote imprudence :
> On chassa ces docteurs, prêchant sans mission,
> On vit renaître Hector, Andromaque, Ilion.

Ce sont de beaux vers; mais Boileau en les écrivant aurait pu se souvenir de *Polyeucte*, et dire (c'eût été le lieu naturel) que ce genre religieux, longtemps bas, en effet, et grossièrement naïf, et justement rejeté, avait été comme ressaisi à distance, transformé et renouvelé par un coup de génie, qu'il se trouvait avoir un dernier et soudain héritier, un rejeton imprévu et le premier illustre, dans le *Polyeucte* de Corneille, et il aurait pu ajouter, sans trop de complaisance, dans le *Saint-Genest* de Rotrou. Ces choses, un peu difficiles à dire en vers, auraient provoqué agréablement sa verve industrieuse, et servi l'ornement en même temps que le fond de son poème. Mais c'est trop demander. Je ne trouve pas non plus *Polyeucte* mentionné à côté des quatre chefs-d'œuvre, le *Cid*, *Cinna*, *Horace* et *Pompée*, que Racine énumère dans son discours académique pour la réception de Thomas Corneille. Fontenelle, qui, par son esprit, fut digne de tout comprendre et presque de tout sentir, le même qui a qualifié l'*Imitation de Jésus-Christ* d'un mot immortel, a eu de *Polyeucte* la véritable idée; voyant Corneille hésiter dans ses préférences paternelles entre *Cinna* et *Rodogune*, il passe entre les deux et va droit à la palme sainte, qu'il juge la plus belle. (SAINTE-BEUVE, *Port-Royal*, t. I, p. 133.)

— Je reviens à *Polyeucte*, dont le succès a été très heureux. Le style n'en est pas si fort ni si majestueux que celui de *Cinna* et de *Pompée,* mais il a quelque chose de plus touchant, et les tendresses de l'amour humain y font un si agréable mélange avec la fermeté du divin, que sa représentation a satisfait tout ensemble les dévots et les gens du monde. A mon gré, je n'ai point fait de pièce où l'ordre du théâtre soit plus beau et l'enchaînement des scènes mieux ménagé.

C'est en ces termes candides que Corneille, jugeant lui-même son chef-d'œuvre, en a indiqué le caractère unique, à savoir, la beauté des caractères portée à leur suprême degré par la grâce du christianisme. Ajoutez à cela que nulle autre tragédie n'est mieux conduite que *Polyeucte,* dans le théâtre de Corneille, et vous aurez, en deux traits, le mot du chef-d'œuvre.

Il l'avait bien senti, avec l'instinct de son génie, quand il en parlait comme on vient de le voir, et cependant il hésitait, redoutant la critique. Il va au-devant :

— L'unité d'action, dit-il, et celles de jour et de lieu, y ont leur justesse, et les scrupules qui peuvent naître touchant ces deux dernières se dissi-peront aisément, pour peu qu'on me

Fig. 52. — Pierre Corneille (1606-1684). D'après le tableau de C. Lebrun.

veuille prêter de cette faveur que l'auditeur nous doit toujours, quand l'occasion s'en offre, en reconnaissance de la peine que nous avons prise à le divertir.

On rougit de voir un aussi grand génie, pour la révérence de pareilles vétilles, entravé à ce point et tremblant de peur des pédants férus d'Aristote (1)!

(1) On ne saurait, en effet, assez regretter, avec Sainte-Beuve (*Portr. litt.,* t. I, p. 45) et l'école nouvelle qui arguait de Shakespeare et de Lope de Vega, l'influence d'une poétique superficielle et méticuleuse, dont Corneille s'inquiétait outre mesure, et qui nous livre le secret de tout ce qu'il y a de louche, d'indécis et d'incomplètement calculé dans l'ordonnance de ses tragédies. Ses *Discours* et ses *Examens* nous donnent sur ce sujet mille détails, où se révèlent les coins les plus cachés de l'esprit du grand Corneille. On y voit combien l'impitoyable unité de lieu le tracasse,

L'auditeur a bien d'autres soucis que celui des unités d'Aristote, quand il voit se dérouler devant lui ces types immortels de Sévère, de Pauline, de Polyeucte, de Néarque, de Félix, de tous ces beaux caractères d'une peinture achevée, où l'on se surprend à s'identifier si bien avec eux qu'on voudrait soi-même sentir et parler comme ils sentent et parlent.

La pièce est entre les mains de tous mes lecteurs. Ils la savent par cœur en tant d'endroits, que vouloir la parcourir au vol de l'analyse serait au moins superflu.

Mais comment résister à relever, ou mieux à rappeler au passage ces sublimités qui transportèrent nos jeunes âmes, aux premiers jours où les mystères des lettres et du goût nous furent montrés par des maîtres, dont nous partageâmes aussitôt l'enthousiaste admiration?

Quel dialogue humain et divin tout à la fois que celui de Néarque et de Polyeucte :

— Vous voulez donc mourir?
— Vous aimez donc à vivre?

Et cette réclamation, charmante de discrète réserve, de l'épouse encore païenne, à qui Stratonice vient de déclarer que son époux n'est plus digne d'elle, parce que maintenant

> C'est l'ennemi commun de l'État et des Dieux,
> Un méchant, un infâme, un rebelle, un perfide,
> Un traître, un scélérat, un lâche, un parricide,
> Une peste exécrable à tous les gens de bien,
> Un sacrilège impie, en un mot, un chrétien!

La confidente parle comme une Romaine, attachée à son culte par tous les préjugés de l'opinion et de la loi. Elle s'exprime comme on s'exprimait à Rome même. Pauline doit penser comme Stratonice, et le langage de celle-ci n'avait pas droit de l'étonner. Mais son cœur se révolte :

> Ce mot aurait suffi sans ce torrent d'injures!

Et, au quatrième acte, lorsque Polyeucte prie ou plutôt chante sa merveilleuse prière :

> Source délicieuse, en misères féconde,
> Que voulez-vous de moi, flatteuses voluptés?

combien il lui dirait de grand cœur : *Oh! que vous me gênez!* et avec quel soin il cherche à la concilier avec la *bienséance*. Il n'y parvient pas toujours et s'en excuse, comme ici, quand il prie les auditeurs de lui pardonner d'avoir fait venir Pauline « jusque dans une antichambre pour trouver Sévère, dont elle devait attendre la visite dans son cabinet ».

c'est l'âme d'un martyr chrétien qui déborde, empruntant à la langue humaine sa forme la plus belle qui est la poésie, et à la voix son harmonie suprême qui est le chant. Il pense en vers, ce sublime confesseur de la foi, et il chante sa parole, c'est déjà presque le ciel!

Et cet entretien, où Pauline essaye d'attendrir Polyeucte :

Elle allait parler sans respect du Dieu de son époux, le martyr l'arrête :

> Tout beau (1), Pauline, il entend vos paroles,
> Et ce n'est pas un Dieu comme vos Dieux frivoles,
> Insensibles et sourds, impuissants, mutilés...
> C'est le Dieu des chrétiens, c'est le mien, c'est le vôtre.

Pauline se désole, elle se plaint tout haut de n'être pas aimée :

> — Je vous aime,
> Beaucoup moins que mon Dieu, mais bien plus que moi-même!

Et la scène du martyre, avec ce double mouvement toujours applaudi :

> Où le conduisez-vous?
>
> — A la mort.
>
> — A la gloire!
>
> Chère Pauline, adieu...

Et la conversion de Pauline :

> Je vois, je sais, je crois, je suis désabusée;
> De ce bienheureux sang tu me vois baptisée.

suivie de celle de Félix, qui arrache à Sévère ce cri d'admiration :

> Vos chrétiens, qu'on persécute en vain,
> Ont quelque chose en eux qui surpasse l'humain.

Comment analyser de pareilles magnificences?

---

(1) Cette locution, trop peu noble, même pour une conversation familière, perd sa bassesse dans un dialogue sublime; dépouillée de son caractère personnel, elle n'est plus que le signe d'une idée qui nous touche, l'expression forte et naturelle d'un sentiment vif, et pourvu qu'elle nous le représente bien, tout le reste est écarté. (GUIZOT, *op. cit.*, p. 216.)

X.

Nous voudrions raconter encore les autres gloires littéraires du Grand Siècle, celle de Racine, par exemple, appelé, par une confiance auguste, à traiter, sur la scène française, en deux immortels chefs-d'œuvre, les grands sujets bibliques.

Mme de Caylus a raconté comment Racine fit *Esther*.

« Mme de Maintenon, dit-elle, était d'avis que les représentations théâtrales sont bonnes à la jeunesse, apprennent à mieux prononcer et cultivent la mémoire. »

Elle écrivit à M. Racine, après la représentation d'*Andromaque* : « Nos petites filles viennent de jouer *Andromaque,* et l'ont si bien jouée qu'elles ne la joueront plus ni aucune de vos pièces. » Elle le prie, dans cette même lettre, de lui faire dans ses moments de loisir quelque espèce de poème moral ou historique dont l'amour

Fig. 53. — Jean Racine (1639-1699). D'après une gravure du XVIIe siècle.

fût entièrement banni, et dans lequel il ne crût pas que sa réputation fût intéressée, puisqu'il demeurerait enseveli dans Saint-Cyr, ajoutant qu'il ne lui importait pas que cet ouvrage fût contre les règles, pourvu qu'il contribuât aux vues qu'elle avait de divertir les demoiselles de Saint-Cyr en les instruisant.

Esther fut représentée un an après la résolution que Mme de Maintenon avait prise de ne plus laisser jouer de pièces profanes à Saint-Cyr. Elle eut un si grand succès que le souvenir n'en est pas encore effacé.

XI.

Ces souvenirs sont charmants. On s'y attarderait à l'infini, mais, ce chapitre est déjà bien long. A peine la place de dire que, si nous en avions le loisir, nous retrouverions le même esprit chrétien, la même influence religieuse chez Boileau, La Bruyère, Mme de Sévigné, La Fontaine, Pascal, Fénelon et toutes ces gloires de la littérature française au Grand Siècle qui, en répandant au loin le renom de la France, prouvèrent aux nations que l'Église est une lumière pour les intelligences, comme elle est une consolation pour les cœurs.

Le Grand Siècle, lui aussi, a chanté, dans les annales des lettres humaines, les « Gestes de Dieu et de son Église accomplis par la France. »

CHAPITRE VI.

LE SIÈCLE DU SACRÉ-CŒUR

Premières apparitions de guerres funestes. — Les trois querelles. — Les salons au dix-huitième siècle. — Le règne du vice. — Voltaire. — *L'Encyclopédie.* — Jean-Jacques. — L'instrument choisi par le Cœur de Jésus qui aime la France. — L'apparition du 16 Juin 1675. — Ses conséquences d'après Mgr Bougaud. — Les vues du Sacré-Cœur sur la France. — La nouvelle Jeanne d'Arc. — Le Fils aîné du Sacré-Cœur. — Pourquoi Louis XIV ne répondit pas à cet appel. — Un événement qui précipite une marche. — La peste à Marseille. — Récits et souvenirs des contemporains. — Héroïsmes et drames. — Belsunce consacre Marseille au Sacré-Cœur. — L'Amende Honorable et le Vœu de la peste. — Délibération des échevins de Marseille. — L'Église est une mère. — Comment elle le prouve en face de l'incrédulité montante. — La mort de Voltaire d'après son médecin Tronchin. — Autres récits.

I.

Le lecteur attentif, qui a suivi de près ce que nous venons de dire sur le grand siècle, y a remarqué aisément un caractère religieux et moral, qui assure, aux choses leur intérêt et aux hommes leur dignité. On regardait l'Évangile comme le plus ferme appui de l'ordre social, comme le plus fort lien entre le prince et les sujets, comme la meilleure ou plutôt la seule école de morale, comme la loi la plus puissante pour porter à la vertu et éloigner du vice. Il semble y avoir, entre les princes et les particuliers, une louable émulation à qui secondera, le plus efficacement, tous les projets qui peuvent tourner à l'avantage de la religion et au bonheur des peuples. Une ardeur générale s'est emparée des esprits. Le progrès des lumières ne nuit point à la croyance, il la suppose; l'amour des sciences et la culture des lettres n'étouffent point la foi et l'on n'a point l'audace vaniteuse de se frayer des routes inconnues qui mènent à des précipices. On n'affiche point le mépris des institutions anciennes, ni l'engouement pour de nouveaux systèmes, ni des idées excessives d'indépendance et de liberté.

A la fin toutefois, des yeux exercés ne peuvent manquer d'apercevoir les germes funestes d'une irréligion qui va pousser tout au dévergondage. Dans les écoles de philosophie et dans les communions protestantes, on a posé tous les principes de dissolution sociale, l'application n'est pas loin.

Pendant que le Jansénisme (1), « la plus subtile des hérésies que le diable ait jamais tissues, » rétrécit les bras du Crucifix, restreint les miséricordieux effets de la Rédemption, et par sa froide sophistique éteint dans les cœurs les flammes de la véritable piété; pendant que le Gallicanisme redouble d'audace et menace de rompre les liens qui, depuis Clovis, avaient si étroitement uni la nation très chrétienne à l'Église, dont elle était la fille aînée, à la faveur des mœurs publiques et des discordes religieuses, l'incrédulité se glisse dans la nation.

Les salons au dix-huitième siècle y contribuent fort, car, l'on s'y pique de parler de tout avec une complète licence. « Recevoir, donner à dîner, entretenir agréablement des hôtes, voilà l'emploi d'un grand seigneur de cour, c'est pourquoi la religion et le gouvernement ne sont pour lui que des sujets d'entretien. » « C'est là, dit Morellet, qu'il fallait entendre la conversation la plus libre, la plus animée et la plus instructive qui fût jamais. Point de hardiesse politique ou religieuse qui ne fût mise en avant et discutée *pro et contra*. Souvent un seul y prenait la parole et proposait sa théorie paisiblement et sans être interrompu. D'autres fois c'était un combat singulier en forme, dont tout le reste de la société était tranquillement spectateur. »

Cette licence devait fatalement aboutir au scepticisme. « Presque tous les gens d'étude et de bel esprit, écrit d'Argenson, se déchaînent contre notre sainte religion. Elle est secouée de toutes parts, et, ce qui anime davantage les incrédules, ce sont les efforts que font les dévots pour obliger à croire. Ils font des livres qu'on ne lit guère; on ne dispute plus, on se rit de tout, et l'on persiste dans le matérialisme. » Et ailleurs : « on n'ose plus parler pour le

---

(1) « Tout le gros de Paris, écrit Barbier, hommes, femmes, petits enfants, tient pour le jansénisme, sans rien entendre à ces distinctions et interprétations, par haine contre Rome et les Jésuites. Tout ce monde est entêté comme un diable. Les femmes, femmelettes et jusqu'aux femmes de chambre s'y feraient hacher. »

clergé dans les bonnes compagnies; on est honni et regardé comme des familiers de l'inquisition. Les prêtres ont remarqué cette année (1753) une di-
minution de plus d'un tiers dans le nombre des communiants. On a observé
aussi pendant le carnaval à Paris, que jamais on n'avait vu tant de masques
au bal contrefaisant les habits ecclésiastiques, en évêques, abbés, moines et
religieux. Enfin, la haine contre le sacerdoce et l'épiscopat est portée au dernier excès. »

L'incrédulité s'incarna en la personne de Voltaire, dont le génie, dépourvu
de grandeur, était essentiellement vulgarisateur. Il excellait à réduire dans une
petite phrase incisive, dans une métaphore, dans un vers, tout un volume d'ar-
guments contre la religion. Il en faisait une monnaie courante qui pénétrait
partout. Ajoutez à cela de l'esprit, beaucoup d'esprit, et le rire poussé presqu'au sarcasme. C'est Voltaire.

Il s'allia avec d'Alembert et Diderot, dans la lourde machine de guerre,
connue, dans l'histoire anti-religieuse, sous le nom d'*Encyclopédie*. C'était un
dictionnaire universel, dont on a pu dire que les auteurs de ce monumental
libelle contre la vérité historique et philosophique suivaient la ligne de conduite recommandée par les conseils et l'exemple de Voltaire : attaquer les
fondements de l'État et de la Religion, de toute société, et crier comme des
brûlés chaque fois qu'on les accusait d'impiété, accuser les jésuites d'établir
l'Inquisition, se proclamer martyrs, et attendrir les benêts en faisant courir
le bruit qu'on voulait les pendre.

C'est ainsi que d'Alembert l'écrit, à la date du 13 février 1752 : « Ce matin
paraît un arrêt du conseil que l'on n'avait pas prévu. Il supprime le dictionnaire encyclopédique, avec des qualifications épouvantables, telles que de
révolte à Dieu et à l'autorité royale, corrupteur des mœurs, etc., le tout dé-
bité en des termes obscurs et entortillés. L'on dit sur cela que les auteurs du
dictionnaire, dont il n'a encore paru que deux volumes, doivent donc être
suppliciés incessamment et que l'on ne peut s'empêcher de les poursuivre et
faire informer contre eux. Il s'ensuivra la perte de quantité de gens de lettres
très précieux à la France, et dont s'enrichiront nos voisins envieux. Mais ce
qui s'ensuit encore davantage, c'est l'établissement d'une véritable inquisition
en France, inquisition dont les jésuites se chargent avec joie, qu'ils recher-
chent depuis longtemps et exécuteront avec rigueur... »

Voltaire se chargea d'y rédiger les articles religieux. « Je vous assure, écrivit-il à d'Alembert en parlant des prêtres, que nous les mènerons bon train;
ils boiront le calice jusqu'à la lie. » Et il ajoutait, en prenant à parti Dieu
lui-même : « Écrasons l'infâme! »

L'entreprise fut conduite avec une habileté consommée. « J'ai fait plus en mon temps que Luther et Calvin dans le leur, » disait Voltaire. De son côté, Jean-Jacques Rousseau déclare la guerre à la société.

« Dans un galetas, au fond d'une rue boueuse de Paris, vivait un déclamateur doublement étranger à la France par son origine et par sa religion. Il affectait de ne vouloir vivre que du travail de ses mains. Il avait pour compagnie ordinaire une concubine idiote et la digne mère de cette créature, femme à toutes mains, qui portait sous le manteau tout ce qui naissait de lui, les manuscrits aux imprimeries clandestines, les enfants à la charité. »

Le mouvement imprimé aux idées par Voltaire et Rousseau devait avoir son contre-coup sur les institutions elles-mêmes. Aussi Condorcet pouvait-il dire avec raison, quelques années plus tard : « Voltaire n'a pas vu tout ce qu'il a fait ; mais il a fait tout ce que nous voyons. »

II.

C'est à ce moment de péril imminent que le divin Amour fait éclater une nouvelle manifestation, et la France est encore choisie pour en être le théâtre, le témoin et le premier objet.

L'instrument choisi par la divine Providence qui veille sur la fille aînée de l'Église fut une humble fille de Bourgogne, nommée Marguerite-Marie Alacoque.

Elle entra aux « Saintes-Maries » de Paray-le-Monial, où l'appelait une irrésistible vocation ; c'était en 1671. Dès lors les faveurs du ciel se multiplièrent. Notre-Seigneur la comblait de ses caresses, et l'HONORA JUSQU'A SOIXANTE-DOUZE FOIS DE SA PRÉSENCE. Entre toutes ces apparitions, il en est une surtout qui restera éternellement célèbre, c'est celle du 16 juin 1675. Ce jour-là, qui était un jour de l'octave du Saint-Sacrement, la Bienheureuse était à genoux devant la grille ouverte du chœur, les yeux fixés sur le tabernacle. Elle venait de recevoir « des grâces excessives de son amour », c'est le seul mot qu'elle en ait dit, lorsque tout à coup Notre-Seigneur lui apparut sur l'autel. Lui découvrant son divin Cœur : « VOILA, dit-il, CE CŒUR QUI A TANT AIMÉ LES HOMMES, QU'IL N'A RIEN ÉPARGNÉ JUSQU'A S'ÉPUISER ET SE CONSUMER POUR LEUR TÉMOIGNER SON AMOUR ; ET EN RECONNAISSANCE, JE NE REÇOIS DE LA PLUPART QUE DES INGRATITUDES, PAR LEURS IRRÉVÉRENCES ET SACRILÈGES, ET PAR LES FROIDEURS ET MÉPRIS QU'ILS ONT POUR MOI DANS CE SACREMENT D'AMOUR. Et ce qui m'est le plus pénible, c'est que ce sont des cœurs qui me sont consacrés. » Alors il lui demanda de faire établir dans l'Église une fête particulière pour honorer son divin Cœur : « C'EST POUR CELA QUE JE TE DEMANDE QUE LE PREMIER VENDREDI D'APRÈS L'OCTAVE DU SAINT-SACRE-MENT SOIT DÉDIÉ A UNE FÊTE PARTICULIÈRE POUR HONORER MON CŒUR, EN COMMU-NIANT CE JOUR-LA ET EN LUI FAISANT RÉPARATION D'HONNEUR PAR UNE AMENDE HONORABLE, POUR LES INDIGNITÉS QU'IL A REÇUES. Et je te promets que mon Cœur se dilatera pour répandre avec abondance les influences de son amour sur tous ceux qui lui rendront cet honneur ou qui procureront qu'il lui soit rendu. »

Cette révélation devait avoir les plus hautes conséquences. « Tout ce qui regarde la dévotion au Cœur divin de Jésus s'y trouve, dit le dernier his-torien de la Bienheureuse : son principe, qui n'est autre que l'amour débor-dant de Dieu, l'amour essayant un plus grand effort pour vaincre le mal; son but, qui est d'offrir à Dieu un culte de réparation, consolation et d'amende honorable; son caractère, qui est d'être un culte public après avoir été si longtemps une dévotion intime; ses effets enfin, qui seront une nou-velle effusion de l'amour divin sur l'Église, et plus particulièrement sur les âmes pieuses qui s'en feront les propagatrices et les apôtres. »

D'autres révélations suivirent, entre autres celle du 2 juillet 1688, où saint François de Sales, apparaissant à la bienheureuse visitandine, prononça cette étonnante parole :

— Le Cœur de Jésus veut se rendre tout de nouveau médiateur entre Dieu et les hommes.

Nouvelle Jeanne d'Arc, Marguerite-Marie se dévoue à sauver sa patrie par la dévotion au Cœur Sacré de Jésus. C'est à la mère du souverain qu'elle l'écrit : « Ah! que de bonheur pour vous et pour ceux qui contribuent à glorifier l'ai-mable Cœur de Jésus! Non seulement ils s'attirent son amitié et ses bénédictions éternelles, mais ILS GAGNENT UN PUISSANT PROTECTEUR A NOTRE PATRIE. Il n'en fallait pas un moins puissant pour détourner la juste colère de Dieu... » Le 17 juin de la même année, jour désigné pour la fête du Sacré-Cœur, la Bien-heureuse écrivait encore : « Le divin Cœur désire entrer avec magnificence dans la maison des princes et des rois pour y être honoré autant qu'il y a été outragé, méprisé et humilié en sa Passion. Il faut qu'il ait autant de plaisir à voir les grands de la terre humiliés devant lui qu'il a senti d'amertume à se voir anéanti à leurs pieds. Et voilà les paroles que j'entendis à ce sujet : « Fais savoir *au Fils aîné de mon Sacré-Cœur* — parlant de notre roi Louis XIV, — que, comme sa naissance temporelle a été obtenue par la dévotion aux mérites de ma sainte En-fance, de même il obtiendra sa naissance de gloire éternelle par sa consécration à mon Cœur adorable. Il veut triompher du sien, et par son entremise de celui des grands de la terre. Il veut régner dans son palais, être peint dans ses étendards et gravé dans ses armes, pour les rendre victorieuses de tous ses ennemis et de tous les ennemis de la sainte Église. »

Au mois d'août de la même année 1689, la Bienheureuse revient sur le même sujet et s'exprime en ces termes : « Le Père éternel, voulant réparer les amertumes et angoisses que l'adorable Cœur de son divin Fils a reçues dans la maison des princes de la terre, parmi les humiliations et les outrages de sa Passion, veut établir son empire dans le Cœur de notre grand monarque. Il entend se servir de lui pour l'exécution de son dessein, qu'il désire voir s'accomplir en cette manière : Construire un édifice où serait placé le tableau de ce divin Cœur pour y recevoir la consécration et les hommages de toute la cour.

« De plus, ce divin Cœur se veut rendre protecteur et défenseur de sa personne sacrée contre tous ses ennemis visibles et invisibles. Il l'a choisi comme son fidèle ami pour faire autoriser par le Saint-Siège apostolique la messe en son honneur, et obtenir les autres privilèges qui doivent accompagner la dévotion de son divin Cœur. C'est par ce Cœur qu'il lui départira les trésors de ses grâces de satisfaction et de salut, et répandra avec abondance ses bénédictions sur toutes ses entreprises... Qu'il sera donc heureux, s'il prend goût à cette dévotion ! Elle lui fera un règne éternel d'honneur et de gloire dans ce Cœur sacré ; et Notre-Seigneur prendra soin de l'élever dans le ciel devant son Père autant que ce grand monarque en prendra de réparer devant les hommes les opprobres et anéantissements soufferts par ce divin Cœur. »

Ainsi, dit le P. Alet à la suite de ce récit, voilà Notre-Seigneur lui-même qui montre son Cœur à une religieuse française, qui promet à la France d'être son protecteur, et réclame en particulier l'hommage de nos rois, afin de pouvoir les combler de ses bénédictions. Pourquoi ne fut-il pas tenu compte alors de ces tendres et magnifiques avances ? On a prétendu que Louis XIV connut mais « dédaigna par orgueil » le don de Dieu. Rien ne le prouve. Ce qui paraît le plus vraisemblable c'est que quelques-uns de ceux qui avaient l'oreille du roi eurent le tort de ne pas attacher assez d'importance aux merveilles de Paray-le-Monial. Tout porte à croire que, s'il les avait connues, Louis XIV n'aurait pas manqué de répondre à l'appel du Cœur de Jésus. Nous en avons pour garants : sa fidélité à renouveler chaque année la consécration de la France à la sainte Vierge ; son empressement à seconder la piété de la reine envers saint Joseph ; le soin qu'il prenait de visiter souvent et religieusement les principaux sanctuaires de la Mère de Dieu, à laquelle il rapportait le bienfait de sa naissance et l'honneur de ses victoires ; son zèle généreux à favoriser la propagation de l'Évangile en Orient et en Occident ; et enfin cette foi profonde qui lui faisait

trouver du charme à réciter chaque jour son chapelet, selon les recommanda-
tions de sa mère ; qui allait, dès 1693, le décider à retirer sa triste ordonnance sur
la Déclaration de 1682, et, après avoir réglé ses mœurs à l'âge de quarante-deux
ans, devait un jour le révéler au monde plus grand encore dans le malheur
que dans la prospérité.

Observons, d'ailleurs, à la décharge de ceux qui ne comprirent pas le dessein de Dieu, que les communications célestes de l'humble religieuse, alors si peu connue et si contestée, n'avaient pas reçu la consécration du temps ni la sanction authentique de l'Église, d'où leur vient aujourd'hui une autorité irréfragable.

Quelle qu'ait été l'infidélité des hommes, il demeure constant que Notre-Seigneur s'est servi de la B. Marguerite-Marie pour donner son Cœur à la France, et par la France à l'Église et au monde. « Louis XIV, dit éloquemment Mᵍʳ Bougaud (1), aura pu sourire, si on lui a parlé, aux jours de sa

Fig. 54. — Révélation du Sacré-Cœur à la bienheureuse Marguerite-Marie, le 16 juin 1675. (Chapelle de la Visitation, à Paray-le Monial).

splendeur, du péril que courait la France, et de la nécessité de monter plus haut
que les hommes, jusqu'au Cœur adorable de Jésus, pour trouver un remède et
un abri. Et cependant cela était vrai. De Louis XIV la France allait descendre
à Louis XV, de Louis XV à Voltaire, de Voltaire à Robespierre et à Marat... Et

____

(1) *Histoire de la Bienheureuse Marguerite Marie*, ch. xiv.

ce n'était que le commencement de nos douleurs. De 1789, descendez à 1889 : nouveau siècle guère moins triste que le précédent; où il fait obscur dans les esprits et froid dans les cœurs; où rien n'a duré; où tous les quinze ans un orage emporte un trône; où l'on vit parmi de continuels tremblements de terre, dans l'inquiétude du présent et l'incertitude de l'avenir. C'est pour de tels temps qu'avait été providentiellement préparée, et que va se tracer péniblement mais sûrement sa route, la dévotion à ce Cœur qui est doux et humble, ce qui convenait si bien au siècle de Louis XIV; qui est pur, ce dont avait tant besoin le siècle de Louis XV; que l'amour et le dévouement consument, ce qui n'aurait pas nui à l'époque de Robespierre; qui console les cœurs tristes et relève les âmes brisées, ce qui convient à notre temps et à tous les temps. »

III.

Cependant, la marche du mouvement confié à la France demeurait timide, lorsque, tout à coup, en 1720, trente ans après la mort de la Bienheureuse Marguerite-Marie, un fait extraordinaire vint la précipiter.

« Ce fut au moment où chancelait l'édifice du système de Law, dit Lemontey, qu'un autre fléau non moins extraordinaire en pressa la ruine. Marseille sortait du sein des fêtes qui avaient signalé le passage de Mlle de Valois, mariée au prince de Modène. Le chevalier d'Orléans revenait de Gênes où il avait conduit sa sœur. A côté de ses galères, encore décorées de guirlandes et chargées de musiciens, flottaient quelques vaisseaux apportant des ports de Syrie la plus terrible des calamités. On croit communément que la peste était dans un de ces navires, commandé par le capitaine Chataud, parti de Seydé le 31 janvier 1720 avec patente nette, et arrivé le 25 mai à la vue du château d'If, après avoir touché Tripoli, Chypre et Livourne, et perdu dix hommes dans les quatre mois de traversée. »

Ce navire était le *Grand-Saint-Antoine*. Le mal couva pendant quelque temps, et l'on discutait sur ses caractères, lorsqu'il n'y eut plus doute sur l'invasion d'une des pestes les plus violentes. Le 10 août, toute la ville de Marseille en était atteinte, et il mourait cinq cents personnes par jour; en septembre, le nombre s'élevait à mille (1).

Les médecins, quelque habitués qu'ils soient à voir de près la douleur, se sentent défaillir au premier moment.

(1) Auguste LAFORÊT, *la Peste de 1720 d'après des documents inédits*; Marseille, 1863, p. 13. Une broch. in-8°.

« En entrant par la porte d'Aix, nous dit un des plus distingués, Deidier,
professeur à Montpellier, le coup d'œil jusqu'à la porte de Rome qui faisait
autrefois mon admiration, me présenta la chose du monde la plus hideuse.....
Toutes les portes et les fenêtres étaient généralement fermées, personne n'y
paraissait. Tout le pavé d'un côté et d'autre était couvert de malades et de
mourants étendus sur des matelas, sans aucun secours. On ne voyait au milieu
des rues et dans son vaste cours que des cadavres à demi pourris, devenus la
proie des chiens, de vieilles hardes trempées de boue, et des chariots conduits
par des forçats pour enlever les morts (1). »

Un autre, Fournier, jeune alors, et qui devait être plus tard médecin des
États de Bourgogne, gardait encore, cinquante-sept ans après, toutes les impressions que lui avait laissées cette effroyable peste :

« Ce souvenir glace encore mes sens de terreur, écrivait-il en 1777 (2). Nous
entrâmes à Marseille à travers plus de vingt mille morts et neuf à dix mille malades ou mourants. Nous fûmes si frappés de ce spectacle affreux que nous refu-
sâmes toute espèce de nourriture, en arrivant au logis qui nous avait été destiné. Chacun fut occupé dans le plus profond silence de son triste sort, et quelques-uns d'entre nous pleuraient déjà leur famille dont ils se croyaient séparés
pour toujours. Après environ deux heures de ces cruelles réflexions, sans
que personne prononçât un mot, je ne sais comment fut rompu ce morne silence. Je me souviens seulement que je me levai le premier pour aller dans
la rue, et que cette sortie fut pour nous tous le signal d'un nouveau courage...

« Nous parcourûmes les principales rues de la ville, si jonchées de cadavres
et de malades que nous ne pouvions, en bien des endroits, trouver un espace à
placer nos pieds. Les morts étaient entassés en plusieurs endroits, et les
autres étaient tirés de leurs maisons par leurs plus proches parents ou leurs
plus fidèles amis...

« La mortalité était si rapide et si générale que les cadavres, amoncelés
devant le portail des églises, des maisons religieuses, dans les places publiques
et presque dans toutes les rues, y pourrissaient depuis plusieurs jours. Leurs
membres épars, leurs chairs dissoutes coulaient en lambeaux et répandaient
une infection affreuse.

« Tous ces cadavres étaient presque nus; les malades et les mourants
enveloppés de draps ou de vieux haillons. Plusieurs s'efforçaient d'arriver à

(1) *Lettre sur la maladie de Marseille*, Montpellier, 1721, p. 4 et 5.
(2) *Observations sur la nature et le traitement de la peste, avec les moyens d'en prévenir ou d'en
arrêter les progrès*, Dijon, 1777.

l'hôpital et tombaient en défaillance au milieu de leur pénible marche...

« La vapeur et la fumée continuelle des lits, des couvertures de laine, des matelas et de toutes les hardes des pestiférés, qu'on brûlait sans cesse pendant le jour et la nuit, augmentaient la masse générale de la corruption et de la puanteur. L'atmosphère était surchargée de nuages fétides, d'émanations mortelles.

« Cependant la violence du mal s'accroît, le nombre des morts se multiplie avec tant de rapidité qu'on ne peut leur donner aucune apparence de sépulture. On est forcé de les jeter par les fenêtres. La désolation devient générale, on manque des choses les plus nécessaires à la vie; tout fuit dans le désordre et l'épouvante, les habitants cherchent tous avec un trouble inexprimable quelque retraite qui puisse les séparer de l'espèce humaine; mais, partout où ils se retirent, ils ne peuvent échapper au venin mortel qui les poursuit... »

Fig. 55. — Mgr de Belsunce (1671-1755).
D'après un portrait du temps.

« Toutes nos rues, écrivaient le 8 septembre, au gouverneur, les échevins de Marseille, se trouvent couvertes de cadavres que nous ne pouvons parvenir à faire enlever (1). »

L'enlèvement fut des plus difficiles, et le seul fait que Mgr de Belsunce voulut monter sur un des premiers tombereaux, pour décider les conducteurs à marcher, exprime l'affreuse situation à laquelle on était réduit. Les parents étaient tenus de mettre les morts à la rue, afin que les *corbeaux* n'entrassent pas dans les maisons où ils se livraient impunément au pillage. Ces corbeaux étaient pris parmi les vagabonds; la plupart succombèrent; bientôt il fallut recourir aux forçats. Il mourait plus de monde en un jour qu'on ne pouvait en enlever dans quatre, racontent les témoins des progrès du mal; on avait à

(1) LAFORÊT, *loc. cit.*; XI, *Correspondance inédite des échevins.*

peine vidé une rue, une place publique, que le lendemain elles étaient couvertes de cadavres. Il n'y eut plus assez de chaux pour désinfecter les fosses,
et l'on amoncela les corps jusque dans les caveaux des églises.

Il y a des détails effrayants. En voici un qu'on ne peut rappeler sans frémir : pendant quinze jours, douze cents cadavres à demi décomposés restèrent
gisants aux ardeurs du soleil sur l'esplanade de la Tourette. Nul n'osait
approcher d'un tel foyer d'infection. Le chevalier Roze, qui dès les premiers
jours de la contagion était accouru à l'hôtel de ville pour se mettre à la disposition des échevins et avait été nommé commissaire général du quartier Rive-

Fig. 56. — Dévouement de Mgr de Belsunce pendant la peste de 1720. *Fac-simile*,
d'après Rigaud. XVIIIe siècle.

Neuve, ranime les courages, se place à la tête des forçats, leur distribue du
vin et des mouchoirs trempés dans du vinaigre, s'avance le premier sur le
champ de mort et prend par les jambes un de ces cadavres putréfiés. Près de
là étaient deux bastions, dont les ruines recélaient dans leurs profondeurs des
voûtes creuses ; les douze cents corps y furent précipités. Presque tous les
forçats, sauf deux ou trois, périrent. Roze fut frappé lui aussi, mais il guérit
par une sorte de prodige (1).

La voix de Mgr de Belsunce est celle de Jonas prêchant la pénitence aux
Ninivites, d'un ministre du Très-Haut enseignant les éternelles vérités à l'orgueil humain écrasé sous le poids de sa misère.

« Malheur à vous et à nous, disait-il dans son mandement du 22 octobre,

____

(1) Cent quatre-vingts des personnes qu'il employa à ses diverses expéditions, ou aux services
dont il était chargé, périrent près de lui ; et presque seul il survécut.

si tout ce que nous éprouvons n'est pas encore capable de nous faire rentrer en nous-mêmes...! Une quantité prodigieuse de familles entières sont totalement éteintes, le deuil et les larmes sont introduits dans toutes les maisons. Un nombre infini de victimes est déjà immolé à la justice d'un Dieu irrité, et nous qui ne sommes pas les moins coupables, nous pourrions être tranquilles!

« Sans entrer dans le secret de tant de maisons désolées par la peste et par la faim, où l'on n'entendait que des gémissements et des cris, où des cadavres que l'on n'avait pu enlever, pourrissant depuis plusieurs jours auprès de ceux qui n'étaient pas encore morts et souvent dans le même lit, étaient pour ces malheureux un spectacle plus dur que la mort elle-même, sans parler de toutes ces horreurs qui n'ont pas été publiques, de quel spectacle affreux vous et nous n'avons-nous pas été et ne sommes-nous pas encore les tristes témoins.

« Nous avons vu (pourrons-nous nous en souvenir sans frémir, et les siècles futurs pourront-ils y ajouter foi?) nous avons vu les rues de cette vaste ville bordées des deux côtés de morts à demi pourris, si remplies de hardes et de meubles pestiférés, jetés par les fenêtres, que nous ne savions où mettre les pieds; — toutes les places publiques traversées de cadavres entassés et en plus d'un endroit mangés par les chiens, sans qu'il fût possible pendant un nombre considérable de jours de leur donner la sépulture.

« Nous avons vu dans le même temps une infinité de malades, devenus un objet d'horreur et d'effroi pour les personnes même à qui la nature devait inspirer les sentiments les plus tendres, abandonnés de tout ce qu'ils avaient de plus proche...

« Combien de fois, dans notre amère douleur, n'avons-nous pas vu ces moribonds tendre vers nous leurs mains tremblantes, pour nous témoigner leur joie de nous revoir encore une fois avant de mourir, et nous demander ensuite avec des larmes et avec les sentiments que la foi, la pénitence et la résignation la plus parfaite peuvent inspirer, notre bénédiction et l'absolution de leurs péchés! Combien de fois aussi n'avons-nous pas eu le regret d'en voir expirer sous nos yeux, faute de secours!

« Nous avons vu les maris traîner eux-mêmes hors de leurs maisons et dans les rues les corps de leurs femmes, les femmes ceux de leurs maris, et les enfants ceux de leurs pères, témoignant bien plus d'horreur pour eux que de regret de les avoir perdus. Nous avons vu les corps de quelques riches du siècle enveloppés d'un seul drap, mêlés et confondus avec ceux des plus pauvres, jetés comme eux dans de vils tombereaux... »

IV.

Vainement donc, on avait eu recours à tous les dévouements et à tous les héroïsmes. Rien n'avait pu désarmer la colère divine, lorsque Belsunce reçut une inspiration céleste. Elle lui vint d'une religieuse de la Visitation, la Mère Anne de Rémuzat, auprès de laquelle il venait souvent réchauffer son cœur et enflammer son courage, et qui ne cessait de l'exhorter à mettre tout son espoir dans le Cœur adorable de Jésus. Disons en passant que cette digne héritière de l'esprit de Marguerite-Marie paraît avoir été la première à mettre en usage, comme préservatif contre la peste et tous les fléaux, le scapulaire du Sacré-Cœur, connu sous le nom de *sauvegarde*, et devenu si cher à la piété chrétienne.

Un jour donc, le 2 novembre 1720, comme un autre Borromée, Belsunce sortit de son palais accompagné de tous les religieux, de tous les prêtres, de toutes les âmes saintes, pieds nus, la corde au cou, la croix entre les bras, et quand il fût arrivé sur le cours qui garde encore son nom, il s'agenouilla. Là, au milieu d'un silence qui n'était interrompu que par les sanglots et les gémissements de l'assemblée, il prononça, d'une voix émue, l'amende honorable et l'acte de consécration au Cœur de Jésus. Dès ce moment, la peste cessa avec un tel enchantement qu'il n'y eut plus, à partir de ce jour, aucun cas de mort à Marseille.

Chaque année, l'amende honorable de l'immortel Évêque retentit, à Marseille sous les voûtes des églises. Rien n'est beau comme ces accents déchirants et sublimes. Qu'on en juge, Belsunce y disait :

« Souffrez, ô Cœur divin de Jésus notre Sauveur! que nous nous adressions à vous, quoique nous ne soyons que cendre et que poussière. Prosternés aux pieds du trône de votre miséricorde, nous venons dans l'amertume de nos cœurs reconnaître devant vous, et détester en votre présence nos désordres passés et notre monstrueuse ingratitude. Dès les premiers moments de notre vie, vous n'avez cessé de nous combler de biens : vous nous avez attendus et recherchés dans nos égarements; vous nous avez prévenus de vos grâces dans le temps même que nous nous en rendions le plus indignes; nous avons résisté à ces grâces; nous avons méprisé ces recherches; nous ne nous sommes servis de ces biens que nous avons reçus de vous que pour en abuser; votre patience à nous attendre dans nos désordres n'a fait qu'augmenter notre orgueil, et nous rendre plus hardis et plus téméraires à vous offenser; nos péchés se sont multipliés à l'infini; nos crimes ont justement armé contre nous votre bras vengeur dont nous avons senti presque toute la pesanteur. Pénétrés d'un sensible regret de vous avoir ainsi forcé à nous punir d'une manière aussi terrible, nous avons recours à votre miséricorde. Enfants prodigues, nous retournons à notre Père, dont la bonté de cœur nous est connue, et dans les sentiments de la plus vive et de la plus sincère douleur, et le Pasteur et le troupeau, nous venons tous ensemble, dans ce jour de solennité et de grâces, vous demander très humblement pardon, et faire amende honorable à votre Divin Cœur dans le Très-Saint Sacrement, pour toutes les indignités, les outrages, les mépris, les irrévérences que vous avez soufferts sur nos autels dans cette ville infortunée, et dans le reste de l'univers, pour toutes les communions indignes et sacrilèges, les impiétés, les impuretés, les usures, les larcins, les médisances, les calomnies, enfin pour tous les crimes qui ont attiré sur nous le terrible fléau qui nous a si longtemps affligés. Nous voici prêts, ô mon Dieu, si vous l'ordonnez ainsi, à recevoir de votre main la juste punition, et la mort même qui nous a épargnés jusqu'à présent, mais que nous n'avons pas moins méritée que tant de milliers de nos frères qui ont été frappés, qui sont tombés à nos côtés, qui sous nos yeux ont été sacrifiés à votre justice et dont les cadavres ont rempli et infecté nos rues. Mais, Seigneur, nous vous avons offensé parce que nous sommes hommes; pardonnez-nous parce que vous êtes Dieu. N'êtes-vous pas toujours ce Père des miséricordes, qui ne veut point la mort du pécheur, mais sa conversion et sa vie? Que votre Sacré-Cœur, de la clémence et de la bonté duquel nous ressentons déjà depuis plusieurs mois les merveilleux effets, après avoir tristement contemplé dans les ombres et les horreurs de la mort et avoir vu de nos yeux le châtiment des pécheurs, que ce divin Cœur, source inépuisable de toutes les grâces, se laisse toucher en ce jour par notre pénitence, par nos cris et par nos larmes. Conservez, Seigneur, les tristes restes d'un peuple qui vous fut cher, et que vous appelâtes par préférence à la connaissance de votre saint Nom, presque dans le même temps que vous répandîtes votre sang adorable pour lui comme pour tout le reste des hommes. Par le mérite de ce précieux sang, par la bonté de votre Sacré-Cœur, éloignez, ô mon Dieu, éloignez à jamais de cette ville, de ce diocèse, de cette province et de ce royaume, la contagion et la mort; conservez et bénissez la personne sacrée de notre Roi, et celle du prince qui nous gouverne. Attirez à vous nos cœurs, non plus par la rigueur de vos redoutables jugements et de votre vengeance, mais par les attraits de votre grâce, et la douceur de votre cœur. Anéantissez nos cœurs criminels, donnez-nous-en de nouveaux qui ne soient occupés désormais qu'à détester leurs désordres passés, qu'à vous plaire, qu'à vous servir, qu'à vous aimer et qu'à mériter la gloire éternelle, pour laquelle ils ont été créés. »

Cependant la réparation à la divine justice était demeurée incomplète.

Mgr de Belsunce eut la douleur de voir, aussitôt après la cessation entière de la maladie, un peuple ingrat retomber dans ses anciens désordres, et par surcroît il eut à déplorer un affreux sacrilège commis dans une église de la ville par le vol des vases sacrés et la profanation du pain de vie.

Aussi le Seigneur irrité ne tarda-t-il pas à faire sentir encore une fois son courroux.

Marseille semblait avoir oublié ses malheurs, quand, au mois de mai 1722, la peste éclata de nouveau, et paraissait devoir sévir plus rigoureusement encore que la première fois. Le saint prélat, sans se laisser abattre, s'empressa d'indiquer à son peuple la source du mal. Il lui remontra toute son ingratitude et les outrages nouvellement faits au cœur adorable de Celui qui l'avait miraculeusement secouru dans son affliction ; il s'adressa ensuite aux magistrats par des paroles pleines de dignité, de foi vive et de confiance pour leur proposer une complète réparation.

Voici la délibération des échevins de la ville de Marseille, contenant le vœu pour la délivrance de la peste :

Délibération de Messieurs les Echevins de la ville de Marseille, contenant Vœu pour la délivrance de la Peste.

« Ce jour vingt-huitième Mai mil sept cens vingt-deux.

« Nous Jean Pierre Moustiés, Balthazard Dieudé, Pierre Remuzat et Jean-Baptiste Saint Michel, Echevins, Protecteurs et Défenseurs des Privilèges, Franchises et Libertés de cette Ville de Marseille, Conseiller du Roi, Lieutenans-Généraux de Police ; étant assemblés à l'Hôtel-de-Ville et Chambre du Conseil, en présence de M. le Marquis de Pilles, Lieutenant de Roi au Gouvernement de Provence, Gouverneur, Viguier et Commandant dans cette dite Ville et son Terroir.

« Après que la lecture a été faite d'une Lettre que M. l'Évêque de cette même Ville nous a fait l'honneur de nous écrire, dont la teneur ensuit :

« Les précautions, Messieurs, que M. le Gouverneur et vous prenez, pour arrêter le progrès de ce qui cause nos justes allarmes, sont dignes du zèle et de la sagesse des véritables Pères de la Patrie : Mais vous le savez, Messieurs, vos soins, vos peines, vos travaux, deviendront bien inutiles, si Dieu lui-même ne daigne les bénir. Je viens donc vous exhorter aujourd'hui de commencer par un Acte de Religion, qui soit capable de désarmer le bras vengeur qui paroît s'élever de nouveau contre nous : Vous vous souvenez sans doute qu'au jour de la Toussaint de l'année 1720, je consacrai cette Ville et ce Diocèse au Sacré-Cœur de Jésus, source inépuisable de toutes les grâces et de toutes les miséricordes, et que dès ce même jour nos maux diminuèrent sensiblement, continuellement et sans rechute : mais vous devez vous souvenir aussi que Mrs les Echevins ne pûrent alors paroître entrer dans cette Consé-cration, ni prendre part à aucunes des saintes Cérémonies qui furent faites ensuite en l'honneur de Jésus-Christ notre Libérateur : pour réparer cela, Messieurs, je crois devoir vous proposer de faire incessamment, mais sans céré-monie, un Vœu stable au Divin Cœur de notre Sauveur. Je n'ai garde de vous proposer rien qui puisse causer la moindre dépense à une Ville que je ne sai que trop être épuisée; et je sai d'ailleurs que Dieu ne demande point nos présens, mais nos cœurs. Je désirerois donc, Messieurs, que vous vous enga-geassiez vous et vos Successeurs à perpétuité d'aller tous les ans, le jour auquel j'ai fixé la Fête du Cœur de Jésus, entendre la sainte Messe dans l'Église du premier Monastère de la Visitation, que nous appellons les Grandes Maries, y communier et offrir, en réparation des crimes de cette Ville, un Cierge ou Flambeau de cire blanche, pour brûler ce jour-là devant le saint Sacrement, et enfin d'assister sur le soir du même jour à une Procession générale d'actions de grâces, que j'établirois pour un certain nombre d'années à votre requisition. Ce Vœu, comme vous le voyez, ne couteroit rien à la Ville, qui en seroit édifiée, et j'ai une véritable confiance qu'il feroit cesser nos maux ou qu'il les abrégeroit au moins très considérablement : je vous supplie, Messieurs, de ne pas rejetter cette proposition, mais au contraire de la recevoir avec une entière confiance en la miséricorde du Sauveur, dont nous avons déjà ressenti des effets si marqués, et de ne pas différer l'exécu-tion. J'ai l'honneur d'être avec tous les sentiments d'estime, d'attachement et de considération, que je me flâte être bien connus de vous, Messieurs, votre très-humble et très-obéissant serviteur. »

+ HENRY Evêque de Marseille.

« M. Moustiés premier Echevin a représenté que s'il falloit des exemples pour nous persuader que tous les efforts des hommes sont vains contre le pro-grès de la contagion, et que le fléau de la colère de Dieu ne peut être arrêté que par des Actes de la Religion, en implorant le trésor de ses miséricordes, il n'en faudroit en effet pas d'autres que celui que M. l'Evêque nous cite dans sa Lettre, puisque tout le monde vit alors réellement et de fait, que le mal

baissa continuellement jusqu'à la fin, dès le jour de la consécration qu'il fit
de cette Ville au Sacré Cœur de Jésus : ce fut bien avec un extrême regret
que nous fûmes empêchés par l'embarras des affaires qui nous accabloient
alors, d'assister à cette sainte cérémonie, qui certainement ne sauroit être
renouvellée avec assez de solennité; tant que Marseille et les fidèles dureront,
en mémoire et en reconnoissance d'une grâce si visible et si marquée de la
miséricorde du Seigneur. Aujourd'hui, puisque nos péchés ayant apparem-
ment irrité de nouveau sa colère, ce mal a commencé de regermer dans cette
Ville et son Terroir, et qu'ayant pratiqué et mis en usage tout ce que la prudence humaine peut imaginer pour l'étouffer, il continue encore, et fait même
appréhender des progrès; à quoi pouvons-nous avoir recours qu'au Sacré
Cœur de Jésus, qu'à cette même source inépuisable de miséricordes et de
grâces, à qui cette Ville a été si heureusement consacrée, et dont nous avons
déjà si efficacement ressenti les effets. La confiance que M. l'Evêque nous
témoigne d'avoir, que nous obtiendrons la cessation de ce mal, par le Vœu
qu'il nous propose de faire, doit bien exciter la nôtre en le faisant, surtout
en comptant sur les Prières de ce pieux et saint Prélat, qui comme un Ange
de paix et un Ministre de réconciliation a toujours les mains levées au Ciel
pour nous en menager les grâces, qui n'a rien tant dans le cœur, et dans
l'esprit et dans l'âme, que le salut de cette Ville; héritage que le Seigneur
lui a confiée pour notre bonheur, et qui dans les occasions de tribulation et
de douleur, a sacrifié prodigalement ses biens aux pauvres, et exposé si héroïquement sa vie pour le secours spirituel et temporel de nos citoyens.
Ainsi M. Moustiés a représenté qu'il étoit à propos de faire le Vœu tel qu'il
est exprimé dans la susdite Lettre, et aux fins qui y sont mentionnées; nous
requerant d'y délibérer.

« Surquoi il a été unaniment délibéré que Nous Echevins ferons un Vœu
ferme, stable, et irrévocable, entre les mains de M. l'Evêque par lequel en
ladite qualité, Nous engagerons Nous et nos Successeurs à perpétuité, d'aller
toutes les années au jour auquel il a fixé la Fête du Sacré Cœur de Jésus entendre la sainte Messe dans l'Eglise du premier Monastère de la Visitation, dites
des Grandes-Maries, y communier et offrir en réparation des crimes commis
en cette Ville, un Cierge ou Flambeau de cire blanche du poids de quatre livres,
orné de l'Ecusson de la Ville, pour brûler ce jour-là devant le saint Sacrement,
et d'assister sur le soir du même jour à une Procession générale d'actions de
grâces, que nous requerirons M. l'Evêque de vouloir établir aussi à perpétuité;
à l'effet de quoi deux de nous seront députés pour lui porter et remettre l'Ex-
trait de la présente Délibération, et lui faire les prières et réquisitions y conte-

nues, sous cette condition toutefois que si cette année, au jour auquel cette Fête se trouve fixée, le mal qu'il y a dans la Ville étoit tel que la communication pût être dangeureuse, M. l'Evêque aura agréable de différer l'établissement de la Procession à l'année prochaine, ou de la transférer après la cessation du mal, et avons signé. A Marseille l'an et jour ci-dessus.

« *Signés,* Moustiés, Dieudé, Remuzat, Saint Michel, Echevins, *Collationné à l'Original.* Cadus. »

Ce vœu fut prononcé le 4 juin suivant, jour de la Fête-Dieu, dans l'église Cathédrale, par M. Moustiés, au nom des échevins, tous en robes rouges et agenouillés au pied du maître autel, en présence de Mgr de Belsunce, qui tenait en main le Saint Sacrement, pour aller en procession. Notre immortel évêque accepta et approuva le dit Vœu.

La peste cessa miraculeusement, et Marseille reconnaissante en célèbre chaque année le souvenir par des fêtes magnifiques.

V.

« L'Église est une mère, » a dit un éloquent orateur chrétien, répondant aux passions de négation et de haine, par lesquelles la propagande révolutionnaire travaille à arracher du cœur du peuple la foi en Dieu et les espérances de la vie future. A Marseille et dans les diverses villes de Provence, comme à Milan du temps de saint Charles Borromée, elle justifia bien ce nom par des prodiges de charité devant lesquels disparaissent toutes les gloires et toutes les grandeurs humaines. L'argent et les secours matériels étaient très nécessaires, mais les dévouements l'étaient encore davantage, et le sens du divin pouvait seul les inspirer.

L'Église est une mère. Elle le prouva bien alors par l'ardeur du sacrifice qu'en face de la douleur et de la mort elle communiqua à ses enfants. « *Quand abonde l'iniquité, la grâce surabonde;* » il y a là une loi providentielle. Ce sont les grandes épreuves qui suscitent les grands dévouements. Que deviennent dans de telles catastrophes les beautés de la terre, la joie de vivre? Tous les êtres semblent ne plus faire entendre qu'un gémissement immense, inconsolable. Alors Dieu paraît, et les hommes assistent à la démonstration pratique de la vraie liberté, de cette liberté fondée sur l'abnégation et sur le don de soi, qui crée les martyrs de la foi, de la charité et aussi du patriotisme, et de laquelle sortent ces flots de vertus qui sont les forces cachées de la renaissance des nations.

On vit alors, et les incrédules purent se rendre compte, en voyant l'Église, qu'ils haïssaient, toujours la première au combat, que la société française, déjà jetée sur la pente de tous les désordres, gardait encore assez de sève chrétienne pour ressusciter dans la foi des anciens jours. Sans doute, il y eut des défaillances; mais combien de grands cœurs! quelles âmes et quels caractères! Quels hommes que ces prêtres réguliers et séculiers, ces magistrats publics, ces médecins, ces humbles infirmiers qui montèrent, pour ainsi dire, à l'assaut du mal, pour en triompher à force de courage et de dévouement!

Voltaire lui-même, au milieu de tous ses débordements d'iniquité, gardait au fond du cœur la foi qu'il avait tant contribué à miner dans les âmes. On le vit à sa mort, que Tronchin, son médecin et son ami, a racontée en ces termes : « En comparant la mort de l'homme de bien, qui n'est que le soir d'un beau jour, à celle de Voltaire, j'ai vu bien sensiblement la différence qu'il y a entre un beau jour et une tempête. Je ne me le rappelle pas sans horreur. Dès qu'il sentit ses forces diminuer, la mort fut toujours devant ses yeux; dès ce moment la rage s'est emparée de son âme. Rappelez-vous les fureurs d'Oreste; ainsi est mort Voltaire : *Furiis agitatus obiit.*

Le récit de Tronchin a été contesté. Voici comment un récent historien le confirme.

« Jusqu'ici des nuages d'obscurités et de contradictions ont entouré les derniers moments de Voltaire. Mais, puisque l'occasion se présente, nous pourrons en parler savamment; car nous avons été à même d'en recueillir toutes les circonstances par la bouche de Mme la marquise de Villette, chez qui Voltaire mourut. Mme de Villette (*belle et bonne*) était sœur de M. Rouph de Varicourt, évêque d'Orléans, dont nous avons été secrétaire plusieurs années. Pendant les fréquents séjours que ce vénérable prélat faisait à Paris, nous logions avec lui chez Mme sa sœur. Nous avons donc été à même d'entendre raconter, en famille et dans l'épanchement de l'intimité, les scènes qui se passèrent au lit de mort de Voltaire. Nous ne citerons qu'en substance les particularités nombreuses que nous tenons de Mme de Villette, qui nous honorait de sa confiance : « Rien n'est plus vrai, disait-elle, que ce que M. Tronchin raconte des derniers instants de Voltaire; il poussait des cris affreux, il s'agitait, il se tordait les mains, se déchirait avec les ongles. Peu de minutes avant de rendre l'âme, il demandait l'abbé Gaultier. Plusieurs fois, Mme de Villette voulut envoyer chercher un ministre de Jésus-Christ; les amis de Voltaire, présents dans l'hôtel, s'y opposèrent, craignant que la présence d'un prêtre recevant le dernier soupir de leur patriarche ne gâtât l'œuvre de la philosophie et ne ralentît les adeptes, qu'une telle conduite de la part de leur chef aurait condamnés.

« A l'approche du moment fatal, un redoublement de désespoir s'empara du moribond ; il s'écria qu'il sentait une main invisible qui le traînait au tribunal de Dieu ; il invoquait avec des hurlements épouvantables Jésus-Christ, qu'il combattit toute sa vie ; il maudissait ses compagnons d'impiété, puis injuriait et invoquait le ciel tour à tour ; enfin, pour étouffer une soif ardente qui l'étouffait, il porta à sa bouche son vase de nuit ; il poussa un dernier cri, expira au milieu de ses ordures et du sang qu'il avait répandu par la bouche et par les narines. »

CHAPITRE VII.

LE SANG DES MARTYRS.

La prophétie de Cazotte. — La Révolution. — Ses causes. — Spoliation des biens du clergé. — La Constitution civile. — Héroïque résistance à l'Assemblée et dans Paris. — Le curé de Saint-Sulpice. — Traqués comme des bêtes fauves. — Premier massacre organisé. — Récit des massacres de septembre par un conventionnel. — Les prêtres déportés. — Comment ils savaient mourir. — La Vendée. — Le scapulaire du Sacré-Cœur.

I.

« Il me semble que c'était hier, et c'était cependant au commencement de 1788, raconte La Harpe dans un récit sans doute arrangé après l'événement, mais qui peint du moins l'esprit de l'époque. Nous étions à table, la compagnie était nombreuse. Après le dessert, Chamfort nous avait lu ses contes impies et libertins, et les grandes dames l'avaient écouté sans avoir même recours à l'éventail. De là, un déluge de plaisanteries sur la religion... La conversation devient plus sérieuse ; on se répand en admiration sur la révolution qu'avait faite Voltaire, et l'on convient que c'était là le premier titre de sa gloire. Un des convives nous raconta, en pouffant de rire, qu'un coiffeur lui avait dit, tout en le poudrant : « Voyez-vous, monsieur, quoique je ne sois qu'un misérable carabin, je n'ai pas plus de religion qu'un autre. » On conclut que la révolution ne tarderait pas à se consommer, qu'il faut absolument que la superstition et le fanatisme fassent place à la philosophie.

« Un seul des convives n'avait point pris part à toute la joie de cette conversation. C'était Cazotte, homme aimable et original, mais malheureusement infatué des rêveries des illuminés. Il prend la parole et du ton le plus sérieux :

« Messieurs, dit-il, soyez satisfaits, vous verrez tous cette grande ane révolution que vous désirez tant. Mais savez-vous ce qu'il en arrivera pour chacun de vous ?

— Ah ! voyons, dit Condorcet, avec son air et son rire sournois et niais, un philosophe n'est pas fâché de rencontrer un prophète.

— Vous, monsieur de Condorcet, vous expirerez sur le pavé d'un cachot; vous, monsieur de Chamfort, vous vous couperez les veines de vingt-deux coups de rasoir; vous, monsieur Vicq d'Azir, vous vous ferez ouvrir les veines six fois dans un jour; vous, monsieur de Nicolaï, sur l'échafaud; vous, monsieur Bailly, sur l'échafaud; vous, monsieur de Malesherbes, sur l'échafaud; vous, monsieur Roucher, sur l'échafaud.

— Mais nous serons donc subjugués par les Turcs et les Tartares?

— Point du tout; vous serez alors gouvernés par la seule

Fig. 57. — La Harpe (1739-1803). D'après une gravure du temps.

philosophie et la seule raison, par des philosophes qui auront à tout moment à la bouche les phrases que vous débitez depuis une heure, répèteront toutes vos maximes, citeront comme vous les vers de Diderot et de la Pucelle.

— Voilà bien des miracles, dit La Harpe, et vous ne m'y mettez pour rien?

— Vous y serez pour un miracle tout aussi extraordinaire, vous serez chrétien.

— Pour ça, dit alors la duchesse de Grammont, nous sommes bien heureuses de n'être pour rien dans les révolutions.

— Votre sexe, madame, ne vous en défendra pas cette fois. Vous, madame la duchesse, vous serez conduite à l'échafaud, avec beaucoup d'autres dames, dans la charrette et les mains liées derrière le dos.

— Vous verrez qu'il ne me laissera pas seulement un prêtre pour me confesser.

— Non, Madame, vous n'en aurez pas, ni vous, ni personne; le dernier supplicié qui en aura, par grâce, sera...

« Il s'arrêta un moment.

— Eh bien, quel est donc l'heureux mortel qui aura cette prérogative?

— C'est la seule qui lui restera, et ce sera le roi de France. »

II.

La Révolution, préparée par un demi-siècle de corruption, d'impiété et de sophismes, arrivait à grands pas. La France allait assister à l'application des théories religieuses, politiques et sociales, propagées pendant le dix-huitième siècle.

Voltaire avait tourné en ridicule la religion et le clergé : on va proscrire religion et chasser le clergé.

Rousseau avait déclaré que l'homme est naturellement bon et que la société le déprave : on va briser le vieux moule social et lâcher la bride aux passions humaines.

Économistes et encyclopédistes avaient proclamé que les peuples ne doivent obéir ni aux coutumes, ni aux traditions nationales, mais seulement aux lois qu'ils se sont données eux-mêmes : on va donc créer de toutes pièces une constitution et l'appliquer, sans tenir aucun compte, ni des mœurs, ni des habitudes, ni des conditions d'existence de la société française; c'est un vêtement idéal qui doit convenir à tous les pays et à tous les temps.

Tout avait été préparé dans les antres de la franc-maçonnerie.

C'est là qu'on résolut d'en finir avec Jésus-Christ, avec son Église et avec la mission catholique de la France.

La marche à suivre fut ponctuellement exécutée.

Comme corps constitué, le clergé possédait des biens considérables donnés par les fidèles, et consacrés à une foule d'institutions d'enseignement, de bienfaisance ou de piété.

Sous prétexte des abus qui se glissent toujours dans les choses humaines, les constituants s'emparèrent de ces fondations.

Après avoir confisqué ses biens, l'Assemblée voulut imposer au clergé le serment à la *constitution civile*, qui livrait à l'élection populaire et à l'État toute la hiérarchie et l'administration ecclésiastique (12 juillet 1790).

Pour l'intimider, on demanda l'appel nominal; l'évêque d'Agen monta le premier à la tribune : « Je ne donne aucun regret à ma place, à ma fortune, dit-il; j'en donnerais à votre estime que je veux mériter; je refuse le serment. » — « Accablé par l'âge et les infirmités, dit à son tour l'évêque de Poitiers, je ne déshonorerai pas ma vieillesse; je ne veux pas prêter le serment. » — « Vous ôtez aux évêques leur croix d'or, s'écria Montlosier; ils en porteront une de bois. C'est une croix de bois qui a sauvé le monde. » La plupart des ecclésiastiques refusèrent également de jurer. Quatre évêques seulement prêtèrent le serment; on les appela les *assermentés*, par opposition aux premiers, les *insermentés*. Mirabeau lui-même comprit la faute qu'on commettait. « Nous n'avions pas assez de résistance : nous en suscitons à plaisir. A présent nous rangeons le schisme religieux à côté du schisme politique... C'est de quoi amener la fin de tout, si l'Assemblée ne se lasse pas bientôt d'obéir aux anarchistes. »

III.

Alors, commença, contre le clergé fidèle, cette course à l'homme, qui traquait les prêtres comme des bêtes fauves. Les bons terrorisés n'osaient se révolter. Les instruments de la Terreur jacobine eux-mêmes frémissaient au rôle qu'on leur faisait jouer.

Le premier massacre organisé est demeuré tristement célèbre.

C'était le 2 septembre. Les brigands, ramassés par la franc-maçonnerie et soudoyés par les loges, furent distribués par bandes et lancés sur les prisons, où les prêtres fidèles attendaient leur bannissement.

C'est au récit peu suspect d'un conventionnel que nous empruntons le détail des horribles exploits des septembriseurs.

Ces assassins, dit-il, armés de sabres et d'instruments meurtriers, les bras retroussés jusqu'aux coudes, ayant à la main des listes de proscription dressées quelques jours auparavant, appelaient nominativement chaque prisonnier.

Des membres du conseil général, revêtus de l'écharpe tricolore, et d'autres particuliers s'établissaient dans l'intérieur de la prison; là était une table couverte de bouteilles et de verres; autour étaient groupés les prétendus juges et quelques-uns de ces exécuteurs de leurs sentences de mort. Au milieu de la table était déposé le registre d'écrou.

Les assassins allaient d'une chambre à l'autre, appelaient chaque prisonnier à tour de rôle, puis le conduisaient devant le tribunal de sang, qui lui faisait ordinairement cette question : « Qui êtes-vous? » Aussitôt après que le prisonnier avait décliné son nom, les cannibales en écharpes inspectaient le registre, et après quelques interpellations aussi vagues qu'insignifiantes, ils le remettaient entre les mains des satellites de leurs cruautés, qui le conduisaient à la porte de la prison, où étaient d'autres assassins qui le massacraient avec une férocité dont on chercherait en vain des exemples chez les peuples les plus barbares.

A la prison de l'Abbaye, ils étaient convenus entre eux que toutes les fois que l'on conduirait un prisonnier hors du guichet en prononçant ce mot : « A la Force! » ce serait l'équivalent d'une sentence de mort. Ceux qui remplissaient à la Force le même emploi, c'est-à-dire le métier de bourreaux, étaient convenus de même qu'en prononçant ce mot : « A l'Abbaye! » cela voudrait dire qu'il fallait donner la mort au prisonnier qui était condamné. Ceux qui étaient absous par le sanglant tribunal étaient mis en liberté et conduits à quelque distance de la prison au milieu des cris de : « Vive la nation! »

Les prêtres renfermés dans l'église des Carmes furent tous massacrés, à l'exception d'un seul; on les faisait sortir les uns après les autres, et souvent deux ensemble; d'abord les assassins les tuèrent à coups de fusil; mais sur l'observation d'une multitude de femmes, qui étaient là présentes, que cette manière était trop bruyante, on se servit de sabres et de baïonnettes. Ces malheureuses victimes se prosternaient au milieu de la cour et se recueillaient un instant, abandonnées de la nature entière, sans appui, sans autre consolation que le témoignage de leur conscience; ils élevaient les yeux et les mains vers le ciel, et semblaient conjurer l'Être suprême de pardonner à leurs assassins.

Au séminaire de Saint-Firmin, les prêtres que l'on y retenait en charte privée attendaient paisiblement, comme les autres prêtres détenus aux Carmes, que la municipalité de Paris leur indiquât le jour de leur départ et leur livrât des passeports pour sortir de France. Mais ces prêtres détenus étaient désignés et réservés pour ce jour. Ils furent mutilés et déchirés par lambeaux. A Saint-Firmin, ils trouvèrent plaisant d'en précipiter quelques-uns du dernier étage sur le pavé. A l'hôpital général de la Salpêtrière, ces monstres ont égorgé treize femmes.

A Bicêtre, le concierge voyant arriver ce ramas d'assassins voulut se mettre en devoir de les bien recevoir : il avait braqué deux pièces de canon,

·et dans l'instant où il allait y mettre le feu, il reçut un coup mortel; les assassins vainqueurs ne laissèrent la vie à aucun des prisonniers.

A la prison du Châtelet, même carnage, même férocité, rien n'échappait à la rage de ces cannibales, tout ce qui était prisonnier leur parut digne du même traitement.

A la Force, ils y restèrent pendant cinq jours. Madame la ci-devant princesse de Lamballe y était détenue; son sincère attachement à l'épouse de Louis XVI était tout son crime aux yeux de la multitude.

Fig. 58. — Massacre des Carmes, le 2 septembre 1792, *fac-similé* d'une estampe rare.

Plusieurs voix s'élèvent au milieu des spectateurs et demandent grâce pour Mme de Lamballe. Un instant indécis, les assassins s'arrêtent; mais, bientôt après, elle est frappée de plusieurs coups, elle tombe baignée dans son sang et expire.

Aussitôt on lui coupe la tête, son corps est ouvert, on lui arrache le cœur, sa tête est ensuite portée au bout d'une pique et promenée dans Paris; à quelque distance on traînait son corps.

Les tigres qui venaient de la déchirer ainsi se sont donné le plaisir barbare d'aller au Temple montrer sa tête et son cœur à Louis XVI et à sa famille (1).

(1) Sur le corps mutilé de la princesse de Lamballe, cette fidèle et héroïque amie de la reine de France, les tigres à face humaine qui le dépouillèrent recueillirent aussi le sceau mystérieux : l'i-

IV.

Dans sa *France Révolutionnaire*, M. Charles d'Héricault l'a raconté : « En dehors des prêtres qu'elle avait bannis — et elle avait banni tous ceux qui ne voulaient pas apostasier — en dehors de ceux qu'elle avait égorgés — et elle égorgeait tous ceux qu'elle pouvait saisir — la République avait interné les prêtres âgés de plus de soixante ans ou infirmes. Puis elle décida qu'elle les déporterait à la Guyane. En attendant, on les dirigea vers quatre ports d'embarquement, où on les garda. Nous suivrons ceux qu'on ména à Rochefort. Il y en avait huit cent vingt-sept. On était à la fin de novembre. Nous ne dirons pas les misères de la route, les coups, la faim, les injures, les chaînes, le froid. Ils étaient tellement blancs de neige, ces pauvres gens, qu'on les prenait tous pour des moines dominicains. On n'oublie pas que tous sont infirmes ou pour le moins sexagénaires.

Les citoyens de Limoges se firent remarquer entre tous ceux qui frappèrent et volèrent ces vieillards. Ils attendaient ces prisonniers à l'entrée de leur ville, en compagnie de toutes espèces d'animaux revêtus d'ornements sacerdotaux; en tête, marchait un pourceau, orné d'une tiare et d'un écriteau : *Pape*. On fit descendre les prêtres de leurs charrettes, on les accoupla chacun avec un animal. Le génie limousin, chauffé par le génie républicain, avait trouvé cela. On les mena sur la place. La guillotine fonctionnait; on avait gardé un prêtre pour ce moment; le bourreau montra la tête coupée, et, s'adressant au peuple, en indiquant la troupe des prêtres amenés à ce spectacle :

« Par lequel de ceux-là voulez-vous que je continue ? — Par celui que tu voudras, » répondirent les joyeux Limousins de la République.

Ils aimaient la liberté.... du bourreau. Ils ne le voulaient pas gêner dans son choix.

A Saintes, la municipalité condamne trois servantes qui ont donné un peu de pain à ces malheureux, parce qu'elles ont, dit le jugement, violé, en faisant cela, les lois de l'humanité ! ! !

Ils arrivent à Rochefort; on les entasse dans une prison, la prison des galériens, qui les accablent de leur mépris philosophique. On les embarque enfin sur six navires.

mage d'un cœur enflammé, entrelacé d'épines, avec la légende : « Cœur de Jésus, nous périssons, sauvez-nous! » V. ALET, *La France et le Sacré-Cœur.*

Ils restent dix mois en rade de l'île d'Aix, à peu près en face de Rochefort. Le mot qui va dominer leur situation, le capitaine du *Borée*, navire qu'ils traversent pour être volés une dernière fois, le leur dit : « Scélérats, il faut avoir une vertu plus qu'humaine pour vous laisser subsister. » Cette vertu, on ne l'avait pas.

C'est à la fin de janvier 1794 qu'on les embarqua. Au bout de dix mois, ces huit cent vingt-sept sont devenus deux cent quatre-vingt-cinq; les cinq cent quarante-deux autres sont morts de misère.

Le linge et les vêtements qu'on leur avait laissés sur le corps furent bientôt en lambeaux; il fallut supporter le froid rigoureux, la chaleur brûlante, dans cette nudité.

Dès le matin : « En haut, les déportés! » On les parquait entre six canons chargés à mitraille, dans un espace si étroit, qu'il leur était impossible de s'asseoir. C'est à ce froid ou à ce chaud qu'il fallait rester debout tout le jour. Le repas venait; repas de conserves pourries, de pain moisi, de fèves gelées. La faim était parfois si grande, que ces pauvres gens demandaient les restes destinés à nourrir les cochons du capitaine. On les leur refusa.

Le soir venu : « En bas, les déportés! » On les enfermait dans un espace tellement étroit, qu'ils ne pouvaient se coucher que sur le flanc; pas de couvertures, pas de matelas, pas de paille, la planche nue; deux mètres cubes d'air au plus pour chacun, et encore souvent le capitaine s'égayait-il à faire fermer la petite ouverture qui donnait un souffle d'air à l'une des extrémités.

Il fallait passer dix heures chaque jour dans cette effroyable atmosphère, qui se composait des émanations fournies par les baquets remplis d'ordure, par les déjections (il y avait aussi le mal de mer), par les fièvres, les infirmités, la décrépitude. L'infection était telle que nul médecin n'osait y entrer. L'un d'eux vint un jour à l'entrée en tenant sous le nez son mouchoir imbibé d'essence, et il se sauva, en disant :

« Qu'on enferme des chiens là pendant une nuit, ils seront morts ou enragés. » Enragés, quelques-uns de ces saints le devinrent et moururent dans des accès de fièvre chaude.

On leur avait retiré tout livre, tout objet de piété. Il leur était interdit de parler. Un mot latin était une conspiration aux yeux de ces brutes et était puni des fers. Ces fers étaient si terribles, qu'être condamné à un mois de cette punition, c'était être condamné à mort. Murmurer un cantique appelait la même peine. Toute la vie extérieure de ces malheureux se passait, devinet-on à quoi? à chasser la vermine. C'était là une horrible douleur, car on était sans cesse vaincu dans ce combat sans cesse renaissant. Les infirmes, les malades, les blessés, ceux dont les bras étaient gelés, ne résistaient plus; plusieurs furent mangés vivants par les poux.

Les plus malades, on les envoyait à l'hôpital, car les vertueux officiers du navire eussent pu souffrir de la contagion. Cet hôpital c'était une chaloupe; dans un espace de quarante pieds, on étendait cinquante malades, sur la planche nue, sans couvertures, sans soins, sans autre remède que le roulis qui les tuait.

Mais ils ne moururent pas assez vite. Un jour, un des capitaines vint s'ébattre sur le navire d'un collègue.

« Combien t'en meurt-il de ces scélérats?

— Une paire par jour.

— Ce n'est pas assez. Fais comme moi. » Il fit comme lui. Il fit descendre chaque matin un tonneau de goudron dans cet enfer que nous avons indiqué, et y fit jeter des boulets rouges : les plus faibles moururent asphyxiés.

A Nantes, on n'y mettait pas tant d'hypocrisie. On avait de vieux navires, on y entassait les prêtres, on les menait en pleine eau, là on clouait toutes les ouvertures, on ouvrait sur le flanc une trappe; l'eau entrait et noyait tout. Ceux qui essayaient de se sauver en nageant, on les assommait; ceux qui se sauvaient, on les reprenait et on les noyait le lendemain. Rien qu'en une seule fois, le 17 novembre 1793, on en noya quatre-vingt-six.

Ceux qui n'étaient pas tués n'étaient pas plus heureux. Au mois de mars, il en part soixante-seize de Niort et d'Angers pour Nantes; au bout de trente-deux jours, il en était mort quarante-quatre, la plupart de faim; peu de temps après, il n'en restait que quatorze.

A Bordeaux, trois cents environ moururent sur neuf cents. Eux étaient dans une citadelle; ils essayaient d'attraper pour se nourrir quelques brins de l'herbe qui croissait entre les pierres.

Nous ne saurions entrer dans le détail de toutes les horreurs qui suivirent.

Les héros de l'Église mouraient pour la foi traditionnelle de leur pays, et leur sang, ils le savaient, crierait grâce pour la France coupable, et lui obtiendrait le retour à sa divine mission dans le monde.

V.

Au milieu de la lâcheté et de l'intimidation universelle, de généreux chrétiens se levèrent pour affirmer la foi traditionnelle de la France, envahie par le brigandage et terrorisée par la franc-maçonnerie.

C'était dit, M. Demolins, un pays à part dans la France de Voltaire et de Rousseau que la Vendée et en particulier le Bocage, vaste contrée de pâturages bordée par la Loire et les Sables d'Olonne, le Marais et l'Océan. Pendant que tout s'était modifié dans le reste de la France, hommes et institutions, là tout était resté immobile, les idées aussi bien qne les coutumes. La féodalité y était encore debout avec son caractère antique de protection et de dévouement, de réciproque solidarité.

Seigneurs et paysans vivaient paisiblement ensemble, dans la société du curé. Les premiers n'avaient jamais répondu aux avances de la royauté, qui aurait voulu les attirer à Versaillès, pour augmenter l'éclat de la cour; les seconds n'avaient jamais songé à secouer l'autorité de leur seigneur, parce que cette autorité était paternelle et tutélaire. Lorsqu'un seigneur recevait par hasard au fond de sa solitude le cordon bleu envoyé par le roi, les autres le raillaient de s'être laissé mettre un licou. La royauté qui n'ignorait pas ces sentiments d'antique indépendance comptait peu sur ces hommes; elle espérait davantage des grands seigneurs qu'elle accablait de ses faveurs dans la cour de Versailles et qui protestaient bien haut de leur inaltérable dévouement.

Eh bien, que les rois apprennent par cet exemple où sont leurs vrais amis et leurs plus fidèles serviteurs. Tandis que beaucoup de ces courtisans disparurent aux jours de malheur, ou même passèrent à la révolution, les pauvres gentilshommes de la Vendée et leurs braves paysans se levèrent comme un seul homme et engagèrent la lutte pour Dieu et pour le roi.

Le sol coupé de broussailles et de fossés, de murs et de petites éminences, se prêtait admirablement à la résistance. Elle fut rapidement organisée : « Je suis bien jeune, dit Larochejaquelein, en se mettant à la tête de ses paysans, mais par le courage je me montrerai digne de vous commander. Si j'avance, suivez-moi; si je recule, tuez-moi; si je meurs vengez-moi. »

Les Vendéens succombèrent sous le nombre. Du moins, avant de mourir, ils avaient assuré le salut de la France par le Sacré-Cœur, dont l'image les suivit dans leur fosse (1) héroïque.

1) Nous avons vu à Nantes le scapulaire que portait le brave Stofflet, lors de son arrestation le 15 février 1796. Il est en drap noir, bordé de soie jaune, orné d'un nœud blanc; dans le champ, le Christ en croix; à ses pieds, deux cœurs arrosés par son sang, plus deux palmes et la légende circulaire : « Le zèle du Seigneur vous dévore ». Ce dessin est exécuté à l'aiguille. L'éminent conservateur du musée archéologique de Nantes possède ce scapulaire, avec plusieurs autres, non moins authentiques, et dont le plus précieux est celui de Marie-Antoinette; relique vraiment sacrée, toute imprégnée de larmes, qui semble exhaler encore le parfum de myrrhe des royales douleurs!

Les habitants des Luc s'étaient signalés par leur indomptable énergie à défendre leurs autels et

Tant qu'une cause a des martyrs, elle n'est pas perdue!

« Vers 1797, écrit un éloquent historien, en voyant ces campagnes incultes, ces granges brûlées, ces villages veufs de leurs quatre cent mille habitants tombés sous le plomb ou sous le fer, les sages de l'époque déploraient ce sang répandu pour rien : ils ne savaient pas que Dieu le conserve comme un trésor quand il a coulé pour la justice. La Vendée était à terre, mais sa sublime plaidoirie restait sans réponse. Elle avait prouvé que le sol français tremblera toujours sous les pas des oppresseurs de la vérité catholique. Tandis que la main du Premier Consul semblait ouvrir les églises désertes et les cathédrales dévastées, c'étaient Cathelineau, Bonchamp, Larochejaquelein, Lescure, Charette, d'Elbée, c'étaient ces laboureurs enfouis sous leurs sillons ensanglantés, c'étaient tant de pieuses paysannes, de pures jeunes filles, d'enfants fusillés, guillotinés ou noyés, dont les ombres héroïques agitaient sur leurs gonds rouillés les portes de nos temples, les ouvraient à deux battants et y faisaient entrer à flots les populations redevenues chrétiennes... »

Le sang de ces martyrs allait rendre à la fille aînée de l'Église sa noble mission dans le monde.

leurs foyers : *Pro aris et focis.* Les Bleus devaient leur faire cruellement expier tant d'audace, et le jour même que je viens d'indiquer, ils égorgèrent de sang-froid *quatre cent vingt-cinq victimes,* dont plus d'un tiers étaient des enfants âgés de moins de quinze ans, quelques-uns au berceau. Un mois après, le catalogue en fut dressé avec soin par le curé même de la paroisse. Or, en 1863, leurs ossements précieux ont été découverts, encore enlacés du Scapulaire du Sacré-Cœur et du Rosaire, dont ces vaillants chrétiens s'étaient servis pour murmurer leurs dernières prières. (Alet, op. cit.)

LIVRE QUATRIÈME

RÉSURRECTION ET ESPÉRANCE.

CHAPITRE PREMIER.

LA RÉSURRECTION.

Les portes de Notre-Dame sont rouvertes. — Le signe de la résurrection. — Le 20 juin 1801 aux Tuileries. — Je marche au martyre. — Saisissement du cardinal Consalvi en présence de Napoléon. — Négociations difficiles. — Quand partez-vous donc? — Ce que l'Église accordait par le Concordat à l'État et ce que l'État accordait à l'Église. — Le résultat le plus inattendu de la Révolution. — Le 18 avril 1802 dans les rues de Paris. — Ce qu'on disait dans la foule. — Arrivée du légat *à latere* et du cortège épiscopal. — Le train de gala du Premier Consul. — Son attitude à Notre-Dame. — Il aurait été impossible d'en faire davantage. — La joie de Bonaparte. — Le *Te Deum* de la France chrétienne. — La France est vraiment ressuscitée!

I.

Lacordaire, arrivé à ce point périlleux de son éloquente démonstration, s'écria :

« La France avait trahi son histoire et sa mission ; Dieu pouvait la laisser périr, comme tant d'autres peuples déchus, par leur faute, de leur prédestination. Il ne le voulut point ; il résolut de la sauver, par une expiation aussi magnifique que son crime avait été grand.

« La royauté était avilie : Dieu lui rendit sa majesté, il la releva sur l'échafaud.

« La noblesse était avilie : Dieu lui rendit sa dignité, il la releva dans l'exil.

« Le clergé était avili : Dieu lui rendit le respect et l'admiration des peuples, il le releva dans la spoliation, la misère et la mort.

« La fortune militaire de la France était avilie : Dieu lui rendit la gloire, il la releva sur les champs de bataille.

« La papauté avait été abaissée aux yeux des peuples : Dieu lui rendit sa divine auréole, il la releva par la France.

« Un jour, les portes de cette basilique s'ouvrirent, un soldat parut sur le seuil, entouré de généraux et suivi de vingt victoires. Où va-t-il? Il entre, il traverse lentement cette nef, il monte devant le sanctuaire; le voilà devant l'autel. Qu'y vient-il faire, lui, l'enfant d'une génération qui a ri du Christ? Il vient se prosterner devant le Vicaire du Christ, et lui demander de bénir ses mains, afin que le sceptre n'y soit pas trop pesant à côté de l'épée; il vient courber sa tête militaire devant le vieillard du Vatican, et confesser à tous que la gloire ne suffit pas, sans la religion, pour sacrer un empereur. Il avait compris, malgré toutes les apparences contraires, que le souffle divin ne s'était point retiré de la France, et c'est là vraiment le génie, de ne pas s'arrêter à la superficie des choses, mais d'aller au fond en surprendre la réalité cachée. C'est là vraiment gouverner les peuples, que de ne pas croire à leurs mauvais penchants, et de leur révéler à eux-mêmes ce qui reste en eux de grand et de bon.

« Ainsi, conclut Lacordaire, ainsi Dieu sauva-t-il la France; ainsi releva-t il tout ce qu'elle avait abattu; ainsi l'environna-t-il de la majesté du malheur et de l'expiation... »

Puis, regardant bien en face ses auditeurs transportés, le Bossuet du dix-neuvième siècle s'écria :

— Un peuple, traité de la sorte, est-il un peuple abandonné? Le signe de la résurrection n'est-il pas visiblement sur nous?

A quelques années de là, un des fils les plus éloquents de notre grand Lacordaire, faisant écho à cette adjuration de son illustre père, s'écriait à son tour :

« Le Christ aime les Francs; il n'a point permis qu'ils fussent détachés, comme tant d'autres peuples, du corps de son Église par le schisme et l'hé-résie, et à l'heure où les autels renversés gisaient près d'un trône seize fois séculaire, il a envoyé pour le relever le plus grand capitaine des temps modernes. Cet homme a mal compris sa mission, c'est vrai; mais nous y voyons mieux, pour cela même, l'amour du Christ. »

II.

Le 20 juin 1801, la cour, qui commençait à se former autour du Premier Consul, venait d'assister à une parade militaire, lorsqu'elle vit tout à coup le ministre des affaires étrangères, M. de Talleyrand, introduire un cardinal auprès du vainqueur de Marengo.

Dans cette France, où Jésus-Christ venait d'être renié; où Pie VI était mort deux années auparavant prisonnier; où l'épiscopat et le clergé, dépouillés, décimés, proscrits, avaient disparu; où les vieilles églises, bâties par des

Fig. 59. — Sacre de Napoléon Ier et couronnement de l'Impératrice Joséphine dans l'église Notre-Dame de Paris le 2 décembre 1804. Fragment du tableau de David, d'après la gravure de Frilley.

générations fidèles, en l'honneur de Jésus-Christ de la Vierge et des Saints, étaient dédiées à la Jeunesse, à l'Abondance, aux Jardins et autres divinités inventées par la Convention, l'arrivée soudaine et solennelle d'un représentant du Saint-Siège n'était pas une des moindres surprises réservées par le Premier Consul à la nation qu'il voulait alors éblouir, guérir et subjuguer. Et de son côté, ce cardinal, en face de la foule dorée des hommes nouveaux, sénateurs, tribuns, soldats, issus de la Révolution, parmi les envoyés de la vieille Europe qui commençaient, avec un mélange de curiosité, de crainte et d'admiration, à revenir aux Tuileries, ce cardinal pouvait, à meilleur droit sans doute que le doge de Venise devant Louis XIV, s'écrier : « Ce qui m'étonne le plus ici, c'est de m'y voir. »

Bonaparte prit le premier la parole, de cette voix brève, dont l'effet lui réussissait souvent :

— Je sais, dit-il au cardinal, le motif de votre voyage. Je veux qu'on ouvre immédiatement les conférences. Mais, je vous préviens que si, dans cinq jours, les négociations ne sont pas terminées, vous devez retourner à Rome.

Le saisissement de l'envoyé du Pape fut grand.

— Mon étonnement, racontait-il plus tard, fut pareil à celui que fait éprouver au théâtre un changement subit de décoration, lorsque d'une chaumière on passe au spectacle éblouissant de la cour la plus magnifique.

Consalvi, secrétaire d'État et homme de confiance du Pape, n'était venu qu'en tremblant, à Paris. En vain, Cacault, ministre de France à Rome, répétait-il à Pie VII, qu'en lui donnant ses instructions au départ, Bonaparte lui avait dit :

— N'oubliez pas de traiter le Pape, comme s'il avait deux cent mille hommes à ses ordres !

Cacault lui-même avait trop souvent qualifié le Premier Consul d' « homme terrible, » pour ne pas intimider le négociateur et son auguste maître.

— Le bien de la religion veut une victime, disait Consalvi au départ de Rome, je vais voir le Premier Consul : je marche au martyre : la volonté de Dieu soit accomplie !

Ainsi que l'apprit plus tard le ministre de Pie VII, quand il arriva à Paris, c'était jour de parade aux Tuileries.

La parade se renouvelait de quinzaine en quinzaine. Les trois consuls y assistaient, ainsi que tous les corps de l'État, c'est-à-dire, le sénat, le tribunat et le corps législatif, les ministres, les généraux, tous les fonctionnaires de la république, et un nombre immense de troupes et de spectateurs.

« Le Premier Consul avait trouvé à propos, continue le cardinal, de me faire aller à l'audience pour la première fois dans cette solennelle occasion, afin de me donner sans doute une grande idée de sa puissance, de me frapper d'étonnement et peut-être de crainte. Il ne sera pas difficile d'imaginer qu'une personne arrivée à Paris la nuit précédente, sans être avertie, sans rien savoir des usages, des coutumes et des dispositions de ceux devant lesquels elle paraissait, et qui était regardée en quelque sorte comme responsable du mauvais résultat des négociations poursuivies jusqu'alors (1), dut, à la vue d'un tel appareil aussi imposant qu'imprévu, ressentir non seulement une émotion profonde, mais aussi un trop visible embarras. »

Par le Concordat l'Église accordait à l'État :

1° Une nouvelle circonscription des diocèses et des paroisses faites par le

Fig. 60. — Le cardinal Consalvi recevant du pape Pie VII la bulle de ratification du Concordat.
D'après Wicar.

Saint-Siège et par les évêques, de concert avec le gouvernement. — 2° La démission et au besoin la déchéance de tous les anciens titulaires des évêchés de France. — 3° La nomination de tous les archevêques et évêques à la volonté

(1) Elles dataient en effet, du séjour de Bonaparte à Milan, après la victoire de Marengo. Dès cette époque, il songea sérieusement à faire cesser le schisme qui divisait l'Église de France, depuis la constitution civile du clergé et les lois de la Terreur, et à renouer des relations avec le Saint-Siège. « Il nous faut en finir, répétait-il souvent depuis le traité d'Amiens. La paix avec l'Europe est faite, mais la paix religieuse est la plus urgente de toutes. Celle-là conclue, nous n'avons plus rien à craindre. »

de chef de l'État, pour le présent et pour l'avenir, le Saint-Siège ne se réservant que l'institution canonique. — 4° Un serment par lequel les évêques sont liés au gouvernement. — 5° Des prières publiques faites, pour le chef de l'État, dans toutes les églises, chaque dimanche, après l'office divin. — 6° L'agrément du gouvernement requis en faveur des prêtres nommés aux cures par les évêques. — 7° L'abandon de tous les biens ecclésiastiques aliénés.

En échange de ces concessions, l'État accorde à l'Église :

1° La libre exercice de la religion catholique sans restriction aucune. — 2° La publicité du culte, en se conformant aux règlements de police. — 3° La disposition immédiate de toutes les églises non aliénées nécessaires au culte. — 4° Un traitement convenable aux évêques et aux curés.

Ainsi, comme on le voit, au prix de concessions sans doute bien considérables, à l'intérieur des églises de France, le concordat agrandissait l'autorité spirituelle, l'autorité du Pape d'abord, appelé, en plein pays de gallicanisme, à reconstituer ces églises par un acte d'omnipotence; l'autorité des évêques ensuite, rétablie seule sur les ruines des anciens privilèges canoniques et dominant sans partage un clergé nivelé par la politique.

Cet accroissement de l'autorité du Pape et des évêques est le résultat assurément le plus inattendu, mais le plus incontestable de la Révolution française. Il entrait, ce semble, dans les desseins de la Providence qu'au début du dix-neuvième siècle, les églises de France, appelées à devenir plus militantes que jamais, se trouvassent régies comme une ville assiégée ou comme une armée conquérante en pays ennemi.

III.

Le 18 avril 1802, jour de Pâques, tandis que le Premier Consul échan-

Ayant reçu indirectement avis de ces bonnes dispositions, Pie VII s'empressa de lui faire savoir qu'il était prêt à entrer en négociations. Ces offres furent acceptées et les pourparlers commencèrent.

Mais les difficultés étaient considérables. On ne pouvait s'entendre, ni sur le titre de *religion d'État*, que le pape demandait pour la religion catholique, ni sur la déposition des évêques demeurés fidèles. Le Premier Consul exigeait ce dernier point, afin, disait-il, de pouvoir déposer à son tour les prélats constitutionnels, pour former un clergé homogène. Avec sa brusquerie ordinaire, Bonaparte donna ordre à son ambassadeur à Rome, M. Cacault, de se retirer à Florence, si le Pape ne signait pas immédiatement le projet de concordat, tel qu'il l'avait rédigé.

Tout allait être rompu, lorsque M. Cacault, également dévoué au Pape et au Premier Consul, imagina une solution à laquelle personne ne songeait. « Vous ne voulez pas adopter le concordat venu de Paris, dit-il à Pie VII; eh bien, que le cardinal Consalvi se rende en France, revêtu de vos pouvoirs; il inspirera confiance au Premier Consul et obtiendra les changements de rédaction indispensables. »

geait aux Tuileries avec les ambassadeurs étrangers les ratifications du traité
d'Amiens, un cortège, tout à la fois civil et militaire, parcourait avec éclat
dès huit heures du matin les rues de la capitale. Il avait à sa tête M. Réal,
préfet de police, accompagné des douze maires et de leurs adjoints, des
commissaires de police, des juges de paix, des officiers d'état-major et de
ceux de la gendarmerie de la Seine. Plusieurs détachements de cavalerie avec
leur corps de trompettes escortaient le fonctionnaire chargé par les consuls

Fig. 61. — Signature du Concordat par le Premier Consul. D'après Wicar.

de donner connaissance au public des articles de la loi relative au Concordat.

A onze heures, un autre spectacle plus solennel attirait à son tour l'attention
de la foule.

Le Cardinal Caprara, envoyé par le Pape pour suivre et régler l'exécution
du Concordat, revêtu de l'éclatant costume des membres du sacré-collège précédé de la croix que les légats *à latere* ont, dans les grandes solennités, le
privilège de faire porter devant eux, et suivi du nombreux personnel de son
ambassade, franchissait le portail de l'église métropolitaine. Derrière lui
marchaient, en habits épiscopaux, les archevêques et les évêques nouvellement

nommés. L'un d'eux attirait particulièrement l'attention, c'était Mgr de Belloy, le successeur de Belsunce à Marseille, un vieillard presque centenaire, qui venait d'être promu à l'archevêché de Paris.

Mais, si empressée que fût la foule à contempler cette pompe ecclésiastique, depuis si longtemps inusitée et tout à fait nouvelle pour les plus jeunes spectateurs, l'attention se portait de préférence au-devant du principal auteur de cette surprenante innovation. On connaissait la mauvaise impression produite sur une partie du sénat, et sur la majorité de tribunat, par la simple annonce d'un traité religieux passé avec le Saint-Siège. On n'ignorait point que le Premier Consul avait eu à vaincre (1) plus d'une résistance au sein même de son Conseil d'État, composé en grande partie des membres de nos anciennes assemblées révolutionnaires. On avait ouï parler des protestations que plusieurs de ses anciens compagnons d'armes, les généraux de l'armée d'Italie, avaient osé porter devant lui contre le Concordat; on savait aussi dans quels termes sévères il les avait rappelés au sentiment de l'obéissance qu'ils devaient, comme militaires, aux lois promulguées par l'État. Gourmandés comme des enfants par le jeune chef qui les avait si glorieusement commandés sur tant de champs de bataille, les plus hardis, Lannes et Augereau eux-mêmes, étaient demeurés interdits. Mais, hors de sa présence, plusieurs s'étaient vantés, disait-on, qu'ils n'assisteraient point à la cérémonie.

D'autre part, les habitants des quartiers populaires avaient appris des ouvriers employés à ces sortes de travaux que de grands préparatifs d'un luxe inaccoutumé se faisaient au palais des Tuileries. Les voitures de gala, qui avaient naguère servi à Louis XVI et étaient demeurées sous remise depuis la dernière sortie solennelle du dernier roi de France, venaient d'être réparées et mises à neuf. On parlait également dans la foule de somptueux habits commandés par les consuls. On racontait encore, dans les cercles bien informés,

---

(1) Napoléon avait à combattre de plus d'un côté. A ceux qui ne voulaient d'aucune religion, il faisait voir que la religion est nécessaire pour le bon ordre de la société humaine. A ceux qui poussaient au protestantisme, il répondait que le grand intérêt, la grande force de la France, c'est son unité : y introduire le protestantisme, c'est la briser en deux et la jeter à la queue des nations au lieu de la conserver à la tête. Plusieurs fois, comme il le raconta lui-même plus tard, on fit des tentatives auprès de lui pour l'engager à se déclarer le chef de la religion, en mettant de côté le Pape. « On ne se bornait pas là, disait-il à ses compagnons de Sainte-Hélène, on voulait que je fisse moi-même une religion à ma guise, m'assurant qu'en France et dans le reste du monde j'étais sûr de ne pas manquer de partisans et de dévots du nouveau culte. Un jour que j'étais pressé sur ce sujet par un personnage qui voyait là-dessous une grande pensée politique, je l'arrêtai tout court : « Assez, Monsieur, assez; voulez-vous aussi que je me fasse crucifier? » Et comme il me regardait d'un air étonné : « Ce n'est pas là votre pensée, ni la mienne non plus; eh bien, Monsieur, c'est là ce qu'il faut pour la vraie religion, et après celle-là je n'en connais pas, ni n'en veux connaître une autre. » (DE BEAUTERNE, *Conversations religieuses de Napoléon*.)

que Napoléon avait personnellement engagé les principaux fonctionnaires du nouveau gouvernement à se montrer avec le plus grand apparat possible dans le cortège qui se rendrait à Notre-Dame. Il avait, disait-on, témoigné le désir que leurs femmes assistassent en grande toilette à la cérémonie.

Conformément au mot d'ordre qu'ils avaient reçu sans trop de déplaisir, les hauts dignitaires de la République n'avaient point manqué de se pourvoir d'équipages somptueux. Somme toute, malgré ce qu'il y avait forcément d'un peu étrange et de disparate dans l'étalage de ce luxe qui renaissait tout à coup après de si terribles bouleversements, le cortège fut beau. Les voitures redorées de l'ancienne cour excitaient l'admiration de la foule, qui remarqua la livrée verte aux galons d'or, laquelle allait bientôt devenir la livrée de la maison impériale.

Cependant les regards s'attachaient surtout sur le groupe des généraux dont plusieurs portaient des noms déjà fameux. Malgré ce qu'on avait annoncé de leur mauvais vouloir, ils étaient au grand complet.

A Notre-Dame, quelques-uns des conseillers d'État, des officiers et des vieux jacobins, amenés là par la volonté du Maître, essayèrent, dit-on, d'une attitude légère et railleuse. Un regard du César, dont ils baisaient avec tant de platitude les talons impériaux, les fit rentrer dans l'ordre.

De son côté, raconte M. Thiers, Napoléon, immobile, le visage sévère, restait calme, grave, dans l'attitude d'un chef d'empire qui fait un grand acte de volonté, et qui commande de son regard la soumission à tout le monde.

Cette soumission, ajoute M. d'Haussonville, qui bientôt ne devait plus rien laisser à désirer, avait, cette fois déjà, dépassé son attente. Au dîner qui eut lieu au retour de Notre-Dame, Bonaparte se montra aimable comme il était toujours quand les choses avaient tourné selon ses vues. Il fut singulièrement prévenant envers le cardinal. Il lui parla de la cérémonie avec une évidente satisfaction et de la personne du Pape avec une sorte de tendresse :

« Eh bien! lui dit-il de ce ton familier, dégagé et insinuant dont il se servait habituellement quand il entretenait le légat, voilà qu'à Rome on commence à pouvoir se tenir sur ses jambes. Une journée comme celle-ci ne peut manquer d'y aider... Vous avez vu avec quelle solennité a été faite la publication du Concordat, soit à l'église, soit hors de l'église ; il aurait été impossible de faire davantage pour qualifier une religion de dominante, hormis de lui donner ce nom. »

IV.

Les âmes vraiment françaises venaient en effet de chanter le plus beau et le plus enthousiaste des *Te Deum* qui aient jamais retenti sous les voûtes de la grande basilique, en voyant l'accord inattendu qui venait de s'établir entre le chef de la vieille foi religieuse et le représentant actuel de cette France moderne qui l'avait naguère encore si cruellement persécutée.

Pareille confiance animait, et le légat qui officiait en ce jour, et les évêques appelés à prêter serment entre les mains du Premier Consul. Ce fut elle aussi et non un vrai besoin d'adulation, qui inspira M. de Boisgelin, ancien archevêque d'Aix, nommé à l'archevêché de Tours, lorsque, le premier parmi ses collègues, il parla du haut de la chaire de la mission providentielle de Napoléon, invoquant par avance cès noms de Pépin et de Charlemagne dont les noms devaient désormais retentir si souvent à ses oreilles.

L'orateur avait montré la Providence dirigeant en avant la marche des événements et les amenant au but marqué dans ses décrets. Les choses parlaient encore plus éloquemment que l'orateur. Les assistants ne pouvaient en croire leurs yeux. Ils avaient vu, il y a peu d'années, l'impiété triomphante dans ce même temple, et maintenant on y chante le *Te Deum* pour remercier Dieu de ses miséricordes envers la France, miséricordes par lesquelles il l'a ressuscitée, il l'a réconciliée avec son Église et avec elle-même.

Oui, la France est vraiment ressuscitée. La voilà qui reprend son rôle de missionnaire et de soldat de Dieu dans le monde.

CHAPITRE II.

LA FRANCE APOTRE.

Leur voix et leur sang parlent à Dieu de la France. — La vision du Macédonien. — Passe et
viens à nous! — Un grand peuple nous attend toujours. — Les missions à l'intérieur. — Leur
rôle d'après Mᵍʳ de Forbin-Janson. — L'apostolat d'après saint Paul. — Les prêtres émigrés
missionnaires. — La Providence se sert d'eux pour toucher l'Angleterre. — La congrégation
des Missions Étrangères. — La Congrégation du Saint-Esprit. — L'aide que leur donnent les
congrégations enseignantes. — Les Frères des Écoles chrétiennes à l'extérieur. — Notre or
court dans tout l'univers au service de Dieu. — L'œuvre de la Propagation de la Foi. — Comment
l'œuvre de la Sainte-Enfance en naquit et la complète.

I.

« Nos missionnaires sont partout, aux échelles du Levant, en Arménie, en
Perse, aux Indes, en Chine, sur les côtes d'Afrique, dans les îles de l'Océa-
nie; partout leur voix et leur sang parle à Dieu du pays qui les verse sur le
monde. »

Lacordaire le constatait déjà, dans cet immortel discours dont ce livre n'est
qu'un long commentaire, c'est que nulle nation n'a compris, comme la
France, la réponse à faire aux visions sans cesse renouvelées depuis l'apparition qui inspirait au grand orateur, dans une autre circonstance, cette sublime apostrophe.

« Saint Paul, dit-il, étant sur les ruines de Troie, vit en songe un Macédonien qui se tenait debout, et qui le priait : *Passe,* lui disait-il, *passe et viens
à nous.* Ce Macédonien, Messieurs, c'est l'humanité tout entière, suppliante de
Dieu, lui demandant la vérité, et saint Paul, c'est nous tous qui croyons comme
lui, qui avons reçu comme lui les prémices de l'esprit de vie et d'amour. Aujourd'hui comme alors, couché sur les ruines de Troie, cette image de la désolation du monde, le Macédonien se dresse devant nous; il nous prie debout,
car il est pressé : *Passe,* nous dit-il, *passe et viens à nous.* Et si la crainte du
dévouement nous retient, si les labeurs, les voyages, la faim, la soif, les supplices nous effraient, Dieu nous dit, comme à saint Paul, dans un autre voyage,
dans le voyage de Corinthe : *N'aie pas peur, parle et ne te tais pas, car
j'ai un grand peuple à moi dans cette ville.* Comment nous tairions-nous?

Comment la main de l'homme fermerait-elle nos lèvres? Dieu nous pousse toujours, un grand peuple nous attend toujours... »

Mais, avant de rejoindre le Macédonien sur la rive étrangère, il fallait songer à ceux de l'intérieur.

II.

Nous l'avons raconté ailleurs (1), ce fut alors la grande époque des missions. « Une nuée de missionnaires, comme le rappelait Lacordaire dans son éloge funèbre de Mgr de Forbin-Janson, se précipitait du nord au midi, » pour rappeler la France à la foi qui l'avait faite si grande depuis le baptistère de Reims.

Les sectaires frémissaient. Ils trouvèrent des auxiliaires bien inattendus dans cette foule qui se recrute de tous les censeurs et de tous les esprits chagrins pour qui toute nouveauté ou mieux tout effort troublant leur quiétude est un spectre qu'il faut conjurer. A ceux-là, il était facile de répondre, avec l'exemple de Vincent de Paul, premier instituteur des missions en France, que, sans doute, la prédication pastorale, la prédication ordinaire, est la plus nécessaire aux peuples; mais qui oserait dire, s'il a au cœur encore un peu de foi et de zèle, que la mission, la prédication plus choisie et plus abondante, n'est pas une grâce imcomparable, souvent nécessaire aux troupeaux et aux pasteurs eux-mêmes?

L'ancien condisciple de l'abbé de Mazenod, grand missionnaire lui-même, ne craindra pas de l'écrire, après dix ans d'expérience :

« Le temps de la mission, dira Mgr de Forbin-Janson, renferme un si attrayant mélange de convictions pour l'esprit, de douces émotions pour le cœur, un cours si complet d'instructions, de conférences, d'exhortations, sur les matières les plus hautes et les plus familières, un si parfait ensemble de pieux cantiques, de cérémonies imposantes et pleines d'une onction et d'une majesté toutes divines, enfin un tel enchaînement de doctrines vives et pressantes, que toutes ces vérités, quoique déjà connues n'étant plus offertes d'une manière isolée, mais réunies et concentrées comme les rayons du soleil au foyer d'un verre ardent, l'entendement et la volonté se trouvent également pénétrés de lumière et de chaleur, et qu'alors toute résistance devient comme impossible, de telle sorte qu'on peut dire avec confiance que le faible mérite de l'exactitude

____

(1) *Vie de Mgr de Mazenod*, fondateur des missionnaires Oblats de Marie Immaculée, chap. VII.

aux exercices de la mission emporte tout avec lui, que cette fidélité suffit pour le triomphe de la grâce, et que, si ce triomphe demeure incertain quant à son moment précis, il n'en est pas moins infailliblement assuré. »

III.

Il y a dix-neuf siècles, un de ces hommes de salut, choisis par Dieu pour annoncer sa gloire aux nations les plus lointaines, Paul, sur le point d'aller en Italie et en Espagne, écrivait de Grèce à l'Église naissante de Rome, dont alors déjà la foi était publiée par tout l'univers.

— Il n'y a point de distinction entre le Juif et le Gentil, parce que tous n'ont qu'un même Seigneur, qui répand ses richesses sur tous ceux qui l'invoquent; car tous ceux qui invoqueront le nom du Seigneur seront sauvés.

— Mais, continue l'apôtre, comment l'invoqueront-ils, s'ils ne croient point en lui? Et comment croiront-ils en lui s'ils n'en ont point entendu parler? Et comment en entendront-ils parler si personne ne leur prêche? Et comment y aura-t-il des prédicateurs s'ils ne sont envoyés, selon ce qui est écrit : « qu'ils sont beaux les pieds de ceux qui annoncent l'Évangile de paix, qui annoncent les biens! »

Ces paroles de saint Paul, méditées dans le silence des cloîtres et des séminaires, ont toujours excité le zèle des apôtres français. Mais cette expansion de la France catholique au-dehors se manifesta avec une ardeur extraordinaire au sortir de la Révolution.

Déjà, les prêtres émigrés furent missionnaires.

C'est en effet un des miracles de la Providence, qui aime à se servir d'instruments français, que celui-là.

Lorsqu'à la fin du dix-huitième siècle la Révolution française égorgeait les prêtres et les évêques fidèles, ou qu'elle les bannissait sur la terre étrangère, elle ne s'attendait guère à réveiller par là le catholicisme en France et à l'étranger.

Tel fut pourtant le résultat final des persécutions.

Tertullien, il est vrai, l'avait prophétisé, dès le troisième siècle :

— Le sang des chrétiens est une semence de chrétiens nouveaux.

Il en fut donc de même à la fin du dix-huitième et au début du dix-neuvième siècle.

Le sang et les souffrances du clergé français furent pour l'Église catholique une semence féconde de nouveaux enfants et même de nouveaux apôtres. A la vue de tant de foi et de tant de patience, le schisme, l'incrédulité même se sentirent des entrailles. Les protestants, en Angleterre particulièrement, déposèrent beaucoup de préjugés à l'endroit de l'Église Romaine, et la France commença dès lors cette conquête pacifique, qui devait aboutir, sous le glorieux pontificat de Pie IX, au rétablissement de la hiérarchie catholique au sein même de cette nation, qui avait juré haine éternelle au papisme (1).

IV.

Deux congrégations s'établirent, ou, pour parler plus exactement, se reformèrent, pour organiser des missions françaises au-dehors.

Le séminaire des Missions Étrangères, à Paris, rétabli par Pie VII et le séminaire du Saint-Esprit, rétabli en 1819, inaugurèrent ce mouvement où devaient s'illustrer les Lazaristes, les Oblats de Marie-Immaculée, les Maristes, ceux de Picpus, les missionnaires du Sacré-Cœur, etc., etc.

(1) La femme d'un artisan de Londres, touchée de compassion, donnait l'hospitalité à un ecclésiastique émigré de la France. Après quelques jours, deux petits enfants de la maison s'approchèrent familièrement du prêtre qui leur fit beaucoup de caresses. Leur mère cependant, qui était à quelques pas, regardait avec une anxiété inexprimable et faisait signe aux enfants de s'éloigner. Le lendemain elle découvrit naïvement au prêtre français la cause secrète de ses transes. « Depuis que vous êtes chez nous, lui dit-elle, je vois bien que vous êtes un brave homme ; mais on nous a dit tant de choses contre les catholiques, on nous a dit, entre autres, que les prêtres catholiques avaient le secret d'attirer les petits enfants, et cela pour les manger ! Aussi, hier, quand j'ai vu mes deux petits enfants s'approcher de vous, j'étais dans un état qu'on ne saurait dire. Je tremblais pour eux, et cependant je n'osais vous faire de la peine. Je vois bien que c'est encore une calomnie. »

Qu'il pût y avoir des préjugés de cette force dans le peuple anglais, nous l'apprîmes encore, en 1829, d'un jeune Anglais qui n'était pas du peuple, et qui venait d'arriver en France. Il nous dit que, quand il communiqua à sa famille le projet de son voyage, son père, sa mère, sa sœur lui témoignèrent les plus vives appréhensions, lui répétant que les prêtres papistes, qu'il ne manquerait pas de rencontrer, avaient l'art d'ensorceler les gens et de les attirer au papisme malgré eux. Il leur promit bien d'être sur ses gardes et de revenir aussi bon protestant qu'il allait partir. Et de fait, débarqué à Lorient, sa principale attention fut d'éviter la rencontre d'un prêtre. Mais le hasard voulut que dans l'hôtel où il s'adressa il n'y eût plus de disponible qu'une chambre à deux lits, dont l'un était justement occupé par un prêtre catholique. L'embarras du jeune homme fut extrême. Toutefois, il s'arma de courage. En se couchant, il mit deux pistolets chargés sous son chevet, passa la nuit sans fermer l'œil, résolu de tirer sur le prêtre s'il venait de son côté. Cependant le prêtre dormit profondément toute la nuit et le jeune homme eut le temps de s'apercevoir que ses craintes étaient mal fondées. Au bout de quelques mois, ces craintes étaient tellement diminuées qu'il alla demeurer chez un ecclésiastique de notre connaissance, qui l'instruisit dans la foi catholique et reçut son abjuration. C'est de la bouche même du jeune homme que nous tenons ce récit. (ROHRBACHER, *Hist. de l'Église*, t. 14, *édit. Gaume*.)

Au moment où nous écrivons, plus de quarante sociétés de missionnaires desservent plus de cent soixante-dix pays de missions.

La seule société des Missions Étrangères de Paris est à la tête de vingt-cinq missions immenses, peuplées de 204 millions d'infidèles et de 900,000 catholiques. Une de ces dernières années, elle a baptisé 22,000 adultes païens et 172,000 enfants païens, sans compter 33,000 enfants de chrétiens. Elle a 2,500 églises ou chapelles, 2,000 séminaristes, 50,000 élèves ou orphelins.

Fig. 62. — Les missionnaires français au Congo : Pères du Saint-Esprit et du Saint-Cœur-de-Marie et enfants de la mission de Loango comblant des marais à l'aide du Decauville. D'après la photographie d'un missionnaire.

Pour aider cet apostolat, une foule de frères et de sœurs, de religieux et de religieuses, courent, comme au temps du Sauveur et de ses apôtres, sur les pas des missionnaires qu'ils secondent avec un héroïque dévouement.

C'est ainsi, pour n'en citer qu'un exemple, que l'Institut des Frères des Écoles chrétiennes, à lui seul, compte, à l'étranger, 315 maisons, 3,625 frères et 98,000 élèves.

Il y aurait un livre à écrire — et nous l'écrirons un jour — sur le développement des missions étrangères à l'heure présente et sur le rôle de la France qui y est prépondérant. Nous mettrons alors en lumière la part de l'influence qu'y exercent les congrégations enseignantes, qui ont des maisons si nombreuses et si florissantes dans toutes les parties du monde.

V.

Après avoir, avec une sainte fierté, rappelé ces glorieuses initiatives, Lacordaire ajoutait :

— Notre or court aussi dans tout l'univers, au service de Dieu ; c'est nous

Fig. 63. — Les sœurs françaises à Madagascar : Jeunes filles malgaches, élèves des religieuses de Saint-Joseph de Cluny, à Tananarive.

qui avons fondé l'*Association de la Propagation de la Foi;* ce trésor de l'apostolat tiré sou par sou de la poche des pauvres, et qui porte chaque année des ressources royales aux missions les plus lointaines de la vérité.

Les historiens contemporains de l'Église se sont arrêtés, émerveillés, devant cette œuvre, éminemment française d'inspiration, d'origine et de générosité.

« Parmi les nouvelles œuvres que l'esprit de Dieu a suscitées en France, dit l'un d'eux, la principale est l'association de prières et d'aumônes pour la propagation de la foi chrétienne par toute la terre; association commencée vers l'an 1822 par d'humbles et pauvres ouvrières de Lyon, cité de saint Irénée et de sainte Blandine, et qui, de là, bénie par le chef de l'Église, étend ses ramifications chez toutes les nations catholiques et ses fruits de salut chez toutes les nations infidèles. Dans les premiers siècles, nous avons vu la nation des Ibères convertie par une pieuse captive dont on ne sait pas le nom. Dans ces derniers siècles, des millions de païens et de sauvages devront à des ouvrières inconnues la civilisation chrétienne en ce monde, le bonheur éternel dans l'autre. »

Celle qui était l'âme de la nouvelle œuvre, Mlle Pauline Jaricot, l'humble fondatrice de la Propagation de la Foi et du Rosaire vivant, se trouva amenée par la Providence à rencontrer un ardent missionnaire, Mgr de Forbin-Janson, qui avait souvent parlé, à Paris, à Lyon et à Rome, de la nécessité et des moyens de créer des établissements de secours pour les malheureuses victimes de l'infanticide en Chine.

Mlle Jaricot connaissait depuis longtemps ce problème que se posait le saint missionnaire : secourir la

Fig. 64. — Melle Pauline Jaricot, fondatrice de l'œuvre de la Propagation de la Foi. (1799-1862.)

Chine païenne, sauver ses jeunes et innombrables victimes, le faire avec la Propagation de la Foi, sans cependant empiéter sur ses hommes et ses ressources.

Elle y avait longuement songé pendant les mois de 1842, marqués pour elle par de grandes souffrances, ennoblis par l'activité féconde de sa charité.

Enfin la lumière se fit. Les enfants chrétiens de l'Europe ne pouvaient-ils devenir les banquiers dont l'or ouvrirait le royaume des cieux aux enfants rebutés de la Chine infidèle? Ne trouveraient-ils pas un petit sou tous les mois pour sauver de pauvres innocents et pour en faire de petits anges ou des apôtres? Ce serait *la Propagation enfantine de la Foi.*

Cette solution était simple, mais précisément, à cause de sa simplicité, elle avait échappé à l'intelligence et aux méditations ardentes de notre missionnaire pendant plus de trente ans. Ce n'est qu'en délibérant avec une pauvre fille malade sur ce qu'il peut et veut faire de la grâce de toute sa vie et des nouvelles faveurs reçues au tombeau des Apôtres qu'il en trouve le secret ; c'est du contact de ces deux charités souffrantes que sort la solution cherchée. La Sainte-Enfance était fondée : son *modus vivendi* avec la Propagation de la Foi était découvert.

Un dimanche soir, à l'heure des Vêpres, Mgr de Janson se rendait à la maison-mère de la Congrégation de la Mission, et priait M. le Supérieur des Lazaristes de lui laisser voir un de ses novices, M. Jacques Perboyre, le frère du missionnaire mort martyr en Chine. Le vénérable Père s'empressa de faire venir le jeune homme qui était alors au chœur. L'objet du prélat était de le prier instamment de recommander à son bienheureux frère une affaire très importante, où il croyait voir l'inspiration divine et qu'il se proposait de réaliser incessamment. Cette affaire, c'était celle qui allait remplir sa vie.

L'œuvre de la Sainte-Enfance était fondée et celle de la Propagation de la Foi couronnée par cette admirable création du prosélytisme français.

CHAPITRE III.

LES ŒUVRES.

Un spectacle plus consolant encore. — Les *Conférences de saint Vincent de Paul*, — Ozanam. — Il raconte les origines de son œuvre. — Vingt ans après. — Œuvres diverses qui viennent se greffer sur la branche-mère. — La charité et la philanthropie. — Les grandes résurrections religieuses en France. — L'œuvre des Petites-Sœurs des pauvres, spécimen de la charité catholique française. — Histoire de leur fondation. — Ce qu'elles sont. — Ce qu'elles font.

I.

Arrivé au point où nous allons nous placer, Lacordaire tressaillit visiblement. C'est d'un accent plus ému encore qu'il s'écria :

« Voulez-vous voir un spectacle plus consolant encore, et qui n'avait pas de modèle dans l'ancienne France? Regardez, voici des adolescents, des étudiants, des jeunes hommes placés à l'entrée de toutes les carrières civiles et industrielles, sans distinction de naissance et de fortune ; la charité chrétienne les a réunis, non pour assister le pauvre d'un argent philanthropique, mais pour le visiter, lui parler, le toucher, voir et sentir sa misère, et lui porter, avec le pain et le vêtement, le visage pieux d'un ami. Chaque ville, sous le nom de *Conférences de saint Vincent de Paul*, possède une fraction de cette jeune milice qui a placé sa chasteté sous la garde de sa charité, la plus belle des vertus sous la plus belle des gardes. Quelles bénédictions n'attirera pas sur la France cette chevalerie de la jeunesse, de la pureté et de la fraternité en faveur des pauvres ! Avec la même ardeur que nos pères combattaient autrefois les infidèles en Terre-Sainte, ils combattent aujourd'hui l'incroyance, la débauche et la misère, sur cette autre terre sainte de la patrie. »

L'homme éminent, le lettré chrétien, le grand cœur, dont Dieu se servit pour doter la France et l'Église de cette nouvelle forme d'apostolat par la charité, Frédéric Ozanam, l'a raconté lui-même, avec un charme ému,

Fig. 65. — Frédéric Ozanam, fondateur des *Conférences de saint Vincent de Paul*. (1813-1853.)

à vingt ans du jour où il eut la première inspiration de son œuvre.

« Nous étions alors, dit-il, envahis par un déluge de doctrines hétérodoxes et philosophiques qui s'agitaient autour de nous, et nous éprouvions le désir et le besoin de fortifier notre foi au milieu des assauts que lui livraient les systèmes divers de la fausse science. Quelques-uns de nos jeunes compagnons d'études étaient matérialistes ; quelques-uns saint-simoniens ; d'autres fouriéristes ; d'autres encore déistes. Lorsque nous, catholiques, nous nous efforcions de rappeler à ces frères égarés les merveilles du christianisme, ils nous disaient tous : « Vous avez raison, si vous parlez du passé. Le christianisme a fait autrefois des prodiges, mais aujourd'hui le christianisme est mort. Où sont les œuvres qui démontrent votre foi, et qui peuvent nous la faire respecter et admettre?... » Ce fut alors que nous nous dîmes : « Eh bien! à l'œuvre! et que nos actes soient d'accord avec notre foi. Mais que faire? que faire! pour être vraiment catholiques, sinon ce qui plaît le plus à Dieu? Secourons donc notre prochain, comme le faisait Jésus-Christ, et mettons notre foi sous la protection de la charité. »

Ils étaient huit, à se tenir ce langage. « Ces huit jeunes gens, raconte Lacordaire, au mois de mai 1833, eurent donc cette inspiration, de prouver une fois de plus que le christianisme peut en faveur des pauvres ce qu'aucune doctrine n'a pu avant lui et après lui; et, tandis que les novateurs s'épuisaient en théories qui devaient changer le monde, eux, plus modestes, se prirent à monter les étages où se cachait la misère de leur quartier. On les vit, dans la fleur de l'âge, écoliers d'hier, fréquenter sans dégoût les plus abjects réduits et apporter aux habitants familiers de la douleur la vision de la charité. La charité est belle en quiconque l'accomplit; elle est belle en l'homme même qui retranche une heure à ses affaires pour la donner aux affaires de la souffrance; elle est belle dans le pauvre qui trouve encore une parole et un denier pour le pauvre; mais c'est dans le jeune homme qu'elle apparaît tout entière, telle que Dieu la voit en lui-même au printemps de son éternité, telle que Jésus la voyait, au jour de son pèlerinage, sur le front de saint Jean. Fille de la foi, Ozanam et ses amis voulurent lui confier la leur comme à une mère; et ce fut leur intention que la charité servît de médiation aux générations de leur siècle et y versât la lumière que le raisonnement éperdu y répandait en vain. »

Ils choisirent saint Vincent de Paul pour leur patron. L'humilité et la charité sans bornes de ce grand saint, sa simplicité, sa droiture, sa prudence, son affabilité pour tous, répondaient si bien à l'esprit dont voulait se pénétrer la nouvelle société, qu'elle crut ne pouvoir trouver un meilleur modèle ni un plus puissant protecteur.

« Vingt ans après, continue Lacordaire, dans cette réunion de Florence, où Ozanam mourant tirait de sa poitrine les dernières paroles éloquentes qu'il ait prononcées en public, il pouvait dire, avec l'assurance de l'homme qui a rempli sa tâche sous l'œil et avec le bras de Dieu : « Au lieu de huit, à Paris seulement, nous sommes deux mille, et nous visitons cinq mille familles, c'est-à-dire le quart des pauvres que renferme cette immense cité. Les conférences, en France seulement, sont au nombre de cinq cents, et nous en avons en Angleterre, en Espagne, en Belgique, en Amérique, et jusqu'à Jérusalem. C'est ainsi qu'en commençant humblement on peut arriver à

faire de grandes choses,
comme Jésus-Christ, qui de
l'abaissement de la crèche
s'est élevé à la gloire du
Thabor. »

Deux ans après, la statistique, dressée le 12 avril
1855, constatait en France
1369 conférences, autant dans
le reste de l'Église, au total
deux mille huit cent quatorze
Conférences!

L'Œuvre, qui, la première
année, n'avait pu distribuer
qu'un pauvre petit millier de
francs, distribuait, en 1872,
plus de sept millions, et, à
cette date, on constatait qu'elle
avait, depuis sa fondation,
déjà versé dans le sein des
pauvres, avec l'intelligence
du don apporté là où le be-

Fig. 66. — Les premières Conférences de Saint Vincent de Paul :
La sœur Rosalie et M. de Melun visitant les Pauvres.

soin était constaté par le visiteur, un total de cent six millions.

II.

De là sortirent bien d'autres œuvres, toutes rattachées à l'œuvre primor-
diale qui les adoptait successivement et s'y appliquait, comme à la consé-
quence logique et saintement acceptée de son principe.

L'énumération pourrait en paraître fastidieuse à des lecteurs légers. Les
nôtres la savoureront, comme un fruit délicieux, cueilli par l'Église, sur l'arbre,
toujours vert malgré les tempêtes et les persécutions, de la charité catholique en France.

Les crèches; les salles d'asile; le patronage des orphelins; le placement
des enfants pauvres chez les laboureurs; le patronage des écoliers; l'instruction des enfants pour la première communion; le patronage des jeunes sa-

voyards; le patronage des apprentis; le patronage des enfants dans les manu-
factures; l'instruction des jeunes gens; les œuvres de jeunesse; le patronage des jeunes libérés; le patronage des compagnons; le patronage des
ouvriers; la propagation de l'instruction chrétienne pour les soldats des garnisons; les bibliothèques-écoles; l'avocat des pauvres; l'instruction des pauvres; les réunions de la sainte-famille; les bibliothèques populaires; les
almanachs; les écoles d'adultes; les secours extraordinaires aux mendiants et
aux pauvres honteux; l'œuvre des réfugiés; les voyageurs; la visite des prisons; la visite des condamnés à mort; la visite des hôpitaux; les asiles pour
les vieillards; les maisons de Nazareth; les soins aux mourants; les funérailles des pauvres.

Un prêtre, selon le cœur de Dieu, qui fut très mêlé à tout ce mouvement
de la charité catholique par la jeunesse française, l'abbé de la Bouillerie, ne
cessait pas de le faire remarquer :

« La charité, disait-il, est le contraire de la philanthropie. Celle-ci demeure terre à terre; elle n'atteint qu'un seul terme, qui est le pauvre, et dans
le pauvre, elle n'envisage que les intérêts matériels, ses membres à réchauffer,
à vêtir, sa faim et sa soif à satisfaire, son existence à sauvegarder. Elle ne
songe pas à Dieu, la science économique se passe facilement de lui : elle n'atteint qu'un seul terme. La charité chrétienne les atteint tous les deux. Tour
à tour, elle considère Dieu et elle considère le pauvre. C'est en Dieu qu'elle
puise l'amour qui la portera vers le pauvre, et, dans le pauvre, ce qu'elle ché-
rit davantage, ce qui est l'objet de ses premiers soins, c'est l'âme, l'esprit, le
cœur, tout ce qui unit le pauvre à Dieu. Enfin, pour mieux atteindre les deux
termes, elle fixe constamment ses regards sur Jésus-Christ, Dieu et pauvre
tout ensemble, qui a dit, en parlant de lui-même : « Ce que vous aurez fait à
l'un de ces petits, c'est à moi-même que vous l'aurez fait. » Magnifique mouvement de la charité chrétienne, qui ne fait que monter et descendre la mystérieuse échelle de Jacob, qui va de Dieu au pauvre, et du pauvre à Dieu, qui
incline le cœur de Dieu vers le pauvre et qui fait remonter le pauvre jusqu'à
Dieu par la connaissance et par l'amour ».

III.

Lacordaire ne voulait rien omettre des causes d'espérance qui réjouissent
dans notre pays, au dix-neuvième siècle, le cœur du chrétien.

Écoutons-le. C'est un hymne à la France et à l'Église!

« Où s'est réfugiée, dites-moi, la pénitence chrétienne? Où découvririez-vous, dans le reste du monde, rien qui égale la solitude, le travail et l'austérité de la Trappe? Après avoir erré durant vingt-cinq années, de la Suisse à l'Autriche, de l'Autriche à la Russie, de la Russie à la Prusse, partout victime d'une hospitalité passagère et sans entrailles, la Trappe est revenue à la France, son berceau; elle y a multiplié ses maisons, sous la protection de la liberté commune, et jamais, en aucun temps, la vertu de la Croix n'a mieux et plus largement fleuri que sous le froc fécond de ces descendants de saint Bernard et de Rancé. Ne voyez-vous pas aussi, sous toutes les formes, ressusciter l'esprit monastique, cet esprit qui s'éteignait dans l'ancienne France, avant même que des lois usurpatrices eussent frappé du marteau les vieux cloîtres tant aimés de nos aïeux? Le Chartreux, le Jésuite, le Capucin, le Bénédictin, rapportent à la France leur dévouement multiple, la prière, la science, la parole, la contemplation et l'action, l'exemple de la pauvreté volontaire, le bénéfice de la communauté. Et aujourd'hui même, devant cette foule qui m'écoute et qui ne s'étonne pas, apparaît, sans audace et sans crainte, le froc séculaire de Saint-Dominique. »

Après avoir lancé cette affirmation, qui conquit la France à l'initiative du restaurateur des Dominicains français, il reprit :

« Que sera-ce, si vous arrêtez votre pensée sur les maisons religieuses où les femmes ont réuni leurs vertus sous la tutelle de la pauvreté, de la chasteté et de l'obéissance? Là il ne vous sera plus possible de nombrer les ordres et les œuvres. La charité a mis le doigt sur les nuances mêmes des besoins ; elle a des mains pour les cicatrices autant que pour les blessures. Et pas un scandale depuis quarante ans! pas une plainte! pas un murmure! La liberté a été plus féconde que les vieilles mœurs féodales; elle a tiré des familles plus de suc généreux et dévoué. La France est toujours le pays des saintes femmes, des filles de la Charité, des sœurs de la Providence et de l'Espérance, des mères du Bon-Pasteur, et quel nom pourrais-je créer, que leur vertu n'ait baptisé déjà?

IV.

Entre ces noms, il en est un, qui, rapidement devenu populaire, porte à tous les coins du globe le renom de la charité française, de la charité catholique créant par la France l'une de ses plus sublimes inventions.

Dans l'impossibilité de tout dire, c'est aux Petites-Sœurs des Pauvres que nous consacrerons quelques pages, merveilleuse démonstration de la fécondité incessante de la foi de la France et de son retour aux grands devoirs de sa vocation (1).

Rien ne fut plus humble que les débuts de l'Œuvre sublime qui s'établit au milieu de nous : c'est aussi petit que le grain de sénevé.

Transportez-vous avec moi, par la pensée, sur les bords de l'Océan, dans une petite ville très pauvre, aux maisons lézardées et mal crépies, aux rues mal pavées, et encore plus mal entretenues, où les femmes et les enfants sont souvent en deuil, parce que la mer fait de fréquentes victimes parmi cette population de matelots et de pêcheurs.

Un jeune prêtre de vingt-cinq ans, venait d'être envoyé vicaire dans cette modeste ville de Saint-Servan; c'était une belle âme, toute pétrie de charité. La vue de tant de misères l'émouvait jusqu'au fond des entrailles; il disait comme le divin Maître dont il a été une des plus fidèles copies : *Misereor super turbam : J'ai pitié de cette foule* de pauvres, d'abandonnés, de vieillards, d'infirmes. Dans toutes ses prières, il demandait à Dieu les moyens de les soulager. Quelle prière fut jamais mieux exaucée? Mais quelle prière fut jamais mieux faite?

La Providence avait mis sous sa direction spirituelle deux jeunes filles, simples ouvrières d'un rare bon sens, d'une piété fervente et droite, d'un courage à ne reculer devant aucun sacrifice; elles ne savaient qu'obéir, avec un immense besoin de se dévouer au bien, en se donnant.

Elles avaient une confiance absolue dans leur directeur. Les grandes et saintes âmes se devinent par intuition. Pendant deux ans, il les forma à la vie religieuse, sans leur révéler ses pieux projets; il voulait les éprouver en attendant l'heure du bon Dieu. Quand il les jugea suffisamment préparées, il leur communiqua son dessein de faire une œuvre pour les vieillards délaissés et pauvres. Cette heureuse nouvelle fut accueillie avec une joie indicible. On commença de suite par une vieille femme aveugle, âgée de quatre-vingts ans qui mourait de faim et de froid sur son grabat; mais où la loger? On la transporta dans la mansarde de deux autres ouvrières. La moins âgée sollicita, comme une insigne faveur, de faire partie de cet essai de communauté naissante. La chère vieille n'avait jamais été si tendrement soignée; chacune de lui dire : *Ne vous inquiétez de rien; vous serez notre mère;*

---

(1) Nous les empruntons à la brochure si alerte et si émouvante que Mgr l'archevêque d'Aix consacrait, en 1888, aux *Petites-Sœurs des Pauvres*. (Ce qu'elles sont, ce qu'elles font, ce que nous devons faire.) On sait au prix de quelle vaillance et de quel désintéressement, Mgr Gouthe-Soulard a doté sa ville métropolitaine de l'une des plus belles maisons de cet Institut.

nous vous aimerons bien; nous sommes fortes et courageuses; nous travaillerons pour vous. Elles travaillaient en effet, et chaque soir, elles apportaient leurs cinquante centimes, prix de la journée.

Le bien ne s'arrête pas promptement en si bon chemin; une seconde pensionnaire vint frapper à la porte du grenier; elle avait les mêmes titres, elle fut reçue avec le même empressement. On raconte que les lits étaient si rapprochés qu'il fallait installer un réchaud sur l'escalier pour préparer la modique cuisine.

D'autres clientes se présentèrent en grand nombre; la Providence les envoyait, comment les refuser? On achètera une maison vaste et bien située. Mais qui la paiera? Les deux vieilles filles apportèrent toutes leurs économies, l'une, six cents francs, ramassés pendant vingt ans de service, l'autre quelques vieux meubles, à moitié cassés et usés; l'abbé vendit sa propre montre d'or et le calice en vermeil de sa première messe. Le jeune berger Vincent de Paul donna à un pauvre les trente sous qu'il avait reçus en étrenne, à la vente de ses moutons. Les saints se suivent et se ressemblent: chacun donna ce qu'il avait pour solder l'immeuble; le bon Dieu fut chargé de parfaire la somme; son apport ne se fit pas longtemps attendre: au bout d'un an, on ne devait plus rien.

Fig. 67. — La visite quotidienne des Petites-Sœurs des Pauvres, à Paris.

Au mois de novembre 1841, le nouvel hôtel-Dieu n'avait pas une place vide; les demandes affluaient; puis, les heureux retraités étaient si bien choyés que la mort se mettait en retard avec eux.

Mais comment faire vivre tout ce monde qui ne manquait pas d'appétit? Le zélé vicaire avait tout prévu; une idée lumineuse avait germé dans cet esprit, animé de l'esprit de Dieu : *Nous n'avons rien, dit-il, je connais mon pays : il n'est pas riche, mais il est charitable : nous sommes Bretons; mes chères enfants, vous allez vous faire mendiantes pour vos vieillards.*

Cette dure mission fut acceptée avec bonheur; l'ancienne servante, plus expérimentée, plus robuste, fut chargée de trouver la nourriture quotidienne. Dès ce jour, elle part en quête chaque matin et chaque soir, avec deux grands paniers à ses bras, ne refusant rien, ni débris de pain et de viande, ni reste de légumes, ni vieux vêtements et vieux linge, ni même bouts de cigares. Les marins du port l'avaient surnommée : *la quêteuse du bric-à-brac de la charité.* Quel bel éloge, dans ce pittoresque et peu académique langage! Toutes les Petites Sœurs lui ressemblent dans son amour pour les pauvres et dans son habileté à utiliser les moindres objets.

L'intrépide mendiante était bien reçue sur les marchés, dans les rues, dans les maisons particulières, chez les riches, chez les pauvres et spécialement par les hommes de mer, qui, toujours à la veille de laisser des malheureux, pensaient qu'un jour leurs femmes et leurs vieilles mères trouveraient un asile chez les Petites-Sœurs des Pauvres; elles venaient de prendre ce nom qu'elles portent si dignement et qu'elles ont si noblement conquis.

L'humble fille, qui était devenue une célébrité sur les côtes de l'Océan, se nommait Jeanne Jugan, devenue Marie de la Croix, morte en 1877.

Ses deux jeunes compagnes, l'une de seize ans et l'autre de dix-huit, s'appelaient dans le monde Catherine Jamet et Virginie Trédaniel. Catherine Jamet, sous le nom de Marie-Augustine, vit encore; elle est supérieure générale des Petites-Sœurs; Virginie Trédaniel, en religion Marie-Thérèse, première assistante générale, fut envoyée fonder une maison à Nantes, avec vingt francs dans sa poche et ordre de faire vite et grand. Au bout de trois mois, le nouvel établissement avait cinquante pensionnaires : il y a longtemps qu'elle a reçu sa récompense dans le ciel.

Elles ont aujourd'hui deux cent cinquante-deux maisons. La nôtre est la deux cent cinquante-troisième; celle de Saint-Pierre de Vaise était la cent soixante-dix-septième. En dix ans elles ont fondé soixante-dix-sept nouveaux établissements; le nombre des religieuses s'élève à quatre mille. Elles nourrissent chaque jour trente mille pauvres. Vous avez lu : *trente mille pauvres*, qui, sans elles, seraient dans la plus noire détresse. *Trente mille pauvres*, c'est-à-dire que chaque Petite-Sœur en a plus de sept pour son propre compte! Un père et une mère de famille se croient très chargés, quand ils doivent pourvoir à l'entretien de sept enfants, qui un jour seront leur soutien, et les récompenseront peut-être de leurs sacrifices. Et voilà d'humbles filles, qui n'ont pas un centime de rente assurée pour demain, et qui se chargent de nourrir, de vêtir, de soigner dans leurs infirmités, leurs maladies, leur vieillesse, sept pauvres invalides, dont elles ne sont ni les mères, ni les filles, ni les parentes à aucun degré; dont elles ignorent la vie, qu'elles ne veulent pas connaître, et dont elles n'espèrent rien, afin qu'elles soient mieux les filles du Très-Haut, qui donne sans rien recevoir. Sept vieillards pour cette enfant de dix-huit à vingt ans! Elles n'ont jamais fait mes calculs; comme elles vont être étonnées, quand elles me liront! Elles ne regardent qu'à la longueur de leurs tables, et jamais au nombre des convives qu'elles reçoivent et servent. — Je défie le plus mauvais des hommes de ne pas dire au moins au fond de sa conscience : C'est magnifique; c'est divin!!!

Sans doute, le Père Fondateur dut éprouver bien des contradictions, des oppositions, des attaques, des hostilités. Ses supérieurs durent avoir des doutes très explicables sur le succès d'une entreprise à renverser la raison; on le taxa certainement d'imprudence. Eh bien! l'imprudence de l'homme devint la prudence de Dieu. Dieu choisit l'infirmité et la faiblesse pour confondre la force et la sagesse : deux cent cinquante-trois maisons et trente mille pauvres!

Mais d'où viennent ces chères Petites-Sœurs? De partout. Dans leur vaste maison-mère et noviciat de la Tour-Saint-Joseph près de Rennes, vous trouveriez des recrues sorties de toutes les positions sociales : d'humbles servantes, des ouvrières, des filles d'artisans; de petits marchands, de paysans, de riches négociants, les descendantes de la noblesse la plus ancienne et la plus authentique. Les rangs sont confondus, elles sont Petites-Sœurs tout court, servantes des pauvres, cuisinières, infirmières, quêteuses. C'est l'égalité : elles sont admises à tous les emplois; c'est la liberté : elles sont venues parce qu'elles ont voulu venir; elles restent parce qu'elles veulent rester; c'est la fraternité : elles disent toujours et à toutes : Ma Sœur; ma sœur Marie, ma sœur Joseph, ma sœur Xavier; on ne reconnaît pas d'autre titre et on le leur fait bien voir. Telle qui dans la maison paternelle n'aurait pas lavé son mouchoir de dentelles et encore moins essuyé une assiette de ses doigts délicats et parfumés, fait la lessive, rince la vaisselle, épluche les légumes, sert à la cuisine et même à la basse-cour.

Il n'y a rien de petit dans la maison de Dieu : c'est Lui seul qu'elles voient à travers les pauvres, qui en sont la plus expressive image : *J'ai eu faim, et vous m'avez donné à manger*. Parmi ces servantes à vie de la vieillesse sans pain et sans abri, il y en a qui n'auraient jamais voulu servir une demi-journée dans le palais des rois.

Savez-vous maintenant comment elles sont formées à ce glorieux ministère? Elles subissent une première épreuve de trois ou quatre mois dans un de leurs établissements voisin du pays natal; puis elles sont envoyées au noviciat de la Tour-Saint-Joseph; elles y passent au moins deux ans, et à quoi faire? A se soumettre à toutes les exigences et pratiques de la vie religieuse, à la prière, à l'oraison, à l'abnégation, à l'oubli d'elles-mêmes, à l'obéissance aveugle; ensuite à servir les vieillards, à leur parler toujours avec bonté et aménité, à les supporter patiemment — la vieillesse est souvent chagrine, — à leur donner toutes les douceurs en leur pouvoir; à les tenir proprement et chaudement habillés, et bien blanchis; à ne les laisser manquer de rien, à les aimer : ils l'ont été si peu et si mal dans leur existence tourmentée! Servir les pauvres est pour elles un art qu'il faut étudier : pendant ces deux ans, elles n'ont pas d'autre occupation. Leurs livres de règle et de prière sont leur seule bibliothèque; il ne leur faut pas encore de diplôme pour pratiquer la charité; elles n'ont à apprendre à leurs élèves de plus de soixante ans qu'à s'endurer mutuellement; à prier et à aimer Dieu; à vivre chrétiennement; à mourir saintement. Elles leur donnent ces leçons plus par leurs exemples que par leurs paroles. Après ce long et minutieux apprentissage, il n'est pas étonnant qu'elles soient si bonnes infirmières, veilleuses, quêteuses, jardinières, tailleuses et cuisinières; habiles à faire du neuf avec du vieux, soit au vestiaire, soit à la cuisine. Elles doivent connaître toutes les professions, puisque tout se fait dans la maison et par la maison : elles sont réellement les servantes de leurs pensionnaires qui sont réellement les maîtres et seigneurs du logis.

J'ai lu dans la vie du célèbre Père jésuite de Mac Carthy, un descendant d'une illustre famille irlandaise, qu'à la suite d'une prédication de carême, qui eut un immense retentissement, il fut mis au balayage de la maison. Il en est de même dans nos communautés religieuses, et en particulier chez les Petites-Sœurs des Pauvres : toutes peuvent passer par tous les emplois; la foi est leur pierre philosophale qui change la boue en pierres précieuses.

Après un premier stage de dix ou quinze ans, elles refont leur noviciat à la maison-mère. Avec quelle joie elles retournent dans cet asile bien-aimé, où elles ont pris Dieu et les pauvres pour la part de leur héritage. C'est le moment des engagements solennels : en style militaire, on dirait qu'elles vont une dernière année à l'*École d'application* de la... charité.

La supérieure de la maison d'Aix a passé huit ans, simple religieuse à Roanne, et huit ans comme supérieure ou *bonne-mère* à Lyon-Vaise. Elle nous était destinée. Nous aurions pu commencer plus tôt; mais avant, elle devait subir une seconde fois les épreuves de ses jeunes années. Ce retard ne m'a pas déplu : nous ne pouvons que gagner en qualité ce que nous semblons avoir perdu en durée. Si vous lui demandez à quoi elle s'est occupée depuis le commencement de juillet, jusqu'au 19 mars, elle vous répondra : Je suis allée de nouveau à l'école de l'amour de Dieu et du service des pauvres.

CHAPITRE IV.

L'INSTRUCTION DU PEUPLE.

Un signe de résurrection sur lequel Lacordaire s'arrête avec complaisance. — La grande pensée des Frères des Écoles chrétiennes. — Histoire de leur Institut. — Ce qu'il est à l'heure présente. — Comment il traversa la Révolution et comment il fut rétabli. — Les sollicitudes du Cardinal Fesch. — L'image des développements de l'Institut. — Ce qu'en pensait Napoléon Ier. — Méditations du fondateur à Reims d'après Mgr Perraud. — Si le fondateur fut compris par les philosophes et les voltairiens. — Ce qu'a fait son œuvre pour la gloire de la France et le bien de l'Église. — Ah! qu'on nous donne la liberté! — Énumération glorieuse. — Le dialogue entre cinq statues sur la place de Rouen.

I.

Entre les symboles d'espérance et les signes de résurrection, Lacordaire notait avec complaisance celui-ci :

« Les Frères des Écoles chrétiennes, revêtus de leur humble habit, traversent incessamment les rues de nos villes, et, au lieu des outrages qu'ils y recevaient trop souvent, ils n'y rencontrent plus que les regards bienveillants de l'ouvrier, le respect des chrétiens et l'estime de tous. Apôtres obscurs du peuple de France, ils y créent sans bruit, en mêlant Dieu à l'enseignement élémentaire, une génération qui reconnaît dans le prêtre un ami, et dans l'Évangile le livre des petits, la loi de l'ordre, de la paix, de l'honneur et de la fraternité universelle. L'enfance même ne reçoit pas seule leurs leçons; ils ont appelé à eux l'adulte, et réconcilié le froc avec la veste de bure, la rude main du travailleur terrestre avec la main modeste du travailleur religieux ».

Le peuple ne s'y trompe point en effet, et il va d'instinct aux frères qui aiment l'âme de l'enfant, qu'ils instruisent, pour la patrie de la terre et pour la patrie du ciel. N'est-ce pas l'un d'eux, successeur et héritier des pensées du Fondateur, le frère Gerbaud, qui l'écrivait un jour :

— Il faut savoir, Monsieur, que nous n'avons embrassé cette profession, aussi humble que laborieuse, que dans la seule vue de Dieu et du salut éternel, tant pour nous que pour le prochain; et voilà pourquoi nous enseignons. Car ce n'est pas l'intérêt ou l'ambition; c'est la gloire de Dieu, de la religion et des bonnes mœurs. Voilà ce qui nous anime. Toutes nos instructions tendent là. Si nous enseignons la lecture, l'écriture, le calcul, etc., c'est pour attirer les enfants aux instructions sacrées de la religion : voilà notre but principal et suprême. Tout le reste, séparé de ce but, n'est rien pour nous.

Fig. 68. — Le Bienheureux Jean-Baptiste de la Salle, (1651-1719) fondateur des Frères des Écoles chrétiennes. D'après une miniature très précieuse appartenant à M. Ed. Pelay, Rouen.

L'Institut des Frères des Écoles chrétiennes, voué à l'éducation chrétienne de la jeunesse et spécialement des enfants pauvres, naquit, vers la fin du dix-septième siècle, des vœux d'une pieuse association de prières établie en vue d'obtenir du ciel des maîtres chrétiens pour les enfants du peuple.

Fondé à Reims, en 1680, par le bienheureux Jean-Baptiste de la Salle, il s'établit sur les liens de la vie commune et les obligations de la vie religieuse.

Bien convaincu que, pour entraîner ses humbles disciples dans cette voie du dévouement et du sacrifice, ses exemples seront plus persuasifs que ses paroles, le saint chanoine se dépouille de son riche canonicat, distribue tout son patrimoine aux pauvres, et, dès l'année 1684, avec douze de ses principaux frères, il se lie à l'Institut par les vœux d'obéissance et de stabilité.

La Congrégation était définitivement fondée. Pendant quarante ans, cet infatigable ouvrier de la vigne du Seigneur ira semant sur sa route de nom-

breuses écoles, où des maîtres formés à son image apprendront à des légions
de jeunes enfants la connaissance et l'amour du Seigneur. Et lorsqu'il tom-
bera sur le sillon arrosé de ses sueurs et de son sang, dans cette chère maison
de Saint-Yon, à Rouen, devenue le berceau de son ordre, il laissera vingt-
deux maisons remplies de l'esprit de Dieu et de son Institut.

A cette heure, l'Œuvre du Bienheureux de la Salle, petit grain de sénevé à
son début, frêle arbrisseau à la mort de son fondateur, est devenue un grand

Fig. 69. — Élèves du pensionnat des Frères des Écoles chrétiennes, à Rangoon. (Birmanie. Inde anglaise).

arbre aux puissants rameaux, nourrissant de ses fruits et protégeant de son
ombre plus de trois cent mille enfants.

Répandue actuellement dans les cinq parties du monde, cette importante
Congrégation possède plus de douze cents maisons et compte, y compris les
novices, 14.333 religieux, dont 11.287 en France et 3.046 à l'étranger.

L'Institut des Frères, éminemment français par son origine, le siège de son
gouvernement et le plus grand nombre de ses membres, s'est surtout répandu
en France. Aussi, c'est notre pays qui bénéficie le plus largement du bienfait
de son enseignement si populaire et si chrétien. Pourtant, presque tous les
États de l'Europe, notamment l'Italie, la Belgique, l'Espagne et l'Angleterre,
connaissent les fils du Bienheureux de la Salle et savent les apprécier.

En Algérie, en Turquie, en Égypte, en Judée, dans tout l'Orient, leurs Établissements sont prospères; ils y font bénir la France, dont ils développent chaque jour l'influence morale, et s'attirent même l'estime et le respect du fanatique musulman.

Madagascar, Maurice et Bourbon, voient avec admiration ces modestes instituteurs distribuer le pain de l'intelligence et de la foi, au fils du colon comme à l'enfant du nègre.

Vénérés aux Indes, où ils sont établis depuis longues années, ces infatigables apôtres de la jeunesse se sont avancés jusqu'aux portes de la Chine, et bientôt, dans Pékin même, ils apprendront aux jeunes Chinois, avec les rudiments de notre langue, le nom adorable de Jésus-Christ.

Mais, après la France, nulle part l'Institut ne s'est si promptement ou si largement développé qu'en Amérique. Dans cette terre classique de la liberté, plus de 1.300 frères répandent, sans entrave, le double bienfait de l'éducation et de l'instruction chrétienne.

Tout ce bien remonte à l'époque de restauration religieuse et sociale, où Dieu se servait de la France pour opérer son œuvre dans le monde.

II.

Les persécuteurs de la grande révolution et l'esprit du mal, qui les guidait, suivant le mot si profond de Joseph de Maistre, avaient voulu atteindre cette admirable création d'un humble chanoine français, qui opérait, depuis plus d'un siècle, tant de merveilles pour l'éducation des enfants du pauvre peuple. Poursuivis avec plus d'acharnement qu'aucune autre institution religieuse, les Frères des Écoles chrétiennes furent massacrés, emprisonnés ou dispersés. Quelques-uns, feu sacré que Dieu réservait à l'abri de la tempête dans sa miséricorde pour la France, continuèrent, à Rome, l'existence de leur Institut, sous l'égide paternelle du Père commun des fidèles.

C'est là que les trouva, à son arrivée à Rome comme ambassadeur, le pieux et zélé archevêque de Lyon.

Un jour, s'entretenant avec son confident l'abbé d'Isoard, le cardinal Fesch lui avait dit :

— Tout le bien que les disciples de M. de la Salle font à Rome, sous la direction du vicaire-général de leur congrégation, est une preuve irréfragable de celui qu'ils peuvent faire en France. Si nous pouvions les avoir, quel service nous rendrions à notre pays! Mon diocèse, que d'avantages il en retirerait!

Déjà, quelques Frères, échappés à la tourmente révolutionnaire, s'étaient réunis à Lyon et commençaient à y instruire les pauvres enfants de la ville, avec les encouragements du nouvel archevêque, qui fut, malheureusement à leur gré, appelé à Rome pour y remplacer l'ambassadeur Cacault. Ce prétendu malheur allait être la cause du rétablissement officiel de l'Institut.

Encouragé par son interlocuteur, le Cardinal va trouver le Frère Frumence, ce même vicaire-général dont il admirait le zèle et le savoir-faire, et, avec la brusquerie de son tempérament, lui expose le but de sa visite.

— Mon Frère, lui dit-il, vous êtes Français, votre Ordre est français; vous aimez par conséquent la France. Eh bien, aidez-nous à la reconquérir aux bons principes, à la Religion, à Dieu! N'y aurait-il pas moyen de vous ramener en France,

Fig. 70. — Le frère Martien, des Écoles chrétiennes, devant le tribunal Révolutionnaire à Rennes. — D'après une composition de Chovin.

Interrogé par ses juges, il leur répond d'une voix ferme. « Je dirige une école gratuite, si vos protestations d'attachement au peuple sont sincères, si vos principes de fraternité ne sont pas une hypocrite et menteuse formule, mes fonctions me justifient; et, loin de pouvoir m'être imputées comme un crime, elles me donnent un droit sacré à votre reconnaissance. » On ne lui répondit pas : on l'exécuta.

d'y reconstituer votre Société, de vous y établir avec vos constitutions?

— Ah! sans doute répondit le pieux supérieur, nous sommes bien disposés à faire pour la France ce qui dépendra de nous. C'est notre patrie, la patrie de notre saint fondateur, la patrie de notre congrégation. Mais, Éminence, que de difficultés! D'abord, le gouvernement, né de la Révolution, souffrirait-il qu'une association religieuse se formât dans son sein? Ne craindrait-il pas de se compromettre en laissant des corps proscrits par les lois renaître, pour ainsi dire, de leurs cendres? Où sont les garanties de stabilité qu'on peut nous offrir sur un sol si mobile?

— Je me charge de tout, reprend le Cardinal; ayez donc confiance; Dieu nous sera en aide, il a déjà tant fait pour la France!

— Puis, ajoute le bon Supérieur avec la simplicité qui caractérise les Frères des Écoles Chrétiennes, quel évêque sera assez osé pour nous appeler dans son diocèse? Est-ce qu'il sera assez fort pour lutter contre les partis qui nous repousseraient?

— C'est moi, répliqua le Prélat. Je vous ouvre mon diocèse; venez, vous y trouverez en son Archevêque un protecteur puissant et dévoué.

— Enfin, continue le pieux Supérieur, nous sommes bien peu nombreux pour tenter une semblable entreprise; pouvons-nous espérer de nous recruter à Lyon?

— Lyon, reprend le Cardinal, a été le berceau de la foi dans les Gaules; il peut encore être le foyer d'une régénération religieuse; sur ce sol fécondé par le sang de tant de martyrs, toutes les institutions généreuses prennent racine. Je ne doute pas le moins du monde du succès de la vôtre; elle s'élèvera, s'accroîtra, se propagera d'une manière forte, utile et consolante. Voyez à Paris, à Bordeaux, à Marseille, à Nantes, et dans la plupart des grandes villes manufacturières ou maritimes, les aumônes abondent pour les bonnes œuvres; ce qui manque, ce sont les hommes généreux, dévoués, à grand caractère, pour les exécuter. A Lyon, tout est réuni, hommes et ressources; on y trouve tous les éléments pour l'accomplissement d'une pieuse entreprise.

— S'il en est ainsi, conclut le Frère général, nous sommes à votre disposition. Dieu a ses vues; il désire, sans doute, que vous soyez notre providence.

Ce que fut la sollicitude de cette providence, nous l'avons dit, dans notre histoire du cardinal Fesch. Bornons-nous à rappeler ici que, bientôt après l'entretien que nous venons de raconter, la signature du Premier Consul assurait à l'Institut l'existence civile. Le Conseil d'État aura beau apporter à l'examen minutieux des Statuts présentés par les Frères des retards infinis, la reconnaissance légale est acquise. Mais, le Cardinal, qui s'impatiente des atermoiements du Conseil, ne savait qu'imaginer pour prouver aux bons Frères sa tendre sollicitude.

Le 18 avril 1805, « avant de retourner au Palais, le Cardinal, qui était dans la voiture de Sa Sainteté, l'engagea à venir bénir la chapelle des Frères des Écoles Chrétiennes. Il n'y avait pas longtemps que ces modestes et pieux instituteurs de la jeunesse, rassemblés sous la houlette du Supérieur Général, étaient établis dans les bâtiments du Petit-Collège. Là se trouvait la Maison principale de l'Institut, la résidence du vicaire-général, le noviciat où se rendaient tous les jours les jeunes gens qui se sentaient appelés à cette sublime, à cette héroïque vocation, celle d'enseigner les enfants pauvres. Quel bonheur ne fut-ce pas pour cette communauté naissante de recevoir la visite du Chef suprême de l'Église! Pie VII, qui avait vu à Rome le Frère Frumence et qui ne l'avait laissé partir que sur les vives sollicitations du cardinal Fesch, le retrouva avec plaisir. Il bénit ses enfants, sa maison, sa chapelle! Est-ce que cette bénédiction, donnée à une Société qui commençait si pauvre et si faible, n'aura pas contribué à son développement? »

A peu de jours de là, le 8 septembre 1805, les Frères eurent le bonheur de reprendre leur saint habit, tels qu'ils l'avaient porté avant la Révolution.

De cette résurrection date, avec le retour de l'enfance et de la jeunesse française au Dieu qui aime les Francs, ce mouvement, cet essaimage merveilleux d'établissements sur tous les points du globe, dont on a pu dire avec esprit et vérité :

« Il y a, dans les forêts de l'Afrique et de l'Inde, un arbre dont chaque branche, se projetant d'abord aussi loin que le permet le poids de son feuillage, arrive doucement à appuyer son extrémité sur la terre, produit au point de contact des racines et de nouveaux rameaux, et forme un nouveau tronc qui étend à son tour ses fruits et son ombrage, si bien qu'au bout de quelques années ce groupe majestueux est à la fois un arbre et une forêt. Chaque rejeton vit de sa propre vie, et pourtant le vieux tronc primitif continue de partager entre tous sa sève toujours abondante et son inépuisable fécondité. »

C'est l'image des développements de l'Institut du Bienheureux Jean-Baptiste de la Salle.

III.

Napoléon Ier, au milieu de déplorables atteintes aux droits imprescriptibles et à la liberté de l'Église, s'honora d'un sentiment de justice et de droiture vis-à-vis de son rôle dans la réorganisation de la France.

Il l'écrivait un jour au grand-maître de son Université Impériale :

— Il faut me faire des hommes. Et vous croyez que l'homme peut être homme s'il n'a pas Dieu ! Sur quel point d'appui posera-t-il un levier pour soulever le monde, le monde de ses passions et de ses fureurs ? L'homme sans Dieu, je l'ai vu à l'œuvre depuis 1793. De cet homme-là, j'en ai assez... Pour former l'homme, je me mettrai avec Dieu.

L'éloquent évêque d'Autun a montré, dans un saisissant tableau, comment, bien avant Napoléon Ier, un humble chanoine de Reims, le fondateur de nos Frères, avait résolu le problème que le César posait à son ministre.

« Il est, dit Mgr Perraud, au tombeau de saint Remi, — c'est-à-dire au berceau chrétien de la nation française. — C'est là que, dans la personne de Clovis, toute la France a reçu le saint baptême et a entendu le Pontife lui dire : « Reçois sur ton front et sur ton cœur le signe de la croix ! Reçois la foi des divins préceptes. »

« L'abbé de la Salle se rappelle cette grâce initiale, commune à lui et à sa patrie. Pour en remercier Dieu, il récite lentement le *Te Deum* et le *Magnificat*.

« Puis, il reprend sa méditation, et examine successivement le passé, le présent et l'avenir.

« Dans le passé, il admire l'action de Dieu sur ce noble pays de France et l'exceptionnelle grandeur à laquelle l'ont élevé les victoires et les lois chrétiennes de Charlemagne ; l'épopée mystique et chevaleresque des croisades ; la foi et les vertus de saint Louis ! Reims lui rappelle encore la crise terrible du quinzième siècle, les désastres de la guerre de Cent Ans, l'invasion de la domination étrangère ; puis, tout d'un coup, la miséricordieuse et miraculeuse intervention de Dieu dans notre histoire, et la France, presque couchée au tombeau, ressuscitée par Jeanne d'Arc.

« L'abbé de la Salle lit dans ces souvenirs du passé ce que résumait naguère d'une manière si honorable pour nous, le pape Léon XIII décrivant en quelques lignes, au commencement de son encyclique *Nobilissima Gallorum gens*, la substance de notre histoire nationale.

« Par leurs exploits et leurs services, disait le Souverain-Pontife, vos « ancêtres se sont montrés les coadjuteurs de la divine Providence, et ils ont « mérité ainsi d'être en quelque sorte associés aux gloires mêmes de la sainte « Église... »

Après avoir développé, dans un tableau magistral, les généreux et constants efforts déployés à partir du dix-huitième siècle, par les disciples de Jean-Baptiste de la Salle, pour développer au sein des classes populaires l'estime de l'instruction et les moyens pratiques de l'acquérir, l'éloquent prélat rappelle les quolibets, les sarcasmes, les odieuses réflexions de ces philosophes, auxquels aujourd'hui on dresse des statues et qu'on a l'audace de présenter à la démocratie contemporaine comme les amis et les libérateurs du peuple, enténébré et opprimé par l'Église.

« Au peuple vil et barbare, écrivait Voltaire (1), il faut comme au bœuf, un joug, un aiguillon et du foin. »

« Jean-Jacques Rousseau, auteur du *Contrat social*, ne pensait pas autrement sur ce sujet : « N'instruisez pas, dit-il, l'enfant du laboureur, il ne mérite « pas d'être instruit. »

En 1762, le procureur général de la Chalotais, resté cher à la libre pensée, à cause de la part qu'il a prise à l'expulsion des jésuites, exprimait de la façon la plus dédaigneuse son mépris pour le peuple et son aversion pour ceux qui tentaient de l'instruire :

« Le peuple veut même étudier! Le bien de la société demande que les connaissances des peuples ne s'étendent pas plus que ses occupations.

« Les Frères de la Doctrine chrétienne sont survenus pour achever de tout perdre. Ils apprennent à lire et à écrire à des gens qui n'eussent dû apprendre qu'à dessiner et à manier le rabot et la lime.

« Ces paroles injurieuses, adressées au peuple et aux maîtres de ses enfants, valaient à leur auteur les très significatives félicitations de Voltaire. A la date du 28 février 1763, il écrivait au procureur général : « Je ne puis trop vous remercier, Monsieur, oui, je vous remercie de proscrire l'étude chez les laboureurs. Envoyez-moi surtout des Frères ignorantins pour conduire mes charrues ou pour les atteler. »

« Aimables plaisanteries, conclut Mgr Perraud, auxquelles applaudissaient les beaux esprits d'alors, sans se douter, peut-être, que la logique des passions antichrétiennes ne tarderait pas à traduire ces sarcasmes en proscriptions dont l'échafaud serait le couronnement. »

Les humbles disciples du Bienheureux de la Salle poursuivirent leur mission, malgré les sarcasmes et les ingratitudes; ils l'ont reprise, malgré les persécutions, et la continuent, au grand profit du peuple, de manière à permettre à un fils de saint Ignace de s'écrier, aux applaudissements de la foule réunie pour l'entendre :

— Dites, chrétiens, si l'Institut des Frères des Écoles Chrétiennes n'a pas

---

(1) Sous la plume de Voltaire, le peuple est presque toujours appelé « la canaille ». Je ne reproduirai, dit Mgr Perraud, que ces lignes d'une lettre à Diderot, en date du 25 septembre 1762 : « Je vous recommande l'infâme » (la religion chrétienne); « il faut la détruire chez les honnêtes gens, et la laisser à la canaille, pour laquelle elle est faite. »

conquis ses droits à l'honneur? Outre ses vertus privées, sa pauvreté toujours si pénible, ses fatigues toujours si écrasantes, son humilité toujours si vraie, l'Institut peut nous montrer ses vertus publiques. Sans parler de ses frères morts sur le champ de bataille, est-ce que les enfants de ses écoles ne sont pas la joie des familles? Les familles chrétiennes ne sont désolées ni par l'insolence, ni par l'ingratitude, grâce au clergé sans doute, grâce aussi pourtant aux écoles des chers Frères? Les élèves de l'Institut des Frères sont la vigueur des peuples; car les enfants chrétiens sont aisément des citoyens utiles, des soldats hardis, des hommes toujours prêts, non pas à chercher leurs médiocres intérêts dans les malheurs de la patrie, mais à souffrir et à mourir pour que la terre sacrée des ancêtres ne soit ni mutilée, ni profanée. Quelle France heureuse et glorieuse nous ferions, nous prêtres et religieux, si nous étions libres! Ah! qu'on nous donne la liberté!...

IV.

Nous pouvons donc, avant de clore ce chapitre, répéter avec une entière confiance l'ardente invocation d'un des orateurs de ces fêtes qui ont transporté la France chrétienne, à l'occasion de la Béatification du pieux et héroïque fondateur de l'Institut des Frères :.

Aujourd'hui, ô bienheureux Jean-Baptiste! deux siècles se sont écoulés, les révolutions ont passé sur votre œuvre, et votre œuvre est debout, plus florissante que jamais!

On dit qu'un des plus fameux capitaines de l'antiquité, voulant prouver à sa patrie la grandeur de ses victoires, fit répandre devant le sénat de Carthage un boisseau d'anneaux d'or enlevés aux doigts des chevaliers romains tombés dans les plaines de Cannes. Mais vous, ô bienheureux Jean-Baptiste! s'il vous était donné, par une permission divine, d'apparaître à nos regards au milieu de cette immense assemblée, quels signes pourriez-vous apporter à Reims, votre berceau, à la France votre patrie, à l'Église votre mère, du nombre et de la grandeur de vos services!

Ah! sans doute vous pourriez entasser sous nos yeux étonnés des monceaux de médailles conquises par vos fils dans les pacifiques tournois de la science, et des montagnes de lauriers cueillis sur les champs de bataille, et sur tous les théâtres du patriotisme et de la charité! Sans doute vous pourriez produire toute une bibliothèque de titres élogieux décernés à votre Institut, à vos méthodes et à vos œuvres, par les représentants de l'autorité civile et religieuse, magistrats, évêques, princes, rois ou papes.

Mais surtout vous nous montreriez, avec une légitime fierté, l'ignorance dissipée au sein des masses populaires, la foi conservée, les mœurs épurées, les familles unies et respectées; vous nous montreriez cette foule de pieuses congrégations suscitées par votre exemple et créées à l'image de la vôtre pour travailler

Fig. 71. — Les Frères des Écoles chrétiennes, pendant la guerre de 1870-1871, à Champigny.
Composition d'Édouard Detaille.

Partout les Frères s'offrent au péril, et les officiers se croient obligés d'intervenir : « Mes frères, leur crie le général Ducrot, vous êtes trop en avant. Il y a là un danger certain; retirez-vous. » Mais, dès qu'un homme tombe, ils courent à ses côtés, le relèvent avec de tendres précautions, le couchent sur un brancard et le portent très doucement jusqu'à la voiture de l'ambulance, puis ils reviennent tranquillement sous le feu de l'ennemi, reprendre leur poste de charité, *guettant* d'autres blessés.

au même but; vous nous montreriez et le nom de la France devenu par vous plus grand, plus connu, plus aimé, et sa langue plus répandue, et son influence plus puissante; vous nous montreriez toutes les nations étrangères appelant à elles vos fils et appliquant à leur profit votre système d'éducation, désormais victorieuse de tous les assauts; vous nous montreriez et l'Église de la terre étendant par vous ses conquêtes sur les plages les plus reculées, et l'Église du ciel peuplée d'une infinité d'élus qui vous devront à jamais leur salut; vous nous montreriez enfin, comme source de nouvelles espérances, à côté de vos trois cent mille élèves, vos douze mille Frères représentés naguère aux pieds du Vicaire de Jésus-Christ, toujours animés de votre esprit, toujours enflammés

de votre zèle, retrempés dans la ferveur par les épreuves, et marchant fièrement à de nouvelles conquêtes!...

V.

A un siècle et demi du jour qui couronna la longue et généreuse vie du
Bienheureux fondateur, sur la place publique, à Rouen, témoin de son
héroïsme, on dressa une statue auprès de quatre autres images glorieuses
qui rappelaient à la capitale normande ses autres gloires passées : Napoléon,
Corneille, Boïeldieu et Jeanne d'Arc.

Il fait nuit. Demain sera inauguré le monument encore voilé du Fondateur des Écoles Chrétiennes.

Un grand poète passe au pied de ces statues rivales. Il entend le dialogue
engagé entre elles.

> — Est-ce, dit Boïeldieu, quelque roi de notre art ?
> Un Beethoven français ? Est-ce un autre Mozart ?
> D'une âme, tour à tour noble, ardente, attendrie,
> A-t-il trouvé soudain, pour sauver la patrie,
> Un de ces chants qui sont comme le cri d'un dieu ?

— Non, répond le bronze inconnu.

> — Est-ce un frère nouveau que la gloire m'envoie ?
> Dit Corneille, mon âme espérait cette joie ?...
> Toi, qui viens de monter sur ce socle éclatant ?...
> Quel est ton Cid ?

— Aucun.
Jeanne d'Arc parle à son tour :

> — As-tu chassé l'Anglais et couronné ton roi ?
> Dans les flammes, au ciel allas-tu comme moi ?

— Telle ne fut point ma tâche.
Napoléon interroge lui aussi.

> — Pourquoi t'a-t-on mis là ?...
> As-tu pris Berlin, Vienne, Alexandrie ou Rome ?...

De quels éclairs ta gloire est-elle revêtue?
De quels bronzes de guerre a-t-on fait ta statue?
Réponds.

Et le poète entendit la statue qui répondait :

— J'appris à lire à des petits enfants,
J'étais un simple prêtre, et mon nom est La Salle;
J'eus pour seuls ennemis l'ignorance fatale,
La paresse, l'oubli du devoir et de Dieu.
Ainsi j'ai fait du bien aux hommes, mais trop peu;
Ce qu'ils doivent aux soins que de tous j'ai su prendre,
C'est de vous mieux connaître et de vous mieux comprendre,
Poètes ou héros : sans moi, Napoléon,
Plus d'un homme aurait peine à déchiffrer ton nom;
Plus d'un ne pourrait pas lire tes vers, Corneille;
Mais pourquoi ma statue à la vôtre pareille?
Je me l'explique mal, et l'on pouvait choisir,
Plus d'un grand homme à qui ce bronze eût fait plaisir.

Et aux applaudissements du peuple qui l'écoutait, Henri de Bornier répliqua :

Tu te trompes, héros du travail populaire :
Le vrai maître du monde est celui qui l'éclaire,
Et César qui, d'un geste auguste et souverain,
Porte le glaive d'or ou le sceptre d'airain,
N'est pas plus grand, aux yeux du poète et du sage,
Que ce prêtre arrêtant deux enfants au passage,
Et leur montrant, avec un regard paternel,
D'une main un vieux livre et de l'autre le ciel !

CHAPITRE V.

RENAISSANCE LITTÉRAIRE.

C'était en 1821. — L'*instauratio magna* de l'esprit humain par le christianisme. — Chateaubriand. — Son action au début du nouveau siècle littéraire. — Joseph de Maistre. — Ce qui le
distingue du vicomte de Bonald. — L'œuvre de ce dernier. — Lamennais. — Sa mission et
son rôle. — Un tremblement de terre sous un ciel de plomb. — Son école. — Lacordaire. — Assemblée, que voulez-vous de moi? — L'apologétique nouvelle. — Comme saint Paul. — La
parole parlée et la parole écrite. — Un ami de cœur et un rival en éloquence. — Ce qui différencie l'éloquence de Montalembert de celle de Lacordaire. — L'Église, c'est une mère! — Le
poëte chrétien. — C'est plus qu'un poëte. — L'œuvre de Lamartine. — Ce qui la sépare de
celle de Victor Hugo. — Premières inspirations du poëte des *Odes*. — La poésie lyrique naît
en France. — Elle s'inspire aux sources du beau et du vrai chrétien.

I.

C'était en 1821. La France assistait à cette magnifique résurrection de l'esprit humain, qu'a magistralement décrite E. Caro.

Tout s'y renouvelait à la fois : les institutions, la littérature, l'histoire, la
philosophie.

La tribune avait de Serre et Lainé, et elle allait avoir Berryer et Guizot.

Les journalistes s'appelaient Chateaubriand, de Bonald, Lamennais.

Lamartine venait de publier ses premières *Méditations*, Victor Hugo ses
premières *Odes*.

Shakespeare, Schiller, Gœthe, Byron, Walter Scott, naturalisés Français
tous ensemble et tout à coup, semblaient ouvrir à l'ardente jeunesse française,
dans un horizon inconnu mais prochain, des perspectives sans limites.

M. Guizot préparait l'histoire *de la Révolution d'Angleterre;* M. Thiers,
celle de la *Révolution française;* Augustin Thierry, ces travaux qui devaient
lui coûter la vie, mais qui ont créé chez nous le sentiment de la vérité historique sur les temps barbares et le moyen âge.

De Maistre remplissait l'Europe du bruit de ses vives passes d'armes contre
l'incrédulité voltairienne et les héritages du jansénisme.

Cousin détrônait le sensualisme, en attendant qu'il traduisît Platon.

C'était, pour emprunter l'expression de M. Caro, comme une *instauratio magna* de l'esprit humain. C'était, ajouterons-nous, une renaissance des lettres chrétiennes par la France.

Sans doute, tout n'y était pas également chrétien, mais tout tendait à le devenir. L'Église revendique justement une large et très large part d'influence dans cette résurrection.

Il y aura plaisir et profit à la suivre d'un peu près, à ce point de vue.

II.

L'Église, on l'a dit, doit une palme à la tombe de Chateaubriand ; elle ne peut en déposer une plus belle sur le roc battu des flots où repose le grand écrivain en face du rivage natal, à Saint-Malo, que sa plume, car elle demeurera immortelle dans les souvenirs littéraires et chrétiens du siècle nouveau qu'elle inaugura.

On a beaucoup écrit sur, pour et contre, l'œuvre capitale de Chateaubriand, *le Génie du Christianisme*. M. Guizot l'a justement remarqué à ce propos.

« Je suis prêt à admettre, sur le livre et sur l'auteur, toutes les objections que voudra élever, tous les défauts que pourra leur trouver un critique sévère ; leur grande et salutaire action n'en subsistera pas moins. Il en est des livres comme des hommes : c'est par leurs qualités qu'ils s'élèvent et dominent, quels que soient leurs défauts ; et là où brillent les qualités supérieures, les défauts n'en détruisent pas la vertu. En dépit de ses imperfections religieuses et littéraires, le *Génie du Christianisme* a été, religieusement et littérairement, un éclatant et puissant ouvrage ; il a fortement remué les âmes, renouvelé les imaginations, ranimé et remis à leur rang les traditions et les impressions chrétiennes. Il n'y a point de critiques, même légitimes, qui puissent lui enlever la place qu'il a tenue dans l'histoire religieuse et littéraire de son pays et de son temps. »

Comme le publiciste protestant, le grand publiciste catholique, Louis Veuillot, l'a magnifiquement proclamé, dans son *Çà et Là* :

« Un mounment élevé à Chateaubriand par la ville de Saint-Malo ramène sa mémoire. On relit ses livres et on scrute son caractère. Nous ne voyons rien depuis lui qui s'élève à sa taille : c'est un homme tel que nous n'en fournissons plus.

« La tempête révolutionnaire allait emporter son nom, sa fortune et son rang ; il revint, à l'appel et aux pleurs de sa mère mourante, non pour essayer de ressaisir ses biens terrestres, mais son Dieu. Il avait dit : *On a prouvé que le christianisme est excellent, parce qu'il vient de Dieu ; il faut prouver qu'il vient de Dieu, parce qu'il est excellent.* Il le cria d'une voix si puissante et soudain répétée par tant·d'échos que ce monde couvert de boue et de sang dut l'entendre. Il trouva des pleurs, il éveilla des repentirs. Bientôt la prière publique humilia l'orgie révolutionnaire. Sur la tombe des martyrs, on commença de voir, à genoux, les fils des meurtriers épelant le *Credo.*

« Voilà trente ans qu'il est mort : des légions de travailleurs ardents et savants se sont levés pour refaire et achever son livre interrompu. Cette œuvre renouvellera la face de cette prétendue science qui était une conspiration contre la vérité; elle démontrait clairement que *le christianisme est excellent parce qu'il vient de Dieu.* Certes, personne de ce temps n'a engagé l'esprit humain dans un plus grand travail, et ni Dieu ni les hommes n'oublieront que Chateaubriand en a été le premier ouvrier. »

Sainte-Beuve, le Sainte-Beuve de 1832, a donné sur le grand ouvrier de la renaissance des lettres chrétiennes et françaises quelques autres coups de pinceau qui achèvent de le peindre.

Fig. 72. — François-René de Chateaubriand (1768-1848). D'après une gravure au burin (vers 1825).

« C'est, dit-il, en 1800, que M. de Chateaubriand entra du premier pas dans la gloire. Le *Génie du Christianisme* remplit l'horizon de ses subites clartés. Cet incomparable succès conféra à M. de Chateaubriand, un caractère public, comme écrivain; sa triple influence, religieuse, poétique et monarchique, commença dès lors. Toute sa destinée ultérieure dut se dérouler sous cette majestueuse inauguration et à partir de cette colonne miliaire que surmontait une croix.

« Après le dix-huitième siècle qui est, en général, sec, analytique et incolore, Chateaubriand est venu, remontant à la forme cadencée, à la phrase sévère du pur Louis XIV, et y versant les richesses du monde nouveau, les études du monde antique. Il y a du Sophocle et du Bossuet dans son innovation, en même temps que le génie vierge du Meschacebé; Chactas a lu Job et a visité le grand roi. On a comparé heureusement ce style aux blanches colonnes de

Palmyre; ce sont en effet des fûts de style grec, mais avec les lianes du grand désert pour chapiteaux. Et puis, comme dans Louis XIV, un fonds de droit sens mêlé au faste, de la mesure et de la proportion dans la grandeur. En osant la métaphore comme jamais on ne l'avait fait en français avant lui, M. de Chateaubriand ne s'y livra pas avec profusion, avec étourdissement; il est sobre dans son audace; sa parole, une fois l'image lancée, vient se retremper droit à la pensée principale, et elle ne s'amuse pas aux ciselures ni aux moindres ornements. Le fond de son dessin est d'ordinaire vaste et distinct, les bois, la mer retentissante, la simplicité lumineuse des horizons; et c'est par là qu'on le trouve surtout homérique...

« Le premier, il s'est retourné contre le dix-huitième siècle et lui a montré le bouclier inattendu, éblouissant de lumière et dont quelques parties étaient de vrais diamants. Si tout dans ce brillant assaut n'était pas également solide, si les preuves qui s'adressaient surtout à des cœurs encore saignants et à des imaginations ébranlées par l'orage ne suffisent plus désormais, l'esprit de cette inspiration se continue encore; c'est à l'œuvre et au nom de M. de Chateaubriand que se rattache le premier anneau de cette renaissance. »

Fig. 73. — Le comte Joseph de Maistre (1754-1821). D'après une lithographie de Villain.

III.

Un Savoyard, grand penseur et écrivain éloquent, jeta bientôt sa note vibrante à côté de la note plus douce du chef de l'école romantique. Nous voulons parler de Joseph de Maistre, sur qui, pendant longtemps, il a été de mode, dans le camp hostile, de déverser la haine, le ridicule et le mépris.

« Prophète de la loi de sang, apologiste du bourreau, prophète du passé, visionnaire de l'avenir!... » Tels furent longtemps les moindres sarcasmes, qui tentaient d'étouffer sa parole et sa gloire. L'injure tenait lieu d'examen, haïr dispensait d'entendre et de raisonner.

Mais le comte de Maistre a vaincu l'injustice. Ses œuvres, par leur seul crédit, ont, après Chateaubriand et avec l'autre philosophe français dont nous allons parler, apporté leur appoint dans la rénovation chrétienne et le réveil catholique.

En présence de la France révolutionnée, il avait prédit qu'elle serait rendue à sa vocation providentielle. En présence de la papauté dépouillée, humiliée, captive, il ne cessa de reconnaître le principe divin qui la porte, et de glorifier en elle la suzeraine vénérable de toute autorité, l'éternelle protectrice de toute autorité légitime. D'un même regard, il atteint le jansénisme et le gallicanisme qui soulèvent l'ouragan de l'impiété; et il montre aussitôt, sous les traits de Pierre, celui qui seul peut commander à la tempête et apaiser les flots.

L'idée de son œuvre, le but qu'il poursuit partout et qu'il assigne à la science comme à la politique, c'est la restauration de toutes choses dans l'unité catholique, par la souveraine et infaillible autorité des Pontifes romains.

IV.

Bien que le vicomte Louis de Bonald se soit défendu d'avoir été le maître. ou le disciple de Joseph de Maistre, il existe, entre ces deux grands penseurs catholiques, sur les points essentiels de leurs doctrines, une conformité qui associera toujours leurs noms. Lamartine pouvait écrire à de Maistre :

— M. de Bonald et vous, Monsieur le comte, et quelques hommes qui suivent de loin vos traces, vous avez fondé une école impérissable de haute philosophie et de philosophie chrétienne.

Ce qui distingue ces deux éminents esprits, c'est que l'un eut la pénétration plus instantanée et l'autre plus réfléchie.

C'est dans l'exil, en 1796, que Bonald publia son premier ouvrage *la Théorie du pouvoir,* où il établissait qu'on ne peut constituer la société civile qu'en constituant la société religieuse et politique, convaincu qu'il était qu'on ne peut parler de la société ni traiter de l'homme sans remonter jusqu'à Dieu.

En 1802, il fit paraître son grand ouvrage sur *la Législation primitive.*

L'impression sur les esprits sérieux fut profonde. L'un d'eux, Russe instruit et chargé de communiquer à son pays les impressions de la France, écrivait au philosophe catholique :

— Vos ouvrages ont nourri mon âme et mon esprit. Vous avez arraché à

la vérité un rayon lumineux qui éclairera l'univers...
Si la France n'en profite pas pour le moment, il est des
pays mieux préparés et je mets en première ligne ma
patrie... Vous avez donné une formule générale à la
loi qui constitue la société; et ce qui prouve l'infaillibilité de votre théorie, c'est qu'elle s'applique à la
constitution particulière des peuples de tous les temps
et de tous les pays.

De son côté, Joseph de Maistre écrivait au vicomte
de Bonald :

— Vos ouvrages sont faits pour les lecteurs de mon
espèce; on les ouvre où l'on veut; on les lit, on pense,
on vous aime.

Comme on l'a remarqué avec esprit, ce n'était pas un
médiocre éloge que de plaire à des lecteurs de l' « espèce » de Joseph de Maistre.

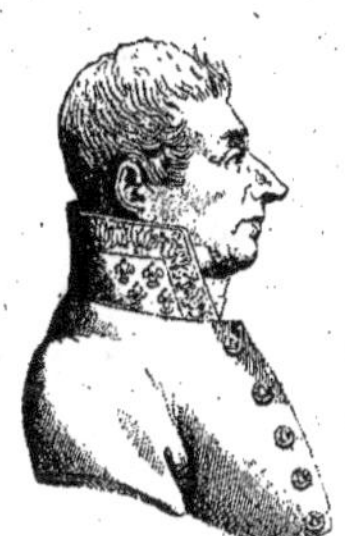

Fig. 74. — Le vicomte Louis
de Bonald, de l'Académie
française. (1754-1840). D'a-
près une gravure au trait.

<h2 style="text-align:center">V.</h2>

« Cent quatorze ans, dit Lacordaire, avaient passé sur la tombe de Bossuet,
cent trois ans sur celle de Fénelon, soixante-seize ans sur celle de Massillon,
le seul des hommes célèbres que Louis XIV eût oublié derrière lui, lorsqu'il
jeta sur son règne ce regard dont a parlé M. de Chateaubriand, pour s'assurer
qu'il emportait le reste des « splendeurs de la monarchie ». Massillon fut laissé
au siècle incrédule qui allait s'ouvrir comme un reproche doux et ingénieux,
afin qu'il fût dit un jour que les derniers sons éloquents de l'ancienne Église
de France étaient sortis d'une bouche qui avait annoncé la parole de Dieu à
Louis XIV. Après que la mort eut fait taire cette bouche harmonieuse, l'É-
glise de France eut encore des hommes distingués, des savants, des contro-
versistes, des prédicateurs; elle n'eut plus de ces noms qui vont loin dans la
postérité.

« Il y avait donc soixante-seize ans qu'aucun prêtre catholique n'avait
obtenu en France le renom d'écrivain et d'homme supérieur, lorsqu'apparut
M. de Lamennais, avec d'autant plus d'à propos que le dix-huitième siècle avait
tout récemment repris les armes. Son livre, destiné à le combattre, était une
résurrection admirable des raisonnements antiques et éternels qui prouvent aux
hommes la nécessité de la foi, raisonnements rendus nouveaux par leur appli-

cation à des erreurs plus vastes qu'elles n'avaient été dans les siècles anté-
rieurs. Sauf quelques phrases où le luxe de l'imagination annonçait une sorte
de jeunesse qui rehaussait encore la profondeur de l'ouvrage, tout était simple, vrai, énergique, entraînant; c'était de la vieille éloquence chrétienne, un
peu dure quelquefois. Mais l'erreur avait fait tant de mal, elle se reproduisait
de nouveau avec tant d'insolence, malgré ses crimes et sa nullité, qu'on prenait plaisir à la voir châtiée par une logique de fer. L'enthousiasme et la reconnaissance n'eurent pas de bornes; il y avait si longtemps que la vérité attendait un vengeur! En un seul jour, M. de Lamennais se trouva investi
de la puissance de Bossuet. »

Rappelons la situation exacte du moment, où se produisit ce grand événement.

Avec Chateaubriand et le *Génie du Christianisme*, le premier pas avait été
fait. Le Christ n'était plus « l'infâme » qu'avaient dit Voltaire et Diderot.

De Maistre, dans ses *Considérations sur la France*, l'un des livres les plus
éloquents qui soient jamais sortis de la plume d'un défenseur de la religion
catholique, cherchait à expliquer la cause de tous les maux qui avaient accablé la société, en signalait le remède et en prophétisait la guérison.

De Bonald élargit le point de vue, afin de rendre la démonstration plus
saisissante. Il remonte jusqu'aux lois imposées par Dieu à la société humaine, et il montre que la sanction opposée par le législateur souverain à
cette *Législation primitive*, était le bonheur ou le malheur temporel.

Ainsi le *Génie du Christianisme* de Chateaubriand, les *Considérations sur
la France* de Joseph de Maistre et la *Législation primitive* du vicomte de
Bonald avaient ouvert et préparé la voie.

A côté et parallèlement, s'était formée une école purement philosophique,
qui battait en brèche, au nom de la raison, les erreurs que les catholiques
combattaient au nom des éternels principes. Dans cette première période,
l'école spiritualiste, représentée par Royer-Collard et par Cousin, rendit un
incontestable service.

Toutefois, ni les catholiques, ni les spiritualistes, ni les uns ni les autres,
n'eurent par le fait et ne pouvaient avoir sur la société cette influence décisive qui la retourne en quelque sorte sur elle-même, pour la faire rentrer
dans la voie du salut.

Frayssinous, peu suspect de partialité pour l'homme qui tente et opère cette
prodigieuse évolution de la société, le disait :

— Eh! comment n'en serait-il pas ainsi? cet homme-là possède un genre
d'éloquence, qui réveillerait un mort!

Pour réveiller ce mort, il fallait faire avouer à la société qu'elle s'était

égarée, lui faire toucher du doigt son erreur, et l'entraîner de force, à coups
de génie, loin des sentiers de perdition, pour faire rentrer la cavale indomp-
tée dans les routes de la vie.

Ce fut la mission et le rôle de Lamennais.

L'effet produit par le premier volume de l'*Essai sur l'Indifférence en matière de religion* fut immense.

« Ce fut, selon la saisissante image de Joseph de Maistre, un tremblement
de terre sous un ciel de plomb. »

Montalembert n'a été qu'historien, quand il a dit que, inconnu la veille,
l'auteur se trouva subitement « le plus célèbre et le plus vénéré des prêtres
français ».

Hélas! pourquoi nous faut-il ajouter que la France catholique aura plus
tard à pleurer sur la défection de celui qu'à ce moment ses enthousiastes
proclamaient, comme autrefois La Bruyère pour Bossuet, « le dernier des Pères
de l'Église » !

VI.

Lamennais fit école. Nous avons raconté longuement ailleurs l'histoire de
cette belle École Menaisienne, qui a fait tant et de si grandes choses dans
l'Église de France. Ici, nous ne saurions même l'effleurer. Du moins, qu'il
nous soit permis de saluer ses deux plus illustres représentants, et d'abord,
celui dont tout ce livre s'honore de n'être qu'un pâle commentaire, de ce
jour où il exposa si magistralement la Vocation de la Nation française, Lacordaire.

Un jour, c'était au début même de ses immortelles Conférences à Notre-
Dame de Paris, l'esprit du Seigneur s'empara tout à coup de lui, sa poitrine
se dilata sous la nécessité de saisir une si vaste assemblée d'hommes, il prit
pied dans son sujet et dans son auditoire, et, quand l'inspiration eut fait
place au calme d'un début, elle s'en alla saisir, jusqu'à ses derniers rivages
cette mer pressée sous lui :

— Assemblée, assemblée, cria-t-il, dites-moi : que me demandez-vous? que
voulez-vous de moi? La vérité? Vous ne l'avez donc pas en vous, vous la
cherchez donc, vous voulez la recevoir, vous êtes venus ici pour être ensei-
gnés !

Jusque là, l'archevêque de Paris avait écouté, la tête un peu baissée, dans
un état d'impassibilité absolue, comme un homme qui n'était pas simplement

spectateur, ni même juge, mais qui courait des risques personnels dans cette solennelle ouverture.

Au cri de l'orateur, l'archevêque tressaillit visiblement : une pâleur couvrit son visage; il releva la tête, jeta sur Lacordaire un regard étonné. « Je compris, racontait plus tard Lacordaire, que la bataille était gagnée dans son esprit; elle l'était aussi dans l'auditoire. »

Le dix-neuvième siècle, renouvelé par la plus profonde des révolutions, exclusivement attaché à reconstruire ses institutions et ses lois sur de nouvelles assises, préoccupé surtout d'immenses problèmes économiques, était mal préparé aux discussions abstraites et aux circuits de la métaphysique. Il fallait le saisir au cours même de ses pensées, de ses combinaisons, de ses luttes de chaque jour. Pour obtenir de lui un quart d'heure d'attention, il fallait lui dire :

— Le christianisme aussi est une société; l'Église catholique aussi s'occupe du bonheur, de la dignité, de la liberté des hommes; le Christ aussi est législateur; l'Évangile aussi est une charte et une constitution.

Lacordaire était trop intelligent de son siècle, il avait trop vécu de sa vie et souffert de ses douleurs, pour ne pas le comprendre. Il combina, dans une méditation puissante et juste, une alliance nouvelle de l'éternelle doctrine avec le génie des temps, et commença son apologie comme d'ordinaire on pourrait la terminer.

Nouveau saint Paul, il s'en vient jeter fièrement le défi à toute cette postérité des encyclopédistes et des Jacobins :

— Vous êtes Français? Je le suis comme vous. — Philosophe? Je le suis comme vous. — Libres et fiers? Je le suis plus que vous.

C'était une prédication nouvelle, en ce sens que c'était une prédication sociale.

Toute société dépend et vit de l'idée religieuse. Or, la société à laquelle s'adressait Lacordaire vivait sans Dieu. Pour la première fois peut-être, depuis que les peuples ont une histoire, on en voyait un s'essayant à marcher sans le secours d'un commerce positif avec le ciel.

Mais si l'individu vit difficilement sans foi religieuse, un peuple s'en passe plus difficilement encore. Un peuple, qu'est-ce, en effet, qu'une grande communauté de souffrances, de misères, de faiblesses, de maladies du corps et de l'âme? Et, sans la religion, sans le christianisme surtout, où naît le remède à tant de maux, la consolation à tant d'infortunes? L'abbé Lacordaire, ramené au catholicisme par cette preuve vivante du besoin qu'a de lui toute société, reçut pour mission spéciale de développer cette vérité devant son pays.

— La vieille société, disait-il, a péri, parce que Dieu en a été chassé; la nouvelle est souffrante, parce que Dieu n'y est pas entré.

Contribuer pour sa part à faire rentrer Dieu dans la foi et dans es mœurs de sa génération, tel fut son but constant, la pensée qui domina son enseignement, ses œuvres, sa vie. Toutes ses conférences sont sur ce plan. Quelque sujet qu'il aborde, l'Église dans son organisation intime, dans son auteur, dans ses effets ou dans ses dogmes, c'est toujours le côté social qui lui apparaît de préférence. Mettre perpétuellement en regard l'Évangile et la société, la société qui s'unit à l'Église et celle qui s'en sépare; montrer que, sans l'Évangile, la famille se désunit, la liberté devient licence, l'autorité despotisme; faire toucher du doigt que les vertus dont la société a le plus besoin, l'humilité, la

Fig. 75. — Lacordaire, restaurateur de l'Ordre des Dominicains en France (1802-1861). D'après une lithographie.

chasteté, la charité, c'est le catholicisme, et le catholicisme seul qui les produit : telle fut la pensée générale de son enseignement, la méthode qui explique, et le choix de son plan nouveau, et l'exposition nouvelle de ses démonstrations.

Mais, hélas! les volumes où gît aujourd'hui cette démonstration nouvelle, si intéressants, si vibrants même qu'ils soient encore, ne sauraient nous rendre l'orateur que fut celui qui les a écrits.

Lisez donc Lacordaire, pour le deviner; mais, pour le connaître, il fallait aller l'entendre.

VII.

Lacordaire avait un ami de cœur, un émule en éloquence, bien que leur genre d'éloquence à tous les deux ne puisse se comparer.

L'éloquence de Lacordaire, avec moins d'étude, avait quelque chose de plus inspiré; elle rappelait l'éloquence de ces anciens prophètes dont la voix nous arrive de quatre mille ans, à travers l'éloquence de Rome et d'Athènes, de Démosthène et de Cicéron, de Londres et de Paris, après Burke et Mirabeau, et, franchissant tous ces torrents d'éloquence, vient nous inonder tout à coup, nous éblouir et nous arracher des pleurs. L'auditeur placé au pied de la chaire de Lacordaire se sentait ordinairement frappé au cœur par un coup qui venait toucher une fibre secrète et sensible. Puis le grand orateur vous saisissait, et, selon son expression, il vous enlevait en quelque sorte par les cheveux, vous portant dans les régions supérieures, haletant et ébloui.

L'éloquence de Montalembert n'était pas la même. Ceux qui l'ont vu au travail savent de quel prodigieux labeur était précédé le moindre de ses efforts. Sa manière de travailler, qu'on nous pardonne cette expression familière, ressemblait à une vendange. Quand il avait cherché, remarqué, détaché, accumulé une quantité énorme de fruits, d'idées et de renseignements, comme un vendangeur charge ses corbeilles de grappes sans nombre, alors, muni de ce butin et de ces dépouilles, il groupait tous ses matériaux, et il les soumettait à une réflexion laborieuse comme à la roue d'un pressoir; et puis, ce n'est qu'après avoir fait subir à cette récolte si abondante cette élaboration nouvelle, qu'il laissait couler à flots pressés le vin généreux de son éloquence.

Quand l'heure fut venue, cette éloquence se débarrassa tout à coup de ses entraves, elle eut de superbes envolées, comme ce jour où il fit entendre, du haut de la tribune française la plus vive des adjurations dont elle ait jamais retenti.

Il parlait de la faiblesse de l'Église.

— Or, s'écria-t-il, sachez-le, c'est cette faiblesse qui fait sa force insurmontable contre vous. Oui, vraiment, car il n'y a pas dans l'histoire du monde un plus grand et un plus consolant spectacle que les embarras de la force aux prises avec la faiblesse.

L'assemblée écoutait, visiblement inquiète. Montalembert reprit :

— Permettez-moi une comparaison familière. Quand un homme est condamné à lutter contre une femme, si cette femme n'est pas la dernière des créatures, elle peut le braver impunément. Elle lui dit : Frappez, mais vous vous déshonorerez, et vous ne me vaincrez pas. Eh bien! l'Église n'est pas une femme, elle est bien plus qu'une femme, c'est une mère!...

A ceci, une triple salve d'applaudissements accueillit l'orateur. On ne se souvient pas, écrivaient le lendemain les *Débats*, d'en avoir entendu de pareils dans les Assemblées délibérantes, et Sainte-Beuve, trois semaines après, analysant ce mouvement avec le froid scalpel du critique, ne pouvait s'empêcher d'écrire :

« Je n'ai rien à dire de ce discours, qui retentit encore. Le passage sur l'Église, d'autant plus forte qu'elle est faible, et qui apparaît revêtue de l'inviolabilité d'une femme et d'une mère, ce pathétique mouvement, même pour ceux qui, à distance, ne prendraient ces choses qu'au point de vue du beau, devra rester comme une des plus heureuses inspirations de l'éloquence. »

Mais, il faut s'arracher à ces glorieux souvenirs. Nous y reviendrons d'ailleurs, dans un prochain chapitre.

VIII.

Nous avons hâte de saluer le poète qui contribua, avec une si puissante originalité, à la régénération de la poésie française et qui dut lui-même tant à la religion, la plus pure inspiratrice de sa lyre harmonieuse.

On a compris que nous voulons parler de Lamartine, le poète des *Harmonies* et des *Méditations*.

Cet homme fut singulièrement aimable. Il a aimé lui-même tout ce qui est beau et nous a appris à l'aimer. Ses erreurs même sont venues de tout voir à travers cette gaze de pourpre qu'il jetait sur toutes choses, rien qu'à les regarder.

Lamartine a fait dans le domaine de la poésie presque autant que Chateaubriand dans un empire plus vaste. Chateaubriand a renouvelé l'imagination française, Lamartine a retrouvé les sources de la poésie tendre, noble, pure et élevée.

Un critique délicat a pu dire, en toute vérité :

— Notez bien que Lamartine est plus qu'un poète, c'est la poésie toute pure.

C'est en effet la poésie dans ce qu'elle a de plus pur, comme essence, la religion, le rêve du beau, les chastes tendresses, la philosophie spiritualiste,

les sensations suaves et fines. Ce qui lui a manqué, ce n'est pas un mérite de
ne point l'avoir eu, mais c'est presque une distinction de ne l'avoir point cherché. Il n'a pas aimé le métier de poète, l'art avisé et circonspect dans le détail.
C'est un poète qui s'est peu soucié d'être versificateur, et comme un génie qui a
dédaigné d'avoir du talent.

Sorte de Fénelon poète, distingué, grand seigneur, né éloquent, ayant en
lui un charme dont il séduit les autres et s'enchante un peu lui-même, avec
un penchant secret au romanesque, au chimérique, à la vie contemplative,
et, dans l'expression, parmi de vives étincelles, des traces de laisser-aller
et de longueur; il est un ami charmant de l'âme, qui attire, qui ravit,
qui rend meilleur, qui ennoblit. C'est quelque chose d'être un poète qu'on
aime un peu comme ses illusions, que l'on prend avec soi quand on est
bien seul, autour duquel on fait comme un étroit sanctuaire de recueillement
presque pieux, que l'on lit dans une sorte de tour d'ivoire et que la foule vulgaire ne comprendra jamais.

Lamartine chanta

> Comme l'oiseau gémit, comme le vent soupire,
> Comme l'eau murmure en coulant.

Ce fut en 1820 qu'il publia ses premières *Méditations poétiques*.

Le succès fut bientôt analogue à celui du *Génie du Christianisme*. Les
grandes pièces à *Lord Byron*, *l'Immortalité*, *Dieu*, respiraient des pensées
philosophiques et religieuses très élevées. Les élégies *le Vallon*, *l'Isolement*,
le Lac, *le Chrétien mourant*, étaient empreintes d'une mélancolie qui séduisit
toutes les imaginations.

Victor Hugo, en ouvrant ce volume, s'écriait :

— Voilà donc enfin des poésies d'un poète, des poésies qui sont de la
poésie.

Il trouvait dans ces vers quelque chose d'André Chénier : même originalité,
même fraîcheur, même luxe d'images neuves et vraies, avec plus de gravité,
plus d'idéal dans les peintures et avec un goût pour la Bible, pour la muse
rêveuse d'Ossian, pour les conceptions idéales de Klopstock et de Schiller, qui
lui faisait une place à part parmi tous les poètes français.

Bientôt toute la France fut d'accord pour trouver qu'il avait « fait descendre
la poésie du Parnasse et donné à ce qu'on nommait la muse, au lieu d'une
lyre à sept cordes de convention, les fibres mêmes du cœur de l'homme, tou-
chées et émues par les innombrables frissons de l'âme et de la nature. »

Les *Méditations* opéraient une véritable révolution dans la poésie : les muses païennes en étaient chassées; l'encens ne fumait plus sur l'Olympe, devant ces dieux dont les poètes nous avaient saturés jusqu'au dégoût.

Charles Nodier, écrivant sur Lamartine, pouvait dire en vérité :

— Les Muses du Parnasse classique, froides images de quelques divisions des sciences, des arts et de la poésie, ont perdu toute leur séduction, même au collège. Le christianisme est arrivé avec trois muses immortelles qui règneront désormais sur toutes les générations poétiques de l'avenir : la Religion, l'Amour et la Liberté.

Les dieux du Parnasse ne se sont pas relevés de la chute.

Fig. 76. — Alphonse de Lamartine (1790-1869).
D'après une lithographie.

Lamartine avait eu la gloire de lever sur leurs ruines l'image du divin Crucifié·

... Gage consacré d'espérance et d'amour,
De celui qui s'éloigne à celui qui demeure
Passe ainsi tour à tour,
Jusqu'au jour où, des morts perçant la voûte sombre,
Une voix dans le ciel, les appelant sept fois,
Ensemble éveillera ceux qui dorment à l'ombre
De l'éternelle croix.

IX.

Victor Hugo était alors, lui aussi, dans tout l'éclat de sa gloire, mais il ne pouvait amoindrir Lamartine.

« Ces deux génies créateurs, a dit Legouvé, rayonnèrent l'un à côté de l'autre sans s'éclipser; chacun d'eux eut son royaume, je dirais volontiers son peuple, et leurs admirateurs peuvent se dire mutuellement, comme dans *Athalie* :

J'ai mon Dieu que je sers, vous adorez le vôtre :
Ce sont de puissants Dieux !...

En effet, Lamartine ne faisait pas du romantisme à la Hugo; son vol était moins élevé, sa fécondité moindre, mais il avait quelque chose de plus intime et de plus vrai, « de plus dénué d'affectation de costume et de style », comme il aimait à dire lui-même. Il appelait le faux classique et le romantisme deux absurdités rivales destinées à s'écrouler bientôt pour faire place à la vérité en littérature : vérité dans les sentiments, force et sûreté dans l'expression.

Cependant, on peut dire que notre poésie lyrique date du dix-neuvième siècle et de Victor Hugo.

L'auteur des *Méditations* a quelques notes divines, mais Victor Hugo tient sous la puissance de son génie toutes les voix de la nature et tous les accents de l'homme.

Voilà pourquoi, venu le second, il nous apparaît le premier.

Ses poésies, principalement les poèmes sur l'ancienne Rome, révélèrent un poète spiritualiste et religieux. Le *Chant de fête de Néron*, le *Chant du Cirque*, l'*Homme heureux*, cette admirable antithèse chrétienne, le *Chant de l'arène*, sont remplis de pensées élevées. Elles brillent sous la parure d'un style à grands plis pleins de mollesse et d'éclat comme les toges de ces Romains de la décadence, qui, lassés de plaisirs, n'avaient plus d'autres voluptés que celles qui étaient faites de souffrances; et ces Romains, le poète les flétrit avec l'ironie de l'indignation, tandis qu'il nous montre en face d'eux les martyrs souriant à la torture et bénissant Dieu dans les tourments.

A cette époque, Victor Hugo, suivant, comme Lamartine à son début, les traces de Chateaubriand, voulait que la littérature devînt l'expression anticipée de la société religieuse et monarchique qui sortirait sans doute du milieu de tant d'anciens débris et de tant de ruines récentes. Dans les *Odes*, l'Écriture sainte est citée jusqu'à seize fois, et le premier livre est tout entier l'expression de ce texte emprunté à l'Évangile : *Vox clamabat in deserto*.

C'est du christianisme qu'est empruntée l'idée du plus beau poème des *Odes*, l'*Antechrist*, empreint d'une sublime énergie et tout palpitant de l'inspiration de saint Jean. Le début semble traduit de l'*Apocalypse*.

> Il viendra quand viendront les dernières ténèbres;
> Que la source des jours tarira ses torrents;
> Qu'on verra les soleils, au front des nuits funèbres,
>   Pâlir comme des yeux mourants...

A côté de ces œuvres plus solennelles, où retentissent les sombres époques et les graves événements, on entend des chants d'amour et des cantiques d'action de grâces, harmonieux comme des hymnes d'église, frais comme des matinées de printemps.

Dans ces diverses pièces, la muse est toujours belle, riche. Il interroge les voix de la nature, tous ses spectacles et ses bruits, et leur demande le mot de la création, ce mot que, plus tard, hélas! il semblera ne plus vouloir entendre, ce mot qu'il savait si bien à ses glorieux débuts : Dieu!...

En voilà assez. On s'éterniserait sur ces souvenirs, mais d'autres spectacles, non moins glorieux et aussi consolants, nous réclament.

CHAPITRE VI.

LA DERNIÈRE CROISADE.

Les horreurs de la captivité des chrétiens chez les barbaresques. — Comment ceux-ci s'établirent sur la côte africaine et tinrent l'Europe en échec durant cent ans. — Souvenirs des contemporains de 1830. — Charles X répond aux outrages du dey d'Alger. — La France se réveille aux accents du vieux roi. — Départ de l'armée française. — La terre d'Afrique apparaît. — L'autel improvisé. — L'aurore de nos victoires. — Collines de Staouéli, vous en avez été témoins! — Le dernier fort. — Le nègre renverse, devant le monde chrétien, les dernières barrières de la barbarie. — Ils la nommaient la bien gardée! — La mission de la France. — Le mot de Lamoricière.

I.

Quand on songe aux horreurs dont la captivité chez les barbaresques fut l'occasion et le théâtre jusqu'en 1830, on croit rêver.

Les détails de la manière dont les esclaves chrétiens étaient traités à Alger donnent le frisson.

Les pirates musulmans fixaient fortement dans leurs murailles ou aux portes de leurs villes de grands crocs en fer contournés en forme de langues de serpent. Puis, menant leurs victimes sur les remparts, dans un état de nudité complète, les mains liées derrière le dos, ils les laissaient glisser le long des murs à une hauteur considérable. Le fer pénétrait profondément dans les chairs, et le patient restait ainsi affreusement suspendu, jusqu'à ce que mort s'ensuivît.

D'autres fois, ils attachaient un esclave par les pieds et par les bras à quatre navires qu'ils dirigeaient ensuite vivement vers quatre points opposés. L'écartèlement mettait en pièces les infortunés captifs.

Ils pratiquaient aussi un autre genre de supplices non moins affreux. Ouvrant avec un rasoir par de fortes entailles les épaules du patient, ils y glissaient et y fixaient solidement de grands flambeaux de cire allumés qui, en se fondant, faisaient lentement couler le liquide brûlant dans les plaies de la victime attachée et liée, jusqu'à ce que la douleur et la faim lui fissent rendre l'âme.

Ils les enfermaient encore entre quatre murailles jusqu'aux épaules, ou dans une fosse qu'ils remplissaient de terre, les laissant languir dans cette affreuse situation, qui ne tardait pas à décomposer leurs chairs et à amener la dissolution d'un cadavre vivant, tourment mille fois plus horrible que la mort la plus violente.

Quelquefois, on apportait devant les persécuteurs un tonneau garni intérieurement de clous. On y jetait les malheureux esclaves et on les faisait rouler rapidement malgré leurs cris et leurs souffrances.

« Il y en a d'autres, écrivait le père Dan, témoin contemporain qui a raconté toute cette horrible histoire, qu'ils font mourir sur un canon chargé, auquel ils mettent le feu, ou bien ils les exposent à la bouche du canon même. »

Pour ne pas prolonger outre mesure cette description effrayante, bornonsnous à citer le résumé qu'en fit un jour Mgr Pavy :

« Plusieurs écrivains, dit-il dans un *appel* demeuré célèbre, nous en ont laissé l'effroyable peinture : c'est à faire dresser les cheveux sur la tête. Exposition publique dans un état complet de nudité, vente à prix d'argent, envoi sur les galères pour y manier la rame dans les expéditions contre les chrétiens, travaux excessifs et vils dans la cité et dans les campagnes; pour nourriture, dix onces de pain, de l'eau et du vinaigre; pour logement, un bouge bas et sombre, et souvent la cale d'un vaisseau; pour vêtements, d'ignobles haillons couvrant à peine le corps, et, quand le travail cesse, ou qu'il le permet, de lourdes chaînes aux pieds; les plus grossières injures prodiguées avec le plus insolent mépris; les femmes, les enfants et les jeunes gens, tristes jouets de passions abominables; à la moindre faute d'oubli ou de légèreté, d'horribles châtiments, suivant le caprice ou la cruauté du maître, et toute résistance à ces horribles traitements est punie de mort. Tantôt on frappait les esclaves à coups de pierres, de couteaux ou de bâtons, sur le dos ou sur le ventre; tantôt on leur brisait les dents, on leur coupait le nez et les oreilles; tantôt on les attachait, pour les traîner par les rues, au cou ou à la queue d'un cheval; tantôt on les rompait, on les brûlait ou on les empalait; tantôt on les roulait dans des tonneaux remplis de clous; tantôt on leur entr'ouvrait les épaules à coups de hachettes, et, dans ces plaies béantes,

on faisait fondre de longs flambeaux de cire allumés. Dans leurs bagnes, les
deys prenaient plaisir à ces raffinements de torture. Notre courage s'épuisait,
raconte Cervantès, à la vue des cruautés que Hassan exerçait dans son bagne.
Tous les jours, un supplice nouveau; tous les jours, un captif était suspendu au
croc fatal, un autre était empalé, un troisième avait les yeux crevés, et cela sans
motif, uniquement pour satisfaire la soif du sang qui était naturelle à ce
monstre, et qui inspirait même de l'horreur aux bourreaux qui le servaient. »

II.

En 1830, dix mille esclaves chrétiens encombraient encore les bagnes
d'Alger; ils avaient été capturés sur nos côtes de Provence, où, depuis trois
siècles, régnait cette terreur.

Le dey d'Alger venait de souffleter publiquement l'ambassadeur de la France
et de tirer sur un vaisseau français avec l'insolence d'un barbare, une bordée
de ses canons chargés à mitraille.

« La France, s'écrie l'éloquent cardinal Lavigerie, la France se réveille au
bruit des canons d'Alger. Elle sent qu'elle cesserait d'être elle-même, si elle
ne vengeait un tel outrage. Le vieux roi Charles X déclare aux représentants
de la nation qu'il ne saurait le laisser impuni. En un instant l'ardeur guerrière, si longtemps comprimée, se manifeste de toutes parts. On voit des
officiers, des généraux même solliciter de faire, comme simples soldats, la
campagne d'Afrique. L'enthousiasme éclate surtout dans les provinces méridionales, victimes séculaires de la piraterie musulmane. Ce fut au bruit des
cloches, avec l'accompagnement des chants sacrés et des bénédictions de l'É-
glise, aux acclamations d'un peuple qui mêlait les ardeurs de sa foi au souvenir de ses souffrances, que l'armée, conduite par Bourmont, monta sur la
flotte qui lui était préparée; et lorsqu'un descendant de saint Louis, l'héritier
même du trône, vint traverser à Toulon les longues lignes des vaisseaux, où
les soldats de la France juraient d'être dignes de leurs pères, où les matelots
sur leurs vergues faisaient monter jusqu'aux cieux l'antique cri de guerre de
la patrie, il sembla aux témoins de cette scène sublime qu'un souffle des croisades vînt soulever nos drapeaux !

C'est ainsi que notre flotte prend sa route, au milieu des sympathies ardentes
de tous les pays chrétiens qu'elle laisse derrière elle. L'Espagne, l'Italie, les
îles de la Méditerranée, se rappelant leurs villes incendiées, leur commerce
ruiné, les morts tombés sous les coups des barbares, les esclaves sans nombre,
hommes, femmes, enfants, arrachés violemment de leurs rivages et gémissant

encore dans les bagnes, unissent leurs vœux pour son triomphe, et notre armée s'avance vers le sanglant repaire de la piraterie, soutenue dans son entreprise vengeresse par les bénédictions du présent et les longues malédictions du passé.

Dieu veillait sur cette armée, sur ces soldats qui marchaient à la mort pour le triomphe de l'honneur, de l'humanité, de la justice, sur la plus monstrueuse barbarie. Il reconnaissait en eux les fils des guerriers de Clovis, de Charlemagne, de saint Louis, les fils de cette France qu'il avait armée, pendant tant de siècles, pour être, en son nom, l'appui de tous ceux qui invoquent ici-bas ce nom sacré contre l'injustice triomphante !

III.

Enfin, le 13 juin 1830, au lever du jour, la terre d'Afrique apparaît aux yeux impatients de l'armée qui vient y chercher tant d'épreuves et tant de gloire, selon l'éloquente remarque du grand cardinal à qui nous empruntons tout cet héroïque récit. Elle leur apparaît avec ses hautes montagnes qui semblent soutenir le ciel, ses collines qui baignent dans les flots leurs pieds couverts de verdure, ses maisons éparses au-dessus du rivage, la lumière pure de son soleil et les teintes de sa mer qui rappellent aux vétérans d'Égypte l'azur des mers de Syrie, ce spectacle dont les climats du Nord ne peuvent donner une idée, et que les vieux soldats regrettent encore presque sous le ciel de la patrie.

Le lendemain, anniversaire de Marengo et de Friedland, l'armée, qui compte plus de trente mille hommes, prend terre, à six lieues d'Alger, au point précis qu'avait marqué, un quart de siècle par avance, un officier des armées de Napoléon. Le débarquement, contre toute attente, ne rencontre point d'obstacle. Le Dey a donné l'ordre de laisser aborder librement nos soldats, afin, disait-il dans son orgueil, qu'il n'en pût échapper un seul pour apprendre à la France la destruction de son armée.

Il comprendra bientôt sa folie.

Déjà tout se prépare pour l'attaque. La presqu'île de Sidi-Ferruch est occupée. Une redoute, qui s'appuie, de chaque côté, sur la mer, défend le camp français contre les surprises. L'ennemi se masse, à notre vue, sur les collines de Staouéli. Il réunit bientôt autour de ses drapeaux sans nombre cinquante mille combattants. Le lieutenant du Dey d'Alger, celui du Bey d'Oran, le Bey de Constantine en personne, commandent cette armée, où des

nuées de cavaliers indigènes appuyent la milice turque. Les nôtres brûlent
de se mesurer avec l'ennemi. Mais le sage comte de Bourmont ne veut rien
laisser au hasard. Il retient l'impatience universelle. Lui-même, établi sur une
élévation qui domine la mer, près des ruines d'une vieille tour bâtie par les
Espagnols, à l'époque de leur domination passagère, procède aux premiers
préparatifs.

C'est là que, sur un autel improvisé, seize prêtres de la France, qui ont

Fig. 77. — Bataille de Staouéli. D'après le tableau de Langlois. Musée de Versailles.

accompagné l'armée, offrent solennellement le sacrifice et ressuscitent le culte
chrétien sur la terre africaine. A cette même place s'élevait, dans les premiers
siècles, une église épiscopale. A quelque distance, auprès de la mer, on aper-
cevait et on voit encore, parmi les ruines, toujours debout, malgré les injures
du temps, la basilique de Tipasa. C'était sous les voûtes de ces temples que
retentissait autrefois la prière catholique. Le temple, où priait aujourd'hui
l'armée de la France, n'avait d'autre voûte que le ciel, d'autres bornes que
l'immensité. Il convenait qu'il en fût ainsi, et qu'avant la voix des armes,
Dieu, par la bouche de ses ministres, pût faire entendre sans obstacle à ces
rivages, dans la langue où ils les entendaient autrefois, les paroles de résurrection et d'espérance.

Enfin, après cinq jours d'attente, le 19 juin se lève, et, avec lui, l'aurore de nos victoires.

Au signal parti de leur camp, les troupes barbares s'ébranlent, et s'avancent, avec des cris, contre les redoutes que garde notre armée. Berthezène, Loverdo, Des Cars, qui commandent nos divisions, sont à la tête de leurs troupes, sous les yeux de Bourmont. Lahitte et Valazé les appuient. Un vieux général de l'empire, Porret de Morvan, occupe le poste du péril avec toutes les ardeurs de sa jeunesse.

Vous étiez là, s'écrie l'orateur que nous suivons, vous étiez là, attendant de donner vos premiers coups, obscurs encore, mais portant déjà vos victoires dans la mâle fierté de vos regards, capitaines futurs des grandes guerres de ce siècle : Lamoricière, Changarnier, Duvivier, Damrémont, qui deviez attacher vos noms à nos batailles africaines; Pélissier, vainqueur de Sébastopol; Mac-Mahon, soldat intrépide de Malakoff et de Magenta; Baraguey d'Illiers, Vaillant, Forey, Magnan, Chabaud-Latour; et vous, brave Dumesnil, qui deviez écrire cette noble histoire; et vous, digne fils des croisés, Quatrebarbes, qui deviez demander à la France, dans ses assises solennelles, de terminer par la croix cette conquête commencée par l'épée, et subir à Ancône une défaite plus noble que les plus nobles victoires!...

C'est fait! Le torrent vainqueur se précipite. Tout ce qui résiste est renversé. Les cavaliers arabes se dispersent aux quatre vents du ciel, allant annoncer à leurs montagnes qu'elles vont recevoir de nouveaux maîtres. Les Turcs seuls tiennent encore et se font tuer avec courage; mais ils sont désormais trop peu pour notre nombre, nos soldats les écrasent. Ce n'est plus qu'une déroute; ils ne s'arrêteront que sous les murs d'Alger, et les nôtres franchissent, en les poursuivant, les deux lieues qui les séparent du camp de Staouéli, dont ils s'emparent et où ils couchent sous les tentes de l'ennemi.

Collines de Staouéli, vous avez été les témoins de leur victoire, vous avez entendu leurs cris de triomphe et les premiers accents de cette langue, qui était celle de la France et qui vous annonçait l'avènement d'un monde nouveau. Vous les avez vu s'incliner devant l'autel dressé sous vos palmiers antiques! C'est là qu'au nom de leur patrie, du monde chrétien tout entier, ils prirent possession de la terre qu'ils allaient conquérir. C'est là que le plus grand de nos capitaines, le père de l'Algérie, a voulu que la prière fixât sa demeure sanctifiée par la pénitence et par le travail, et fît monter sans cesse vers le ciel, par les lèvres qui lui sont consacrées un hymne de reconnaissance!...

IV.

Vingt jours après celui où elle a vu pour la première fois la terre d'Afrique, l'armée française dominait enfin les crêtes du mont, sur les pentes duquel Alger est bâti.

Elle est sous ses yeux, cette ville fameuse, où tant de captifs, encore chargés

Fig. 78. — Établissement des trappistes de Staouéli.
(Les collines de la victoire sont devenues les collines de la prière.)

de fer, n'attendent leur salut que de sa victoire. Le voilà, ce port, où les pirates trouvaient leur refuge, et où ils se partageaient les dépouilles sanglantes du monde chrétien.

Mais, entre l'armée et la ville, vers le milieu de la montagne, dominé par nos soldats, commandant Alger, se dresse un dernier obstacle : un fort, dont le nom rappelle, comme pour augmenter la fierté légitime de notre triomphe, la défaite de Charles-Quint.

Ses canons tirent sur nos troupes. Notre artillerie les réduit au silence. Bientôt ses murailles sont battues en brèche. Elles vont céder sous nos coups. Déjà nos soldats se préparent à l'assaut, lorsqu'une scène affreuse et sublime vient les frapper d'horreur et d'admiration. La garnison, qui défend la forteresse, sort en bon ordre, par une poterne en emportant ses blessés. On voit un nègre rester seul, impassible, sur les murs ébranlés, au milieu des boulets qui pleuvent de toutes parts. Il disparaît enfin, et, mettant le feu au magasin de poudre, s'ensevelit sous les ruines qui vomissent au loin, comme un volcan, des flammes et des débris. Ce noir représentant des races africaines semblait renverser, devant le monde chrétien, les dernières barrières de la barbarie.

Toute lutte est impossible désormais. Le Dey, tremblant au fond de sa Kasbah, doit subir la loi du vainqueur. Bientôt Bourmont se présente en maître, dans ce palais où la France avait reçu l'outrage que nos mains venaient de venger.

Alger est à nous, ou, pour mieux dire, il est au monde civilisé.

Ils la nommaient « la bien gardée ». Mais ils auraient pu apprendre de nos Saints Livres, qu'il n'y a de bien gardées que les villes gardées par

Fig. 79. — Sommet de la Kasbah, à Alger.

Dieu. Au jour qu'il a marqué pour leur ruine, rien ne les défend plus : ni les tempêtes ne dispersent les flottes ennemies, ni les flots ne protègent les côtes inhospitalières, ni les remparts ne sont un sûr asile. Leurs pensées se confondent, et l'antique courage qui veillait sur elles n'est plus que folie. Et Dieu s'est enfin lassé de tant de violences et de tant de crimes ! Il a eu pitié d'une terre baignée de tant de sang et de tant de larmes, consacrée par la foi de tant de martyrs ! Les voilà dans sa main, ces fiers pirates ! Ils avaient dit, dans leur orgueil superbe : Que nous importe la France ! La France vient de leur répondre et de leur montrer son pouvoir !

V.

Or, la France n'avait pas seulement pour mission de libérer la chrétienté d'un tribut sanglant et honteux, son rôle, que l'éloquent cardinal-archevêque d'Alger va nous révéler, ne devait pas se borner à vaincre et à conquérir.

« Ce n'est pas ta mission, s'écrie-t-il, ô France chrétienne, d'arracher, pour prix de ton sang et de ta gloire, les trésors des peuples vaincus ; ce n'est pas ta mission de les chasser devant toi pour te faire place, en les livrant à la mort : ton génie est de communiquer, au prix du sacrifice, tes sentiments et tes lumières. C'est là ce que tu as fait pendant tant de siècles pour la vérité ; c'est là ce que tu as fait même pour tes erreurs ; c'est là ce que tu fais encore par tes écrits, par ta parole, par ta langue restée celle du monde civilisé. C'est là ce que tu es venue faire dans ce monde barbare. Tu es venue, non pas seulement y chercher de l'or, mais y porter la justice ; non pas seulement y récolter de plus riches moissons, mais y semer la vérité ; non pas y fonder ton pouvoir sur la servitude et la destruction des vaincus, mais y former un peuple libre et chrétien. Et si tu doutais de ma parole, parce qu'elle pourrait te paraître inspirée par mon ministère, quoique je sois le successeur de ces évêques qui ont formé ton âme et que je connaisse ton âme aussi bien que toi-même, j'emprunterais celle d'un soldat, de celui qui a connu également tes ardeurs nouvelles et ton ancien cœur, de Lamoricière, qui, parlant de ta conquête et des desseins de Dieu sur elle, a renfermé en ces simples mots tout ce que je viens de dire : *La Providence, qui nous destine à civiliser l'Afrique, nous a donné la victoire.*

« Voilà ta mission. Elle est belle, elle est digne de toi, et tu ne l'as payée trop cher ni par tes trésors, ni par le sang de tes fils, ni par votre gloire, ô soldats de l'armée d'Afrique ! Et maintenant laisse dire ceux qui s'étonnent !... »

CHAPITRE VII.

VINGT ANS DE LUTTES.

Nous sommes les fils des Croisés! — Montalembert. — Le discours du 16 avril 1844. — Les trois
lutteurs. — Le journal l'*Avenir*. — Ce qui en est sorti. — Réaction religieuse en France sous
Louis-Philippe. — Organisation de l'armée catholique. — Intervention de Mᵍʳ Parisis. — Louis
Veuillot et l'*Univers*. — Mᵍʳ Affre aux Tuileries. — Dernière entrevue du roi et de l'archevêque.
— Courons nous jeter aux pieds des évêques. — Alliances inattendues. — Je bénis le radeau. —
Victoire! — Ce qui est sorti de la loi de 1850.

I.

Un jour, c'était en 1844, du haut de la première tribune du monde, se
redressant de toute sa taille héroïque, Montalembert jetait à l'ennemi cette
fière déclaration :

— Nous sommes les fils des Croisés, et nous ne reculerons pas devant les
fils de Voltaire!

Quelques jours auparavant le noble preux avait montré, sans peur comme
sans forfanterie, ses troupes fraîchement recrutées :

— Il s'est levé parmi vous, disait-il, une génération d'hommes que vous ne
connaissez pas, qu'on les appelle néo-catholiques, sacristains, ultramontains,
comme on voudra, le nom n'y fait rien, la chose existe (1).

Et il ajoutait :

— Nous ne sommes ni des conspirateurs, ni des complaisants; on ne nous
trouve ni dans les émeutes, ni dans les antichambres; nous sommes étrangers
à toutes vos coalitions, à toutes vos luttes de cabinet, de partis; nous n'avons
été ni à Gand, ni à Belgrave-Square; nous n'avons été en pèlerinage qu'au
tombeau des apôtres, des pontifes et des martyrs : nous y avons appris, avec le

---

(1) Dès 1837, le retour aux idées religieuses était déjà si prononcé, que M. Saint-Marc Girar-
din le constata à la tribune de la Chambre. « Messieurs, que vous le vouliez ou non, depuis six
ans, le sentiment religieux a repris un ascendant que nous n'attendions pas. » M. de Tocqueville
observait le même fait : « Le changement le plus grand, écrit-il, se remarque dans la jeunesse.
Depuis que la religion est placée en dehors de la politique, un sentiment religieux, vague dans
son objet, mais très puissant déjà dans ses effets, se découvre parmi les jeunes gens. Le besoin
d'une religion est un texte fréquent de leurs discours. Plusieurs croient; tous voudraient croire. »
Et comme preuve, il rappelait « les cinq mille jeunes gens » qui se pressaient autour de la chaire
de Lacordaire, à Notre-Dame.

respect chrétien et légitime des pouvoirs établis, comment on leur résiste,
quand ils manquent à leurs devoirs, et comment on leur survit.

Ces fières paroles avaient fait tressaillir l'âme de la France chrétienne. Combalot, Dupanloup, Louis Veuillot, Riancey, Laurentie, sonnaient la charge. Le jour fut pris pour engager le grand combat.

C'était le 16 avril 1844. M. de Montalembert, calme, fier, tout saisi de la présence réelle de son Dieu qu'il était allé recevoir humblement, à côté de sa pieuse compagne, avant de monter à l'assaut, gravit les degrés de la tribune.

Le discours fut serré, pressant, ironique, chaque mot tombait comme du plomb sur tous ces voltairiens ahuris de tant d'audace. Ils n'osaient l'interrompre, mais, tous se levèrent, en proie à une indicible émotion, quand, en terminant, le noble orateur fit sa déclaration de guerre.

— Dans cette France, fit-il, accoutumée à n'enfanter que des gens de cœur et d'esprit, nous seuls, nous catholiques, nous consentirions à n'être que des imbéciles et des lâches! Nous nous reconnaîtrions à tel point abâtardis, dégénérés de nos pères, qu'il nous faille abdiquer notre raison entre les mains du rationalisme, livrer notre conscience à l'Université, notre dignité et notre liberté aux mains de ces légistes, dont la haine pour la liberté de l'Église n'est égalée que par leur ignorance profonde de ses dogmes. Quoi! parce que nous sommes de ceux que l'on confesse, croit-on que nous nous relevions des pieds de nos prêtres tout disposés à tendre les mains aux menottes d'une légalité anticonstitutionnelle? Quoi! parce que le sentiment de la foi domine dans nos cœurs, croit-on que l'honneur et le courage y aient péri? Ah! qu'on se détrompe! On vous dit : « Soyez implacables! » Eh bien! soyez-le, faites tout ce que vous voudrez et tout ce que vous pourrez; l'Église vous répond par la bouche de Tertullien et du doux Fénelon : « Nous ne sommes pas à craindre pour vous, mais nous ne vous craignons point. » Et moi, j'ajoute, au nom des catholiques laïques, comme moi catholiques du dix-neuvième siècle : Au milieu d'un peuple libre, nous sommes les successeurs des martyrs, et nous ne tremblons pas devant les successeurs de Julien l'apostat; nous sommes les fils des Croisés, et nous ne reculerons jamais devant les fils de Voltaire!

II.

Il nous faut remonter, à quelques années en arrière, si nous voulons entendre comment la France catholique se décida, pour reprendre sa mission, à organiser la lutte contre l'impiété triomphante.

— Jamais, avait dit alors Montalembert, jamais et nulle part, on n'avait vu une nation aussi officiellement antireligieuse.

En 1830, c'est la date dont nous voulons parler, le sac de Saint-Germain-l'Auxerrois, le palais de l'archevêque de Paris démoli par l'émeute, les croix abattues, les séminaires fermés, les prêtres obligés de quitter l'habit ecclésiastique pour ne pas être insultés et maltraités dans les rues, la religion attaquée à l'envi par la presse et le roman, le clergé visé par la caricature et le théâtre, tout, jusqu'à la désertion des églises, où la présence d'un jeune homme provoquait autant de surprise « que la visite d'un voyageur chrétien dans une mosquée de l'Orient, » jusqu'à la lâcheté du pouvoir qui se faisait louer « de ne pas faire le signe de la croix, » tout donnait raison au récit de Montalembert.

C'est à ce moment que quelques chrétiens courageux osaient entreprendre de rendre à leurs frères leur place au soleil et de les sortir de la situation de vaincus où ils gisaient sur le champ de bataille.

Trois hommes, dont la vie devait être bien différente, Lamennais, Lacordaire et Montalembert, au lendemain même de la Révolution de Juillet, firent paraître un journal, l'*Avenir*, avec cette devise : *Dieu et la Liberté !*

Nous avons longuement raconté ailleurs (1) cette glorieuse histoire, à laquelle il n'a manqué qu'un peu moins de raideur chez le chef de l'École Menaisienne, pour en faire l'histoire de la lutte la plus féconde en heureux résultats pour la liberté de l'Église, cette chose sacrée que Dieu aime par-dessus tout au monde.

Les généreux élans de l'*Avenir* se heurtèrent à de vieux préjugés gallicans. Rome estima que les initiateurs de la lutte avaient manqué de mesure et causé des excès blâmables. Lacordaire et Montalembert se soumirent.

— Un homme, écrivait le premier, a toujours son heure ; il suffit qu'il attende et qu'il ne fasse rien contre la Providence.

Dieu récompensa magnifiquement cette soumission. L'heure de Lacordaire arriva en 1835. On le vit monter, jeune encore et tout vibrant des plus généreuses émotions, dans la chaire de Notre-Dame, entouré d'une assemblée d'hommes telle que la vieille basilique n'en avait plus vu depuis les âges de foi.

Par un revirement inattendu, la religion redevint tout à coup populaire.

« Il faut parler de la semaine de Pâques, écrit Sainte-Beuve en 1843. Décidément toutes les réactions sont triomphantes. La foule à Notre-Dame était

____

(1) Dans nos Études sur l'*École Menaisienne*.

prodigieuse, M. Ravignan prêchait trois fois par jour. On s'y pressait, on s'y foulait, on y pleurait. Je crois que le chiffre des communions pascales n'aura jamais monté si haut depuis cinquante ans. Le clergé est organisé, actif et zélé, la société indifférente, mais avide d'émotion et de *quelque chose*. Personne ne lui offre rien; la philosophie n'existe pas, ou elle se proclame l'amie de la religion et de l'orthodoxie quand même. Se pourrait-il que la France finalement fût catholique, comme Bénarès est hindoue, par impuissance d'être autre chose! »

« J'ai toujours combattu le catholicisme, écrivait de son côté un inspecteur général de l'Université en 1840; mais, je ne puis me le dissimuler, il se prépare pour lui un siècle aussi beau et plus beau peut-être encore que le treizième. »

Le gouvernement demeurait plutôt hostile, tout en affectant cette sorte de neutralité qui faisait dire à Louis-Philippe :

— Il ne faut jamais mettre le doigt dans les affaires de l'Église, car on ne l'en retire pas, il y reste.

Pour donner cependant quelque satisfaction à ce mouvement généreux, le pouvoir avait organisé, dès 1833, l'enseignement primaire, sans donner néanmoins à l'Église la part suffisante, mais en accordant assez de liberté pour qu'elle pût se mouvoir plus à l'aise.

Il n'en fut pas de même pour la liberté de l'enseignement secondaire qu'une loi nouvelle, en 1841, allait mesurer avec encore plus de parcimonie, restreignant même celle des petits séminaires.

Ce fut parmi les catholiques une véritable explosion et le signal de la lutte.

Il importe d'en suivre la marche (1), ne serait-ce que pour puiser dans le spectacle du passé la confiance qui manque à cette heure à tant d'âmes découragées.

III.

Les évêques, qui s'étaient jusqu'alors tenus en dehors de toutes les polémiques, se trouvant directement attaqués, entrèrent en ligne et firent entendre de vigoureuses protestations.

Devant cette levée inattendue, le ministre prit peur et retira le projet. Mais

---

(1) Nous l'avons racontée, avec tout son glorieux détail, spécialement dans la *Vie de l'abbé Combalot*. Ici, nous nous bornons aux grandes lignes du récit.

le coup était porté, l'épiscopat s'était ébranlé, les catholiques les plus hési-
tants avaient été comme réveillés en sursaut; l'agitation une fois commencée
se poursuivit, elle prit une forme et un mot d'ordre, qui fut : *la liberté complète de l'enseignement.*

C'est ici qu'entre en scène M. de Montalembert, avec une juvénile et généreuse ardeur. « Depuis trop longtemps, écrivit-il, les catholiques français ont
l'habitude de compter sur tout, excepté sur eux-mêmes... La liberté ne se
reçoit pas, elle se conquiert... » Et il ajoutait que les catholiques ne seraient comptés pour quelque chose, qu'on ne ferait attention à leurs légitimes revendications que lorsqu'ils seraient devenus, « ce qu'on appelle
en style parlementaire un embarras sérieux ». En un mot, il s'agissait de
constituer sur le pied de guerre « *le parti catholique* », à l'exemple de la
Belgique et de l'Irlande, d'où le grand nom d'O'Connell retentissait alors
sur tout le monde chrétien.

Mais l'épiscopat voudrait-il se constituer ainsi à l'état de guerre ouverte
contre le gouvernement? Et cependant, rien ne pouvait se faire sans son concours.

C'est alors que descendit dans l'arène un nouveau champion dont l'intervention fut décisive. Par deux lettres publiques, écrites le 25 mai et le 15
août 1844 et adressées à M. de Montalembert, l'évêque de Langres, Mgr Parisis, vint se ranger solennellement à côté du noble pair. Après avoir réfuté
ceux qui contestaient « la mission » des laïques, il encourageait M. de Montalembert à « persévérer dans la voie où il était courageusement entré » « Vos
plus dures épreuves, ajoutait-il, ne vous viendront peut-être pas de vos adversaires naturels : vous vous rappellerez alors ce que saint Paul eut à souffrir
de ses compatriotes et de ses faux frères. Mais le jour de la justice viendra,
même en ce monde, et alors la honte sera pour les aveugles et les lâches, la
gloire et la récompense, pour les hommes de cœur et de foi. »

L'effet de ce langage fut immense; il dissipait les derniers scrupules. A la
suite de l'évêque de Langres, l'épiscopat se leva presque tout entier, avec une
ardeur qu'il n'était plus nécessaire d'exciter.

« Si la liberté ne doit pas triompher dans la lutte, j'estime qu'il vaut mieux
succomber avec elle que de lui survivre, » écrivait l'évêque d'Ajaccio.

L'armée catholique, chefs et soldats, se trouvait constituée. Selon le mot
de Sainte-Beuve, elle était « bien rangée en bataille ».

Les hostilités commencèrent.

« Depuis la Ligue, écrivait à ce moment Lacordaire, c'est la première fois
que l'Église de France n'est pas divisée par des querelles et des schismes. Il

n'y a pas quinze années encore, il y avait des ultramontains et des gallicans,
des cartésiens et des menaisiens, des jésuites et des gens qui ne l'étaient pas,
des royalistes et des libéraux, des coteries, des nuances, des rivalités; aujour-
d'hui tout le monde s'embrasse, les évêques parlent de liberté et de droit commun, on accepte la presse, la Charte, le temps présent, M. de Montalembert
est serré dans les bras des Jésuites; les Jésuites dînent chez les Dominicains;
tout est fondu et mêlé ensemble. Voilà un incroyable spectacle, et la liberté de
l'enseignement n'eût-elle servi
qu'à produire ce résultat, il faudrait encore la bénir à jamais. »

En ce moment arrivait au
parti catholique une puissante
recrue : un journaliste ministé-
riel récemment converti au catholicisme, plein d'une verve
mordante, maniant la plume
comme une arme terrible dont
les blessures étaient mortelles.
« Dans la presse, nous disait-il
un jour, pour blesser son ad-
versaire, il faut le tuer. » C'était
M. Louis Veuillot.

Des colonnes de l'*Univers*,
dont il ne tarda pas à prendre
la direction, M. Louis Veuillot
ouvrit, en faveur de la liberté

Fig. 80. — Le comte de Montalembert, de l'Académie
française (1810-1870).

de l'enseignement et contre le monopole universitaire, un feu d'autant plus
meurtrier qu'il recommençait chaque jour et qu'il était dirigé par une main
sûre et bien exercée.

IV.

Le roi espérait lasser les catholiques, en louvoyant et en éludant les difficultés.

Un jour, l'archevêque de Paris, Mgr Affre, ayant voulu aborder ce sujet
avec lui, il se déroba, suivant son habitude : « Monsieur l'archevêque, lui
dit-il en l'interrompant, vous allez prononcer entre ma femme et moi. Combien faut-il de cierges à un mariage? je soutiens que six cierges suffisent, ma

femme prétend qu'on en doit mettre douze. — Il importe peu, répondit l'archevêque, d'un ton à la fois courtois et sérieux, que l'on allume six ou douze cierges à un mariage; mais veuillez m'entendre sur une question plus grave. — Comment, monsieur l'archevêque, ceci est très grave, reprit en souriant le roi; il y a division dans mon ménage; ma femme prétend avoir raison, je soutiens qu'elle a tort. » Comme l'archevêque poursuivait sa défense de la liberté d'enseignement, le roi l'interrompit : « Mais mes cierges, monsieur l'archevêque, mes cierges? » L'archevêque continuant quand même : « Tenez, s'écria le roi, hors de lui, je ne veux pas de votre liberté d'enseignement, je n'aime pas les collèges ecclésiastiques; on y enseigne trop aux enfants le verset du *Magnificat : Deposuit potentes de sede.* » A ces mots, l'archevêque se leva, salua et sortit.

— Ces gens-là, disait le prélat, ne voient dans la religion qu'une machine gouvernementale, ils ne se doutent pas que nous avons une conscience; peu leur importe que nous accomplissions nos devoirs, pourvu qu'ils soient servis et flattés.

Dès lors, en diverses circonstances, les discussions devinrent de plus en plus vives, jusqu'à ce que Louis-Philippe manda le pontife et eut avec lui cette entrevue, où s'échangèrent les paroles solennelles que l'histoire a recueillies comme une prophétie.

Les paroles du roi furent d'abord graves et sévères. Peu à peu il s'anima, s'irrita et finit par en arriver à une violente colère.

L'archevêque demeurait calme et impassible :

— Avec vos mémoires et vos journaux vous portez le trouble partout, dit le roi; je sais aussi qu'il y a peu de temps vous avez tenu un concile à Saint-Germain.

— Sire, nous n'avons point tenu de concile : mes suffragants sont venus me voir, et nous avons traité de différents points de discipline ecclésiastique.

— Vous avez tenu un concile, je le savais bien; vous n'en aviez pas le droit, monsieur l'archevêque.

Le prélat, racontant lui-même cette scène, disait qu'il avait d'abord répondu au roi avec beaucoup de déférence, qu'il évitait presque de le regarder, mais qu'à ces mots il éleva les yeux, et, les fixant sur le roi, il dit avec fermeté :

— Sire, nous en avions le droit; toujours l'Église a eu le droit d'assembler ses évêques pour régler ce qui pouvait être utile à leurs diocèses.

— Ce sont là vos prétentions... Mais je m'y opposerai. L'on m'a dit aussi

que vous aviez envoyé un ambassadeur au pape; je sais que vous lui de-
mandiez la permission de faire gras le samedi, et en cela je vous ap-
prouve.

— Sire, nous avons envoyé, en effet, un ecclésiastique présenter quelques
demandes au Souverain-Pontife : cela même est dans le droit de tous les fidèles, et à plus forte raison des évêques.

— Et que lui avez-vous demandé encore? Je veux le savoir.

Fig. 81. — Dévouement de Mgr Affre, archevêque de Paris.

Mgr Affre, archevêque de Paris, est atteint mortellement d'une balle, le 25 juin 1848, sur la barricade élevée à l'entrée du faubourg Saint-
Antoine, où il se présentait comme médiateur entre l'armée et les insurgés. Ces derniers lui promettent de le venger. « Non, non, mes amis, leur
répond l'héroïque victime, ne me vengez pas ! Il y a assez de sang répandu; je désire que le mien soit le dernier versé. » Transporté à l'archevêché, le prélat y rendit le dernier soupir le 27 juin.

— Si c'était mon secret, je pourrais le confier au roi; mais c'est aussi celui
de mes suffragants, et le roi trouvera bon que je le garde.

A ces mots, le monarque s'emporta, prit le prélat par le bras et dit d'une
voix très haute :

— Prenez garde, monsieur l'archevêque, souvenez-vous que l'on a brisé
plus d'une mitre.

— Cela est vrai, sire; mais que Dieu conserve la couronne du roi, car l'on
a vu briser aussi bien des couronnes.

Ce fut la dernière entrevue de Mgr Affre avec Louis-Philippe.

A quelques mois de là, la couronne du roi était brisée et la mitre de l'archevêque s'empourprait d'un sang glorieux.

V.

Le lendemain de la Révolution qui brisait le trône de Louis-Philippe, M. Cousin, ayant rencontré M. de Rémusat sur le quai Voltaire, lui dit, en levant les bras au ciel :

— Mon cher ami, courons nous jeter aux pieds des évêques; eux seuls peuvent nous sauver aujourd'hui. »

Quelques jours après, M. Thiers, à son tour, déclarait dans une lettre rendue publique, « qu'il était complètement changé, quant à la liberté d'enseignement, qu'il ne voyait de salut que dans cette liberté, dans l'enseignement du clergé. L'ennemi, ajoutait-il, c'est la démagogie; je ne lui livrerai pas le dernier débris de l'ordre social, c'est-à-dire l'établissement catholique. » Enfin il disait vers la même époque à M. de Falloux : « Nous avons fait fausse route sur le terrain religieux, mes amis les libéraux et moi, nous devons le reconnaître. » Puis se tournant vers M. Cousin, qui était présent : « Cousin, Cousin, lui dit-il, avez-vous bien compris quelle leçon nous donne cette révolution? Nous avons combattu contre la justice, contre la vertu, et nous leur devons réparation. »

Le premier acte de réparation se trouva dans la Constitution même, votée par l'Assemblée Constituante. « L'enseignement y est libre, » y lisait-on. Restait à définir les conditions de cette liberté.

L'histoire des pourparlers auxquels donna lieu l'établissement de ces conditions fut émouvante. Les catholiques, habitués à n'être comptés pour rien, à n'entendre autour d'eux que des appels à la modération, des accusations de fanatisme, des exhortations à ménager l'ennemi dans la crainte d'attirer sur leur tête de pires traitements, se virent tout à coup entourés, sollicités, appelés au secours par ceux-là même, qui, la veille, les blâmaient le plus durement.

On entendit M. Thiers lui-même s'écrier, à la tribune de l'Assemblée Législative :

— Je le dis très franchement, les partisans de l'Église, les partisans de l'État, savez-vous ce qu'ils sont aujourd'hui pour moi? Ils sont les défenseurs de la société, de la société que je crois en péril; et je leur ai tendu la main. J'ai tendu la main à M. de Montalembert et je la lui tends encore. Oui, en présence des dangers qui menacent la société, j'ai tendu la main à ceux qui m'avaient combattu; ma main est dans la leur; elle y restera, j'espère, pour la défense commune de cette société qui peut bien vous être indifférente, mais qui nous touche profondément.

Les plus obstinés demandaient qu'au moins on leur sacrifiât les Jésuites :

— Pour nous, répondit M⁰ʳ Parisis, pour nous, prêtres séculiers, qui voyons dans le clergé régulier de tout ordre des amis qui nous honorent et des frères qui nous assistent, jamais nous ne consentirons à les livrer comme la rançon des avantages que la loi pourrait nous promettre. »

Après lui, M. Thiers monta de nouveau à la tribune. « Il faut, dit-il, qu'il n'y ait ici aucun doute, aucune obscurité. Un individu laïque ou ecclésiastique se présente. Les deux preuves légales de capacité et de moralité exigées, on n'a plus rien à lui demander. S'il porte la robe de prêtre, on ne peut pas lui demander s'il appartient à telle ou telle congrégation. Cela ne se peut pas. »

Les ennemis rugissaient. Ils affectaient de ricaner au spectacle de cette union d'efforts entre les fils des croisés et ceux qui, la veille, se disaient les fils de Voltaire. Montalembert, que ces ironies visaient, leur répondit fièrement :

— Messieurs, on fait la paix le lendemain d'une victoire, on fait la paix le lendemain d'une défaite, mais on la fait surtout, selon moi, le lendemain d'un naufrage. Eh bien, que l'honorable M. Thiers me permette de le lui dire, nous avons fait naufrage, lui et moi, en février, quand nous naviguions ensemble sur le beau navire de la monarchie constitutionnelle. Quand nous voguions ensemble sur ce navire, sans nous connaître, ou nous connaissant à peine, nous pouvions et nous devions nous disputer sur la direction du navire, mais la tourmente est venue à éclater, le pilote a été jeté à la mer, le navire a sombré dans un clin d'œil; nous périssions, si la Providence ne nous avait permis de nous retrouver, lui et moi, sur le radeau.

Se tournant vers les esprits absolus que le spectacle de cette alliance scandalisait, il ajouta :

— Je ne sais vers quelle plage ce radeau nous conduit, mais je déclare que, tout en regrettant le navire, je bénis le radeau.

Quatre cents voix donnèrent raison aux catholiques.

La loi de la liberté de l'enseignement fut enfin votée, après vingt ans de luttes. C'était le 15 mars 1850!...

A quarante ans de cette journée mémorable, conquise au prix de tant d'efforts nous saluons avec respect la mémoire des combattants. Plus de cent collèges français inclinent leurs drapeaux reconnaissants sur leur tombe. Nos écoles de droit se sont peuplées d'une génération meilleure et plus chrétienne. Le cercle jusque-là un peu étroit où se recrutait auparavant le sacerdoce français s'est agrandi. A Saint-Cyr, à l'école navale, et jusque dans ces deux sanctuaires des études de la jeunesse française qu'on appelle l'école Normale et l'école Polytechnique, la foi du Christ qui trempe les âmes et qui fait les cœurs chastes, a vaillamment arboré la croix dont on ne rougit plus.

Cette victoire en augurait une autre, celle qu'il nous reste à raconter.

CHAPITRE VIII.

PRO DEO ET ECCLESIA.

L'enterrement du gallicanisme. — Incommodes et hargneux. — Pie IX est ramené à Rome par les armées de la France. — Didier n'est pas mort. — La légion française autour de Pie IX. — Victoire! Victoire! — La peine immuable de l'Église. — L'épiscopat français autour du Pape. — *Caveant consules.* — A Rome. — L'écho de la parole pontificale. — Les dernières convulsions du gallicanisme. — Départ pour le Concile. — Les trois textes qui regardent Pierre seul et ses successeurs. — Le dernier mot de ce livre.

I.

A vrai dire, pour moi, le gallicanisme n'est plus qu'une momie. Cela ne l'empêche pas d'avoir encore des adorateurs; car, comme vous le savez, les Égyptiens embaumaient les animaux qui leur servaient de dieux, et puis les adoraient encore, après les avoir embaumés....

C'est en ces termes de railleuse ironie que Montalembert célébrait à la tribune française l'enterrement du gallicanisme, cette erreur colossale qui poussa pendant plusieurs siècles l'Église de France sur le déclin du schisme. C'est sur elle que les calvinistes évincés avaient compté pour rompre l'unité catholique. Et voilà que, à la suite de leur chef maintenant séparé d'eux, mais toujours vivant au milieu d'eux par les doctrines auxquelles il a été infidèle, les disciples de Lamennais ont porté au gallicanisme des coups terribles. Ultramontain, c'est-à-dire dévoué au siège de Pierre, n'est plus une injure, c'est un titre d'honneur.

De toutes parts, à *l'Univers* comme à *l'Avenir*, à Solesmes chez Dom Guéranger comme à Langres chez Mgr Parisis, tous les catholiques militants, tous les grands chrétiens se parent du titre naguère méprisé, et s'il reste quelques adorateurs de la momié, « ces adorateurs, dit Montalembert, en petit nombre, ne sont pas très dangereux, mais ils sont quelquefois incommodes et hargneux. »

Incommodes et hargneux!... Montalembert disait vrai. On allait bientôt assister aux accès de leur mauvaise humeur, et la victoire définitive n'était plus guère éloignée. Auparavant, il nous faut assister à un autre spectacle, celui-là bien triste pour les amis de l'Église, mais en même temps bien glorieux pour la France.

II.

Déjà, une première fois, en 1848, Pie IX, exilé à Gaëte par la révolution triomphante à Rome, avait vu accourir, sous les murs de la Ville Sainte, les soldats de la France, et la capitale de la chrétienté, une fois de plus délivrée par les Francs, avait rouvert ses portes au Père commun des fidèles.

Depuis ce moment à jamais glorieux pour notre histoire contemporaine, les descendants des preux de Charlemagne et de saint Louis veillaient à la porte du Vatican, et le drapeau de la France mêlait ses plis aux couleurs pontificales sous les bénédictions du grand Pontife, dont le nom trouvait en France plus d'acclamations et d'amour qu'en aucun autre point de la chrétienté.

Tout à coup, faisant écho à la parole antisociale qui avait tant effrayé les intérêts en 1848, lorsque Proudhon criait aux masses égarées par la misère et l'irréligion : « Mes amis, la propriété, c'est le vol! » des politiciens éhontés osèrent dire, à la face de l'Europe qui se taisait : « Le droit, c'est l'annexion! »

« Oh! s'écriait un éloquent évêque, lorsque, avec ces grands mots, on a essayé de violer tous les droits, le droit public et le droit privé, comment voulez-vous qu'on respecte le droit de Dieu, le droit de l'Église, le droit du Saint-Siège? Il y avait en Europe un coin de terre qui se nommait les États de l'Église; la Providence l'avait prédestiné à être le Siège du successeur de Pierre : car la Providence prédestine les lieux comme les hommes et les temps. Quand son heure avait sonné, elle avait choisi un homme à la hauteur de l'œuvre. Charlemagne, ce grand capitaine, mais en même temps ce grand logicien des conseils de Dieu, avait deviné l'heure providentielle : et il avait tiré sa longue épée, l'épée de la France. En vain Didier, roi des Lombards, tente par son astuce et par sa mauvaise foi de faire tomber le Pontife dans ses pièges : Charlemagne le poursuit et le bat, et il accomplit l'œuvre divine. Ah! Charlemagne est mort, mais Didier ne l'est pas; il a surgi ce nouveau roi des Lombards, prince lui-même, violant le droit des princes; catholique et fils des Saints, violant le droit de l'Église; haut potentat de l'Europe, ne respectant pas le bien d'autrui; guerrier faisant la guerre et ne la déclarant pas; et comme l'avalanche, poussée par des vents qu'on ne voit pas, tombe sur le grain de sable et l'écrase; de même lui, poussé par je ne sais quelle force invisible qui semble lui crier : vite! vite! il tombe sur ce coin de terre; il l'écrase et il dit : Ce sol m'appartient; le droit c'est l'annexion. ».

Le Pape avait regardé du côté du pays de Charlemagne. Là, on affectait de détourner le visage et les moins clairvoyants parlaient de complicité.

L'âme de la France tressaillit et s'indigna. Une nuée de volontaires accourent se ranger autour de Pie IX, le priant de bénir leurs armes et de les laisser s'instruire, comme autrefois David, à la guerre, pour défendre ses droits menacés.

Pie IX les bénit et accepta leur héroïsme.

« Je contemple, s'écriait en célébrant leur bravoure l'éloquent évêque de Carcassonne, je contemple cette jeune légion que j'appellerais volontiers avec Mgr l'évêque d'Orléans, une autre légion thébaine, si je n'avais pas tant d'orgueil à dire qu'elle était française. Je compte et recompte ces trois cents dont Gédéon n'eût pas retranché un seul de son armée d'élite, dont pas un n'a rebroussé chemin à nos Thermopyles chrétiennes. J'aime à me représenter ces jeunes héros, si grands par la naissance et devenus de si humbles soldats; si comblés des dons de la fortune, devenus pauvres pour Jésus-Christ; si habitués à la vie du luxe, et couchant sur la paille des bivouacs; entourés des affections les plus tendres, mais qui s'étaient élevés à cette hauteur de comprendre le mot le plus grand peut-être, mais le plus divin de l'Évangile : « Celui qui aime son père et sa mère plus que moi, n'est pas digne de moi. Je ne les perds pas de vue au matin de Castelfidardo, priant sur l'affût des canons et se faisant des croix avec la garde de leurs épées; ou, avant le combat priant comme des saints, mais au moment du feu pointant leurs pièces et brandissant leurs sabres comme savent le faire des soldats français. »

Ils succombèrent sous le nombre. Mais, sur leur tombe glorieuse, loin de pleurer comme sur des vaincus, les évêques de France répétèrent après Mgr de la Bouillerie :

— Ils ne furent pas vainqueurs... Les lauriers du triomphe n'ombragèrent pas leurs fronts que la mort avait pâlis, et nul chant de victoire n'ac-

compagna leur dernier soupir! Et cependant, victoire! victoire! Oui! en présence de cette foi si vive et si ardente, de ce dévouement héroïque qui exalte
toutes les âmes, de cet accroissement donné à l'honneur de l'Église et à l'honneur des cœurs français, victoire! c'est l'unique parole qui se rencontre sur
mes lèvres. Je ne sais pas dans ces temps modernes de plus glorieuse victoire
que cette défaite.

Sous le coup du saint et patriotique enthousiasme qui le possédait, l'é-
vêque achève d'expliquer sa pensée, en rappelant un récent souvenir.

Fig. 82. — Les zouaves pontificaux à Castelfidardo (18 septembre 1860).

« Je me suis approché, cette année encore, des murs du Capitole et j'ai
suivi le sentier où montaient les Scipion : les pierres du Capitole sont dis-
jointes, elles ne tiennent plus l'une à l'autre et il faut que chaque siècle vienne
à son tour les remplacer et les recrépir; le sentier des Scipion, l'herbe y croît.
Mais j'ai gravi aussi les marches sacrées du Vatican, je me suis agenouillé
aux pieds de Celui qui est la pierre immuable de l'Église. Ah! dans ce pouvoir suprême que je contemplais à genoux, dans cette pensée vivante de Jésus-Christ, dans cette pierre faite homme, je n'ai plus trouvé ni affaiblisse-
ment, ni vieillesse, ni rides : toujours la même pierre et toujours le même
homme qui dit avec confiance : Quand le monde croulerait, l'édifice que je

soutiens de ma tête ne branlerait pas. Je le répète, les choses de Dieu sont éternelles. Et dès lors, comprenez, je vous prie, ce premier point, c'est que, quels que soient les troubles et les vicissitudes de l'Église, notre douleur sans doute est grande et nous ne cachons nos larmes à personne, mais notre courage n'est pas ébranlé : une défaite pour le monde, c'est une défaite; pour l'Église, c'est d'abord sans doute une passagère épreuve dont elle prendra sa revanche le lendemain : mais je dis plus, c'est une victoire, et je prétends qu'il en est ainsi de la défaite que nous célébrons en ce jour.

En tout cas, l'héroïsme des jeunes Français tombés sur le champ de bataille, à Castelfidardo et à Mentana, avait vengé l'honneur de la France des tristes défaillances du pouvoir en face de la révolution triomphante. Pie IX, en mourant, a pu les bénir d'avoir teint d'un sang vraiment chrétien le drapeau pontifical quand l'invasion des Lombards modernes l'abaissa à la brèche de la Porta Pia. Or, nous le savons de vieille date, le sang des martyrs fut toujours parmi nous une semence de nouveaux chrétiens.

III.

L'épiscopat français, à l'heure du péril suprême, avait vaillamment accompli son devoir. Le premier, il avait entendu le cri d'alarme et réveillé les sentinelles d'Israël, par l'éloquent appel des Plantier, des Dupanloup, des Pie, des la Bouillerie, des Gerbet, le doux et suave Gerbet dont son voisin et ami, l'évêque de Carcassonne, dit, au jour où il dut l'ensevelir de ses mains fraternelles :

« De sourdes rumeurs se faisaient entendre : « Rome! Rome!... Les barbares sont aux portes de la Ville Éternelle!... » Et des quatre coins de l'Église, les catholiques poussaient vers nous le cri d'alarme de la République romaine : « *Caveant consules*, que les consuls prennent garde! » Nous, consuls, je le dis avec fierté, nous n'avons pas failli à notre devoir; nous avons su monter à la brèche, et nous avons prouvé que nous n'étions pas des chiens muets!... Mais alors que nous nous portions au combat avec nos armures légères, avec la fronde et la pierre de David, lui, il semblait brandir dans ses mains l'épée céleste de Judas Machabée. Et quand nous poussions nos aboiements pour sauvegarder le troupeau et le Pasteur suprême du troupeau, il était comme le chien que l'ordre illustre de Saint-Dominique a choisi pour son emblème, tenant à sa gueule une torche brillante et enflammée!... ses magnifiques écrits furent alors un de nos soutiens les plus fermes, et lorsque, après la mêlée, nous vînmes tous nous agenouiller aux pieds de notre chef, il était là comme Jeanne d'Arc, digne d'assister au triomphe, parce qu'il avait porté la bannière dans le combat. Et nous aimions à montrer du doigt celui qui avait si habilement manié le glaive — le grand évêque de Perpignan ! »

Le spectacle fut magnifique. « Le Pape dominant la cité ; cinq cents Evêques lui faisant cortège ; quinze mille prêtres entourant les Évêques ; et enfin tout un peuple catholique se pressant et se groupant à la suite de ses pasteurs, c'était, à Rome, l'Église entière !

On la voyait, on l'écoutait, on la sentait, on la palpait. Elle affirmait hautement et révélait à tous les regards son premier et son plus glorieux caractère, l'unité ! En face d'elle et autour d'elle, les divisions du monde : divisions entre toutes les sectes, entre toutes les opinions, entre toutes les doctrines ; division dans la philosophie, division dans la politique, division dans la littérature, division dans les arts ; à Rome unité absolue : unité d'âme, d'esprit et de cœur ; unité de vœux, d'espérance et de joie. Rome était une, comme la vérité est une, comme Dieu est

Fig. 83. — Mgr Dupanloup (1802-1878).

un ! On assistait à la réalisation littérale de la prophétique prière du Sauveur ! « Qu'ils soient tous consommés en un... » Non, jamais la vérité divine de l'Église catholique ne s'était plus nettement manifestée à tous les regards. »

Et comme le Pape avait condamné les erreurs qui tuent la société moderne, les évêques lui répondaient :

— Nous condamnons les erreurs que vous avez condamnées, nous rejetons et détestons les doctrines nouvelles et étrangères, qui se propagent au détriment de l'Église de Jésus-Christ. Nous condamnons et réprouvons les sacrilèges, les rapines, les violations de l'immunité ecclésiastique, et des autres forfaits commis contre l'Église et le Saint-Siège.

IV.

Les tristes et rares tenants des erreurs gallicanes et pessimistes sentaient que l'heure approchait, où leur doctrine anticatholique allait être foudroyée.

Pie IX se souvint à propos qu'un moment, les sectaires des deux derniers siècles, se redressant une dernière fois dans leur tombe révoltée, en avaient appelé au futur concile des condamnations du Saint-Siège.

Il convoqua ce concile, qui allait répondre, par l'affirmation solennelle et infaillible de l'infaillibilité doctrinale, personnelle au Vicaire de Jésus-Christ, à l'appel des tenants obstinés de l'erreur.

Mais l'ennemi éternel du Christ et de son Église veillait. Épouvanté à l'approche du coup qui allait frapper à mort l'hydre sans cesse renaissante, il suscita de vaines terreurs, auxquelles des esprits en qui les catholiques français s'étaient habitués à mettre leur confiance se laissèrent prendre. Plusieurs, qu'on aurait crus plus fermes, se sentirent troublés.

« Qui le croirait? s'écriait, en partant pour le concile le docte et éloquent évêque de Carcassonne, c'est à l'instant le plus solennel de la grande vie de Pie IX, lorsque, placé si haut par le malheur autant que par la vertu, il va mettre le sceau à sa gloire en convoquant un concile général, lorsqu'un immense élan de l'univers catholique semble porter vers lui ses vœux, pour proclamer l'autorité de son nom et l'infaillibilité de ses jugements, c'est alors que d'étranges et mensongères doctrines s'en viennent, comme une voix discordante, troubler cet universel Hosanna, — doctrines qui ne tendent à rien moins qu'à bouleverser de fond en comble la divine constitution de l'Église en substituant à sa vieille monarchie le rêve moderne d'un long Parlement, — doctrines qui osent déverser le blâme sur nos grands Papes du moyen âge, — doctrines qui nous font reculer, nous, évêques de France, si justement fiers de notre pays et de notre Église, jusqu'aux plus mauvais temps de notre histoire, — doctrines enfin qui ne craignent pas d'affirmer que, même dans les temps ordinaires, les évêques ont reçu je ne sais quelle part dans le gouvernement général de l'Église, en sorte que, sans leur assentiment ou public ou au moins tacite, le Pape ne peut pas lever le doigt ou prononcer une parole qui oblige!... »

Au milieu de l'émotion de ses auditeurs, l'évêque s'écria :

— Pour moi, je l'avoue, quand il s'agit de l'Église, j'ai la passion de la vérité... Je me souviens qu'à l'époque de ma dernière retraite pastorale, je disais à mon clergé — et il frémissait d'aise en m'écoutant : — Si vous apprenez qu'au Concile le Dogme de l'Infaillibilité doctrinale des Papes a été proclamé, sachez que votre évêque aura signé le premier... Je ne rétracte pas cette parole, et je m'imagine que vous serez bien aises de savoir que toutes les fois qu'il s'agira au Concile des droits et de l'autorité du Pape, votre évêque sera au premier rang !...

Après un pareil langage, on pouvait attendre en paix.

Quelques évêques essayèrent de retarder l'heure redoutée par l'ennemi, dont ils prenaient un souci excessif. La presque unanimité de l'épiscopat catholique et la grande majorité des évêques de France se rallièrent autour de la nécessité de condamner une bonne fois pour toutes les esprits obstinés à ne pas voir que, si Jésus-Christ a confié à tous les Successeurs de Pierre le pouvoir d'enseigner tous les peuples, de leur prêcher une doctrine infaillible, et enfin de leur imposer leur propre foi, qui est celle de l'Église; d'autre part, c'est à Pierre seul que Jésus-Christ adresse cette belle et décisive parole : Tu es Pierre, et sur cette pierre je fonderai mon Église, et les portes de l'enfer ne prévaudront jamais contre elle. » — C'est à Pierre seul qu'il confie le soin de paître ses agneaux et ses brebis. C'est Pierre seul qui est l'objet de la divine prière du Sauveur, lorsqu'il lui dit expressément : « Simon, j'ai prié pour toi, afin que ta foi ne défaille pas. Lors donc que tu auras été converti, prends soin de confirmer tes frères. »

Après la définition du Concile du Vatican, établissant enfin sur des bases désormais à l'abri de tout conteste cette unité sur laquelle Jésus-Christ a posé son Église et pour laquelle la France a tant combattu depuis bientôt quinze siècles, l'Église et la France ont recommencé cette série de combats qui ne finira jamais.

L'heure n'est pas venue de raconter l'histoire de ces luttes aux alternatives souvent douloureuses, depuis que, à partir de 1870, l'Église a vu son Chef confiné dans une captivité inouïe dans les annales saintes, et la France a connu les tristesses de la défaite et les agonies du relèvement accompli au milieu des plus dures conditions que notre histoire ait jamais enregistrées.

Mais l'Église a des promesses d'immortalité. Elle sortira triomphante d'une épreuve, dont plaise à Dieu d'abréger la durée !

Quant à la France, le passé, qu'on vient de lire garantit l'avenir, et sa mission n'est pas finie.

Le dernier mot de ce livre sera donc une parole joyeuse et nous l'inscrivons avec une foi profonde, en laissant tomber notre plume :

ESPÉRANCE !...

ESPÉRANCE!

Lacordaire l'a remarqué.

Le Premier Consul « avait compris, malgré toutes les apparences contraires, que le souffle divin ne s'était point retiré de la France... »

Oui, Napoléon avait senti l'âme de la France; et la joie du peuple français au rétablissement du culte prouva qu'il ne s'était pas trompé.

Depuis lors, la France a-t-elle changé d'âme?

Le dire, ce serait prétendre que la France n'est plus la France et mentir à la vérité.

Voyons plutôt ce qui se passe sous nos yeux, en dépit des efforts multipliés de ceux qui rêvent la séparation définitive de Dieu et de la France.

Combien sont-ils ceux qui, dans les derniers recensements officiels, à la question qui leur était posée : s'ils avaient un culte religieux et quel culte? ont déclaré n'en avoir aucun? quelques milliers sur trente-six millions d'habitants.

D'un autre côté, le pays compte soixante-quinze mille prêtres et religieux, plus de cent trente mille religieuses; indépendamment de l'innombrable légion d'ouvriers apostoliques et de messagères de la charité sous toutes formes, qu'il verse sur le monde entier. Car nos religieuses, nos religieux, les prêtres français, sont partout et nous avons dans les missions, comme nous l'avions aux croisades, « la plus grande part dans le sang et dans la gloire. » N'est-ce pas la preuve la plus évidente que « le souffle divin ne s'est point retiré de la France? » Car ces prêtres, ces religieux, ces Frères, ces religieuses, ont des pères, des mères, des frères, des sœurs, des familles en un mot; et ces familles qui donnent à Dieu leurs enfants, le plus pur de leur sang, ce qu'elles ont de plus cher, ne sont pas sans doute des familles ennemies de Dieu.

En 1795, au moment où tout semblait perdu, le comte de Maistre écrivait :

— L'esprit religieux n'est pas éteint en France; il y soulèvera des montagnes, il y fera des miracles.

C'était une prophétie, et nous la voyons s'accomplir.

Au lendemain de nos désastres, l'héritier et le fils de Lacordaire, le père Monsabré, le rappelait, à Notre-Dame, devant l'élite de la nation.

« Il est impossible de lire notre histoire sans se convaincre que la France a reçu de Dieu l'illustre et sainte mission de protéger et de soutenir l'Église

catholique. Dans les grands périls, elle est toujours intervenue à temps et à
propos. Elle naissait à peine que déjà elle promettait à l'Église une alliée
fidèle. Son roi en tête, elle embrassait le catholicisme, quand tous les pouvoirs
étaient ariens. Plus tard, elle arrêtait les efforts gigantesques qui semblaient
devoir assurer à l'islamisme la possession du monde entier. Plus tard, elle
entraînait toutes les nations à ces guerres saintes qui avaient pour but de délivrer le tombeau du Sauveur profané par les fils de Mahomet. Plus tard, elle se
défendait héroïquement contre les envahissements du protestantisme, afin de
conserver à la foi catholique le secours de sa chrétienne épée. C'est elle qui
a assis l'Église dans sa forte position. « Les Français, dit Joseph de Maistre,
eurent l'honneur unique, dont ils ne sont pas à beaucoup près assez orgueilleux, celui d'avoir constitué humainement l'Église catholique, en donnant ou
en faisant reconnaître à son Chef le rang indispensablement dû à ses fonctions
divines. »

« En retour de ces généreux exploits, Dieu s'est toujours montré bon et
miséricordieux pour la France. Il est venu à son aide aux heures critiques
où sa vie était en danger. Prodiges du ciel et de la terre, apparitions, missions
extraordinaires, il n'a rien épargné pour confirmer l'adoption de la France au
titre de Fille aînée de la famille chrétienne. Cette trame merveilleuse d'événements, où la vie de l'Église et celle de la France sont mêlées, a été pres-
sentie par les saints papes et les saints évêques qui, en annonçant à la nation française qu'elle serait rudement châtiée chaque fois qu'elle manquerait
à sa mission, lui ont promis, cependant, une vie indestructible comme celle de
l'Église même... »

Après avoir rappelé comment l'histoire du moyen âge est pleine de mysté-
rieuses traditions, qui consolaient la foi et soutenaient les espérances de nos
pères, l'éloquent Prêcheur rappelait aussi que, si la miséricorde à l'égard
des individus, peut être retardée, aussi bien que la justice, jusqu'aux jours
éternels, les peuples, n'ayant sur cette terre qu'une existence passagère et
devant disparaître pour se confondre dans l'unique nation des élus, doivent
recevoir ici-bas et leur châtiment et leur récompense.

Le châtiment, nous l'avons subi, et terrible. Mais s'il est une vérité contemporaine, c'est celle qui ressort de la statistique générale des œuvres de
générosité et de dévouement : la France est de toutes les nations celle qui a
le plus aimé.

L'orateur, après avoir affirmé cette consolante vérité, entra dans le détail que nous avons mis déjà dans son jour, mais qu'il est bon de résumer
encore.

En effet, quand les pouvoirs ont cessé de protéger l'apostolat catholique, c'est la France qui a conçu, développé et répandu partout l'œuvre admirable et touchante de la Propagation de la Foi; c'est l'argent de la France qui est la principale ressource de cette œuvre; c'est le zèle de la France qui provoque et stimule partout le prosélytisme; ce sont les enfants de la France, qui, plus hardis, plus nombreux et plus empressés que tous les autres, se précipitent et se succèdent vers les plages inhospitalières où se fait chaque année une moisson de martyrs. Elle est si bien la première, en cette œuvre de haute miséricorde, que, pour les barbares et les sauvages, tout étranger qui apporte la bonne nouvelle du salut est un « Franc ».

Dans l'empire chinois, des milliers d'enfants périssaient, chaque jour, abandonnés sur le bord des chemins ou au milieu des champs, emportés dans le limon des grands fleuves, dévorés par des animaux immondes. La France qui, comme une mère, prête l'oreille à toutes les plaintes, si faibles et si lointaines qu'elles soient, la France a entendu les cris de ces pauvres petits, elle a eu pitié d'eux, les a recueillis et les a mis sous la protection de sa jeunesse; et, malgré les barbares et ineptes plaisanteries de l'incrédulité, malgré les tracasseries de l'ennemi, elle a fait de l'œuvre de la Sainte-Enfance, la compagne et l'émule de l'œuvre de la Propagation de la Foi. Les chers petits enfants qui, par milliers, montent au ciel, arrachés par nous à la mort éternelle, chantent devant le trône de l'Agneau les miséricordes de la France.

Le Père de la famille chrétienne, humilié et dépouillé, a reçu de la France le denier de sa royale pauvreté.

Miséricordieuse pour le Père, elle l'a été pour les enfants. Les persécutés et les proscrits de tous les pays, prêtres, religieux, religieuses, sont venus lui demander asile et protection; elle les a reçus avec amour. Y avait-il quelque part un grand désastre; c'est aux portes de la France qu'on venait frapper d'abord, tant on était sûr de sa compassion et de sa générosité. Prodigue de son argent autant que de ses larmes, elle rendait illustres dans le monde entier, son bon cœur et ses aumônes.

Mais, dans son sein généreux, quelle puissante et admirable germination d'amour! Les terres de la douleur et de la misère sont tellement envahies par sa charité qu'on la rencontre à chaque pas. Prêtres, frères, sœurs, congrégations sans nombre, tous ces intrépides et infatigables représentants du cœur de la France, peuvent faire parler leurs œuvres. Aux ignorants, aux orphelins, aux abandonnés, aux enfants en bas âge, aux vieillards, aux apprentis, aux ouvriers, aux domestiques, aux sourds-muets, aux incurables, aux infirmes, à l'indigence, à la maladie, à la convalescence, à la tentation, au déshonneur, grâce à eux, rien ne manque : ni l'enseignement, ni l'assistance, ni les consolations, ni les encouragements, ni la lumière, ni la chaleur, ni le pain, ni les pleurs compatissants, ni les soins délicats, ni l'estime qui réhabilite, ni la grâce qui sanctifie. Et, comme si ce n'était pas assez des armées régulières consacrées au service de l'humanité souffrante par les vœux de religion, voici que les humbles chrétiens ont voulu ajouter au mouvement qui entraîne tant de cœurs dévoués l'appoint de leurs propres forces. Une armée libre, flottante, s'est formée, dont les escadrons nombreux sont, nuit et jour, à la poursuite de notre implacable ennemie, la misère, c'est l'armée des enfants de Saint-Vincent de Paul et des Dames de la Charité.

A ce spectacle, le cœur du pieux dominicain s'émeut et il s'écrie :

— O Dieu sévère! ô Dieu bon! je sais qu'il y a encore en présence de votre justice des crimes qui semblent irrémissibles. Nos âmes anxieuses ont peine à voir clair

Fig. 84. — Orphelinat chinois à Tou-cé-wei (Kiangnan. Chine).
C'est grâce à l'œuvre de la Sainte-Enfance, fondée par la charité française, que ces enfants sont recueillis.

dans la nuit sombre où sont plongées les choses humaines, qu'arrivera-t-il dans quelques mois, dans quelques jours peut-être? je n'en sais rien. Mais, lors même que je verrais remonter à la surface de la société les misérables qui ont juré de la détruire pour recueillir ses épaves; lors même que j'entendrais les écroulements des villes en feu et les gémissements des campagnes dévastées; lors même que, poursuivi, traqué par les bourreaux, je n'aurais plus à attendre, moi, que le sort de ceux de mes frères qui sont morts pour la justice; couvert de larmes, plongé dans les angoisses de la mort et condamné à ne pas voir les jours meilleurs que j'attends, j'espèrerais encore avant d'expirer!...

Non, redirons-nous à notre tour, l'âme de la France n'a pas changé, sa vocation demeure et un jour viendra, jour prochain, où elle fera retentir encore dans le monde le vieux cri de ses traditions nationales.

En déposant la plume, l'auteur de ce livre, encore tout ému au souvenir du passé glorieux qu'il vient de remuer devant ses lecteurs, ne peut que leur répéter la parole consolante et fortifiante, qu'il a inscrite en tête de cette conclusion :

ESPÉRANCE!...

FIN.

TABLE DES ILLUSTRATIONS.

Fig. 1. — Le vœu de Louis XIII. D'après le tableau d'Ingres, à la cathédrale de Montauban.................................... Frontispice.

Fig. 2. — La France est l'exécuteur des volontés divines : union des pouvoirs spirituel et temporel. Mosaïque du neuvième siècle. Eglise de Saint-Jean de Latran, à Rome............... 3

Fig. 3. — Saint Remi demande à Clovisa la restitution d'un vase sacré. Miniature d'un ms. de la Bibl. de l'Arsenal........................... 9

Fig. 4. — Sainte Clotilde. D'après une statue qui ornait autrefois le portail de Notre-Dame de Corbeil..................................... 11

Fig. 5. — Bataille de Tolbiac. Clovis invoque le Dieu de Clotilde. Fresque de J. Blanc. Eglise Sainte-Geneviève, à Paris..................... 15

Fig. 6. — Baptême de Clovis. Fresque de J. Blanc. Eglise Sainte-Geneviève, à Paris............. 17

Fig. 7. — Défaite des Sarrasins, par Charles Martel, à Tours. D'après le tableau de Steuben.... 27

Fig. 8. — Le pape Etienne III sacre Pépin le Bref. D'après le tableau de F. Dubois.............. 31

Fig. 9. — Charlemagne franchit les Alpes au Mont-Cenis. D'après le tableau d'Eug. Royer. 37

Fig. 10. — Charlemagne. D'après une gravure de la fin du seizième siècle...................... 40

Fig. 11. — Acte de foi et d'hommage, d'après le sceau de Gérard de Saint-Amand............ 45

Fig. 12. — Sceau de Jean, évêque du Puy et comte de Velay.. 47

Fig. 13. — Charte de paix octroyée à la ville de Cambrai, en 1240........................... 49

Fig. 14. — Armement d'un chevalier. D'après un manuscrit du treizième siècle.................. 53

Fig. 15. — Pierre l'Ermite remet au pape Urbain II, le message de Siméon, patriarche de Jérusalem. D'après un ms. du quinzième siècle.... 59

Fig. 16. — Prise de Jérusalem par les Croisés (1099)....................................... 61

Fig. 17. — Godefroy de Bouillon suspend aux voûtes de l'église du Saint-Sépulcre les trophées de la bataille d'Ascalon. D'après le tableau de Granet..................................... 63

Fig. 18. — Suger. D'après la statue de Foyatier. 68

Fig. 19. — Affranchissement des Communes (1112). D'après le tableau de Alaux.......... 71

Fig. 20. — Louis VII prend la croix des mains de saint Bernard.............................. 73

Fig. 21. — Blanche de Castille. D'après une gravure des *Monuments de la Monarchie française*. 77

Fig. 22. — Saint Louis rendant la justice. D'après le tableau de Rouget........................ 79

Fig. 23. — La couronne d'épines apportée en France. D'après un missel du quinzième siècle. 85

Fig. 24. — Saint Louis fait déposer dans la Sainte-Chapelle, les reliques apportées d'Orient (1248). D'après un tableau de M. A. Lenoir.......... 87

Fig. 25. — La glorification de saint Thomas d'Aquin. Tableau de Benozzo Gozzoli. Musée du Louvre...................................... 90

Fig. 26. — Sceau de l'Université de Cambridge. 92

Fig. 27. — Moine copiant un manuscrit. D'après une miniature du treizième siècle........... 93

Fig. 28. — Sceau des quatre Nations, seizième siècle...................................... 95

Fig. 29. — Cathédrale de Reims................. 97

Fig. 30. — Crosse ornée d'une annonciation. Travail du moyen âge....................... 99

Fig. 31. — Jeanne entend ses voix. Statue de Chapu. Musée du Luxembourg.............. 105

Fig. 32. — Jeanne d'Arc au château de Chinon. Bas-relief de M. Vital-Dubray, à Orléans...... 109

Fig. 33. — Attaque du pont de Meung. Vitrail de l'Église Notre-Dame de Cirey.............. 113

Fig. 34. — Sacre de Charles VII. D'après le tableau de Vinchon............................. 114

Fig. 35. — Jeanne en prison à Rouen. Bas-relief de M. Vital-Dubray à Orléans.............. 117

Fig. 36. — Monument élevé sur le pont d'Orléans, en l'honneur de Jeanne................ 118

Fig. 37. — François de Lorraine, duc de Guise. 126

Fig. 38. — Vœu des premiers compagnons de saint Ignace. Tableau de Simon Vouet........ 133

Fig. 39. — Excès des huguenots français contre les catholiques. D'après une grav. du seizième siècle...................................... 139

Fig. 40. — Entrée de Henri IV à Paris. D'après une grav. du seizième siècle................ 145

Fig. 41. — Notre-Dame de Paris................ 149

Fig. 42. — Notre-Dame du Rosaire. D'après Guido Reni.................................... 151

Fig. 43. — Monument élevé en commémoration du vœu de Louis XIII. Église Notre-Dame de Paris...................................... 157

Fig. 44. — Révélation de la Médaille Miraculeuse à sœur Catherine Labouré................... 159

Fig. 45. — Mme Acarie (Bienheureuse Marie de l'Incarnation)............................... 165

Fig. 46. — Sainte Jeanne-Françoise de Chantal. D'après un tableau de Restout............... 168

Pages.

Fig. 47. — Sermon de saint Vincent de Paul en faveur des enfants trouvés. Tableau de Galloche... 169
Fig. 48. — Mlle Legras. D'après une gravure du dix-septième siècle........................... 170
Fig. 49. — Louis XIV. D'après le tableau de Rigaud.. 173
Fig. 50. — Bossuet. D'après la gravure D'Edelinck.. 177
Fig. 51. — Vincent Voiture. D'après la gravure de E. Desrochers............................. 180
Fig. 52. — Pierre Corneille. D'après le tableau de Lebrun................................... 183
Fig. 53. — Jean Racine. D'après une gravure du dix-septième siècle........................... 186
Fig. 54. — Révélation du Sacré-Cœur à la Bienheureuse Marguerite-Marie.................. 193
Fig. 55. — Mgr de Belsunce. D'après un portrait du temps................................ 196
Fig. 56. — Dévouement de Mgr de Belsunce pendant la peste de 1720. D'après Rigaud..... 197
Fig. 57. — La Harpe. D'après une gravure du temps.. 207
Fig. 58. — Massacre des Carmes, le 2 septembre 1792. Fac-simile d'une estampe rare......... 211
Fig. 59. — Sacre de Napoléon Ier et couronnement de l'impératrice Joséphine. Fragment du tableau de David............................ 219
Fig. 60. — Le cardinal Consalvi recevant du pape Pie VII la bulle de ratification du Concordat. D'après Wicar............................ 221
Fig. 61. — Signature du Concordat par le Premier Consul. D'après Wicar.................... 223
Fig. 62. — Les missionnaires français au Congo. 231
Fig. 63. — Les sœurs françaises à Madagascar... 232

Pages.

Fig. 64. — Mlle Pauline Jaricot.................. 233
Fig. 65. — Frédéric Ozanam.................... 235
Fig. 66. — Les premières *conférences de saint Vincent de Paul*............................ 237
Fig. 67. — La visite quotidienne des Petites-Sœurs des Pauvres, à Paris.................. 241
Fig. 68. — Le Bienheureux Jean-Baptiste de la Salle. D'après une miniature................ 246
Fig. 69. — Élèves du pensionnat des Frères des Écoles chrétiennes, à Rangon (Birmanie)...... 247
Fig. 70. — Le Frère Martien devant le tribunal révolutionnaire, à Rennes. D'après Chovin... 249
Fig. 71. — Les Frères des Écoles chrétiennes pendant la guerre de 1870-1871. D'après E. Detaille..................................... 255
Fig. 72. — Chateaubriand. D'après une gravure au burin................................... 260
Fig. 73. — Le comte Joseph de Maistre. D'après une lithographie de Villain.................. 261
Fig. 74. — Le vicomte Louis de Bonald. D'après une gravure au trait........................ 263
Fig. 75. — Lacordaire. D'après une lithographie. 267
Fig. 76. — Lamartine. D'après une lithographie. 271
Fig. 77. — Bataille de Staouéli. D'après le tableau de Langlois............................. 277
Fig. 78. — Établissement des trappistes à Staouéli.................................... 279
Fig. 79. — Sommet de la Kasbah, à Alger...... 280
Fig. 80. — Le comte de Montalembert......... 287
Fig. 81. — Dévouement de Mgr Affre.......... 289
Fig. 82. Les zouaves pontificaux à Castelfidardo. 295
Fig. 83. — Mgr Dupanloup................... 297
Fig. 84. — Orphelinat à Tou-cé-wei (Kiang-nan. Chine)................................... 303

TABLE DES MATIÈRES.

Pages.

INTRODUCTION   I

CHAPITRE PRÉLIMINAIRE. — LA NATION ÉLUE..   I

Je te donnerai les nations pour ton héritage. — Quelle fut la vocation spéciale de notre pays. — La lettre de Grégoire IX à saint Louis. — Comme autrefois la tribu de Juda. — Le carquois du Rédempteur. — Le Commentaire du cardinal Pie. — La conclusion. — Le Comte de Maistre. — La parole du pape Léon XIII. — Pour moi, je crois fermement que la vérité a besoin de la France!

LIVRE PREMIER.

PREMIÈRE VOCATION DE LA NATION FRANÇAISE.

CHAPITRE PREMIER. — LA FILLE AINÉE DE L'ÉGLISE.   5

La papauté dit à la France : Tu es ma fille aînée. — *Regnum Christianissimum.* — Le fléau passa sur le monde romain. — Lettre de saint Remi à Clovis. — Déférence du jeune roi pour l'évêque de Reims. — Anecdote racontée par Grégoire de Tours. — Clotilde. — Récit de ses fiançailles et de son mariage d'après l'historien Frédégaire. — Elle obtient de pouvoir faire baptiser ses enfants. — Hymne à sainte Clotilde. — Les trois grands évêques de Gaule. — La bataille de Tolbiac, d'après Grégoire de Tours. — Dieu de Clotilde! — Les Francs demandent le baptême. — Ah! si j'eusse été là avec mes Francs! — Le jour de Noël 496 au baptistère de Reims. — La prophétie de saint Remi. — *Regnum Galliæ regnum Mariæ.* — L'entrée du chemin qui conduit au ciel. — Le pacte de Tolbiac, d'après Mgr Freppel. — Lettre du pape saint Anastase. — Lettre de saint Avit. — Clovis et sainte Geneviève.

CHAPITRE II. — SUS A L'ISLAM!   20

Le songe de saint Nicétius. — L'évangélisation des Gaules. — Les Francs peuvent venir, la terre est prête. — Le cri de Bossuet. — Saint Grégoire le Grand exalte le royaume des Francs. — Le plus beau après celui du ciel. — Le chant du poète. — L'invasion des Arabes. Ce qu'ils pensaient des Francs. — Héroïsme et martyre de l'évêque de Nantes. — Le récit d'un historien peu suspect. — Laissez-les faire! — Un nouveau Fabius Cunctator. — Enfin, le jour du combat est arrivé. — Récit d'Isidore de Beja. — Abdérame est frappé. — Prudence de Charles. — Terreur mystérieuse? — Est-ce un stratagème? — Victoire! victoire! — Le martel. — Le pavé des martyrs.

CHAPITRE III. — A LA DROITE DU SIÈGE APOSTOLIQUE.   28

Les débuts de la loi Salique. — *Vivat Christus qui diligit Francos!* — Premier appel du Vicaire de Jésus-Christ aux Francs. — Les Carlovingiens et la Papauté. — Sacre de Pépin

Pages.

le Bref. — Étienne III en France. — Il appelle à son secours *un compère spirituel.* — Le roi Pépin le délivre d'Astolfe. — Charlemagne! — Légende du moine de Saint-Gall. — Récit d'Éginhard. — Entrée de Charlemagne à Rome en 774. — Il renouvelle les donations de Pépin. — Le pouvoir temporel des Papes et les Francs. — Pourquoi la statue équestre de Charlemagne à l'entrée de Saint-Pierre. — Le cri patriotique de Bossuet. — Charlemagne roi des Lombards. — A vingt-six ans de là. — Charlemagne vient délivrer la papauté prisonnière dans Rome. — Léon III lui met la couronne d'or en tête. — L'épée de la France veille sur le siège de Pierre.

LIVRE SECOND.

LES TEMPS HÉROÏQUES.

Chapitre premier. — COMMENT L'ÉGLISE FORMA LA FRANCE. 42

Les pleurs du grand Empereur. — Le péril était grand. — Un autre péril. — Les dix vertus d'un Bailli. — Les Légistes. — Lutte de la Féodalité contre les clercs. — Si le Cléricalisme est l'ennemi. — Les terreurs de l'an mille. — Le vieux monde secoue ses haillons pour revêtir la robe blanche des églises. — La paix! La paix! — La Trêve de Dieu. — Comment naquit la Chevalerie. — L'idée de l'honneur est une idée chrétienne. — Ce qu'était la Chevalerie. — Le huitième sacrement. — Cérémonial de la réception d'un Chevalier. — L'Église transforme la Féodalité. — Le Décalogue de la Chevalerie. — Le patriotisme chrétien. — Comment surgit l'idée de patrie. — La patrie française. — La France d'après les poètes des épopées nationales. — Elle est comme une reine. — Les Papes proclament la supériorité de la France.

Chapitre II. — DIEU LE VEUT! 55

Les temps héroïques. — Les croisades et la France, d'après Lacordaire. — Entretien de Pierre l'Ermite et d'Urbain II. — Le prédicateur de la première Croisade. — Le pape Urbain au Concile de Clermont. — Son discours. — C'est véritablement un hymne en l'honneur de la France. — Dieu le veut! Dieu le veut! — L'impatience des croisés. — En vue de Jérusalem! — L'assaut décrit par le Tasse. — Jérusalem est délivrée! — Ovations du retour. — Les croisades d'après le protestant Hurter. — La pensée de Joseph de Maistre. — Pour comprendre la croisade, il faut se mettre en face d'une cathédrale gothique.

Chapitre III. — LE SIÈCLE DE SAINT BERNARD. 65

Saint Bernard. — Son arrivée à Citeaux d'après les chroniques de l'Ordre. — Son portrait tracé par un contemporain. — Sa place dans notre histoire nationale. — Son influence sur Suger. — Portrait de ce dernier. — L'émancipation du peuple par l'institution des communes. — Les chartes constitutives. — Action de l'épiscopat sur le mouvement communal — La charte de Noyon. — Saint Bernard prêche la croisade. — Le grand parlement de Vézelay. — La croix! la croix! — La porte de l'Asie. — Prise de Constantinople par les croisés. — Mort de Suger. — Mort de Saint Bernard.

Chapitre IV. — LE GRAND ROI. 76

L'idéal de la société chrétienne. — Une mère incomparable. — Portrait de saint Louis tracé par le sire de Joinville. — Il prend la croix, malgré les supplications de son entourage. — Le récit de Mathieu Pâris. — Départ pour la croisade. — La reine Marguerite et son vieux chevalier. — A la bataille de Mansourah. — Sans le roi, tout était perdu. — Si grand honneur n'advint jamais à roi de France. — Le roi de France ne peut se racheter à prix d'ar-

Pages.

gent. — L'Église et l'État au treizième siècle. — La théorie de Beaumanoir. — Saint Louis
au milieu de sa cour. — Comment Dieu montra qu'il aimait le roi et la France. — La Couronne d'Épines et la Sainte-Chapelle de Paris. — Les reliques de la Passion. — Sous les
murs de Tunis. — Dernières exhortations du saint roi. — Monseigneur! mon frère! — Qui
nous donnera de voir la foi prêchée à Tunis! — Une résurrection.

CHAPITRE V. — LE SIÈCLE DE SAINT LOUIS   89
   L'apogée du règne de Jésus-Christ. — Les deux patriarches Dominique et François. —
Saint Bonaventure. — Saint Thomas d'Aquin. — Les cloîtres essaiment. — L'Université de
Cambridge leur doit sa fondation. — L'amour des livres. — Légendes charmantes. — Com-
ment fut fondée l'Université de Paris. — Son organisation. — Diffusion de la langue fran-
çaise. — Saint Louis et les lettres. — Comment on bâtissait les cathédrales. — L'art fran-
çais. — L'architecture chrétienne au siècle de saint Louis. — Les embrassements de l'ogive.
— La ligne horizontale disparaît. — La sculpture. — Les tombeaux. — Les reliquaires. —
La peinture et l'idéal de l'art chrétien.

CHAPITRE VI. — JEANNE D'ARC   100
   L'attente de la France. — Le plus grand signe de l'amour de Dieu sur notre pays, d'après
le Père Airolles et le Père Alet. — L'hymne du cardinal Pie. — L'enfance de Jeanne. —
Les premières révélations. — Saint Michel dans la vie de Jeanne d'Arc. — Le prince de
l'empire des Gaules. — Le Mont Saint-Michel. — L'épopée de la Pucelle. — Portrait de
Jeanne. — L'épreuve. — Comment Charles VII cessa d'hésiter. — Jeanne devant ses examinateurs. — La Hire et Xaintrailles. — Manifeste aux Anglais. — Lettre aux habitants de
Troyes. — Le droiturier. — Elle fait lever le siège d'Orléans. — Au sacre de Reims. — Pressentiments de fin prochaine. — Pierre Cauchon vendu aux Anglais se charge de juger la
Pucelle. — L'interrogatoire. — La condamnation. — Les apprêts du supplice. — Les quatre
échafauds. — Rouen! Rouen! — Jésus! Marie! — Nous avons brûlé une sainte. — Premières
réhabilitations.

LIVRE TROISIÈME.

PÉRIODE DE LUTTE.

CHAPITRE PREMIER. — L'ATTAQUE.   120
   Vue d'ensemble par Lacordaire. — Comment naquit la prétendue Réforme. — Le paganisme de la Renaisssance. — A l'usage des bourgeois et du peuple. — Le besoin de réforme.
— Les plaintes du cardinal Julien Césarini. — Le mot de Léon X. — Est-ce qu'il n'y a plus
de résine en Galaad? — Les tombeurs d'images. — Paul III recommande la miséricorde
envers les Huguenots. — La Pragmatique Sanction et le concordat de Léon X. — Légistes
et Universitaires murmurent. — La réponse de François Ier. — Calvin. — Genèse de son
apostasie. — Les grands caractères. — La Conjuration d'Amboise. — L'épître de Ronsard.
— Les excès des Calvinistes. — Le baron des Adrets.

CHAPITRE II. — LA DÉFENSE   131
   Comment naquit la Compagnie de Jésus. — Le moine apostat Luther et saint Ignace de
Loyola. — Le protestantisme et la Compagnie. — Ce que Guizot dit des Jésuites. — Haine
des Huguenots et préventions gallicanes contre eux. — Comment ils contribuèrent à faire
aboutir les sages efforts du Concile de Trente. — Une lettre d'un évêque contemporain concernant les décrets de ce Concile. — Pourquoi ne ferions-nous pas une Ligue? — Premiers

Pages.

essais de Conjuration Catholique. — L'appel de la Ligue. — Le serment des Ligueurs. — Ceux de Picardie expliquent leurs motifs. — Déclaration des États Généraux. — Le bon côté de la Ligue. — Les déviations. — Bénissons la vaillance de nos pères dans la foi et leur patriotisme. — La *Satyre Ménippée*. — Ce qu'il faut penser de ce pamphlet. — La réplique des Ligueurs. — Une page superbe.

CHAPITRE III. — LE ROI CATHOLIQUE.   141

Qu'avez-vous gagné? — La circulaire de Reims. — Les débuts d'un règne. — Plutôt mourir que de souffrir un roi huguenot. — Le Béarnais s'efforce de faire entendre des paroles de conciliation. — Un siège mémorable. — Héroïsme dans la souffrance de la part des Parisiens assiégés. — La famine. — Henri mande son conseiller Sully. — L'avis du conseiller protestant. — Je suis résolu à me faire instruire. — La conversion du Roi. — L'Archevêque de Bourges reçoit son abjuration. — Entrée dans Paris. — Joie universelle. — A Notre-Dame!

CHAPITRE IV. — REGNUM MARIÆ.   148

Le royaume de France, c'est le royaume de Marie. — Conclusion du pape Benoît XIV. — Le culte de Marie aux origines de la France. — Sous les Carlovingiens. — Les premiers Capétiens proclament Marie « l'Étoile de la France ». — Le Rosaire et l'Angelus. — Les confréries. — Le premier éclairage de nos villes. — Jeanne d'Arc et Marie. — Il manquait un acte authentique. — Le protestantisme vaincu par Celle qui écrase les hérésies. — Tristesse de Louis XIII. — Les visions du frère Fiacre. — Naissance de Louis XIV. — La France consacrée à Marie. — Le vœu de Louis XIII. — Ses conséquences. — Marie au dixneuvième siècle.

CHAPITRE V. — LE GRAND SIÈCLE.   161

Une ère nouvelle. — Ce qui en a fait la grandeur. — Comment on peut concilier d'apparentes contradictions. — La dominante du grand siècle, d'après Sainte-Beuve. — Aux négations du protestantisme la France oppose les affirmations catholiques. — Le Carmel en France. — Les missions de saint François Régis. — Où s'est formé saint François de Sales. Dialogue avec Théodore de Bèze. — Les inventions de M. Vincent. — Des religieuses d'un nouveau genre. — Sanctification du clergé — L'esprit chrétien dans la littérature. — Bossuet prédicateur du Roi. — L'Homère de l'éloquence sacrée. — Sur le tombeau de Condé. — Le grand tragique. — Les beautés de *Polyeucte*. — Comment Racine écrivit Esther. — L'inspiration de l'Église sur le grand siècle.

CHAPITRE VI. — LE SIÈCLE DU SACRÉ-CŒUR.   187

Premières apparitions de guerres funestes. — Les trois querelles. — Les salons au dixhuitième siècle. — Le règne du vice. — Voltaire. — L'*Encyclopédie*. — Jean-Jacques. — L'instrument choisi par le Cœur de Jésus qui aime la France. — L'apparition du 16 Juin 1675. — Ses conséquences d'après Mgr Bougaud. — Les vues du Sacré-Cœur sur la France. — La nouvelle Jeanne d'Arc. — Le Fils aîné du Sacré-Cœur. — Pourquoi Louis XIV ne répondit pas à cet appel. — Un événement qui précipite une marche. — La peste à Marseille. — Récits et souvenirs des contemporains. — Héroïsme et drames. — Belsunce consacre Marseille au Sacré-Cœur. — L'Amende Honorable et le Vœu de la peste. — Délibération des échevins de Marseille. — L'Église est une mère. — Comment elle le prouve en face de l'incrédulité montante. — La mort de Voltaire d'après son médecin Tronchin. — Autres récits.

CHAPITRE VII. — LE SANG DES MARTYRS   206

La prophétie de Cazotte. — La Révolution. — Ses causes. — Spoliation des biens du clergé. — La Constitution civile. — Héroïque résistance à l'Assemblée et dans Paris. — Le curé de Saint-Sulpice. — Traqués comme des bêtes fauves. — Premier massacre organisé. —

Pages.

Récit des massacres de septembre par un conventionnel. — Les prêtres déportés. — Comment ils savaient mourir. — La Vendée. — Le scapulaire du Sacré-Cœur.

LIVRE QUATRIÈME.
RÉSURRECTION ET ESPÉRANCE.

CHAPITRE PREMIER. — LA RÉSURRECTION 217

Les portes de Notre-Dame sont rouvertes. — Le signe de la résurrection. — Le 20 juin 1801 aux Tuileries. — Je marche au martyre. — Saisissement du cardinal Consalvi en présence de Napoléon. — Négociations difficiles. — Quand partez-vous donc? — Ce que l'Église accordait par le Concordat à l'État et ce que l'État accordait à l'Église. — Le résultat le plus inattendu de la Révolution. — Le 18 avril 1802 dans les rues de Paris. — Ce qu'on disait dans la foule. — Arrivée du légat *a latere* et du cortège épiscopal. — Le train de gala du Premier Consul. — Son attitude à Notre-Dame. — Il aurait été impossible d'en faire davantage. — La joie de Bonaparte. — Le *Te Deum* de la France chrétienne. — La France est vraiment ressuscitée!

CHAPITRE II. — LA FRANCE APOTRE 227

Leur voix et leur sang parlent à Dieu de la France. — La vision du Macédonien. — Passe et viens à nous! — Un grand peuple nous attend toujours. — Les missions à l'intérieur. — Leur rôle d'après Mgr de Forbin-Janson. — L'apostolat d'après saint Paul. — Les prêtres émigrés missionnaires. — La Providence se sert d'eux pour toucher l'Angleterre. — La congrégation des Missions Étrangères. — La Congrégation du Saint-Esprit. — L'aide que leur donnent les congrégations enseignantes. — Les Frères des Écoles chrétiennes à l'extérieur. — Notre or court dans tout l'univers au service de Dieu. — L'Œuvre de la Propagation de la Foi. — Comment l'œuvre de la Sainte-Enfance en naquit et la complète.

CHAPITRE III. — LES ŒUVRES 234

Un spectacle plus consolant encore. — Les *Conférences de Saint Vincent de Paul*. — Ozanam. — Il raconte les origines de son œuvre. — Vingt ans après. — Œuvres diverses qui viennent en greffe sur la branche-mère. — La charité et la philanthropie. — Les grandes résurrections religieuses en France. — L'œuvre des Petites-Sœurs des pauvres, spécimen de la charité catholique française. — Histoire de leur fondation. — Ce qu'elles sont. — Ce qu'elles font.

CHAPITRE IV. — L'INSTRUCTION DU PEUPLE 245

Un signe de résurrection sur lequel Lacordaire s'arrête avec complaisance. — La grande pensée des Frères des Écoles chrétiennes. — Histoire de leur Institut. — Ce qu'il est à l'heure présente. — Comment il traversa la Révolution et comment il fut rétabli. — Les sollicitudes du cardinal Fesch. — L'image des développements de l'Institut. — Ce qu'en pensait Napoléon Ier. — Méditations du fondateur à Reims d'après Mgr Perraud. — Si le fondateur fut compris par les philosophes et les voltairiens. — Ce qu'a fait son œuvre pour la gloire de la France et le bien de l'Église. — Ah! qu'on nous donne la liberté! — Énumération glorieuse. — Le dialogue entre cinq statues sur la place de Rouen.

CHAPITRE V. — RENAISSANCE LITTÉRAIRE 258

C'était en 1821. — L'*instauratio magna* de l'esprit humain par le christianisme. — Chateaubriand. — Son action au début du nouveau siècle littéraire. — Joseph de Maistre. —

Pages.

Ce qui le distingue du vicomte de Bonald. — L'œuvre de ce dernier. — Lamennais. — Sa mission et son rôle. — Un tremblement de terre sous un ciel de plomb. — Son école. — Lacordaire. — Assemblée, que voulez-vous de moi? — L'apologétique nouvelle. — Comme saint Paul. — La parole parlée et la parole écrite. — Un ami de cœur et un rival en éloquence. Ce qui différencie l'éloquence de Montalembert de celle de Lacordaire. — L'Église, c'est une mère! — Le poète chrétien. — C'est plus qu'un poète. — L'œuvre de Lamartine. — Ce qui la sépare de celle de Victor Hugo. — Premières inspirations du poète des *Odes*. — La poésie lyrique naît en France. — Elle s'inspire aux sources du beau et du vrai chrétien.

CHAPITRE VI. — LA DERNIÈRE CROISADE 273

Les horreurs de la captivité des chrétiens chez les barbaresques. — Comment ceux-ci s'établirent sur la côte africaine et tinrent l'Europe en échec durant cent ans. — Souvenirs des contemporains de 1830. — Charles X répond aux outrages du dey d'Alger. — La France se réveille aux accents du vieux roi. — Départ de l'armée française. — La terre d'Afrique apparaît. — L'autel improvisé. — L'aurore de nos victoires. — Collines de Staouéli, vous en avez été témoins! — Le dernier fort. — Le nègre renverse, devant le monde chrétien, les dernières barrières de la barbarie. — Ils la nommaient la bien gardée! — La mission de la France. — Le mot de Lamoricière.

CHAPITRE VII. — VINGT ANS DE LUTTES 282

Nous sommes les fils des croisés! — Montalembert. — Le discours du 16 avril 1844. — Les trois lutteurs. — Le journal l'*Avenir*. — Ce qui en est sorti. — Réaction religieuse en France sous Louis-Philippe. — Organisation de l'armée catholique. — Intervention de Mgr Parisis. — Louis Veuillot et l'*Univers*. — Mgr Affre aux Tuileries. — Dernière entrevue du roi et de l'archevêque. — Courons nous jeter aux pieds des évêques. — Alliances inattendues. — Je bénis le radeau. — Victoire! — Ce qui est sorti de la loi de 1850.

CHAPITRE VIII. — PRO DEO ET ECCLESIA. 292

L'enterrement du gallicanisme. — Incommodes et hargneux. — Pie IX est ramené à Rome par les armées de la France. — Didier n'est pas mort. — La légion française autour de Pie IX. — Victoire! Victoire! — La peine immuable de l'Église. — L'épiscopat français autour du Pape. — *Caveant consules*. — A Rome. — L'écho de la parole pontificale. — Les dernières convulsions du gallicanisme. — Départ pour le Concile. — Les troix textes qui regardent Pierre seul et ses successeurs. — Le dernier mot de ce livre.

ESPÉRANCE! 300

TABLE DES ILLUSTRATIONS 305